Walter Mühlhausen
Hessen in der Weimarer Republik

Eine Republik in Bewegung – Kennzeichen sind Massendemonstrationen für oder gegen die neue Ordnung, für oder gegen Entscheidungen der Politik. Zum 75. Jahrestag der Nationalversammlung von 1848 strömen am 18. Mai 1923 Zehntausende auf den Frankfurter Römerberg – einer von vielen Belegen dafür, dass die erste Demokratie keine „Republik ohne Republikaner" gewesen ist.

Walter Mühlhausen

HESSEN IN DER WEIMARER REPUBLIK

Politische Geschichte 1918–1933

Inhalt

Einleitung
    Der hessische Raum in der ersten Demokratie / 7
1. Kriegslasten, Friedenssehnsucht und Demokratieerwartung / 15
2. Revolution zwischen Aufbruch und Kontinuität / 31
3. Auftakt der Demokratie / 49
4. Verfassungen als Fundamente / 63
5. Wahlen und Regierungen / 73
6. Über die Frau in der Politik – Fortschritt und Stillstand / 99
7. Ein geeintes Hessen? – Die ausgebliebene Territorialreform / 111
8. Außenpolitische Belastungen und ökonomische Zwangslagen / 121
9. Republik im Widerstreit / 137
10. Aufstieg der NSDAP und Gegenwehr im Zeichen der Wirtschaftskrise / 159
11. Endkampf der Republik / 183
12. Untergang der Demokratie und Wegbereitung der Diktatur / 197

Schlussbetrachtung
    Hessen zwischen Macht und Ohnmacht in der Republik / 219

Anhang
    Anmerkungen / 231
    Abkürzungen / 257
    Literatur / 258
    Personenregister / 273
    Ortsregister / 277
    Nachweis der Abbildungen / 279

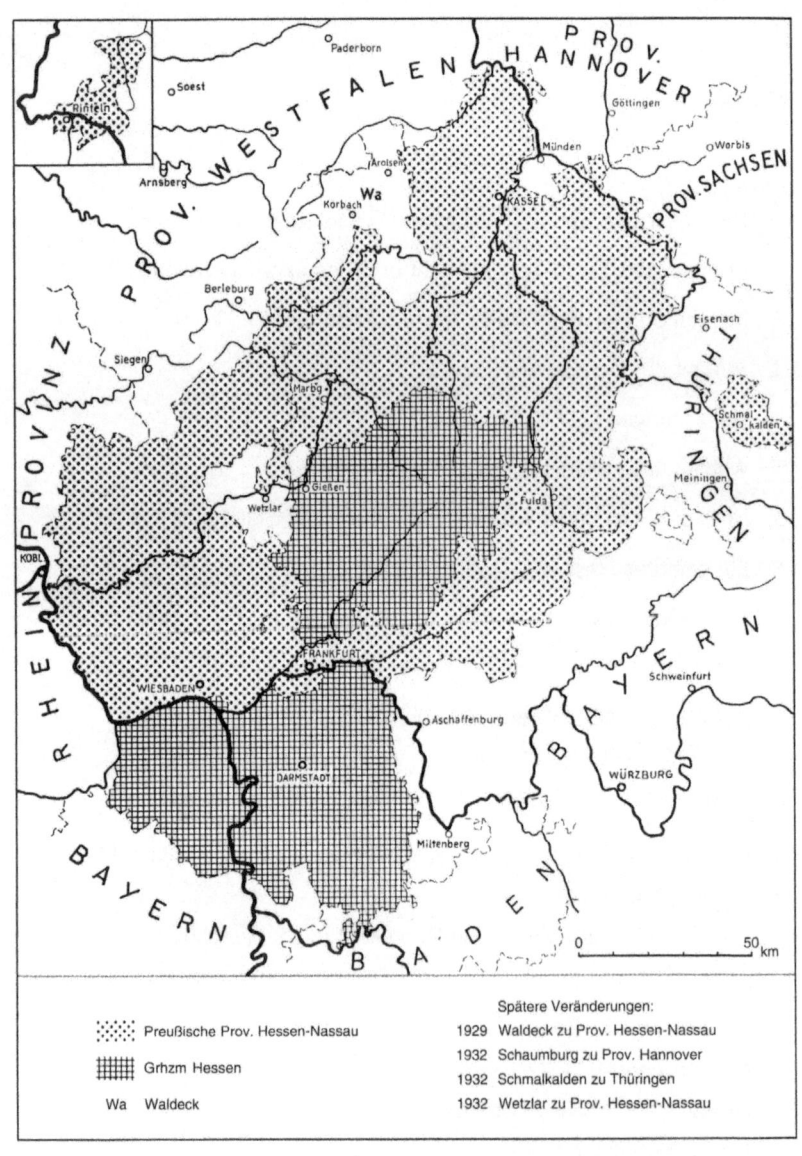

Karte der hessischen Gebiete 1918 bis 1933.

Einleitung:
Der hessische Raum in der ersten Demokratie

Am 16. März 1933 stimmte die „Frankfurter Zeitung" einen Schwanengesang auf den benachbarten Volksstaat Hessen(-Darmstadt) an, dessen letztes demokratisch-republikanisches Kabinett wenige Tage zuvor aus den Angeln gehoben und an dessen Stelle eine Regierung der Nationalsozialisten installiert worden war. Damit wurde die in der Revolution 1918/19 ins Leben gerufene Demokratie zerstört. Am Ende des im August 1914 ausgebrochenen Ersten Weltkriegs war das 1871 begründete Kaiserreich zusammengebrochen. Auf die Monarchie war schließlich die Republik gefolgt.

Im Bewusstsein um die Bedeutung des Machtwechsels in Darmstadt lobte die liberale Zeitung aus der größten Stadt der preußischen Provinz Hessen-Nassau das über die gesamte Zeit der Republik vornehmlich von Sozialdemokraten regierte Nachbarland: „Kein deutsches Land hat in diesen letzten vierzehn Jahren eines derartig beständigen Regierungssystems sich zu erfreuen gehabt wie der auf beiden Seiten der sagenhaften Mainlinie verteilte Volksstaat Hessen. [...] Es ist eben tatsächlich kein Trümmerhaufen, sondern es ist ein wohlgeordnetes und im allgemeinen wohlregiertes Land, das die Regierung Adelung ihren Nachfolgern hinterlässt. In den bald eineinhalb Jahrzehnten seit dem großen Zusammenbruch hat es ohne Unterbrechung nur eine einzige Regierungskoalition gehabt [...]. Es war die Weimarer Koalition von Sozialdemokratie, Zentrum und Demokratischer Partei. [...] Im Vorsitz der Regierung war nur einmal, vor fünf Jahren, ein Wechsel eingetreten, als der erste Staatspräsident Ulrich bei seinem 75. Geburtstag die Führung in jüngere Hände gab und Herr Adelung an seine Stelle trat."[1]

Was für den Volksstaat mit nur zwei Kabinettschefs, den Sozialdemokraten Carl Ulrich und Bernhard Adelung, galt, traf weitgehend auch auf das übermächtige Preußen zu, zu dem die Provinz Hessen-Nassau mit den beiden Regierungsbezirken Kassel und Wiesbaden gehörte. Ein kontinuierliches republikanisch-demokratisches Regierungshandeln bestimmte auch dort weitestgehend die Weimarer Zeit. Doch die erste deutsche Demokratie sollte nur eine Lebensdauer von 14 Jahren erreichen – nach einer turbulenten Zeit der Krisen und Überlebenskämpfe. Bereits 1933 wurde die Weimarer Republik zerstört und die nationalsozialistische Diktatur eingeleitet. Kaum eine Periode der deutschen Geschichte scheint so gut erforscht zu sein wie die der Weimarer Demokratie. Dabei galt sie lange lediglich als eine Phase des Übergangs zwischen Monarchie und Diktatur, als Nachgeschichte von halbdemokratischem Kaiserreich und Erstem Weltkrieg und als Vorgeschichte von nationalsozialistischer Schreckensherrschaft und Zweitem Weltkrieg.

Es war eine deterministische Sicht vor allem aus dem linken bis linksliberalen Raum, dass die aus dem Zusammenbruch der Monarchie entstandene erste deutsche Republik von Anbeginn an wegen versäumter tiefgreifender Neuordnung in der Revolution den Keim einer tödlichen Krankheit in sich getragen habe, der 1930 zum Ausbruch gekommen sei und schließlich 1933 zum Ende des Weimar-Experiments geführt habe. Hierin finden sich linkssozialistische Wunschbilder mit einer Überbewertung des radikal-revolutionären Potentials in der Revolutionsphase (und der nachfolgenden Zeit), um zu konstatieren, dass der Untergang eigentlich schon in der Revolutionszeit begründet worden war.

In der Beschreibung der kurzen Lebensdauer richtete sich der Blick lange Zeit immer auf Fehlentwicklungen und Mängel, die man für das Scheitern verantwortlich machte. Dabei wird gelegentlich übersehen, dass es eine für eine konsequente Reformpolitik erforderliche sozialistische Mehrheit eben nicht gab: nicht im Reich, nicht im mächtigen Preußen, nicht im mittelgroßen Hessen(-Darmstadt). Die doch eher eindimensionale Sichtweise scheint mittlerweile überwunden, auch wenn in mancher Betrachtung, auch neueren Datums, noch von einer verpassten linkssozialistischen Alternative oder gar einer rätedemokratischen/-diktatorischen Lösung zu lesen ist.

Vielmehr steht nun im Vordergrund der historischen Analyse die Frage, ob diese Republik, das erste wirklich demokratisch strukturierte Gemeinwesen in der deutschen Geschichte, nicht auch Erfolge vorzuweisen hat. Sie verdient eben mehr Anerkennung, allein schon wegen der Tatsache, dass sie angesichts der Lasten und Belastungen überhaupt die ersten Jahre überstand. Es herrscht doch mittlerweile Einigkeit, sie als eine eigenständige Periode durchaus mit Chancen und Entwicklungsmöglichkeiten zu sehen. Zwischen Chaos und Gewalt entwickelte sich republikanisches Denken und Handeln, erlebte die Demokratie trotz dauerhafter Krisen Phasen der weitgehenden Normalität und der steigenden Akzeptanz.

Beim Blick auf die Gesamtentwicklung mit dem Fokus auf Reich und Reichsgewalt ist die Geschichte der einzelnen Länder in der ersten Republik lange Zeit zu kurz gekommen. Mittlerweile sind sie Gegenstand von Betrachtungen geworden, die in ihrer Tiefe weit auseinanderklaffen. Dabei weisen die Länder recht unterschiedliche Entwicklungen auf. Sie waren Stabilitätsanker der Republik, aber auch Krisenherde der Demokratie.[2] Während in Thüringen der Nationalsozialismus schon früh Fuß fasste und 1930 an der Regierung beteiligt war, blieben das übermächtige Preußen und das südwestdeutsche Baden demokratische Horte bis in die Endphase der Republik. Das galt auch für den seinerzeitigen Volksstaat Hessen mit der Hauptstadt Darmstadt und weiten linksrheinischen, heute zu Rheinland-Pfalz gehörenden Gebieten. In dieser hier vorliegenden Darstellung geht es aber nicht allein um den Volksstaat, sondern um Hessen in seinen 1945 gezogenen Grenzen. Mit dem Blick auf Hessen erweitert sich unsere Perspektive auf die Weimarer Republik und das Scheitern der ersten deutschen Demokratie.

Das heutige, nach dem Zweiten Weltkrieg erst geschaffene Hessen bestand am Ende des Ersten Weltkriegs 1918 aus vier unterschiedlichen Territorien. Die räumliche Gliederung über dem hessischen Raum war ganz wesentlich Resultat des preußisch-österreichischen Krieges von 1866, als sich Kurfürstentum Hessen und Herzogtum Nassau auf die Seite des später unterlegenen Österreichs geschlagen und die bis dahin Freie Stadt Frankfurt Österreich die Bundestreue gehalten hatte. Kurhessen, Nassau und Frankfurt verloren ihre Existenz als souveräne Staaten und gingen mit der Landgrafschaft Hessen-Homburg, die nach dem Tod des letzten Regenten im März 1866 in Personalunion mit dem Großherzogtum Hessen verbunden war, in Preußen auf und bildeten eine Provinz. Demgegenüber wurde durch den im September 1866 mit dem Königreich Preußen unterzeichneten Friedensvertrag das auf der Seite der Verlierer stehende Großherzogtum zwar territorial beschnitten – es verlor insbesondere das oberhessische Biedenkopf – und musste zudem neben der Leistung von drei Millionen Gulden Kriegsentschädigung seinen Verzicht auf Hessen-Homburg erklären, behielt aber seine Selbstständigkeit und zog schließlich als eigener Bundesstaat in das 1871 gebildete Deutsche Reich ein.

1918 zeigte sich damit folgende Gliederung im Raum Hessen: Da war die Provinz Hessen-Nassau als Teil des dominierenden größten Flächenstaats Preußen. Die Provinz mit der Hauptstadt Kassel unterteilte sich in die Regierungsbezirke Kassel und Wiesbaden. 1919 umfasste Kassel

24 Kreise, Wiesbaden 17. Der vom hannoverschen Gebiet umschlossene, zur Provinz Hessen-Nassau gehörende Kreis Rinteln, die vormalige Grafschaft Schaumburg, ging 1932 an die preußische Provinz Hannover. Die im Thüringischen eingeschlossene Exklave Schmalkalden gehörte bis 1944, als sie endgültig an den preußischen Regierungsbezirk Erfurt angegliedert wurde, zum Regierungsbezirk Kassel und damit zur Provinz Hessen-Nassau. Unter den zwölf Provinzen Preußens war Hessen-Nassau flächenmäßig mit 15.790 km², also 5,5 Prozent vom Gesamtterritorium, die fünftkleinste, stellte mit rund 2,47 Mio. Einwohnern im Juni 1925 (2,58 Mio. im Juni 1933) etwas mehr als sechs Prozent der preußischen Gesamtbevölkerung und nahm dabei den achten Platz ein. 1925 lebten im Regierungsbezirk Kassel 1,1 Mio. und im Regierungsbezirk Wiesbaden 1,37 Mio. Einwohner. Während der Bezirk Kassel in der Zeitspanne bis 1933 einen Wanderungsverlust von 16.000 Einwohnern zu verzeichnen hatte, verbuchte der Bezirk Wiesbaden einen Wanderungsgewinn von 16.000 Köpfen.[3] Die dem Wiesbadener Bezirk zugehörige ehemalige freie Reichsstadt Frankfurt war mit 475.000 Einwohnern Mitte der 1920er Jahre bevölkerungsmäßig die fünftgrößte Stadt Preußens.

Der Volksstaat Hessen rangierte während der Weimarer Republik unter den (nach dem Zusammenschluss der thüringischen Staaten 1920 und der Angliederung Waldecks 1929 an Preußen) 17 Ländern/Stadtstaaten im Reich mit rund 7.700 km² flächenmäßig an achter Stelle und mit 1,35 Mio. Einwohnern (1925) nach der Bevölkerungszahl auf dem siebten Platz. Zwei der bis zu 66 Stimmen hatte das kleine Land im Reichsrat, der Ländervertretung. Das Land gliederte sich in drei Provinzen, den beiden rechtsrheinischen, durch eine Schiene Hessen-Nassaus (Frankfurt und Umland) getrennten Starkenburg (sieben Kreise) und Oberhessen (sechs Kreise) sowie dem linksrheinischen Rheinhessen (fünf Kreise).

Hinzu kamen der seit 1816 zur preußischen Rheinprovinz, hier dem Regierungsbezirk Koblenz zugehörige Kreis Wetzlar, der von hessischen Gebieten – sowohl von Hessen-Nassau und auch des Volksstaates – umschlossen war, und das halbsouveräne Fürstentum Waldeck-Pyrmont, das eine Fläche 1.120 km² und eine Einwohnerzahl (1925 ohne die 1922 abgetretene Grafschaft Pyrmont) von 59.000 umfasste. Das Fürstentum, seit 1893 von Fürst Friedrich regiert, stand aufgrund des Akzessionsvertrages von 1867, der 1877 und 1887 verlängert worden war, in preußischer Abhängigkeit. Waldeck und Wetzlar kamen in der Weimarer Zeit zu Hessen-Nassau (1929 bzw. 1932). Damit sind im Wesentlichen die Territorien benannt, aus denen im September 1945 die amerikanische Besatzungsmacht das geeinte Land Groß-Hessen schaffen sollte. Nicht dazu gehörten die im Zuge der Aufteilung Deutschlands in Besatzungsgebiete der französischen Zone zugesprochenen Distrikte, das linksrheinische Rheinhessen sowie vier rechts des Rhein liegende nassauische Kreise um Montabaur, die dann in das später begründete Rheinland-Pfalz eingegliedert wurden.

Es handelt sich bei der vorliegenden Darstellung also um eine Geschichte eines Raumes, den es politisch in sich geschlossen so gar nicht gegeben hat. Doch ist es legitim, *eine* Geschichte Hessens für die Zeit der ersten Republik vorzulegen, die den territorialen Rahmen des heutigen Landes als Betrachtungsgegenstand nimmt, gab es doch schon historische, institutionelle und ideelle Verschränkungen und Verbindungen. Bislang wurden immer die unterschiedlichen Territorien einzeln behandelt. Karl E. Demandt tat dies in seiner fabelhaften großen Geschichte Hessens.[4] Auch die wegweisenden Sammelbände mit Überblicken zu einzelnen Perioden der Gesamtgeschichte Hessens von Uwe Schultz und Walter Heinemeyer aus der Mitte der 1980er Jahre folgen dieser Unterteilung[5], mit dem auch das große Projekt „Handbuch der hessischen Geschichte" (hier: Vierter Band/Zweiter Teilband: Die hessischen Staaten bis 1945) startete. Dort findet sich neben den großen Überblicken zur preußischen Provinz Hessen-Nassau[6] und zum Großherzogtum bzw. Volksstaat Hessen[7] – im Folgenden wird das eigenständige Hessen zur Verdeutlichung zumeist mit dem Zusatz (-Darmstadt) versehen – auch ein eigenes Kapitel über Waldeck.[8] Alle reichen jeweils bis ins Jahr 1945, bei Waldeck freilich nur bis zur Angliederung an Preußen 1929.

Man wird also zunächst nicht von *der* hessischen Politik sprechen können, jedenfalls nicht bis zum Jahr 1933, als mit der Festigung der nationalsozialistischen Macht Nivellierungen durch Zentralisierung und Gleichschritt einsetzten, welche die politischen Unterschiede einebneten und nahezu gänzlich verwischten.[9] In der 2010 erschienenen Fortsetzung des Handbuches der hessischen Geschichte wird die gesamthessische Perspektive für einzelne Teilbereiche eingenommen.[10] Diese Schau auf das Hessen in seinen 1945 gezogenen Grenzen liegt auch der vorliegenden Darstellung zugrunde. Dabei rückt zwangsläufig der Volksstaat stärker als die preußische Provinz in den Fokus, denn in Darmstadt gab es Landesparlament und Regierung[11], wurden Kämpfe um Regierungs-

Hoffnungen auf Völkerfreiheit und Völkerfrieden:
Demonstrationszug in Darmstadt 1919.

politik ausgefochten, während Hessen-Nassau nur ein kleiner Teil eines großen Ganzen darstellte. Preußische Regierung[12] und preußischer Landtag saßen in Berlin; hier wurde die Politik beschlossen, bei der die Provinz lediglich ausführende Ebene darstellte.

Insgesamt bleibt trotz des allgemeinen Anspruchs einer gesamthessischen Betrachtung festzuhalten: Die vorliegende Studie ist nicht *die* Geschichte Hessens in den 14 Jahren der ersten Republik, sondern es ist *eine* Geschichte des hessischen Raumes, denn in Gänze kann sie in diesem begrenzten Rahmen nicht nachgezeichnet werden. Dabei geht es hier um die politische Geschichte. Determinierende wirtschaftliche, gesellschaftliche und soziale Entwicklungen finden nur insoweit Berücksichtigung, als diese die Politik herausforderten. Dabei geht es immer um die Frage, inwieweit die Geschichte Hessens typisch für die Zeit war oder ob sie sich durch Besonderheiten auszeichnete, Besonderheiten in der Stabilisierung oder aber auch Destabilisierung der Republik. Gab es hier allgemeine oder besondere Wegmarken und Tendenzen in der politischen Entwicklung und der politischen Kultur?

Hier liegt also einer von zahlreichen möglichen, ganz verschiedenartigen Gängen durch die politische Geschichte Hessens in der Weimarer

Republik vor – mit Seitenblicken auf zentrale soziale, ökonomische und gesellschaftliche Tendenzen und Interdependenzen, die wiederum Politik beeinflussten und von dieser beeinflusst wurden. Mancher wird seine Heimatregion oder seinen Heimatort in der Darstellung vermissen, die ebenso das Recht der Erwähnung gehabt hätten. Zahlreiche Autoren und Autorinnen[13], die für die Geschichte ihres lokalen Raums Beachtliches geleistet haben, werden ihre verdienstvollen Werke hier vergeblich suchen. Manche Lokalstudie hätte wie die angeführten Analysen auch Einfluss nehmen oder zumindest genannt werden können.[14] Aber das wäre schlicht nicht leistbar gewesen. Wenngleich die Geschichte Hessens letztlich auch die Summe lokaler und regionaler Entwicklungen ist, so kann die gesamthessische Perspektive, gewissermaßen von oben, sich der örtlichen und regionalen Ebene und dem dortigen Beispielhaften oder Prägenden nur sehr begrenzt widmen. Eine Vollständigkeit kann sie nicht erzielen. Sie kann nur vereinzelt die Lokalgeschichte aufgreifen. Das Entscheidende, das Charakteristische und das Besondere der Geschichte Hessens zwischen 1918 und 1933 herausgefiltert zu haben, ist die Hoffnung des Autors, der seine Sicht auf diese Periode des Landes hiermit vorlegt.

Leid und Leiden im Ersten Weltkrieg: verwundete Soldaten, untergebracht in einer zum Lazarett umfunktionierten Turnhalle in Weilburg, mit zwei Pflegerinnen.

1. Kriegslasten, Friedenssehnsucht und Demokratieerwartung

Als im August 1914 der vom Deutschen Kaiserreich wesentlich verschuldete Erste Weltkrieg ausbrach, sorgte eine allgemeine Siegeszuversicht für einen weite Kreise der Bevölkerung erfassenden Jubel. Der überwiegende Teil der Deutschen war sich sicher, dass die Truppen spätestens zu Weihnachten wieder Zuhause sein würden, und zwar siegreich. Das sollte sich als Irrtum herausstellen, denn erst vier Jahre und drei Monate später endete der Krieg – mit der Niederlage Deutschlands. Mehr noch: Die Monarchie stürzte im November 1918. An ihre Stelle trat umgehend die Republik.

Das „Augusterlebnis" sorgte bei vielen für ein Gefühl der Schicksalsgemeinschaft, der Einigkeit und Einheit über die Parteigrenzen und gesellschaftlichen Milieus hinweg.[15] Es hielt nicht lange. Auch das bei Kriegsausbruch 1914 von offizieller Seite gezeichnete und sich in vielen Fotografien widerspiegelnde Bild vom Kriegstaumel übertünchte, dass sich, vor allem in den Arbeiterhaushalten, auch Angst vor der ungewissen Zukunft und Sorge um die ins Feld ziehenden Männer und Söhne breitmachte. Mit der in den ersten Wochen vorherrschenden Begeisterung über die militärischen Anfangserfolge war es bald vorbei. Denn das „Feld der Ehre" wurde bald zum Massengrab für Hunderttausende. In den später an öffentlichen Gebäuden aushängenden Verlustlisten konnte dann nachgelesen werden, wen die menschenfressende Kriegsfurie hinweggerafft hatte. Für das heutige Hessen gibt es keine zuverlässigen Zahlen: Allein Frankfurt hatte 10.700 Kriegstote zu beklagen, für das Großherzogtum Hessen wurden 32.500 tote Soldaten errechnet, ein Achtel der Männer, die bei der Volkszählung 1910 zwischen 15 und 40 Jahren gewesen waren. Insgesamt ging die Bevölkerungszahl zwischen 1914 und 1919 wegen der Kriegsopfer und niedriger Geburtenraten zurück.

Im Krieg gesellte sich zur Sorge einer jeden Familie um die an der Front kämpfenden Angehörigen noch eine seit 1916 steigende Ernährungsnot.[16] Seit Beginn des Jahres 1915 waren einige Grundnahrungsmittel wie Brot und Mehl nur noch über Karten zu bekommen; 1916 betraf dies auch Butter, Milch, Käse und Eier. Im Sommer 1916 versorgten etwa

Am 7. August 1914 zieht das Leibgarde-Infanterie-Regiment 115 von Darmstadt aus in den Krieg – unter großer Beteiligung der Bevölkerung, aber ohne Jubelszenen, die Bilder aus anderen Orten vermitteln.

30 Kriegsküchen in Darmstadt ca. 3.000 Bürger der Stadt. Der nachfolgende eisige Winter ging als Kohlrübenwinter in die Geschichte ein.

Die von Hunger und Kälte getriebene Stadtbevölkerung versuchte, sich durch „Hamstern" auf dem Land und durch „Schleichhandel" das Nötigste zu beschaffen. Mit zunehmender Versorgungskrise wuchs das Misstrauen zwischen Land- und Stadtbevölkerung. Mochte es auf dem Land graduell ein wenig besser aussehen, so sank die Stimmung in der Heimat schließlich auf den Nullpunkt. 1916 kam es vereinzelt zu Lebensmittelunruhen, zu ersten Ausschreitungen bei der Nahrungsmittelausgabe. Der Hunger führte zum „Zerfall der Staatsautorität".[17] Im Frühjahr 1917 folgten wegen der Herabsetzung der Brotration – wie im ganzen Reich – auch in Hessen lokale Streiks und Demonstrationen gegen die zunehmend schlechter werdende Ernährungslage. Es häuften sich Gerüchte über Unregelmäßigkeiten bei der Lebensmittelverteilung, Korruption und Besserstellung der Verantwortlichen. Das waren untrügliche Zeichen, dass die Einheit der Kriegsgesellschaft aufzubrechen drohte. Der Wiesbadener Regierungspräsident meldete im April 1917 nach Berlin: „Die Stimmung der Bevölkerung ist ernst, die Friedenssehnsucht groß, das Vertrauen zur Heeresleitung unerschüttert." Zur gleichen Einschätzung kam sein Kasseler Kollege. Zwar leitete der Wiesbadener seinen Quartalsbericht vom Oktober des Jahres mit dem Satz ein: „Die Bevölkerung ist nach wie vor vom felsenfesten Vertrauen auf die Oberste Heeresleitung erfüllt." Er musste aber sogleich einschränkend hinzufügen: „Immerhin darf nicht geleugnet werden, wie in manchen Schichten die Stimmung neuerdings gedrückter geworden ist." Als Grund führte er die Lebensmittelknappheit an. Im April hatte er „schon manche Zeichen von Unterernährung" in den Städten und eine Zunahme der Todesfälle registriert.[18] So hielt das Lebensmittelamt in Offenbach im März 1917 fest, dass es für viele Einwohner bereits „um Leben und Tod" gehe.[19] Auch wenn sich die Klassenspannungen verschärften und es örtlich zu eruptiven Protesten kam, blieb es insgesamt doch verhältnismäßig ruhig an der „Heimatfront".

Auch die in Hessen an der Spitze der Gemeinden und Städte stehenden Kommunalpolitiker bemängelten das Versagen des Reiches in der Versorgung der Bevölkerung, beklagten die obrigkeitsstaatliche Bürokratie mit ihren extremen Effizienzverlusten, registrierten mit Unbehagen das scheinbar unaufhaltsame Vordringen der Militärbehörden in alle Lebensbereiche und in das Verwaltungshandeln, den enormen Machtzuwachs der militärischen Stellen im Bereich der Innenpolitik generell. Die Kriegsverwaltung durchdrang mit ihren Zwangsmaßnahmen das Leben in Stadt und Land – bis in jede Familie.

Der Kriegseinsatz in der Heimat verschaffte den im Kaiserreich ausgegrenzten Sozialdemokraten und Gewerkschaften Anerkennung, Letzteren im Besonderen mit dem Gesetz über den vaterländischen Hilfsdienst vom Dezember 1916. Dadurch wurden die kriegstauglichen Männer bis zum 60. Lebensjahr zum Kriegsdienst außerhalb der Truppe herangezogen. In den Ausschüssen zur Steuerung der Personalreserven wirkten auch die Vertreter der Gewerkschaften mit, die so auf die innerbetrieblichen und überbetrieblichen Belange Einfluss nehmen konnten.[20] Immer mehr ihrer Mitglieder gelangten in die kommunalen Ausschüsse, Kriegsämter und Kommissionen für Ernährung und Bewirtschaftung und konnten dort ihre Fähigkeiten unter Beweis stellen. Die praktische Kommunalpolitik war ein ideales Exerzierfeld für die Zusammenarbeit zwischen den bürgerlichen Parteien und den Sozialdemokraten, ging es doch hier um die Krisenbewältigung vor Ort, um die Regulierung der Alltäglichkeiten, um die Beschaffung von Lebensmitteln und die Festsetzung von Höchst-

Die Not wächst: Warteschlange vor einem Lebensmittelgeschäft in Wiesbaden.

preisen. Der Frankfurter Reichstagsabgeordnete Max Quarck (SPD) brachte das im Oktober 1916 auf einen Nenner: „Der Weltkrieg ist ein großer Demokrat. Während früher in Preußen ein Sozialdemokrat kaum Nachtwächter werden durfte, hat er uns die Beförderung von Sozialdemokraten zu Offizieren und die Mitregierung der Gewerkschaften in städtische und staatliche Wirtschaftsangelegenheiten gebracht."[21]

Der Krieg wirkte bei der gesellschaftlichen Anerkennung der im Kaiserreich lange als Reichsfeinde ausgegrenzten Sozialdemokraten wie ein Katalysator, andererseits forcierte er den innerparteilichen Spaltungsprozess der SPD. Im April 1917 trennte sich nach langen internen Kämpfen die USPD aus Opposition gegen die Burgfriedenspolitik von der Mutterpartei. Im August 1914 hatte sich die SPD im Reich und in Hessen im Glauben an einen Verteidigungskrieg in die nationale Abwehrfront eingereiht und den „Burgfrieden" geschlossen, mit dem man auf Aktionen gegen den Staat verzichtete. Gegen diese Stillhaltepolitik formierte sich eine immer größer werdende innerparteiliche Opposition, die zu Ostern 1917 den Schnitt vollzog und eine eigene Partei gründete. Damit war das Wirklichkeit geworden, was der auf dem rechten Flügel der SPD agierende Gießener Eduard David schon längst für notwendig erachtet hatte, nämlich die Burgfriedensgegner abzustoßen, das in seinen Augen den sozialdemokratischen Parteikörper schwächende „Geschwür" herauszuschneiden.²²

In Hessen war die neue linke Partei lokal vereinzelt zwar stark verankert (besonders in Hanau), rangierte aber insgesamt doch, wie die Wahlen von 1919 zeigen sollten, weit hinter der alten SPD, die bis in die letzten Kriegsmonate hinein die im August 1914 eingeschlagene Burgfriedenspolitik verteidigte, obwohl mit zunehmender Kriegsdauer die einst so geschlossen erscheinende Heimatfront kontinuierlich brüchiger wurde. Die Missstimmung offenbarte sich etwa in Frankfurt, als bei Nachwahlen zur Stadtverordnetenversammlung die Kandidaten der Linken in der SPD, die später zur USPD übergingen, gewählt wurden.²³ In der Mainmetropole formierte sich um den führenden Metallgewerkschaftler und Parteilinken Robert Dißmann, seit 1912 Sekretär im hessen-nassauischen Agitationsbezirk, die neue Kerntruppe der USPD.²⁴ Die Unabhängigen zogen Nutzen daraus, dass die von vielen in der Arbeiterbewegung so nachdrücklich geforderten politischen Reformen ausblieben. Denn zu mehr als unverbindlichen Absichtserklärungen war der Kaiser nicht zu bewegen.

In seiner Osterbotschaft 1917 kündigte Wilhelm II. zwar eine Änderung des Wahlrechts für das preußische Abgeordnetenhaus, der Zweiten Kammer des Landtages, an. Aber diese stellte er für die Zeit nach dem Krieg in Aussicht; „bei der Rückkehr unserer Krieger"²⁵ sollte die grundlegende Reform durchgeführt werden, wobei das ungerechte Dreiklassenwahlrecht in Preußen (und auch andernorts), das die männlichen Wähler nach Steueraufkommen in drei Klassen teilte, überwunden und zudem die unmittelbare und geheime Wahl der Abgeordneten eingeführt werden sollte. Das preußische Wahlrecht benachteiligte die SPD enorm. So fielen bei den Wahlen zum preußischen Haus der Abgeordneten vor dem Krieg in Hessen-Nassau fünf Prozent der Wähler in die erste, 15 Prozent in die zweite und gar 80 Prozent in die dritte Abteilung. Da jede Abteilung die gleiche Anzahl an Abgeordneten nominierte, wog die Stimme eines in der Ersten Klasse Wählenden 16mal so viel wie die eines der Dritten Klasse zugeordneten Wählers.²⁶ Und der sozialdemokratische Arbeiter mit geringeren Steuerzahlungen gehörte eben in die Dritte Klasse.

Im Gegensatz zu Preußen wurde im Großherzogtum 1911, das eine undemokratische Unterteilung der Wählerschaft nach Steuerlast nicht kannte, eine bescheidene Wahlrechtsreform durchgeführt. Hier galt die Verfassung von 1820²⁷, wonach sich die Landstände (Landtag) aus zwei Kammern zusammensetzten: Die Erste Kammer bestand aus erblichen (adligen) Vertretern, daneben weiteren, die kraft Amt einen Sitz hatten, sowie aus den vom Großherzog ernannten Mitgliedern. Die zunächst 50 Abgeordneten der Zweiten Kammer wurden gewählt, alle drei Jahre jeweils zur Hälfte. Der aus diesen zwei Kammern bestehende Landtag besaß zwar Mitwirkungsrechte bei der Gesetzgebung und bei der Budgetbewilligung, aber die Gesetzesinitiative lag bei der großherzoglichen Regierung. Die Volksvertreter konnten nur über Petitionen die Regierung zum Gesetzeshandeln auffordern; das Großherzogtum war eben „eine konstitutionelle Monarchie, keine parlamentarische".[28] Es blieb dabei: Der Monarch hatte „stets das letzte Wort".[29]

Bei der Reform von 1911 trat an die Stelle der indirekten Wahl eine direkte und geheime mit Stichwahl bei fehlender absoluter Mehrheit eines Kandidaten im ersten Wahlgang. Zwar passte man durch Erhöhung der Anzahl der Abgeordneten für die überproportional expandierenden größeren Städte die Wahlkreiseinteilung den demographischen Verschiebungen an (von 50 auf zunächst 58) und gewährte allen (männlichen) Steuerzahlern ab dem 25. Lebensjahr das Wahlrecht. Doch damit war der Reformwille auch schon erschöpft.

Dieser letztlich unzulängliche Versuch einer Demokratisierung des überkommenen Wahlrechts sicherte darüber hinaus den über 50-jährigen Wählern unter dem Deckmäntelchen der „Lebenserfahrung" eine zusätzliche Stimme – Sozialdemokratie war eben vor allem eine Bewegung der jungen Arbeiter, die eine solche Zusatzstimme nicht erhielten. Zudem wusste der Gesetzgeber wohl, was 1919 ein Abgeordneter der liberalen Deutschen Demokratischen Partei (DDP), Reinhard Strecker, vor der verfassunggebenden Volkskammer in Hessen(-Darmstadt) in seiner Kritik an der Novellierung 1911 herausstrich, dass nämlich vor dem Krieg die durchschnittliche Lebenserwartung eines Arbeiters bei 46 Jahren gelegen habe – damit weit unter dem anderer Bevölkerungskreise – und er im Schnitt gar nicht erst das für eine Zweitstimme berechtigende Alter erreicht habe.[30]

Während das Großherzogtum 1911 zumindest einen kleinen wahlrechtlichen Schritt der Reform wagte, geschah in Preußen nichts. Angesichts der Aussichtslosigkeit einer Kandidatur dachte die SPD bis 1903 gar nicht erst daran, bei den Wahlen überhaupt ins Rennen zu gehen. 1908 gelang es den Sozialdemokraten in Preußen erstmalig, Mandate für das preußische Abgeordnetenhaus zu erringen, allerdings auch diesmal nicht in Hessen-Nassau, was so bis zum Ende des Kaiserreiches bleiben sollte. Gegen das Dreiklassenwahlrecht war die SPD Sturm gelaufen. Sie hatte in vielköpfigen Wahlrechtskundgebungen die Massen auf die Straße gebracht. So fanden im Stadt- und Landkreis Frankfurt die ersten Demonstrationen gegen das Dreiklassenwahlrecht im Januar 1906 statt. In den nächsten Jahren wuchs die Zahl der Teilnehmer. Das Jahr 1910 begann mit einer Reihe von Veranstaltungen, wobei die Polizei mitunter scharf eingriff und zahlreiche Versammlungsteilnehmer verletzte, was wiederum einen erhöhten Zuspruch bei den nächsten Protestumzügen zur Folge hatte. Höhepunkt war zweifelsohne der 27. Februar, als dem Aufruf von SPD und linksliberalen Parteien eine auf 60.000 Köpfe geschätzte Menge folgte und für eine der größten Demonstrationen Frankfurts vor dem Ersten Weltkrieg sorgte.[31] Aber es sollte sich auch im Krieg nichts tun. Die kaiserlichen Vertröstungen entschärften die Krisenstimmung im Innern nicht, sie verstärkten diese nur.

Die Kunde von der kaiserlichen Reformbereitschaft motivierte die hessische Sozialdemokratie zu einem Vorstoß im darmstädtischen Landtag. Die schlummernde Wahlrechtsfrage war nun wieder Thema. Als Großherzog Ernst Ludwig im März 1917 sein 25-jähriges Thronjubiläum feierte, lobte der Präsident der Zweiten Kammer, der Nationalliberale Heinrich Köhler, die Jahre unter dem Regenten als eine Zeit des Fortschritts und der Blüte. In diese Lobeshymnen auf den nach wie vor populären Großherzog stimmte die Sozialdemokratie aber nicht ein. Ihre Abgeordneten blieben dem Festakt fern. Ende April des gleichen Jahres untermauerte die SPD-Landtagsfraktion ihr Verlangen nach Einführung des allgemeinen und gleichen Wahlrechts. Die SPD im Volksstaat wurde geführt vom in Offenbach ansässigen Carl Ulrich, einem alten Haudegen der Arbeiterbewegung, einem Mann der ersten Stunde der Sozialdemokratie; 1885 war Ulrich gemeinsam mit dem Mainzer Franz Jöst als erster Sozialdemokrat in den Landtag gewählt worden. Ab 1890 saß er (mit Unterbrechung zwischen 1903 und 1907) im Reichstag und gehörte seit 1896 auch dem Stadtparlament Offenbachs an. Die Galionsfigur der Arbeiterbewegung in Hessen(-Darmstadt) sollte wesentlich den Weg in die Demokratie bahnen.[32]

Die SPD fand in ihren Forschungen die Unterstützung der linksliberalen Fortschrittspartei, die das sozialdemokratische Vorpreschen noch erweiterte, indem sie eine vollkommene „Umgestaltung und Weiterbildung der Rechte des Volkes im Staat, in den Kreisen und in den Gemeinden" und hierfür die Einsetzung eines besonderen Ausschusses

Mobilisierung aller Kräfte: Frauen und Kinder stellen in einer Munitionsfabrik in Ober-Ramstadt (südöstlich von Darmstadt) Granaten her.

forderte.[33] Wie auch auf Reichsebene im Reichstag, wo sich Zentrum, Liberale und Sozialdemokraten im Juli 1917 zu einem informellen Kooperationsgremium, dem Interfraktionellen Ausschuss, zusammenfanden und ihre Politik – wenn auch ohne große Durchschlagskraft – abstimmten, brach auch im Hessischen die Frontstellung der bürgerlichen Parteien gegenüber der Sozialdemokratie aus der Vorkriegszeit auf. Im Oktober 1917 erfolgte dann die Einsetzung eines von allen Fraktionen der Zweiten (gewählten) Kammer des großherzoglichen Landtages beschickten 14-köpfigen Verfassungsausschusses.

Die Kommission sollte auf die weitere verfassungsrechtliche Entwicklung keinen nachhaltigen Einfluss ausüben, denn erst ein Jahr später signalisierte das großherzogliche Staatsministerium die Bereitschaft des Regenten zur Umsetzung von Reformen, um das Staatswesen auf eine neue verfassungsmäßige Grundlage zu stellen. In der Zwischenzeit hatte sich sowohl die Lage an der Front als auch in der Heimat dramatisch verschlechtert.

Die Stimmung sank auch deshalb so tief, weil sich das monarchische System als vollkommen unfähig zu demokratischen Reformen erwies und politisch erstarrte. Zu Beginn des Jahres 1918 erschallte der Ruf nach

Frieden, Freiheit und Brot immer lauter. Im Januar schwappte die von den großen Streiks in den Berliner Munitionsbetrieben ausgehende Welle bis in die Provinz. Etwa 12.000 Arbeiter traten in Kassel, als Sitz des stellvertretenden XI. Armeekorps eine der militärischen Zentralen in der Heimatfront des Reiches und von jeher wichtige Rüstungsproduktionsstätte, in den kurzfristigen Ausstand.[34] In Frankfurt, das im Verlauf des Krieges zu einem Zentrum der Rüstungsindustrie wurde, legten nur etwa 150 Munitionsarbeiter eines Betriebes die Arbeit nieder. Die örtliche SPD organisierte eine stark besuchte Kundgebung, die in einer Resolution die Sympathie mit den Streikenden in Berlin bekundete, aber nicht zum Streik aufrief. Zugleich wurde die Forderung nach Demokratisierung des Reiches und nach einem „Frieden ohne Annexionen" – eben ohne Gebietsgewinn – erhoben[35], der nach dem aus Kassel stammenden Sozialdemokraten Philipp Scheidemann weithin als „Scheidemann-Frieden" bezeichnet wurde. Der glänzende Redner Scheidemann stieg im Ersten Weltkrieg zum prominentesten und populärsten Sozialdemokraten im Reich auf und wurde nach der Parteispaltung 1917 zum SPD-Vorsitzenden neben dem 1913 gewählten Friedrich Ebert bestimmt.

Bereits im Oktober 1916 hatte die SPD in Frankfurt in einer von 10.000 Teilnehmern besuchten Großkundgebung, zu der auch prominente Köpfe der Berliner Parteizentrale wie der spätere preußische Ministerpräsident Otto Braun und der spätere Reichskanzler Hermann Müller gekommen waren, nachdrücklich einen Verständigungsfrieden gefordert.[36] Ende September 1917 fand dort eine weitere, gemeinschaftlich von SPD, Zentrum und Fortschrittspartei getragene große Friedensdemonstration mit mehreren Zehntausend Teilnehmern statt. Die Kasseler Sozialdemokraten hatten im August 1916 für eine solche Aktion 9.000 Menschen auf die Straße gebracht.[37] Im Gegensatz dazu ereigneten sich in der Beamten- und Soldatenstadt Darmstadt zwischen 1916 und 1918 kaum Proteststreiks. So lobte der großherzogliche Innenminister Friedrich von Hombergk vor einem Ausschuss des Landtages Ende Januar 1918 die besonnene Haltung der hessischen SPD-Parteileitung, die dazu beigetragen habe, dass es im Großherzogtum nicht zu einem solchen „bedauerlichen Demonstrationsstreik" gekommen sei.[38] Dort wie generell auch in den Städten im Nassauischen nahm man den Berliner Streik vom Januar 1918 lediglich zur Kenntnis.

Hatte die Mehrheit der Deutschen 1914 noch geglaubt, um der Verteidigung willen in den Krieg gezogen zu sein, so wurde dies durch eine immer zügelloser werdende Kriegszieldiskussion im Innern in Frage gestellt. Mit Kriegszielforderungen preschte besonders die Anfang September 1917 gegründete Deutsche Vaterlandspartei vor, die den Schein des Verteidigungskrieges endgültig ad absurdum führte.[39] Das Auftreten der besonders in Kassel starken Vaterlandspartei bewirkte eine Verhärtung der innenpolitischen Fronten. Vor dem hessen-darmstädtischen Landtag mahnte der Zentrumsführer Otto von Brentano nach dem Sieg gegen das Zarenreich im Osten, der in den von den Deutschen diktierten deutsch-russischen Friedensvertrag von Brest-Litowsk (März 1918) mündete, der Kriegszieldiskussion Einhalt zu gebieten und zu einem „ehrenvollen Verständigungsfrieden" zu kommen, also auf territoriale Erweiterungen zu verzichten, aber auch „keinen Quadratmeter Landes, auch nicht in Bezug auf die Kolonien" preiszugeben.[40] Wenige Monate später brachen sich Unmut und Friedenssehnsucht Bahn, denn die Durchhalteparolen erreichten die Bevölkerung nicht mehr: „Die Zustände werden immer unhaltbarer und wuchs die Unzufriedenheit im Lande immer mehr", notierte ein Chronist in Waldeck.[41] Die durch den Krieg ausgelöste Traumatisierung betraf über die Soldaten hinaus eben auch die Zivilbevölkerung.[42]

Die Reichsleitung erstarrte in Agonie. In vollkommener Verkennung der aussichtslosen militärischen Lage und der zunehmenden gesellschaftlichen Aufheizung forderten Rektor und Senat der Universität Gießen und der Technischen Hochschule Darmstadt im Oktober 1918 zu „Einheit und Einigkeit für Kaiser und Reich!" und zum „Vertrauen zu den Männern, die Deutschlands Geschicke" leiteten, auf.[43] Das Vertrauen aber hatte die politische Führung zu diesem Zeitpunkt nahezu gänzlich verspielt.

Trotz anfänglicher Erfolge bei der letztlich fehlgeschlagenen deutschen Frühjahrsoffensive 1918 trübte sich die Stimmung, wie in einer Limburger Volksschulchronik zu lesen war: „So treten Verzagtheit und Missmut trotz der Waffenerfolge immer stärker auf."[44] Und seit dem Sommer 1918 grassierte zudem die Tod bringende „spanische Grippe". Die „arge Seuche", wie der Marburger Theologieprofessor Martin Rade nach dem Verlust seiner der Epidemie zum Opfer gefallenen Tochter schrieb, raffte unzählige Menschen dahin.[45] Vier Jahre Krieg, vier Jahre Entbehrung und Not, die die soziale Kluft vergrößert und die Klassengegensätze verschärft hatten, schlugen im November 1918 in Revolution um.

Am 26. Oktober 1918, genau ein Jahr nach Einsetzung des Verfassungsausschusses und im Moment der höchsten innenpolitischen Erosion, verkündete der hessische Staatsminister Carl von Ewald, dass der Großherzog die parlamentarische Umgestaltung der Verfassung akzeptiere und dass die Regierung ihre Demission anbiete. Damit wollte Hessen dem Reich folgen, wo Anfang Oktober unter Prinz Max von Baden erstmals eine parlamentarisch abgestützte Regierung mit Sozialdemokraten, darunter auch Philipp Scheidemann, aus der Taufe gehoben und mit den Ende Oktober verabschiedeten Reformen die lang angemahnte Demokratisierung verankert worden war. Doch die Reformen im Reich und die Bereitschaft des Großherzogs, auch in Hessen(-Darmstadt) durchgreifende Neuerungen in Richtung Demokratie vorzunehmen und eine mit dem Landtag abzustimmende Regierung einzusetzen, kamen viel zu spät. Sie erzielten bei der kriegsmüden Bevölkerung keine stimmungsaufhellende Wirkung mehr. So besaßen Carl Ulrichs Worte vom 29. Oktober 1918 große Berechtigung, als er vor dem Landtag auf sofortige demokratische Reformen mit der Mahnung drängte, dass man des Öfteren mit Entscheidungen „zu spät gekommen" sei.[46] Das war man in der Tat – wiederum.

Sozialdemokratie und Fortschrittspartei forderten die parlamentarische Monarchie, wobei der Großherzog auf rein repräsentative Aufgaben beschnitten werden, das Recht der Gesetzgebung allein beim Landtag liegen und die Regierung von der Volksvertretung bestimmt werden sollte. Am 31. Oktober verlangte eine Konferenz von SPD-Vertrauensleuten im Großherzogtum die Ausschaltung der Krone als gesetzgebender Faktor, aber eben nicht die Abschaffung der Monarchie als Ganzes. Das schlug sich auch in dem Entwurf zur Verfassungsreform nieder, der auf Transformation des Obrigkeitsstaates in den Volksstaat abzielte, wie Ulrich am 7. November 1918 vor dem Landtag unterstrich.[47]

Auch in anderen Ländern des Reiches wurden angesichts der zunehmenden Desintegration und im Sog der Berliner Entwicklung noch kurz vor Toresschluss überstürzt neue Regierungen unter Einbeziehung von Sozialdemokraten gebildet – in Sachsen am 26. Oktober, in Württemberg am 6. November – oder zumindest Reformen angekündigt wie im Großherzogtum Baden. In Bayern stimmte König Ludwig III. den zwischen Regierung und Landtagsfraktionen ausgehandelten Fortschritten zu; der Weg in eine parlamentarische Regierung war eigentlich frei.

Doch all diesen Neuerungen oder Plänen haftete von vornherein ein Manko an: Sie kamen viel zu spät. Die Chance für eine durch eine entschlossene und rechtzeitige Reformpolitik umgesetzte Demokratisierung der monarchischen Ordnung war längst verspielt. Auch auf der großherzoglichen Regierung und insbesondere dem zögerlichen Landesherrn lastete der Vorwurf einer Fehleinschätzung der politischen Gesamtlage. Angesichts von Stagnation und revolutionärer Gärung, die ein unkontrollierbares Chaos befürchten ließen, setzte die SPD alles auf eine Karte. Sie wollte die Regie übernehmen und das Schicksal des Reiches nicht der Straße überlassen. Am 7. November nun drängte Ulrich, die Neuerungen, den Übergang in den Volksstaat, so schnell und so gründlich wie möglich zu vollziehen, während andere Abgeordnete des bürgerlichen Lagers in völliger Fehleinschätzung meinten, dass noch erst eine „Vertagung" des Parlaments erforderlich sei, um sich noch eingehend beraten zu können.[48] Zeit zur Beratung aber stand nun wahrlich nicht mehr zur Verfügung. Entschlossenes Handeln war notwendig. Doch man zögerte.

Auch in Hessen setzte selbst noch die SPD bis zuletzt auf einen reibungslosen Übergang in den monarchischen Reformstaat. So wirklich eilig schienen es die Verantwortlichen aber nicht gehabt zu haben. Am 8. November verabschiedete die Zweite Kammer die vom Verfassungsausschuss einstimmig beschlossenen Verfassungsänderungen, die 14 Punkte umfassten. Die Wertigkeit der Zweiten Kammer sollte gegenüber der nunmehr auch zu wählenden Ersten Kammer erhöht, die Minister auf Vorschlag der Zweiten Kammer ernannt werden, also die Regierung parlamentarisch gebunden sein. Übereinstimmende Beschlüsse von Erster und Zweiter Kammer sollten Gesetzeskraft erlangen; wenn die Erste einem Beschluss der Zweiten nicht zustimmte, hätte diese den Einspruch mit Zweidrittelmehrheit zurückweisen können. Die Zweite Kammer sollte alle fünf Jahre nach dem Verhältniswahlrecht ganz erneuert werden. Dieses sollte auf Landesebene das den Wählerwillen verzerrende, vor allem die SPD benachteiligende Mehrheitswahlsystem ersetzen und auch in den unteren Ebenen eingeführt werden. Nicht nur für den Zentrumsabgeordneten Brentano wäre mit der Umsetzung der Reformen die „Umwandlung des Obrigkeitsstaates in den Volksstaat [...] eingeleitet und vollzogen" worden.[49] Mit neuem Selbstbewusstsein forderte das Parlament sogleich von der großherzoglichen Regierung die Einsetzung eines Staatsrates, für den man einstimmig zehn Männer aus seinen Reihen vorschlug. Doch die Chance für ein durch Verordnung von oben erwirktes Hinübergleiten in die Demokratie war vertan. Der am 8. November von Ernst Ludwig berufene Allparteien-Staatsrat aus je zwei Mitgliedern der fünf Landtagsfraktionen trat zwar am Mittag des

9. November zusammen, erlangte aber keine Bedeutung mehr. Denn der in den von Matrosen in den Marinestützpunkten an Nord- und Ostsee entfachte revolutionäre Funke griff nun auch auf Hessen über. Die Monarchie sollte gänzlich ausgelöscht werden und der parlamentarischen Demokratie Platz machen. Die Entscheidung fiel in Berlin. Weniger Einsicht in die politischen Notwendigkeiten als Großherzog Ernst Ludwig offenbarte sein Vetter, Kaiser Wilhelm II. Am 31. Oktober 1918 trafen sich der erst seit vier Wochen amtierende Reichskanzler Max von Baden und Ernst Ludwig in der Reichshauptstadt. Vordringliches Thema des vom Kanzler gewünschten Gesprächs war die Abdankung des Kaisers. Zwar teilte der Hesse die Ansicht des Badeners, dass ein Rücktritt Wilhelms II. unabdingbar sei, wenn die Dynastie die eruptive Situation überstehen sollte, doch wollte er persönlich nicht den Sendboten des Unheils spielen und seinem im Großen Hauptquartier im belgischen Spa weilenden Cousin den Thronverzicht nahelegen. Auch der vom Reichskanzler als künftiger Regent anstelle von Wilhelm II. ins Auge gefasste, vom finnischen Parlament wenige Wochen zuvor zum König gewählte Landgraf Friedrich Karl von Hessen(-Kassel), der als politisch aufgeschlossen galt, lehnte es nach anfänglicher Bereitschaft ab, als Unglücksüberbringer zu seinem Schwager, dem Kaiser, zu reisen.[50]

Monarchie und Monarch verloren zum Kriegsende hin rapide an Ansehen, was der Kaiser und seine Getreuen bis zuletzt nicht wahrhaben wollten. Als Wilhelm II. im Spätsommer 1918 bei einem Aufenthalt im Schloss Wilhelmshöhe einigen Kasseler Fabriken wie den Henschel Lokomotivwerken, die 1917 auch mit dem Bau von Geschützen beauftragt worden waren, einen Besuch abstattete, sei er von den Arbeitern noch freudig begrüßt worden: „Alle nicht unbedingt an ihren Platz gefesselten Arbeiter folgten und drängten sich um ihn. Freude leuchtete aus aller Augen, aber der Glücklichste war der Kaiser." So zumindest erinnerte sich Kurt von Lersner, Verbindungsmann des Reichskanzlers und des Auswärtigen Amtes zur obersten militärischen Führung, als Augenzeuge dieser Geschehnisse.[51] Geraume Zeit später, am 28. September, sollte der Kaiser Kassel, wo er dereinst 1876 das Abitur abgelegt hatte[52], verlassen und nie wieder zurückkehren. Wenige Wochen später wurde er vertrieben und ging ins Exil in die Niederlande – für immer.

Hatte Lersner, der spätere Reichstagsabgeordnete der rechtsliberalen Deutschen Volkspartei (DVP), hier wirklich richtig beobachtet? Zweifel sind angebracht. Denn nur geraume Zeit später erscholl gerade aus den

Revolution – auch im Taunusstädtchen Oberursel, wo sich am 11. Noember 1918 etwa 2.000 Einwohner auf dem Marktplatz versammeln.

Reihen der Arbeiterschaft der Ruf nicht nur nach Frieden und Brot, sondern auch nach Abdankung des Kaisers, der immer mehr als das eigentliche Hemmnis für den ersehnten Frieden betrachtet wurde, denn die Siegermächte wollten nicht mit Wilhelm II. den Frieden schließen. In Hanau etwa fanden Friedensdemonstrationen statt, am 22. Oktober eine der MSPD und eine Woche darauf eine der USPD. Eine der eindrucksvollsten Kundgebungen spielte sich am Nachmittag des 8. November in Offenbach ab, wo mehrere Tausend ihre Arbeit niederlegten und auf dem Alice-Platz zusammenströmten, um unter sozialdemokratischer Führung Waffenruhe und Demokratie zu fordern.[53] Selbst in kleineren Städten artikulierte sich Protest: In Oberursel legten am gleichen Tag 1.000 Arbeiter einer Motorenfabrik die Arbeit nieder und verlangten auf ihrer Protestversammlung eine bessere Versorgung und eine Änderung der politischen Verhältnisse: Es ging ihnen um die Republik.[54] In der Heimat und an der Front griff immer mehr Kriegsverdrossenheit um sich, getragen von der Erkenntnis, dass der Frieden nicht mit denen erreicht werden konnte, die Deutschland im August 1914 sehenden Auges leichtfertig in den Weltenbrand geführt hatten. Das alte Reich brach im revolutionären Sturm wie ein Kartenhaus zusammen.

An diesem 8. November vertagte sich der darmstädtische Landtag noch mit der Zuversicht, sich am 12. November gegen 10 Uhr wieder zu versammeln.⁵⁵ Ein Irrglaube. Als in den Nachmittagsstunden des 8. November Darmstadts Oberbürgermeister Wilhelm Glässing politische und militärische Vertreter zu einer Besprechung über die Lage begrüßte, an der auch der Großherzog, der erst am 7. November aus Schloss Wolfsgarten in der Nähe von Langen gekommen war, teilnahm, sprach der Gewerkschaftsfunktionär und SPD-Stadtverordnete Heinrich Delp, der spätere Bürgermeister von Darmstadt (1926–1933) und Landtagspräsident ab 1928, davon, dass die Stimmung innerhalb der Arbeiterschaft ruhig und besonnen sei. Der Stadtkommandant berichtete dabei von Disziplin und Ordnung in den Kasernen. Beides entpuppte sich als Fehleinschätzung. Denn kurz darauf kam der Anruf, dass sich im Militärlager in Griesheim vor den Toren Darmstadts ein Soldatenrat gebildet hatte. Und in der Nacht drohten geschätzte 5.000 Soldaten das Neue Palais zu stürmen und den Großherzog festzusetzen, was Delp mit einer Beschwichtigungsrede gerade noch verhindern konnte. Es brodelte, zusehends, was auch außerhalb der Metropolen von den Verwaltungen registriert wurde: Beunruhigt über die Meldungen aus dem Reich empfahl das Kreisamt Bensheim am 9. November den Bürgermeistern seines Sprengels, Bürgerwehren zu bilden, um Unruhen und Plünderungen zu vermeiden. Zur Bildung einer Bürgerwehr kam es nicht mehr, denn auch im Kreisstädtchen an der Bergstraße bildete sich am 10. November ein Arbeiter- und Soldatenrat, der das Heft in die Hand nahm.⁵⁶

Das Ende der Monarchie stand unmittelbar vor der Tür. „Revolution!" titelte der „Hessische Volksfreund", die Darmstädter SPD-Zeitung, schon am 8. November.⁵⁷ Sie kam auch ins Hessische. Und sie sollte den Systemwechsel bringen, denn es war keineswegs nur eine „Massenkomödie, ausgeführt von dummen Jungens", wie der Direktor des Frankfurter Lebensmittelamtes Alfred Schmude in totaler Verkennung von Wucht und Breite der revolutionären Bewegung am 9. November in sein Tagebuch notierte.⁵⁸ Dieser Tag markierte das Ende des deutschen Kaiserreichs nach einer fast 48-jährigen Lebensdauer – unumkehrbar. Der Systemwechsel vollzog sich ohne Verwerfungen: „[Es] hat jetzt bei uns eine große Umwälzung stattgefunden [...]. Deutschland ist kein Kaiserreich mehr, es ist mit einem Schlag demokratisiert. [...] es verläuft alles ruhig u. ohne Blutvergießen", schrieb ein Griesheimer Händler am 10. November seinem Sohn an der Front, ohne das Wort „Revolution" zu verwenden.⁵⁹

Aber es war eine. Und der Krieg endete. Am 11. November wurde im französischen Compiègne der Waffenstillstand unterzeichnet, für die deutsche Seite nicht von den verantwortlichen Militärs, sondern durch den Zivilisten Matthias Erzberger, den Staatssekretär (Minister) der nun nicht mehr existierenden Regierung Max von Baden. Genau an diesem Tag verstarb der letzte Kriegstote aus Hanau in einem Lazarett in Ratzeburg. Er erlag seinen Verwundungen, die er im Mai des Jahres auf der Krim erhalten hatte.[60]

Die Träger der Revolution: Arbeiter- und Soldatenräte, hier eine Sitzung des Rates der Stadt Höchst am Main (heute Stadtteil von Frankfurt) im dortigen Bolongaropalast.

2. Revolution zwischen Aufbruch und Kontinuität

„Schicksalswende! Die Zeit ist aus den Fugen. Es bricht alles um uns herum zusammen. Wir durchleben diese Tage einer völligen Umwälzung in Deutschland wie in einem Taumel; so schnell überstürzen sich die Ereignisse. [...] es gibt keinen Zweifel mehr, dass die Revolution auf der ganzen Linie siegreich ist. Wir haben uns mit ihr als einer gegebenen Tatsache abzufinden." Mit Realitätssinn resümierte hier das bürgerlich-liberale „Wiesbadener Tagblatt" am 11. November 1918, zwei Tage nach dem unrühmlichen Abgang von Wilhelm II., die Lage.[61] Wohin die Reise gehen sollte, hatte die „Volksstimme", die Tageszeitung der Frankfurter SPD, am 9. November verkündet: „Voran zur deutschen Republik".[62] Der Weg sollte ein steiniger sein – und nicht wenige weigerten sich, ihn mitzugehen.

Das wilhelminische Reich stürzte an eben diesem 9. November in den Abgrund: Kaiser Wilhelm II. dankte notgedrungen ab, Prinz Max von Baden übertrug dem SPD-Vorsitzenden Friedrich Ebert die Reichskanzlerschaft, Eberts Mitvorsitzender Philipp Scheidemann rief vom Reichstag in Berlin die Republik aus. Damit stieß der Kasseläner das Tor in die neue Staatsordnung weit auf. Seine Tat kann daher in ihrer Bedeutung nicht hoch genug veranschlagt werden.[63]

Einen Tag später machte sich eine SPD-Delegation aus der nordosthessischen Kreisstadt Eschwege in die Provinzhauptstadt Kassel auf, um „nähere Aufklärungen einzuholen" und um sich der „Bewegung, die sich gegenwärtig im Reich vollziehe", anzuschließen.[64] Die „Bewegung" – damit waren die sich überall bildenden Arbeiter- und Soldatenräte gemeint, die in den größeren und mittleren Städten schon die Macht übernommen hatten, auch im hessischen Norden. Doch die Eschweger wandten sich nicht an den einen Tag zuvor in Kassel gebildeten Arbeiter- und Soldatenrat als der nun entscheidenden Instanz, sondern – beinahe pflichtgemäß und obrigkeitstreu – an den noch amtierenden königlich-preußischen Regierungspräsidenten Percy Graf von Bernstorff. Der Staatsdiener, der sich bereits den neuen Gegebenheiten angepasst hatte und sich tags darauf dem Revolutionsorgan in Kassel unterstellte, erläuterte die Lage, entließ die sozialdemokratischen Kundschafter mit der Aufforderung, dass der zu bildende Arbeiter- und Soldatenrat in Eschwege für den dortigen Kreis zuständig sein müsse und dem (zentralen) Arbeiter- und Soldatenrat in Kassel unterstehe. Wie aufgetragen, konstituierte sich am nächsten Tag in Eschwege ein Arbeiter- und Soldatenrat. Die Revolution hielt damit auch im Werrastädtchen Einzug, so ganz und gar nicht romantisch-revolutionär, nicht mit Donnerhall, sondern vollkommen unblutig, ruhig, eher wie ein verwaltungsmäßiger Akt. Es war eben keine Revolution „im alten romantischen Sinn der Barrikaden- und Straßenkämpfe, also der Gewaltsamkeit".[65] Sie blieb ohne dramatische Zuspitzung.

Die Revolution kam in Hessen wie im Reich nahezu lautlos daher und verlief ohne Blutvergießen. Kassels seit 1913 amtierender liberaler Oberbürgermeister Erich Koch-Weser notierte zum 9. November in sein Tagebuch: „Das also war der denkwürdige Tag, an dem die alte Ordnung hier so beschämend zusammengebrochen ist. Der Arbeiter- und Soldatenrat ist gegründet und hat die Herrschaft in der Stadt an sich genommen. Auch die militärischen Behörden haben sich gefügt. Die Sache ist in der Form vor sich gegangen, dass hier heute Morgen aus Köln Soldaten angekommen sind, die die Bahnhofswache, die angeblich aus zuverlässigen Leuten der Garnison bestand, entwaffnet haben, ohne auf Widerstand zu stoßen.[...] Inzwischen hat sich auch die hiesige Garnison und die hiesige Arbeiterschaft auf den gleichen Standpunkt gestellt."[66]

Wie in Kassel, so geschah es auch andernorts in Hessen. In den Tagen um den 9. November herum übernahmen die spontan gebildeten Arbeiter- und Soldatenräte die Macht. Der Anstoß war vielerorts von Seiten der stationierten oder von außen in die Städte einziehenden Soldaten gekommen. Ortsfremde Militäreinheiten im Lager Griesheim bildeten im nahen Darmstadt, Garnisonstruppen in Wiesbaden, und zwar dort im Kurbad (angefeuert von den am 9. November aus Köln angekommenen Marinesoldaten), erste Soldatenräte, denen sich alsbald Arbeiterräte anschlossen. Mit dem Einrücken der französischen Besatzungsbehörden am 13. Dezember 1918 endete in Wiesbaden die „kurze Revolution", die Zeit des Soldatenrates, schon nach fünf Wochen: Vier Tage zuvor, am 9. Dezember, hatte das Revolutionsorgan die rote Fahne am Stadtschloss wieder eingeholt; die Franzosen lösten die Volkswehr auf.[67]

Nach Frankfurt gelangten zwei Trupps von meuternden Matrosen, die „Sturmvögel der Revolution"[68] – die ersten am Abend des 7. November mit dem fahrplanmäßigen Zug aus dem Norden eintreffend –, und schürten das in der Mainmetropole nur schwach glimmende revolutionäre Feuer mächtig an. Wie sehr auch die linkssozialistische USPD von der Situation überrascht war, zeigte sich daran, dass ihr führender Mann Robert Dißmann just an diesem Tag zu einer Sitzung des USPD-Spitze nach Berlin gefahren war.[69] Im militärischen Oberzentrum Kassel, in dessen Schloss Wilhelmshöhe die Oberste Heeresleitung (OHL) unter Generalfeldmarschall Paul von Hindenburg am 14. November Quartier beziehen sollte[70], gründete sich in der Nacht vom 8. auf den 9. November ein Arbeiter- und Soldatenrat unter mehrheitssozialdemokratischer Führung, der sich schon bald für ganz Kurhessen zuständig erklärte. Am 12. November wurde die Einsetzung einer parlamentarischen Vollversammlung aus je 300 Soldaten und Arbeitern beschlossen. In Darmstadt bildete sich nach einer Kundgebung der Arbeiterschaft am Vormittag des 9. November ein Arbeiter- und Soldatenrat. Auch in den anderen Städten stellten sich die weithin von der Revolution überraschten, in Kommunalpolitik erprobten und erfahrenen sozialdemokratischen und gewerkschaftlichen Funktionäre umgehend an die Spitze der Bewegung, um ein drohendes Chaos zu vermeiden. In Frankfurt konstituierte sich nach heftigen Auseinandersetzungen zwischen den sich befehdenden sozialdemokratischen Lagern SPD und USPD ein von beiden Parteien gebildeter Revolutionsrat. Vergeblich verweigerte sich Dißmann einer Zusammenarbeit mit den als „Kaisersozialisten" abgestempelten Mehrheitssozialisten. Der Ruf der Straße und aus den Betrieben nach gleichberechtigter Vertretung beider sozialdemokratischer Parteien übertönte solche Animositäten und sorgte für Parität in der Besetzung des Vollzugsausschusses (je sieben Mandate) als der Exekutive des Arbeiterrats. So blieb es die nächsten zwölf Monate. Im benachbarten hessen-darmstädtischen Offenbach, wo die Revolution auf innere Impulse zurückging, erklärte sich am Abend des 8. November ein von SPD und Gewerkschaften getragener Arbeiter-Aktionsausschuss umgehend zur neuen Macht in der Lederwarenstadt. Tags darauf fanden sich SPD, USPD und auch Liberale zu einem Arbeiter- und Soldatenrat zusammen, der sich dann ab dem 11. Dezember nach Abzug der Garnison in Richtung Butzbach „Volksrat" nannte.[71]

In den flächendeckend gebildeten neuen Revolutionsorganen dominierte die SPD. Die mittelgroße Industriestadt Hanau stellte insofern eine Ausnahme dar, als in dem bereits am 8. November geschaffenen Arbeiterrat die dort von Beginn an überaus starke USPD die Führung innehatte, darunter mit Georg Handke ein späterer Minister der DDR. In Gießen vereinigten sich ein Soldatenrat und ein im Gewerkschaftshaus paritätisch von je drei SPD- und USPD-Männern gebildeter Arbeiterrat sogleich am Abend des 9. November zum Arbeiter- und Soldatenrat. Hier in der oberhessischen Universitätsstadt sammelte sich wie auch an anderen Orten das Bürgertum mit einiger Zeitverzögerung in sogenannten „Bürgerräten" zur Wahrung ihrer Interessen gegenüber den Arbeiter- und Soldatenräten. Im zehnköpfigen Wetzlarer Revolutionsrat saßen neben drei Soldaten zunächst vier Vertreter der USPD und drei der SPD. Er sah keine Notwendigkeit zur Kooperation mit dem am 22. November zur Bündelung der Interessen des Bürgertums gebildeten Bürgerrat, was zu einer Beeinträchtigung des Verhältnisses mit den städtischen Behörden führte. Als erstes hatte sich am 10. November ein Soldatenrat zu Wort gemeldet, der tags darauf mit Männern der Arbeiterschaft zum Arbeiter- und Soldatenrat erweitert wurde, der drei Tage später mit einer Volksversammlung am Domplatz an die Öffentlichkeit trat.[72]

Im katholischen Fulda dominierten in dem am 13. November von einer Volksversammlung von etwa 2.500 Köpfen im Schlosshof gewählten Arbeiterrat die bürgerlichen Vertreter gegenüber jenen aus dem sozialistischen Lager, das es nur auf etwa ein Viertel brachte. Das Ergebnis wurde bei den nächsten Wahlen im April 1919 bestätigt, zu denen nur Arbeitnehmer „beiderlei Geschlechts mit einem Jahreseinkommen unter 10.000 Mark zugelassen" wurden: Die SPD erhielt nur fünf Sitze, die Bürgerlichen aber neun. Die USPD ging leer aus.[73] Wie hier so arbeiteten auch in Marburg[74] und in zahlreichen weiteren Klein- und Mittelstädten von Anfang an sozialdemokratische und bürgerliche Kräfte Hand in Hand. Die Revolution wurde auch in den Klein- und Mittelstädten nur als „ein fernes Feuerchen" wahrgenommen.[75] Jenseits der Großstädte verlief der Umsturz, wie für Fulda und das Umland festgestellt worden ist[76], ohne Aufregungen. Alles bewegte sich in den geordneten Bahnen; ohne Störungen nahm das platte Land, wo sich bald auch Bauernräte formierten, das Ende der Monarchie zur Kenntnis, auch wenn einige junge Soldaten „innerhalb der Dorfgemeinschaft ein wenig ‚Revolution zu machen'" versuchten und neben der gewählten Vertretung der Bauern noch eine für Soldaten installieren wollten.[77]

Die organisierte Arbeiterbewegung setzte sich in den Kommunen an die Spitze der Bewegung, die ihre Kraft aus der katastrophalen Lage im fünften Kriegsjahr gewann. Dagegen mochten die politischen Schritte der alten Gewalten hin zu den längst überfälligen Reformen nichts mehr ausrichten. Denn wie im Reich die Oktoberreformen so fanden auch die

Zugeständnisse des Großherzogs in Sachen Demokratisierung in einer kriegsmüden, sich nach Frieden, Freiheit und Brot sehnenden Bevölkerung kaum noch Widerhall. Die von den Seehäfen ausgehende revolutionäre Welle erreichte in Windeseile Hessen und spülte dort wie überall im Reich die fürstlichen Kronen fort. Dabei war die Revolution, so betonte die SPD immer wieder, nicht von irgendjemandem gemacht worden, schon gar nicht von Sozialdemokraten, sondern für sie war es das Produkt einer fortschreitenden politischen, geistigen und wirtschaftlichen Entwicklung. Derartige Erklärungen, wie sie der Offenbacher Georg Kaul vor dem Landtag im November 1920 lieferte, entsprachen dem stets wiederholten Credo der SPD: Sie verstand sich im Grunde zwar als eine revolutionäre, aber eben keine revolutionsmachende Partei.[78] Der Kasseler Revolutionsführer Albert Grzesinski, ein Mann von Tatkraft und mit klarem Blick für Notwendigkeiten und Realisierungschancen, wehrte sich noch in seinen Memoiren entschieden gegen den Vorwurf einer planmäßig vorbereiteten Revolution: „Im Gegenteil, nichts war vorbereitet, und nichts kam erwartet. Mit dem Umsturz des Systems hatten auch die sozialdemokratischen Parteispitzen in Berlin nicht gerechnet. Infolgedessen war jeder von uns auf sich allein gestellt. Ich musste mit meinen Partei- und Gewerkschaftsfreunden ganz nach eigenem Ermessen handeln."[79] Blaupausen für die Revolution lagen nicht in den Schubladen der sozialdemokratischen Parteibüros. Gewiss war zunächst nur eines: Die Fürsten mussten weichen.

Großherzog Ernst Ludwig von Hessen und bei Rhein musste gehen. Abzudanken war er aber nicht bereit. Der neue starke Mann in Hessen (-Darmstadt), der sozialdemokratische Führer Carl Ulrich, riet ihm am 9. November, dem Thron zu entsagen. Doch Ernst Ludwig verweigerte sich diesem Ratschlag. Die Massenbewegung setzte ihn faktisch ab. Dabei sollte es dann auch bleiben, wie Ulrich gegenüber dem Revolutionsrat deutlich machte[80], der damit die Sache für endgültig erklärte. Keine Hand rührte sich, um die Regentschaft zu verteidigen. Sicher – er als Person war wegen seiner Liberalität, seines Engagements für die Kunst und seiner sozialen Aufgeschlossenheit weithin beliebt, auch in Teilen der Arbeiterschaft. Das Volk, so der Vorsitzende des Darmstädter Arbeiter- und Soldatenrates Wilhelm Knoblauch, hege gegen den „Bürger Ernst Ludwig" keinen Groll: „Aber die Uhr des Gottesgnadentums sei nun einmal abgelaufen." Daher sei Ernst Ludwig als „Bürger des freien, republikanischen Hessens" willkommen.[81] Monarch und Monarchie waren überlebt, auch das großherzogliche Haus verlor die Macht, mochte es durchaus selbstkritisch die Zeitentwicklung registrieren und sich als eine politisch aufgeschlossene Dynastie bewiesen haben.[82] Mit Ernst Ludwig wäre möglicherweise unter anderen Zeitumständen eine allmähliche Parlamentarisierung realisiert worden. Die Nagelprobe blieb ihm erspart. Ungeachtet dessen: „Als alle Throne in Deutschland stürzten, konnte der Darmstädter nicht stehen bleiben."[83] Die Besonderheit, dass der Großherzog der einzige Fürst war, der in der Revolution nie abdankte, war Zufälligkeiten der Novemberereignisse geschuldet.

Um das Vermögen der großherzoglichen Familie sollte sich ein über die Zeit der Republik erstreckendes Problem ergeben. Das 1919 ausgehandelte Abkommen zwischen der neuen republikanischen Regierung und dem ehemaligen Herrscherhaus um die Abfindung war durch die rasante Geldentwertung vier Jahre später Makulatur geworden. Die Ausgleichszahlungen waren auf einen Nennwert von zwei Dollar Monatsrente zusammengeschmolzen. Die vermögensrechtlichen Auseinandersetzungen wurden konjunkturell zu einem immer wieder im Parlament und in der Öffentlichkeit diskutierten Politikum, das in der Republik schließlich nicht mehr definitiv gelöst werden sollte.[84] Dazu später mehr[85] – hier nur so viel: Wenn der Großherzog, der seinen Titel behielt, auch die politische Macht verloren hatte, so war ihm ein fürstlicher Lebensstil bis zu seinem Tod 1937 gesichert.

Auch der seit 1893 regierende Fürst Friedrich von Waldeck und Pyrmont, der gerade im Frühjahr 1918 sein 25-jähriges Thronjubiläum gefeiert hatte – angesichts des Krieges jedoch ohne herrschaftlichen Pomp, sondern lediglich mit einem Gottesdienst –, weigerte sich beharrlich, freiwillig zurückzutreten. Der von etwa 30 Soldaten in Waldeck gegründete Soldatenrat wählte einen vorläufigen Ausschuss aus fünf Vertretern, der beauftragt wurde, vom Fürsten die Einwilligung zu einer Volksabstimmung einzuholen, die darüber befinden sollte, ob er Thronverzicht leisten müsse oder nicht. Da wollten die Revolutionäre wohl in überzogener Ehrfurcht vor dem Landesherrn ganz unrevolutionär die Entscheidung dem Bürger überlassen. Der siebenköpfige Arbeiterrat schloss sich dem Vorschlag an. Als Albert Grzesinski als Vorsitzender des Kasseler Arbeiter- und Soldatenrats am 12. November bei Hofe nachfragte, ob Friedrich bereit sei, zurückzutreten, reagierte seine Entourage mit klarer Ablehnung, so dass dann der Waldecker Arbeiter- und Soldatenrat in Arolsen am 13. November unter Weisung des sich für Nordhessen zuständig fühlenden

Kasseler Rates kurzerhand die Absetzung des Fürsten verkündete. Dieser bestätigte den Erlass bürokratisch knapp: „Kenntnis genommen. Friedrich."[86] Der Arbeiter- und Soldatenrat Arolsen hatte bereits am 11. November mit Militärführung und Staatsregierung die Übereinkunft erzielt, dass der Revolutionsrat die Aufsicht über die Regierung und der Soldatenrat gemeinsam mit dem Garnisonskommando die militärische Gewalt innehatte.[87]

Wenn nun Friedrich wirklich von der Hoffnung getragen wurde, mit Rückendeckung seiner Untertanen das Unvermeidliche, das Ende der seit dem 13. Jahrhundert regierenden Dynastie, abwenden zu können, so irrte er sich. Dass die Absetzung die „übergroße Mehrheit der Waldecker schmerzlich" berührt habe[88], scheint ein zweifelhaftes Urteil im Rückblick zu sein: Denn wenn dem so gewesen wäre, hätte sich wohl öffentlicher Protest artikuliert. Dieser aber war nicht zu vernehmen, auch wenn konservative Blätter und aus Waldeck stammende Professoren sowie Geschichtsvereine, Kriegerverbände und Schützengesellschaften, die unter Schirmherrschaft des Fürsten standen oder deren Mitglied er war, das Klagelied anstimmten. Die veröffentlichte Meinung war in den Händen der Monarchisten, die so das Bild vom weitreichenden Bedauern der Waldecker über den Abgang des Fürsten prägten, das manche Historiker in geschickter Wahl der Quellen weiter pflegten.[89] Wie die Haltung derer war, die über kein Sprachrohr verfügten, lässt sich nicht herausfiltern. Wie auch immer: Im Fürstentum fand sich niemand, der eine auf Beibehaltung der Monarchie zielende Bewegung anführen wollte. Von einer militanten Opferbereitschaft für das Fürstenhaus war wie im Großherzogtum Hessen nichts zu spüren.[90] Die Monarchie war Vergangenheit.

Dagegen brachten die Arbeiter- und Soldatenräte allerorten ihre Anhänger zu Massenversammlungen auf die Straße, um ihre neue Kraft zu zeigen und zu unterstreichen, dass der weitere Weg in eine neue Ordnung führen musste: in die Republik. Am 9. November, als in den Mittagsstunden Philipp Scheidemann vom Reichstag in Berlin die Republik proklamierte und damit dem in Agonie liegenden Kaiserreich den Todesstoß versetzte, verkündete eine Extraausgabe des SPD-Blattes in Darmstadt die Machtübernahme durch den „Hessischen Arbeiter-, Bauern- und Soldatenrat" in großen Lettern: „Hessen sozialistische Republik."[91] Nun – das war mehr Wunsch denn Wirklichkeit. Denn die Monarchie war zwar abgeschafft, aber das Neue noch keineswegs strukturiert. Ohnehin ging es zunächst einmal darum, die Ordnung aufrecht zu erhalten und den vielfältigen Problemen am Ende eines verlorenen vierjährigen Weltkrieges Herr zu werden.

Ohne großen Widerstand unterstellten sich die örtlichen Behörden – die städtischen und regionalen Verwaltungen sowie auch, zu aller Überraschung, die militärischen Kommandozentralen – den neuen revolutionären Machthabern. In der Tat waren die in der Heimat stationierten Ersatztruppen, so wird die kriegsgeschichtliche Forschungsanstalt des Heeres noch 1939 feststellen, vollkommen zermürbt und ohne Kraft.[92] Alles verlief ohne Gewalt. „Kein Tropfen Blut ist geflossen", hieß es in einem Aufruf des Darmstädter Arbeiter- und Soldatenrates an die Soldaten, der zudem zum Gehorsam gegenüber den jetzt selbstgewählten Vorgesetzten aufforderte.[93] Nicht nur der kommissarische Landrat in Hanau begab sich rasch „auf den Boden der durch die Revolution geschaffenen Tatsachen"[94] und erkannte die Macht des Revolutionsrates an, der ihn im Gegenzug für sein Stillhalten im Amt bestätigte. In Kassel blieben Oberpräsident August von Trott zu Solz und Regierungspräsident Percy Graf von Bernstorff, Polizeipräsident Alexander Freiherr von Dalwigk zu Lichtenfels und der Landeshauptmann des kurhessischen Bezirkskommunalverbandes, Reinhard von Gehren, auf ihren Posten und ordneten sich dem Revolutionsorgan unter[95], dem Oberbürgermeister Erich Koch-Weser sogleich Räumlichkeiten im Rathaus in der Oberen Königstraße zuwies. Auch das stellvertretende Generalkommando als zentrale überregionale militärische Instanz und die Garnison unterwarfen sich der neuen Macht. In Kassel kooperierten die Revolutionäre mit dem Generalkommando, mit dem man gemeinschaftlich die militärische Gewalt ausübte[96], später sogar mit der nach Kassel zurückkehrenden Obersten Heeresleitung.

Die Stadtverordnetenversammlung in Frankfurt, wo sich der seit sechs Jahren im Amt befindliche liberale Oberbürgermeister Georg Voigt bereits in der Nacht zum 9. November den neuen Revolutionsorganen zur Verfügung stellte, erkannte am 12. November den Arbeiter- und Soldatenrat, wie von diesem gefordert, „als höchste Vertretung der Stadt" an.[97] Das war in Hessen durchweg der Fall. Der liberale Offenbacher Oberbürgermeister Andreas Dullo verpflichtete sich zwei Tage später vor den Stadtverordneten, der provisorischen Revolutionsregierung von Carl Ulrich Folge zu leisten. So beschränkten sich die örtlichen Arbeiter- und Soldatenräte zumeist auf Aufsicht über die städtischen Körperschaften, ohne wesentlich in deren Verwaltungshandeln einzugreifen. Das gilt auch für das katholisch geprägte Limburg, wo Bürgermeister Philipp Haerten zu Ruhe

2. Revolution zwischen Aufbruch und Kontinuität

und Besonnenheit aufrief und versicherte, dass der Dienst der Behörden „in geordneter Weise weitergehe". Hier endete die Arbeit des örtlichen Arbeiter- und Soldatenrates, der die kommunalen Körperschaften lenken wollte, schon nach einem Monat.[98] In Fulda wies der amtierende Oberbürgermeister Georg Antoni sein Rathaus an, die Kooperation zwischen Verwaltung und Arbeiterrat nicht zu torpedieren. Er überstand so den Umbruch und trat erst 1930 nach 36 Amtsjahren in den Ruhestand.[99]

Die Verwaltung musste laufen und sie lief in den bisherigen Bahnen, auch wenn mancherorts am Rathaus nun die revolutionäre rote Fahne wehte. Einige zentrale Ämter wurden neu besetzt. So wurde in Frankfurt der nach Ausbruch des Krieges vom Linksliberalismus zur Sozialdemokratie gestoßene Hugo Sinzheimer, der Vater des deutschen Arbeitsrechts[100], neuer Polizeipräsident; auch ein neuer Kommandeur der Garnisonstruppen wurde ernannt. Doch solche Neubesetzungen blieben eher die Ausnahme, betrafen allenfalls einige wenige Schlüsselpositionen in einigen Groß- und Mittelstädten.

Mit der Anerkennung der revolutionären Organe durch die alten zivilen und militärischen Instanzen und dem Ausbleiben einer Gegenrevolution gab es kein Zurück mehr. Zugleich ergriffen die neuen Machthaber Maßnahmen zur Aufrechterhaltung der Ordnung, bauten Sicherheits- oder Volkswehren auf, die die neuralgischen Punkte wie Lebensmitteldepots und Verkehrsadern kontrollierten. Daneben formulierten die Räte mit unterschiedlicher Intensität Forderungen nach politischen und wirtschaftlichen Reformen. SPD und weite Teile der USPD waren sich einig in dem Ziel einer parlamentarischen Demokratie, wobei die Unabhängigen die Wahlen hinausschieben und zuvor Reformen umsetzen wollten, während die SPD baldmöglichst demokratische Organe aufbauen und diesen den weiteren Reformprozess überlassen wollte. Dabei galt vor allem für die SPD die anzustrebende, bald zu wählende „Nationalversammlung als Bollwerk der Demokratie und des Sozialismus".[101]

Eine Herrschaft der Räte, gar eine von vielen befürchtete dauerhafte Diktatur des Proletariats stand nicht auf der Agenda. Vielmehr sah sich die überwiegende Mehrheit der Arbeiter- und Soldatenräte als Treuhänder der Macht, wollte Sicherheit und Ordnung auf dem Weg in die Demokratie gewährleisten, nicht permanent die Macht an sich reißen. Viele der Soldaten wollten schlichtweg nach Hause. Sie wollten das Grauen des Schützengrabens hinter sich lassen und wieder zurück zur Familie und an den

Aufstellen zum Erinnerungsfoto: der Marinesicherungsdienst in Frankfurt während der Revolutionszeit.

Arbeitsplatz, wieder zurück in das zivile Leben. Dass die Mehrzahl der Soldaten „nach Hause, nach ihren Familien strebte", mussten auf der anderen Seite auch die militärischen Kommandozentralen registrieren, die Mühe hatten, die von ihnen zu bildenden Ersatztruppen, die Freikorps wie „Hessen" oder „Hessen-Nassau", personell aufzufüllen, denn viele der Bereitwilligen erschienen als „ungeeignete Elemente", die man wieder entlassen musste.[102] In der Tat sammelten sich in den Freikorps viele Entwurzelte und für rechtes Gedankengut empfängliche Kräfte.

So wird man in Bezug auf die revolutionären Räte festzustellen haben, dass eine permanente Politisierung der Soldaten die absolute Ausnahme blieb. So gab der Darmstädter Arbeiter-, Bauern- und Soldatenrat bereits am 10. November seine Macht im Grunde genommen an die Volksvertreter zurück, als er die SPD-Fraktion beauftragte, eine neue Landesregierung zu bilden. Und die SPD setzte auf Einbindung der bürgerlichen Kräfte. Anders als im Kaiserreich sollte die neue Republik allen politischen Parteien Mitsprache- und Mitentscheidungsrechte geben. Es ging nicht darum, eine neue Klassenherrschaft – unter anderen Vorzeichen – zu errichten. Die Sozialdemokratie wollte die unsägliche Trennung in Reichstreue und Reichsfeinde überwinden. Sie strebte

2. Revolution zwischen Aufbruch und Kontinuität

Nach dem Waffenstillstand zurück in der Heimat: Dichtgedrängt verfolgt die Bevölkerung vor dem Rathaus in Kassel am 26. November 1918 den Einzug des zurückkehrenden Infanterieregiments 83 – eine Szene, die sich in allen Orten mit Garnisonen so abspielt.

dies in der Erkenntnis an, dass die neue Republik nur dann wirklich lebensfähig war, wenn sozialdemokratische Arbeiterschaft und demokratisches Bürgertum kooperieren und – politisch gesehen – koalieren würden. Die neue Regierung sollte sich auch auf „das Vertrauen der nichtsozialdemokratischen Bevölkerungskreise" stützen können.[103] Hinzu kam die Notsituation, die nach Ansicht der SPD eine Zusammenarbeit mit allen demokratischen Kräften erforderte und die es in ihren Augen unmöglich machte, durchgreifende Strukturreformen in der Linie ihres eigenen Parteiprogramms sofort in Angriff zu nehmen. Von daher entsprach es politischer Weitsicht, in dem Moment, als die SPD die Führung in der Revolution übernommen hatte, auch den bürgerlichen Parteien ein Angebot zur Mitarbeit zu unterbreiten. Darauf gingen allerdings die rechten Parteien – die spätere Deutsche Volkspartei (DVP) und der (im Vergleich zu dieser noch radikalere) Hessische Bauernbund – nicht ein, was den Sozialdemokraten sicher recht war, setzten sie doch auf das demokratische Bürgertum. Die Linksliberalen, die sich bald in der Deutschen Demokratischen Partei (DDP) formierten, und die katholische Zentrumspartei wollten konstruktiv mit der SPD in der provisorischen Regierung zusammenarbeiten. Eine der ersten Maßnahmen Carl Ulrichs war die Aufhebung des Staatsrates, wogegen die Mitglieder protestierten, allerdings vergeblich.[104] Nach der Entmachtung der alten großherzoglichen Regierung von Carl von Ewald am 11. November füllte die nun von Ulrich angeführte provisorische Regierung das Machtvakuum.[105]

Einen anderen Weg schlug Preußen ein: Hier bildeten nach dem Vorbild des Reiches, wo sich ein sechsköpfiger Rat der Volksbeauftragten aus SPD und USPD formierte, die beiden Arbeiterparteien die revolutionäre Übergangsregierung unter Paul Hirsch (SPD), allerdings mit einigen nicht zum engeren Kabinett zählenden bürgerlichen Fachministern.

Hessen(-Darmstadt) nahm mit seiner Regierung in gewisser Weise das vorweg, was im Reich im Februar 1919 nach den Wahlen zur Nationalversammlung realisiert werden sollte: die Weimarer Koalition. Im Darmstädter Kabinett des Übergangs saßen neben Regierungschef Carl Ulrich drei weitere Sozialdemokraten (Heinrich Fulda, Georg Raab und Hermann Neumann), zwei Vertreter der DDP (Konrad Henrich und Otto Urstadt) und mit Justizminister Otto von Brentano auch ein Zentrumspolitiker, seit 1896 Mitglied des Landtags und von 1919 bis 1924 der Nationalversammlung und des Reichstags. Bis auf den erst 1918 als Nachrücker in den großherzoglichen Landtag gewählten Neumann besaßen alle langjährige parlamentarische Erfahrung: Ulrich seit 1885, Brentano seit 1897, Fulda seit 1905, Henrich und Urstadt seit 1911. Man kannte sich also, die beiden führenden Köpfe Ulrich und Brentano seit 1895, als sie gleichzeitig in das Offenbacher Stadtparlament gewählt worden waren. Nach Brentanos Einzug in den Landtag kreuzten sie auch hier des Öfteren die Klingen, denn der Zentrumsmann erblickte seinerzeit in der Sozialdemokratie eine Bedrohung der monarchischen Ordnung. Jetzt nach dem Zusammenbruch taten sich das Zentrum und auch Brentano persönlich schwer, mit der SPD zusammenzuarbeiten.[106] Aber aus dem Gegeneinander von einst wurde ein Miteinander für die Demokratie. Gleichwohl gab es auch Kritik aus den Reihen des Bürgertums wie von Seiten des Freisinn-Liberalen und späteren Ministers Adolf Korell, der drei Wochen nach dem Umsturz meinte, dass „ein demokratisches Hessen unter unserem Großherzog" mindestens genauso gut gewesen wäre wie die „jetzige Regierung des Arbeiter- und Soldatenrats".[107] Das mochte sein, aber der Großherzog hatte alles verspielt.

2. Revolution zwischen Aufbruch und Kontinuität

Die revolutionäre Macht: der 18-köpfige Vollzugsausschuss des „Hessischen Landesvolksrats" im Garten des Ständehauses in Darmstadt – Sitz des Landtages – im Dezember 1918, darunter der Vorsitzende Wilhelm Knoblauch (sitzend 4. v. l.), der spätere Bürgermeister von Darmstadt Heinrich Delp (sitzend 3. v. l.) und der Offenbacher Georg Kaul (stehend 4. v. l.).

Die Regierung war geschaffen. Die Rolle des Ersatzparlaments übernahm der durch Ergänzungswahlen in den umliegenden Gebieten erweiterte Arbeiter- und Soldatenrat in der Landeshauptstadt, der sich am 9. Dezember 1918 als „Volksrat für die Republik Hessen" konstituierte. Am 14. November hatten sich die Arbeiter- und Soldatenräte aus 23 Städten und Gemeinden aus allen drei Provinzen des Volksstaates zu einer ersten Zusammenkunft in Darmstadt versammelt[108], dabei einige Forderungen erhoben wie den baldigen Zusammentritt der Nationalversammlung und die Einführung des Acht-Stunden-Tages, den die Regierung sogleich für die Staatsbetriebe verfügte. Nach einer Rede Ulrichs wurde der Regierung das Vertrauen ausgesprochen. Die Hessen des vormaligen Großherzogtums wehrten sich gegen den sich wohl anscheinend als südhessische Zentrale gebärdeten Frankfurter Revolutionsrat. Die Mainstädter leiteten ihren Führungsanspruch auch aus der in den Mauern ihrer Stadt am 19. November stattgehabten Zusammenkunft der Arbeiter- und Soldatenräte im Bezirk des XVIII. Armeekorps ab, der u. a. das ehemalige Großherzogtum und südliche Teile der Provinz Hessen-Nassau sowie

Wetzlar umfasste.[109] Mochten dort auch Offenbacher USPD-Vertreter für Frankfurt als Zentrale plädieren, so wandten sich die gemäßigten Sozialdemokraten im ehemaligen Großherzogtum mit Georg Kaul als ihrem Wortführer gegen die „Diktatur des Frankfurter Arbeiter- und Soldatenrats".[110] In diesem Sinne mahnte die dortige Landesregierung in der dritten Revolutionswoche die nachgeordneten Behörden, keine Weisungen von außerhessischen Arbeiter- und Soldatenräten, explizit des sich radikaler gebenden Frankfurter, zu befolgen. Dieser sei überhaupt nicht befugt, in die „hessische Verwaltung einzugreifen".[111]

Der provisorischen Regierung Ulrich ging es neben der Krisenbewältigung vor allem darum, möglichst bald die mit dem Umsturz geschaffenen Verhältnisse durch allgemeine Wahlen demokratisch zu legitimieren, um so den Weg zur Republik zu bahnen. Dazu mahnte Ulrich auch die Berliner Revolutionsregierung an und forderte sogleich, die Einzelstaaten bei der Neuordnung einzubeziehen.[112] Doch wie sollte das Neue denn aussehen? Die künftige Staatsordnung war nicht am Reißbrett zu entwerfen, es gab Vorbelastungen und mentale Dispositionen, die die Handlungsmöglichkeiten der Verantwortlichen mitbestimmten. Gerade unter dem Druck der Ereignisse wurde eine von den Kräften der Linken umfassende Demokratisierung von Heer, Verwaltung und Justiz nicht durchgeführt. Und es ergab keinen Sinn, in einem kleinen Land wie Hessen irgendwelche Spielarten der Sozialisierung ad hoc umzusetzen. Das Reich war intakt, so dass es kaum eine Legitimation gab, im hessischen Raum wirtschaftspolitische Strukturreformen umgehend in Angriff zu nehmen. Denn dann wäre das kleine Land eine sozialisierte „Oase" gewesen, die wohl mit Sicherheit kurzerhand ausgetrocknet worden wäre. Der an die SPD gerichtete Vorwurf, mit den Bürgerlichen kooperiert und nicht mit der USPD Sofortmaßnahmen eingeleitet zu haben, um die Republik stabiler zu machen, geht fehl. Das ist Rückblick, vom schmachvollen Ende der Republik her gedacht, kein adäquater Blick auf Zeit und Zeitumstände der mit vielschichtigen Problemen belasteten Revolutionsphase.

Jedes Denken in Richtung einer reinen Arbeiterregierung, einer Verbindung der alten SPD mit der USPD, die mitunter als natürlicher Bündnispartner der in Hessen klar dominierenden Mehrheitssozialdemokratie gesehen wird, ignoriert, dass diese neue Linke sich erst 1917 von der Mutterpartei abgespalten hatte und dass beide Seiten einen erbitterten Kampf um das sozialdemokratische Erbe – um Parteizeitungen und -organisationen – ausgefochten hatten. Die im Parteistreit geschlagenen Wunden

2. Revolution zwischen Aufbruch und Kontinuität

waren längst noch nicht verheilt. Im Reich hielt die Kooperation der beiden Parteien im Rat der Volksbeauftragten, der am 10. November gleichberechtigt aus je drei Vertretern von SPD und USPD gebildeten revolutionären Zentralregierung, nicht einmal sieben Wochen, als die USPD wegen eines von der SPD angeordneten militärischen Einsatzes gegen die meuternde Volksmarinedivision austrat. Und über eine Mehrheit verfügten die beiden sozialdemokratischen Parteien in Hessen(-Darmstadt) eben nicht, denn die USPD war gerade hier eine nahezu unbedeutende Gruppierung, wie die Landtagswahlen im Januar 1919 überdeutlich zeigen sollten, als sie magere 1,5 Prozent einfuhr. Ein wirkungsvoller Partner wäre die nahe der politischen Bedeutungslosigkeit rangierende USPD für die SPD nicht gewesen, hätte auch keine erhebliche Verstärkung des Regierungslagers bedeutet. Die von der SPD gewünschte Zusammenarbeit mit den bürgerlichen Parteien wäre erschwert, vielleicht sogar gänzlich unmöglich gemacht worden. Die bürgerlichen Parteien wären wohl kaum mit den Unabhängigen an einen Tisch gebracht worden. Und auch der Vorwurf in Richtung Sozialdemokratie, zu wenig auf die (vermeintliche) Schubkraft einer außerparlamentarischen Bewegung gesetzt zu haben[113], spiegelt nicht die Zeit und die Machtkonstellationen wider, da eine solche „außerparlamentarische Bewegung" mit einem dauerhaften politischen Machtanspruch und hohem Mobilisierungsgrad der „Massen" nicht existierte. Die Arbeiter- und Soldatenräte sahen sich in ihrer überwiegenden Mehrheit als Treuhänder der Macht bis zum Zusammentritt demokratisch konstituierter Körperschaften.

Als Sachwalter mit inhaltlich und zeitlich begrenzter Legitimation verstand sich auch die Zentralregierung in Berlin. Dem dortigen Rat der Volksbeauftragten aus SPD und USPD, dem „sechsköpfigen Reichskanzler"[114], gehörte auch Philipp Scheidemann an. Im Zentralrat der Republik, dem auf dem ersten Reichsrätekongress Mitte Dezember 1918 gewählten Ersatzparlament, das nur aus Mehrheitssozialdemokraten bestand, waren die Hessen mit dem Kasseler Gewerkschaftsfunktionär Albert Grzesinski (für Hessen-Nassau) und dem Darmstädter Redakteur des „Hessischen Volksfreund" Wilhelm Knoblauch (für Hessen) mit zwei Männern vertreten, die sich in der Revolutionszeit an ihren Heimatorten nicht nur als Vorsitzende der Arbeiter- und Soldatenräte besonders hervorgetan hatten.[115] Beide repräsentierten die auf parlamentarische Demokratie ausgerichteten Kräfte der Revolutionszeit und verkörperten so die überwiegenden Mehrheit der Deutschen – und der Hessen. Denn von der Diktatur der Räte nach russischem Vorbild träumte im revolutionären Deutschland nur eine von der zum Jahreswechsel 1918/19 gegründeten Splitterpartei KPD angeführte Minderheit, die in Hessen nahezu bedeutungslos war. Erst später gewann die KPD an Kraft, überholte aber schon früh in ihrer Hochburg Hanau die SPD. Hier war im April 1919 die USPD, die 3.000 Mitglieder umfasst haben soll, fast geschlossen zur KPD gewechselt. Die Landkreisorganisation folgte.[116] Bis 1933 blieb die KPD stärkste Fraktion im Hanauer Stadtparlament.[117]

Wenn auch die Angst vor einem „Bolschewismus" während der Revolution im Nachhinein als überzogen gewertet wurde, so stand sie den Akteuren – vor allem im politischen Hexenkessel Berlin, aber auch in Teilen des Reiches – real vor Augen. Das, was sich im revolutionären Russland abgespielt hatte, als die vom Wählerzuspruch herb enttäuschte bolschewistische Minderheit offen den Putsch gewagt und das frisch gewählte Parlament auseinandergetrieben hatte, konnte durchaus auch in Deutschland passieren. Der Januar-Aufstand in Berlin 1919, an dessen Spitze sich nach Ausbruch die KPD mit Karl Liebknecht als Anführer stellte, zeigte doch mehr als deutlich, dass eine Minderheit zum putschistischen Vorgehen bereit war. Dass die junge KPD keineswegs nur eine zu vernachlässigende Randerscheinung in der deutschen Revolution war, offenbarte spätestens diese als Spartakus-Aufstand in die Geschichte eingegangene Berliner Januar-Revolte, als die Radikalen unter der Dominanz der Kommunisten den Weg zu den Wahlen der Nationalversammlung stoppen und die Diktatur des Proletariats verwirklichen wollten. Sie zielten darauf ab, die parlamentarische Demokratie zu zerstören, bevor diese überhaupt das Licht der Welt erblickt hatte. Eine solche hochdramatische Zuspitzung erlebte Hessen nicht, wenn es später auch nicht ohne Blutvergießen abgehen sollte.

Für Hessen (und darüber hinaus) galt, was die in Stuttgart ansässige Ikone der sozialistischen Frauenbewegung und KPD-Vorkämpferin Clara Zetkin für das linksdominierte Hanau schon 1919 schreiben sollte: „[…] das revolutionäre Hanau gehörte zu den wenigen Inseln im Ozean der Klassenunreife. Es war ein vorgeschobener Vorposten der proletarischen Revolution, der zurückgezogen werden musste, weil die breiten, starken Heersäulen nicht folgten."[118] Epischer konnte nicht die Enttäuschung der selbsternannten revolutionären Speerspitze darüber umschrieben werden, dass die übergroße Mehrheit der Bevölkerung auch in Hessen eben nicht der kommunistischen Avantgarde mit ihren rätedemokratischen oder gar rätediktatorischen Ideen folgte, sondern die demokratisch-parlamentarische Republik wollte.

Ob in der konfliktreichen Gemengelage vielleicht doch ein Mehr an Reformen möglich gewesen wäre, mag sein, ob eine umfassendere Neuordnung oder ein breiter Elitenaustausch die Demokratie stabiler gemacht und den Ansturm sowie den Sieg der Nationalsozialisten 1933 verhindert hätte, bleibt eine hypothetische Frage. Möglicherweise hätten tiefe und breite Neuerungen nicht nur zum Stillstand des öffentlichen Lebens in einer Extremsituation geführt – mit ungewissen Folgen –, sondern schon früh einen gegenrevolutionären Schlag provoziert und die Republik abgewürgt, bevor diese überhaupt so richtig ans Laufen gekommen wäre. Aber auch das ist Hypothese. Nicht hypothetisch ist die Feststellung, dass die Verantwortlichen in Reich und Ländern auch Erfolge vorzuweisen hatten. In einer Umbruchsphase, wie sie die deutsche (und hessische) Geschichte in solcher Wucht noch nicht erfahren hatte, wurde das Chaos vermieden: Die Verwaltung funktionierte im Großen und Ganzen; die allseits angesichts der dramatischen Versorgungslage erwartete Hungerepidemie blieb aus – wenngleich die Ernährungslage angespannt und viele Familien noch lange Hunger litten. Die vom Schlachtfeld zurückströmenden Truppen, die nach dem Waffenstillstandsvertrag hinter den Rhein, also auch auf hessisches Gebiet verbracht werden mussten, wurden einigermaßen geordnet repatriiert und auf ihren Zwischenstationen versorgt, bevor sie in ihre Heimatort zurückkehrten; die Soldaten wurden nachfolgend weitgehend in die abrupt und kurzfristig von der Kriegs- auf Friedensproduktion umgestellte Wirtschaft integriert; die durch den Wegfall der Rüstungsproduktion von einem auf den anderen Tag arbeitslos gewordenen Arbeiter und Arbeiterinnen (allein in Frankfurt 70.–80.000) erhielten neue Arbeit, obwohl ganze Branchen, die eben nicht zur Kriegsproduktion zählten, zusammenbrachen wie dauerhaft die Darmstädter Möbelindustrie; die dennoch von Arbeitslosigkeit Betroffenen erhielten eine umgehend eingeführte staatliche Erwerbslosenfürsorge. Wenn also in den Monaten am Ende des vierjährigen Weltkrieges mit all seinen Opfern und bis dahin nie da gewesenen Folgen wie Zerstörung und Desintegration der Zusammenbruch der staatlichen Ordnung abgewendet und zudem die Weichen in Richtung Demokratie gestellt wurden, so waren das beachtliche Leistungen. Damit war jedoch nicht sogleich Alltag eingekehrt; denn als die Waffen endlich schwiegen, hatte das Leid noch kein Ende gefunden. Lag die Sterblichkeitsrate in Frank-

Unruhige Zeiten: Protestversammlung der mit Streik drohenden Belegschaft der chemischen Fabrik E. Merck in Darmstadt am Vormittag des 17. März 1919.

furt im Vergleich zu 1913 im zweiten Kriegsjahr 1915 um 2,2 Prozent höher, so stieg sie 1917 um 17 Prozent, 1918 um 31 Prozent gegenüber den Werten des letzten Friedensjahres. Den Höhepunkt erreichte die Rate aber erst 1919 mit 44,4 Prozent gegenüber 1913.[119]

Wenngleich die Ergebnisse des Umsturzes vom November 1918 von einigen linksorientierten Zeitgenossen (und rückschauenden Historikern) vielfach kritisiert, die Basiskompromisse als zu weitgehend bewertet, die Chancen für einen radikalen revolutionären Umsturz als verpasst angesehen wurden, so hatte die Umbruchssituation unter den Handlungszwängen am Ende eines mehr als vierjährigen Krieges doch die Möglichkeit eröffnet, eine stabile Demokratie zu gründen und diese auszubauen. Die Monarchie war abgeschafft, die Demokratie installiert. Nicht die Basiskompromisse in der Revolutionszeit waren die tieferen Gründe, warum die 1918/19 aus der Taufe gehobene Staatsordnung nur ein so kurzes Dasein erfahren sollte.

3. Auftakt der Demokratie

Trotz des umfassenden Krisenmanagements in der problembeladenen Zeit des Umbruchs wurden grundlegende Reformen umgesetzt, die man im Kreise der neuen Machthaber für unabdingbar und zudem für konsensfähig unter den demokratischen Kräften hielt. Der Achtstundentag, das zentrale sozialpolitische Ziel der Arbeiterbewegung, wurde sogleich am 12. November vom Berliner Rat der Volksbeauftragten reichsweit verordnet. Darüber hinaus wurden mit der gleichzeitigen Verfügung von Frauenwahlrecht und Verhältniswahlsystem Pfeiler der Demokratie gesetzt.

Diese neuen wahlrechtlichen Prinzipien schlugen sich auch in der von der Darmstädter Revolutionsregierung am 3. Dezember 1918 erlassenen „Verordnung über die Wahlen für die verfassunggebende Volkskammer der Republik Hessen" nieder, die – 73 Artikel umfassend – mit Gesetzeskraft in ihren Bestimmungen dem Gesetz zu den Wahlen der reichsweiten Nationalversammlung folgte.[120] Wählen durften nunmehr Männer und Frauen über 20 Jahre; errechnet wurde die Mandatszahl der jeweiligen Partei auf der Grundlage der Verhältniswahl, wobei das Land einen einzigen Wahlkreis bildete. Von nun an fiel keine Stimme mehr unter den Tisch, wie das beim reinen Mehrheitswahlrecht des Kaiserreichs der Fall gewesen war, weil die Stimmen der unterlegenden Kandidaten auf keiner Landesliste angerechnet wurden, wo weitere Mandate verteilt worden wären. In monarchischer Zeit, als die SPD politisch ausgegrenzt worden war, sah sie sich spätestens bei der Stichwahl einem einheitlichen bürgerlichen Block gegenüber, so dass das auch bei den Reichstagswahlen geltende Mehrheitswahlrecht die Sozialdemokratie stark benachteiligte. Das Verhältniswahlrecht galt als wesentlich gerechter, auch weil es kleineren Parteien ermöglichte, Mandate zu erzielen. Denn eine Prozenthürde, die man überspringen musste, um Sitze zu erringen, wurde nicht eingeführt, was wiederum die Zersplitterung der Parlamente förderte. Die Legislaturperiode im Volksstaat wurde auf drei Jahre begrenzt.

Mit der Demokratisierung des Wahlrechts stieg die Zahl der Wahlberechtigten auf fast 59 Prozent der Bevölkerung, knapp drei Mal so viel wie nach der halbherzigen Wahlrechtsreform von 1911. So erfolgten am 26. Januar 1919 – eine Woche nach den Wahlen für die Nationalversammlung – die ersten demokratischen Landtagswahlen in Hessen (-Darmstadt). Bürgerinnen und Bürger bestimmten die Zusammensetzung der Volkskammer. Ursprünglich sollte das Wahlgesetz auch eine Wahlpflicht enthalten. Doch das wurde gestrichen, offenkundig, so überliefert der juristische Berater von Regierung und Parlament in Sachen Verfassungsschöpfung, der Gießener Staatsrechtler Hans Gmelin, „weil die Sozialdemokraten keine Veranlassung hatten, die erhoffte Lauheit der bürgerlichen Wähler abzuschwächen".[121] Die SPD war sich der hohen Mobilisierung ihres Klientel sicher, während viele im Bürgertum sich in einer an Apathie grenzenden Orientierungslosigkeit befanden.

Die SPD sollte mit dieser Einschätzung Recht behalten. Denn bei einer Wahlbeteiligung von 81 Prozent kam sie auf 44,5 Prozent, gefolgt von den fast gleichstarken Parteien DDP (18,9 Prozent) und Zentrum (17,6 Prozent). Die USPD rangierte mit 1,5 Prozent nahe der Bedeutungslosigkeit, während die beiden Rechtsparteien, die DVP (10,1 Prozent) und die Hessische Volkspartei (HVP) als Landesverband der republikfeindlichen DNVP (Deutschnationale Volkspartei; 7,4 Prozent), gemeinsam ein Sechstel der Wählerschaft auf sich vereinigen konnten. Von den 70 Abgeordneten der hessischen Volkskammer kamen 31 von der SPD, je 13 von der Demokratischen Partei und vom katholischen Zentrum, sieben von der DVP, fünf von den Deutschnationalen und einer von der USPD.[122]

Wie im Volksstaat, so wurde auch in Preußen der Landtag am 26. Januar 1919 gewählt. In der Provinz Hessen-Nassau lag dabei die SPD mit 40,2 Prozent weit vorn (DDP 21,6, Zentrum 18,9, DVP 6,2 und DNVP 9,6 Prozent). SPD und DDP erzielten in der Provinz signifikant einen höheren Stimmenanteil als im Landesschnitt (dort 36,4 bzw. 16,2 Prozent). Die USPD blieb hier mit 3,5 Prozent unbedeutend, während sie im gesamten Preußen immerhin 7,4 Prozent einfuhr. Im radikalen Hanau erreichte die USPD jedoch den Spitzenwert in Hessen-Nassau mit etwa einem Viertel der Wähler. Von den 22 hessen-nassauischen Vertretern in der preußischen Landesversammlung gehörten neun der SPD, je fünf der DDP und dem Zentrum, zwei der DNVP und einer der DVP an.[123] Waldeck-Pyrmont zog erst am 8. April 1919 mit den Wahlen zur „verfassunggebenden Waldeck-Pyrmonter Landesvertretung" nach; das Resultat nach Sitzen: SPD 7, DNVP 6, DDP 4, Waldeckscher Volksbund 3 und DVP 1.[124]

Mit den Landtagswahlen wurden in Hessen und in Preußen die Ergeb-

3. Auftakt der Demokratie

Versammlung der SPD im Januar 1919 auf dem Frankfurter Römerberg zu den Wahlen für die verfassunggebende preußische Landesversammlung.

nisse der Voten zur Nationalversammlung eine Woche zuvor bestätigt. In allen hessischen Gebieten hatte dabei die SPD dominiert: mit beachtlichen 47 Prozent im Volksstaat, 44 Prozent im Regierungsbezirk Kassel und 37 Prozent im Regierungsbezirk Wiesbaden sowie 39 Prozent in Waldeck. Ihr folgte die linksliberale DDP – mit jeweils zwischen 19 Prozent und 23 Prozent –, während die Zentrumspartei in den katholischen Gebieten wie Fulda sehr gute Ergebnisse vorweisen konnte. Im Vergleich zu den letzten Reichstagswahlen 1912 brachten die ersten in der Republik doch Verschiebungen zugunsten der SPD, aber auch zugunsten des Linksliberalismus, der DDP.[125] Das preußische Hessen-Nassau, das wie auch der Volksstaat Hessen in der gesamten Weimarer Zeit einen der zunächst 37 (später 35) Großwahlkreise – unter Einschluss des Freistaates Waldeck und des Kreises Wetzlar – bildete[126], schickte 15 Mandatsträger in die im thüringischen Weimar tagende Nationalversammlung: sieben von der SPD, je drei von DDP und Zentrum sowie je einen aus DVP und DNVP. Neun kamen aus dem ebenfalls einen Wahlkreis bildenden gesamten Volksstaat, und zwar vier von der SPD, je zwei von DDP und Zentrum sowie einer der DVP.[127] Eine herausgehobene Rolle bei den Verfassungsberatungen in Weimar spielte der Frankfurter Sozialdemokrat Max Quarck als einer von zwei stellvertretenden Vorsitzenden des 28-köpfigen Verfassungsausschusses.

Die bürgerlichen Parteien hatten auch in Hessen einen verspäteten und schmerzvollen Gründungsprozess durchlaufen. Während die Sozialdemokratie den Umbruch als Chance für die Realisierung der Demokratie verstand und entschlossen zugriff, haderte das Bürgertum lange mit der Kriegsniederlage. Vom Trauma des Zusammenbruchs des Kaiserreichs erholte sich die bürgerliche Mitte nur langsam. Die „Frankfurter Volkszeitung" als Sprachrohr des politischen (Links-)Katholizismus schrieb im Jahresrückblick auf 1918, man habe „vier Jahre vergebens gehofft, gekämpft, gelitten und geopfert" und stehe nun vor einem Trümmerhaufen. Obwohl das katholische Bürgertum in Frankfurt bis zuletzt für die Monarchie eingetreten war, vollzog die dortige Zentrumspartei doch schneller als im Rest des Reiches die Hinwendung zur Republik.[128]

Die rechtsliberale DVP vertiefte mit der Verweigerung eines klaren Bekenntnisses zur Demokratie den Graben zur weiter linksstehenden Konkurrenz DDP und entzog damit jeglichen Gedanken an eine geeinte liberale Partei gänzlich den Boden – wie im gesamten Reich. Im ehemaligen Großherzogtum prangerte die sich pointiert vaterländisch gebende DVP das Zusammengehen der am 28. November 1918 gegründeten Demokratischen Partei mit der SPD scharf an.[129] Demgegenüber förderten in antidemokratischer Grundhaltung die Deutschnationalen, die nach Wochen politischer Apathie erst Mitte Dezember 1918 begannen sich zu formieren, antisemitisches Denken. Dabei setzte sich bei vielen wie beim freikonservativen Marburger Professor und preußischen Landtagsabgeordneten Johann Victor Bredt bald die Erkenntnis durch, dass eine gewaltsame Restauration der Monarchie nicht möglich sei, man sich daher mit dem Neuartigen abzufinden und sich konstruktiv politisch betätigen sollte. Er tat dies zunächst in der DNVP.[130]

Bei den ersten Wahlen 1919 lag das rechtsorientierte Bürgertum noch in der durch den revolutionären Umbruch vom November 1918 ausgelösten politischen Schockstarre, rangen seine Organisationen noch um Profil, Mitglieder und Wähler. Demgegenüber konnte sich die Sozialdemokratie auf eine bewährte Funktionärselite und einen eingespielten Organisationsapparat stützen, um ihre mit der Revolution gewonnene Macht zu nutzen. Dort, wo die SPD bereits vor 1918 stark gewesen war, festigte sie sich noch weiter. Es nahm selbst für eine bäuerliche Tageszeitung in Friedberg kaum Wunder, dass der Unmut über das Vergangene,

3. Auftakt der Demokratie

„der verlorene Krieg und alles, was damit zusammenhängt, den Sozialdemokraten" zugutekam.[131] Dabei fällt auf, dass die durch den Umbruch verunsicherten evangelischen Wähler, zuvor zu weiten Teilen Klientel der antisemitischen Parteien, zur Sozialdemokratie tendierten. Das führte in den Kreisen des Regierungsbezirks Kassel, wo bis 1918 die nun nicht mehr antretenden Antisemiten dominierten, zu signifikanten Wanderungen zur SPD (46,6 Prozent) und zur DDP (20,7 Prozent), ein Trend, der sich aber schon 1920 bei den nächsten Reichstagswahlen wieder in Richtung der alten Kräfteverhältnisse umkehrte, eben zu einer Stärkung von nationalkonservativer DNVP und rechtsliberaler DVP führte. Dagegen offenbarte der Regierungsbezirk Wiesbaden trotz eines leichten Zuwachses der SPD (36,7 Prozent) Kontinuität des Parteien- und Wählerspektrums; DDP (23 Prozent) und Zentrum (22,2 Prozent) lagen dort bei den Wahlen zur Nationalversammlung 1919 auf gleicher Höhe.[132]

Auch die nach der Verhältniswahl durchgeführten ersten Kommunalwahlen in Hessen-Nassau am 2. März 1919 bestätigten die Tendenzen – mit einigen bemerkenswerten Ergebnissen wie in der bürgerlich geprägten Universitätsstadt Marburg, wo die antirepublikanische DNVP mit 15 Stadtverordneten DDP (acht) und SPD (fünf) auf Distanz hielt. Bei den örtlichen Wahlen erlebte die DDP ein „Desaster", verlor im Vergleich zu den Wahlen vom Januar die Hälfte ihrer Wähler, was nur noch von der SPD mit einem Verlust von 55 Prozent überboten wurde.[133] Im katholischen Fulda konnte das Zentrum 20 der insgesamt 36 Mandate für sich verbuchen. Die Bischofsstadt, wo das katholische Milieu Weltkrieg und Revolution überdauerte, erlebte einen Einschnitt der besonderen Art, obwohl die Dominanz der Zentrumspartei weiter bestehen bleiben sollte: Nach fünfzig Jahren saßen nicht mehr nur allein Vertreter der katholischen Partei, sondern erstmals auch anderer Parteien im Stadtparlament, darunter je fünf von SPD und DDP.[134] Kassel blieb eine sozialdemokratische Hochburg mit knapper absoluter Mehrheit von 37 der insgesamt 70 Stadtverordneten. Ähnlich dominierte das Zentrum im katholischen Limburg. Die SPD führte in Frankfurt deutlich mit 36 vor der DDP mit 23 Mandaten (bei insgesamt 96 Stadtverordneten), besaß aber auch mit der USPD (acht) keine Mehrheit. Die Weimarer Koalition vereinigte immerhin 72 Sitze auf sich. In Wiesbaden rangierte die SPD doch recht knapp mit 16 Mandaten an der Spitze, gefolgt von den gleichstarken DVP und DDP mit 14 der insgesamt 60 Sitze. Im linken Hanau belegte die USPD mit 29 Prozent Platz eins vor der DDP mit 27 Prozent und der

Demokratieaufbau im Zeichen der Besetzung:
französische Soldaten auf dem Schlossplatz von Wiesbaden.

SPD mit 25 Prozent (DVP 12 Prozent und Zentrum 8 Prozent). Von den 42 Sitzen belegten USPD und DDP je zwölf, die SPD elf.

Bei den ersten Nachkriegskommunalwahlen im volksstaatlichen Darmstadt am 15. Juni 1919 lagen DVP mit 17 und SPD mit 16 Mandaten (von 60) vorn, gefolgt von der DDP mit 11 (USPD fünf; Zentrum vier; Hessische Volkspartei mit Handwerks- und Gewerbevereinigung sieben). In Offenbach rangierte die SPD mit 32 Prozent vor USPD mit 24 Prozent und DDP mit 19 Prozent (Zentrum 14 und DNVP 10 Prozent).

Wo die SPD die Mehrheit besaß, wollte sie dies auch in politische Ämter ausgezahlt wissen. Ein Beispiel: Trotz wütender Proteste sämtlicher bürgerlicher Parteien nominierte die mit knapper absoluter Mehrheit ausgestattete Kasseler SPD im Dezember 1919 den vormaligen Reichsministerpräsidenten Philipp Scheidemann in der Nachfolge des im Oktober zum Reichsinnenminister beförderten Liberalen Erich Koch-Weser als neuen Oberbürgermeister.[135] Die SPD ließ nicht mit sich handeln, hatte es sich doch seit der Revolution gerade auch in Nordhessen gezeigt, dass sich ihre politische Dominanz, wie sie in den äußerst guten Ergebnissen bei sämtlichen Wahlen am Anfang der Repu-

3. Auftakt der Demokratie

blik (in Reich, Land und Gemeinde) zum Ausdruck kam, nicht entsprechend auch in der Übernahme politischer Ämter niederschlug.

Im Sommer 1919 waren der in Kassel residierende Oberpräsident August von Trott zu Solz und auch der dortige Regierungspräsident Percy Graf von Bernstorff ausgeschieden, beide noch in der Kaiserzeit berufen (1917 bzw. 1905). Der Oberpräsident stand an der Spitze der Provinz, war Vertreter des Staatsministeriums und sollte „Brücke und Mittler" zwischen Provinz und Zentralregierung sein.[136] Die Regierungspräsidenten waren mit ihren Behörden die eigentlichen Träger der Landesverwaltung in den preußischen Mittelinstanzen. Der Dualismus von Oberpräsident und Regierungspräsident, besonders wenn diese an einem Ort wie in Kassel saßen und zudem unterschiedlichen politischen Lagern angehörten, mochte sich mitunter als unvorteilhaft erweisen.[137] Das sollte schon 1919 der Fall sein, denn an die Stelle von Trott zu Solz und Bernstorff traten, von der preußischen Regierung in Berlin eingesetzt, mit Rudolf Schwander als erster Beamter in der Provinz Hessen-Nassau zum 8. Juli ein Mann der DDP und mit Gustav Springorum als Chef im Regierungsbezirk Kassel zum 1. Oktober ein Vertreter des bürgerlich-nationalen Lagers. Schwander war 1918 der letzte deutsche Statthalter in Elsass-Lothringen gewesen. Er blieb bis 1930, als ihm der Sozialdemokrat August Haas folgte, der 1932 im Zuge des Preußenschlags abgesetzt wurde. Nach Springorum kam der höchst unglücklich agierende, rechtskonservative Otto Stoelzel, der nach nur einem Jahr abberufen und durch den DDP-Mann Ferdinand Friedensburg ersetzt wurde.

Springorum war vor seiner Berufung nach Kassel stellvertretender Regierungspräsident in Wiesbaden gewesen. Dort war er von den Franzosen wegen Widerstand gegen ihre Anordnungen verhaftet, verurteilt und ausgewiesen worden. An der Spitze des Regierungspräsidiums Wiesbaden folgte auf den weithin als „Freund des Kaisers" geltenden Regierungspräsidenten Wilhelm von Meister[138], seit 1905 an dieser Stelle, der kaiserliche Karrierebeamte Wilhelm Momm, der sein Amt erst im März 1920 antreten konnte und im August 1922 von der Interalliierten Rheinlandkommission seiner Funktion enthoben wurde. Ende Januar 1923 folgte der ehemalige preußische Minister Konrad Haenisch von der SPD. Nach Haenischs frühem Tod 1925 im Alter von 49 Jahren trat der Polizeipräsident von Frankfurt, der Sozialdemokrat Friedrich (Fritz) Ehrler, an seine Stelle – bis 1933.

Von zehn Landratsposten, die seit dem Umsturz bis zum Ende des Jahres 1920 in den Kreisen des Regierungsbezirks Kassel frei wurden, sollte die SPD nur drei besetzen können. Viele der königlich-preußischen Landräte, die nach der Revolution zumeist zur republikfeindlichen DNVP stießen, hielten sich im Amt, wie der im August 1918 im überwiegend katholischen Kreis Hünfeld bestallte Walter Ludwig (bis 1935) oder sein 1907 berufener Kollege Gottfried Rabe von Pappenheim im sozialdemokratischen dominierten Kreis Kassel (bis 1930), der dann Landeshauptmann des Bezirksverbandes im Regierungsbezirk Kassel wurde und bis 1936 blieb. Die Neugestaltung mit einer Demokratisierung der Gebietskörperschaften führte dazu, dass das Vorschlagsrecht für die Besetzung der freiwerdenden Landratsposten von den Kreistagen als nunmehr demokratisch konstituierten Gremien gegenüber dem preußischen Ministerium mehr Gewicht besaß, das jedoch auch weiterhin nicht an einen Vorschlag gebunden war. Der Kreistag besaß nicht das Recht, über ein Misstrauensvotum einen Landrat zu verbannen.[139] Wegen der veränderten Lage in den Kreistagen traten einige im Kaiserreich berufenen Landräte von sich aus zurück, darunter im Regierungsbezirk Kassel 1919 jene von Hofgeismar (Georg Riedesel zu Eisenbach, seit 1908 im Amt) und Eschwege (Alexander von Keudell, seit 1893), 1921 von Fulda (Karl von Dörnberg, seit 1912) und Hersfeld (Alexander von Grunelius, seit 1905) sowie 1922 von Fritzlar (Heinrich Noeldechen, seit 1890). Für Hessen-Nassau ist insgesamt eine geringe Zahl festgestellt worden, die nach der Revolution gegen ihren Willen aus ihrem Amt verdrängt wurde.

Als der seit 1910 amtierende Landrat von Kirchhain, Adolf von und zu Gilsa, ein Vertreter des rechtskonservativen Spektrums, 1928 vom Regierungspräsidenten Ferdinand Friedensburg (DDP) aus dem Amt geworfen wurde, weil er paramilitärische Treibereien in seinem Kreis geduldet hatte und somit untragbar geworden war, brach ein Sturm der Entrüstung über Friedensburg herein, der erst im März 1927 nach Kassel gekommen war. Friedensburg holte andererseits den Landrat von Schlüchtern, Bodo von Trott zu Solz, der in der Kritik stand, ein Monarchist zu sein, und darüber hinaus schlicht als unfähig galt, aus der Schusslinie und bot ihm 1927 im Regierungspräsidium Unterschlupf. 1933 hievten die Nationalsozialisten Gilsa auf den Landratsposten in Schüchtern (wo er bis 1945 blieb) und machten Trott zu Solz kurzzeitig zum kommissarischen Landrat in Hersfeld.[140] Es scheint augen-

3. Auftakt der Demokratie

fällig, dass die neuen Machthaber über kein ausreichendes Reservoir an geschulten Verwaltungskräften, gar mit Führungsqualitäten verfügten, um das alte aus der Kaiserzeit kommende Personal gegen republiktreue Köpfe auszutauschen. Das galt auch für den Vertreter Hessen-Darmstadts beim Reich: Staatspräsident Ulrich bat den seit 1911 als Gesandten in Berlin amtierenden Maximilian Freiherr von Biegeleben, weiter die Interessen des Landes gegenüber der Reichsregierung und im Reichsrat wahrzunehmen. Biegeleben blieb bis 1927.[141]

Trotz des revolutionären Umbruchs und einer stärkeren Politisierung im kommunalen Raum mit dem vollkommenen Ende der bereits zuvor im Kaiserreich schrittweise schwindenden Honoratiorenherrschaft wurde doch nur eine geringe Zahl von Bürgermeisterstellen mit Sozialdemokraten besetzt, während auf der anderen Seite die SPD in Reich und Ländern zahlreiche Regierungen führte und Minister stellte. So sollte der im Dezember 1919 gegen eine einheitliche bürgerliche Front in Kassel zum Stadtoberhaupt gewählte Philipp Scheidemann bis 1933 der einzige Sozialdemokrat unter den hessen-nassauischen Oberbürgermeistern bleiben.[142] Das war so nicht zu erwarten gewesen und überraschte letztendlich.

In der hessischen Landeshauptstadt Darmstadt überdauerte der seit 1909 amtierende Wilhelm Glässing den Umsturz, bis er nach 20 Jahren im Amt 1929 verstarb. Sein um zwei Jahre jüngerer Bruder, der 1913 zum Oberbürgermeister von Wiesbaden berufene parteilose Karl Glässing, behielt sein Amt, bis ihn die Franzosen 1919 ohne nähere Begründung für abgesetzt erklärten und auswiesen – ein Akt, den die Interalliierte Rheinlandkommission in Koblenz sanktionierte und gegen den der Einspruch der Stadt zunächst erfolglos blieb. Glässing empörte sich bei Reichsinnenminister Erich Koch-Weser über den Gewaltakt, den hinzunehmen, so der Wiesbadener Stadtobere, zwangsläufig zu einer Demoralisierung der Bevölkerung in den besetzten Gebieten führen müsse.[143]

In Frankfurt blieb der 1912 auf zwölf Jahre gewählte (links-)liberale Georg Voigt, der sich – preußisch-korrekt – just am 9. November 1918 vom Arbeiter- und Soldatenrat im Amt hatte bestätigen lassen, bis 1924 an der Spitze des Rathauses, als ihn sein DDP-Parteikollege Ludwig Landmann ablöste und er im Jahr darauf zum Oberbürgermeister im beschaulicheren Marburg gewählt wurde. In Offenbach änderte sich ebenfalls zunächst nichts: Der seit 1907 amtierende liberale Andreas Dullo, seinerzeit auch von den Sozialdemokraten gewählt, blieb, musste aber dann, weil der SPD sein Agieren in der Revolutionszeit missfiel, bald gehen. Ihm folgte im November 1919 der SPD-Mann Max Granzin.[144] In dem von einer starken linksorientierten Arbeiterbewegung geprägten Hanau lenkte mit Kurt Blaum (DDP), auch von den Sozialdemokraten gewählt, erst ab Dezember 1921 in der Nachfolge des 1917 berufenen liberalen Karl Hild ein neuer Mann die Geschicke der Stadt. In Wetzlar sollte der 1914 gewählte Bürgermeister Heinrich Kühn bis zu seinem Tod 1930 im Amtssessel bleiben, obwohl die SPD von 1919 bis 1933 die stärkste Fraktion stellte. In Bensheim beschloss der Arbeiterrat im ersten Revolutionsmoment den seit 1913 amtierenden, zum Kriegsdienst eingezogenen Bürgermeister Karl Löslein alsbald abzusetzen, wogegen sich dieser nach Rückkehr aus dem Feld vehement wehrte, so dass Ministerpräsident Ulrich eigens im Februar zu Schlichtungsverhandlungen anreiste, die in einer Wiedereinsetzung Lösleins, allerdings mit Verzicht auf einige Kompetenzen zugunsten seines Stellvertreters, mündeten.[145] Insgesamt jedoch zeigte sich im regionalen Raum überdeutlich, dass die Revolution keinen fundamentalen Elitenwechsel auf den unterschiedlichen Verwaltungsebenen gebracht hatte. Diese im Sinne einer Republikanisierung durchzuführen, war Aufgabe der kommenden, durch Wahlen legitimierten Regierungen und Körperschaften.

Die drei führenden Parteien bei der ersten Landtagswahl im Volksstaat – SPD, DDP und Zentrum –, hinter denen immerhin mehr als 80 Prozent der Wähler standen, setzten ihre Zusammenarbeit unter Ministerpräsident Carl Ulrich fort. SPD und DDP hätten auch allein mit ihren 44 Mandaten über eine recht komfortable Mehrheit verfügt, doch beharrten die Liberalen auf Einbezug der bislang mitregierenden Zentrumspartei, um mit deren 13 Abgeordneten der übermächtigen SPD Paroli bieten zu können. Bereits vor der am 13. Februar 1919 erfolgenden Konstituierung des Landesparlaments erklärte sich der revolutionäre Volksrat der Republik Hessen für aufgelöst und übergab seine Rechte den nun gewählten Vertretern.[146] Der Dualismus zwischen provisorischer Regierung und revolutionärer Macht war damit beendet. In Preußen bildete der bisherige Ministerpräsident Paul Hirsch (SPD) nach den ersten Landtagswahlen eine Regierung der Weimarer Koalition, wie im Reich gestützt auf eine breite Mehrheit.

In ihrer Struktur unverändert blieben zunächst die Selbstverwaltungsorgane in der preußischen Provinz und in den beiden 1867 geschaffenen Regierungsbezirken. Es war eine Besonderheit, dass nach

3. Auftakt der Demokratie

Nach Krawallen in Kassel am 21. Juni 1919: geplünderte Geschäfte.

der preußischen Annexion des Herzogtums Nassau, des Kurfürstentums Hessen und der Freien Reichsstadt Frankfurt in der neuen Provinz für jedes der drei Gebiete ein Kommunalverband (und nicht wie in jeder preußischen Provinz nur ein Verband) geschaffen wurde. 1885 wurden sie auf zwei Bezirksverbände, Kassel und Wiesbaden, reduziert. An der Spitze der Verwaltung stand der Landeshauptmann. Den Kommunalverbänden oblagen in Selbstverantwortung bestimmte Bereiche (u. a. Straßenbau, Landesbanken und -versicherungen, Landeskrankenhäuser und Landesheilanstalten).[147] Die Organisationen blieben im Umbruch unangetastet. Ihre parlamentarischen Vertretungen, die beiden Kommunallandtage, sollten dann 1920 erstmals nach den neuen Wahlrechtsprinzipien, zunächst direkt von den Stadtverordnetenversammlungen und Kreistagen, neu gewählt werden. Weiterhin bestand als gemeinsame Klammer und als ein lockeres Dach über den Regierungsbezirken der aus sämtlichen Vertretern beider Kommunallandtage beschickte Provinziallandtag.[148]

Auf örtlicher Ebene existierten manche Arbeiter- und Soldatenräte als Ordnungsorgane über die Wahlen hinaus. Sie trugen wesentlich zur Sicherung und Stabilisierung der neuen Machtverhältnisse bei. Gleichwohl sollten dann im Frühjahr 1919 Unruhen folgen, wie etwa

Es herrscht Ruhe in Hanau: Nach Unruhen und Plünderungen im Februar 1919 besetzen Regierungstruppen für einige Tage die Stadt (hier am Neustädter Markt). Zu Kämpfen kommt es nicht.

in Frankfurt Ende März, als es nach einer Senkung der Kartoffelration von fünf auf drei Pfund pro Woche und Kopf zu Plünderungen und Ausschreitungen mit 20 Toten kam. Die Mainmetropole erlebte dann im Juni 1919 Arbeitslosendemonstrationen. Auch in Kassel folgten Krawalle, die sich an der Weigerung eines Händlers entzündet hatten, Eier zum festgesetzten Richtpreis zu verkaufen. Am Ende waren vier Tote zu beklagen.[149] Nach Plünderungen, auch von Waffen und Munition in Hanau wurde die Stadt, von linken und linksradikalen Kräften beherrscht, von Regierungstruppen im Februar 1919 kampflos besetzt.[150]

In sozialer Hinsicht hielt die Anspannung noch lange an. Die Lage verschärfte sich im Zuge von Inflation und Wirtschaftskrise. Die dauerhafte Versorgungskrise im ersten Nachkriegsjahr lässt sich allein daran ablesen, dass in den Monaten von März bis Juni 1919 nur ein Achtel des festgelegten Kontingents an Kohlen nach Frankfurt geliefert wurde.[151] Politisch festigte sich die Situation jedoch recht rasch. So blieb der Offenbacher Karfreitagsputsch am 18. April 1919, als die von den Kom-

3. Auftakt der Demokratie

Karfreitagsputsch in Offenbach am 18. April 1919: Demonstranten versuchen, die Stadtkaserne zu stürmen. Am Ende sind 17 Tote zu beklagen.

munisten angeführte radikale Linke gewaltsam die Macht an sich reißen wollte, letztlich eine gescheiterte Episode, die jedoch mit 17 Toten und 26 Verwundeten einen hohen Blutzoll forderte.[152] Der Putsch war – für Hessen – der Höhepunkt der zweiten Welle der Revolution, die in den Zentren Berlin, wo es im Frühjahr zu bürgerkriegsartigen Unruhen kam, und München, wo eine linkssozialistisch-kommunistische Räterepublik von Regierungstruppen niedergeschlagen wurde, einen ungleich blutigeren Verlauf nahm.

Die Demokratie war geboren; sie musste nun reifen, ausgebaut werden und sich festigen. Am 11. November 1918 hatte der hessen-darmstädtische Arbeiter-, Bauern- und Soldatenrat in einem Aufruf verkündet: „Die Vergangenheit ist abgeschlossen. Das Tor der Zukunft steht weit offen."[153] Die Vergangenheit war politisch tatsächlich abgeschlossen, doch überlebten rückwärtsgewandte Einstellungen und Mentalitäten, die die Republik bedrücken sollten. Insofern stand das Tor der Zukunft nicht weit offen. Viele politische Altlasten mussten mit in die Demokratie genommen werden; sie konnten nicht einfach entsorgt werden. Demokratie und demokratisches Denken und Handeln musste

Das Ständehaus in Darmstadt – Sitz des Landtages bereits in Zeiten des Großherzogtums und nun auch in der Republik.

bei vielen erst reifen, denn antidemokratisches Gedankengut überdauerte die Zäsur von 1918/19. Doch zunächst ging es darum, den neuen Freistaaten Verfassungen zu geben, die das neue Staatsgebilde strukturierten und einen Orientierungs- und Wertmaßstab für das Zusammenleben in der Republik lieferten.

4. Verfassungen als Fundamente

Mit der Beseitigung von Monarchie und Monarchen waren die konstitutionellen Ordnungen zusammengebrochen und die Verfassungen außer Kraft gesetzt worden. So war die Erarbeitung neuer staatlicher Grundlagen vordringliche Aufgabe der ersten demokratischen Parlamente im Reich und in den Ländern. Hier unterschieden sich die Vorgehensweisen im Reich, in Preußen und im Volksstaat nicht: Wahlen, Zusammentritt der Verfassunggebenden Versammlungen, Verabschiedung von knappen Organisationsstatuten als vorläufige Verfassungen, schließlich Ausarbeitung einer endgültigen Verfassung. Lediglich zeitlich klaffte die Entwicklung weit auseinander.

Die Hessen im Darmstädtischen arbeiteten zunächst auf der Basis einer provisorischen Verfassung, dem nur zehn Artikel umfassenden „Gesetz über die vorläufige Verfassung für den Freistaat (Republik) Hessen" vom 20. Februar 1919. Die Übergangsverfassung formulierte wie auch das für das gesamte Reich geltende „Gesetz über die vorläufige Reichsgewalt" vom 10. Februar oder das in Preußen verabschiedete „Gesetz zur vorläufigen Ordnung der Staatsgewalt" vom 20. März 1919 lediglich Eckwerte.[154] Das hessische Gesetz beschränkte sich – unter Verzicht auf Grundrechte – auf Regelungen zur staatlichen Organisation, der Gesetzgebung und der Regierung („Staatsleitung"). Aber schon in Artikel 1 war die künftige Staatsform festgeschrieben: „Der Freistaat (Republik) Hessen ist ein selbständiger Bundesstaat des Deutschen Reiches."[155] Damit war der politische Wandel vom November 1918 verfassungsrechtlich bestätigt. Auf der Basis von Artikel 6 der vorläufigen Verfassung wurde Carl Ulrich am 21. Februar 1919 mit 46 von 57 abgegebenen Stimmen zum ersten Ministerpräsidenten der Republik gewählt. Er berief anschließend in Fortsetzung der bisherigen Koalition sein Kabinett, das (mit ihm) aus vier regelrechten Ministern – erneut den bisherigen Ressortleitern Heinrich Fulda (SPD/Inneres), Konrad Henrich (DDP/Finanzen) und Otto von Brentano (Zentrum/Justiz) sowie den Leitern von vier Landesämtern bestand, die „Stimmrecht in Angelegenheiten ihres Ressorts" besaßen. Diese waren die Ministerialdirektoren Reinhard Strecker (DDP) für Bildungswesen, Hermann Neumann (SPD) für Ernährung, Georg Raab (SPD) für Arbeit

Der erste demokratische Regierungschef in Hessen
und sein Nachfolger: Carl Ulrich (Mitte) und Bernhard Adelung (l.)
mit dem Reichsvertreter in Hessen, Eduard David.

und Wirtschaft und Philipp Uebel (Zentrum) für Landesschulden.[156] Nach den Wahlen vom November 1921 verloren die Direktoren der Landesämter den Kabinettsrang; das Landesamt für Arbeit und Wirtschaft wurde zum Ministerium für Wirtschaft mit Raab an der Spitze.[157]

Das vorläufige Grundgesetz sollte bis zur Verabschiedung einer Landesverfassung Gültigkeit besitzen, spätestens aber zum 1. Januar 1920 außer Kraft gesetzt werden (Art. 10). Die hessischen Verfassungsschöpfer hatten also Zeit und sie nahmen sich diese auch.[158] Wie bei der Verfassungsschöpfung in den meisten Ländern in Deutschland nach dem Krieg wurde diese auch in Hessen von „oben" initiiert und dirigiert. Ein erster Verfassungsentwurf lag im April vor, entwickelt durch eine von der

Regierung am 5. März 1919 eingesetzte Kommission aus Experten der Ministerialbürokratie. Hierzu lieferte der Gießener Staatsrechtler Hans Gmelin[159] ein Gutachten, das in Teilen Berücksichtigung fand. Die Hessen orientierten sich an den bereits vorliegenden Verfassungen der südlichen Nachbarländer Baden und Württemberg, so dass „wenigstens die süddeutschen Staaten in den Grundlagen ihrer Existenz möglichste Übereinstimmung" zeigen würden.[160] Erst am 9. Oktober 1919, kurz vor dem Ende der parlamentarischen Sommerpause, ging der Entwurf der Landesregierung an die Volkskammer. Die Regierung wollte erst die Verabschiedung der Reichsverfassung abwarten – dies geschah durch die Nationalversammlung in Weimar am 31. Juli –, um dann zu entscheiden, was man im Hessischen mit Blick auf die bereits erfolgten Regelungen in der Reichsverfassung nicht mehr aufzunehmen brauchte. So verzichteten die Hessen auf eine Verankerung dort bereits niedergelegter Grundätze. Es fand daher nichts Berücksichtigung, was Grundrechte und Grundpflichten betraf. Dies alles stand ja in der die Ländergrundgesetze überwölbenden Reichsverfassung. Der Verfassungsausschuss der Volkskammer nahm nur noch wenige Änderungen am Regierungsentwurf vor.[161] So fiel die vorgesehene, sich an badische und württembergische Regelungen orientierende Bestimmung, nur „Staatsangehörige" Hessens seien bei Wahlen stimmberechtigt. Denn die Reichsverfassung legte in Artikel 17 fest, dass die Landtage von allen reichsdeutschen Männern und Frauen des Gebiets zu wählen waren, nicht nur von den Landeskindern.

Der vom Ausschuss entwickelte Entwurf wurde dann in drei Tagen, beginnend am 4. Dezember, im Plenum beraten.[162] Die wenigen Diskussionen drehten sich um das Alter für das aktive und passive Wahlrecht, das auf 20 bzw. 25 Jahre festgelegt wurde. Die Rechtsparteien brachten zudem aus überzogener Furcht vor einer Parteienherrschaft über das Parlament nochmals eine berufsständisch zusammengesetzte Zweite Kammer ins Spiel, wofür sich die Mehrheit aber nicht begeistern konnte. Das Prinzip der absoluten Volkssouveränität sollte nicht über das Hintertürchen einer Zweiten Kammer beschnitten werden. Es blieb beim Einkammersystem. Allein das demokratisch gewählte Organ – der Landtag – sollte bestimmen.

Obwohl die Mehrzahl der Artikel ohne Kontroversen das Plenum passierte, verweigerten DVP und Hessische Volkspartei (die lokale Variante der DNVP) letztlich die Zustimmung, und dies aus einem wahrlich nichtigen Grund. In beinahe trotziger Haltung quittierten beide das Abschmettern ihrer Forderung, nicht erst in zwei Jahren, also im

Hessisches Regierungsblatt.
Nr. 37.
Darmstadt, den 20. Dezember 1919.

Inhalt: 1. Die Hessische Verfassung. (S. 439.) — 2. Gesetz über die Veräußerung staatlichen Grundeigentums. (S. 452.) — 3. Verordnung, die Abänderung der Verordnung vom 8. November 1909 über die Dampfkessel betreffend (S. 453.) — 4. Bekanntmachung, den 5. Nachtrag zur Deutschen Arzneitaxe 1919 betreffend. (S. 454.)

Die Hessische Verfassung.
Vom 12. Dezember 1919.

Das Hessische Volk hat durch die am 26. Januar 1919 gewählte verfassunggebende Volkskammer in Ausführung des Artikels 10 der vorläufigen Verfassung für den Freistaat (Republik) Hessen die nachstehende

Verfassung vom 12. Dezember 1919
beschlossen.

I. Abschnitt.
Vom Volksstaat Hessen und seinen Grenzen.
Artikel 1.

Der Volksstaat Hessen bildet als selbständiges Land einen Bestandteil des Deutschen Reichs.

Die Landeshoheit unterliegt nur den aus der Verfassung und den sonstigen Gesetzen des Deutschen Reichs sich ergebenden Beschränkungen.

Artikel 2.

Alle Landesteile Hessens in ihrem gegenwärtigen Bestande bilden das Staatsgebiet des Volksstaates Hessen. Veränderungen im Bestande des Staatsgebiets unterliegen den für Verfassungsänderungen vorgesehenen Vorschriften.

II. Abschnitt.
Von der Staatsgewalt.
Artikel 3.

Alle Staatsgewalt im Volksstaat Hessen geht vom Volke aus. Sie wird ausgeübt teils unmittelbar durch die stimmberechtigten reichsdeutschen Männer und Frauen, die in Hessen wohnen, teils mittelbar durch die Volksvertretung und die Behörden.

I.   63

Veröffentlichung der Verfassung des Volksstaates vom 12. Dezember 1919 im Hessischen Regierungsblatt.

November 1921 – wie Artikel 64 bestimmte –, sondern schon im Frühjahr des kommenden Jahres einen neuen Landtag wählen zu lassen, mit Ablehnung der Gesamtverfassung. Man begründete das Verlangen nach baldigen Neuwahlen damit, dass das erste Landesvotum im Januar 1919 „unter der Einwirkung der Revolution" stattgefunden hatte.[163] Unausgesprochen

4. Verfassungen als Fundamente

verbarg sich dahinter die Erwartung, dass man als bürgerlich-konservative Parteien nun besser abschneiden würde, nachdem sie sich seinerzeit noch in der Findungsphase befunden hatten und das eigene, dem Untergang der Monarchie lange nachtrauernde Klientel über den Umbruch politisch konsterniert und apathisch gewesen war. Da sie mit einem früheren Wahltermin im Jahre 1920 nicht durchdrang, votierte die rechte Seite des Hauses mit Nein.[164] Ungeachtet der Ablehnung durch die Rechtsliberalen und Konservativen trat die am 9. Dezember verabschiedete Landesverfassung drei Tage später in Kraft. „Die Hessische Verfassung vom 12. Dezember 1919", unterschrieben vom „Gesamtministerium", also von Ulrich und den Ministern Henrich, Fulda und Brentano[165], gliederte sich in neun Abschnitte, wobei der letzte lediglich Übergangsbestimmungen umfasste. Artikel 1 erklärte den „Volksstaat" Hessen als selbständiges Land zu einem „Bestandteil des Deutschen Reichs". Man bekannte sich zum Prinzip der Volkssouveränität und schuf eine voll ausgeprägte parlamentarische Demokratie ohne blockierende Nebeninstitutionen. Der 70-köpfige Landtag war alle drei Jahre zu wählen.

Die hessische Verfassung kannte kein ausgeprägtes Notverordnungsrecht wie die Reichsverfassung (Art. 48 WRV) oder die preußische Verfassung (Art. 55), durch das die Exekutive direkte gesetzesvertretende Verordnungen erlassen konnte. Die volkstaatliche Verfassung erlaubte es der Regierung jedoch, solange der Landtag nicht versammelt war, Anordnungen zu erlassen, wenn aufgrund außergewöhnlicher Ereignisse ein „sofortiges Eingreifen" notwendig erschien (Art. 9). Diese Maßnahmen durften aber nicht der Verfassung zuwiderlaufen und waren dem Landtag nach dem Zusammentritt umgehend zur Bestätigung vorzulegen – und bei dessen Ablehnung unverzüglich aufzuheben. Nach der Landesverfassung gab es in Hessen kein Verfassungsorgan, das, wie im Reich der Reichspräsident (Art. 25 WRV), das Recht besaß, das Parlament einfach und eigenmächtig aufzulösen. Hierfür schufen die Hessen hohe Hürden: Dazu war eine Volksabstimmung notwendig (Art. 24).

Der allgemeinen Stimmung der Zeit entsprechend, räumte die hessische Verfassung der Bevölkerung über Wahlen weitere direkte Mitbestimmungsrechte ein, setzte für den Erfolg eines Referendums jedoch nicht so hohe Hürden wie die Reichsverfassung. Auch die erst im November 1920 beschlossene Verfassung Preußens eröffnete Möglichkeiten zur direkten Demokratie über das Plebiszit. Nach Artikel 12 der hessischen Verfassung hatte ein Referendum stattzufinden, wenn fünf Prozent der Wahlberechtigten in einem Volksbegehren, dem ersten Schritt, dieses unterstützen würden – das galt als sachgerechtes Quorum.[166] Die Reichsverfassung (Art. 73 WRV) sprach hingegen von zehn Prozent. Zur Annahme eines einfachen Gesetzes in einem dann folgenden Volksentscheid war die Beteiligung der Hälfte aller Stimmberechtigten erforderlich (Art. 75 WRV). Handelte es sich um einen Gesetzentwurf verfassungsändernden Charakters war die Zustimmung der Mehrheit der Stimmberechtigten notwendig (Art. 76 WRV). In Hessen reichte im Normalfall die einfache Mehrheit der Abstimmenden, bei verfassungsändernden Gesetzen war jedoch eine Zweidrittelmehrheit der Wählenden erforderlich (Art. 15). Nach der preußischen Verfassung (dort Art. 6) mussten Volksbegehren im Falle von einfachen Gesetzen von fünf Prozent der Stimmberechtigten gezeichnet werden; bei Verfassungsänderungen oder bei einem Begehren zur Landtagsauflösung mussten 20 Prozent zustimmen, damit eine Volksabstimmung anberaumt werden konnte. Diese war nur dann rechtswirksam, wenn die Mehrheit der Stimmberechtigten daran teilnahm. Ging es um Anträge, die Verfassung zu ändern oder den Landtag aufzulösen, war die Mehrheit der Stimmberechtigten vonnöten; bei einfachen Gesetzen reichte die Majorität der abgegebenen gültigen Stimmen. Wie im Reich, so sollte auch in Hessen und Preußen keine Volksabstimmung erfolgreich sein.

In der hessischen Verfassung fanden mit Blick auf die Regelungen in der Reichsverfassung Grundrechtsbestimmungen keine Erwähnung. Auch nicht aufgenommen wurden die von dem einzigen USPD-Vertreter Alfred Kiel schon bei der Notverfassung eingeforderten wirtschaftspolitischen Sofortmaßnahmen wie die Sozialisierung von Industrieunternehmen. Insgesamt, so ist zu Recht geurteilt worden, umging die hessische Verfassung in der Sogwirkung der bereits gültigen Reichverfassung jede bedeutende Akzentuierung „und vermied jeden denkbaren Konflikt".[167] Andererseits wies sie daher auch keine irgendwie gearteten Konstruktionsfehler auf wie etwa die Reichsverfassung, die im Lande zu einer Untergrabung der Demokratie durch demokratisch konstituierte Organe, die die Verfassung gegen ihren eigentlich Sinn missbrauchen, hätten führen können.

Die Verfassung wurde später in drei wichtigen Punkten (neben einigen weniger bedeutungsvollen) geändert. 1924 erhielt der Landtag das Recht und die Pflicht zur Einsetzung von Untersuchungsausschüssen. Das entsprach Artikel 35 der Reichsverfassung bzw. Artikel 25 der preußischen Verfassung.[168] 1930 wurde die Möglichkeit der Landtagsauflösung durch Zweidrittelmehrheit im Landtag eingeführt. Gleichzeitig dehnte das Par-

4. Verfassungen als Fundamente

Der Friedensvertrag interessiert die Bevölkerung weit mehr als die Verfassungsschöpfung: Protestversammlung auf dem Marktplatz von Butzbach im Juli 1919 gegen den kurz zuvor von der Nationalversammlung angenommenen, von den meisten Deutschen als unerträglich abgelehnten Versailler Vertrag. Ein Redner steht auf einem kleinen Podest vor dem Rathaus.

lament die Legislaturperiode von drei auf vier Jahre aus. Dahinter verbarg sich politisches Kalkül. Wir werden darauf zurückkommen.[169]

Insgesamt legte die Verfassung die staatsrechtliche Grundlage für die Entwicklung Hessens zu einem demokratischen Volksstaat. In Zusammenarbeit von demokratischer Arbeiterbewegung und demokratischem Bürgertum wurde ohne fundamentale Auseinandersetzungen der Grundstein für die Republik gelegt. Dazu trug sicherlich auch bei, dass das Großherzogtum vor dem Krieg nicht von solchen Klassenspannungen geprägt war wie andere Territorialstaaten und schon eine feste konstitutionelle, wenn auch unvollendet gebliebene demokratische Tradition besaß.

Die Verfassung wurde jedoch nicht der Bevölkerung zur Abstimmung vorgelegt, vielleicht vor dem Hintergrund der Erfahrung in Baden, wo die im März verabschiedete Landesverfassung am 13. April 1919 als einziges Staatsgrundgesetz seiner Zeit über einen Volksentscheid – dem ersten in Deutschland überhaupt – angenommen wurde, und zwar mit überragenden fast 95 Prozent, allerdings bei einer geringen Beteiligung von nur

Die Empörung über Versailles schlägt sich auch in der Alltagskultur nieder: Beim Kirmesfestzug in Homberg (Efze) 1919 steht US-Präsident Woodrow Wilson am Pranger, dessen 14 Punkte, u. a. mit dem Selbstbestimmungsrecht der Völker, nicht die – wie von deutscher Seite erhofft – Grundlage für den Friedensschluss bilden.

34 Prozent, so dass nicht einmal ein Drittel der Wahlberechtigten seine Zustimmung gegeben hatte.

In Hessen wusste man zudem, dass die Verfassungsschöpfung draußen im Lande auf mäßiges Interesse gestoßen war. Der Bevölkerung erschien anderes wichtiger, weil es als existentieller begriffen wurde. An erster Stelle belastete die französische Besatzung. Der als Knebelung empfundene Versailler Vertrag dominierte den öffentlichen Diskurs, wo die Arbeit an der Verfassung des Reiches mehr als die an der des Landes auf Aufmerksamkeit stieß. So erfüllte sich die von der Regierung mit der Publizierung des Entwurfs im Mai verknüpfte Hoffnung auf eine intensive Verfassungsdiskussion der Bevölkerung auch später nicht.[170] Auch für die hessische Verfassung galt, dass sie „im Schatten des großen Werks der Nationalversammlung" stand.[171]

Hessen lehnte wie jedes andere Land einen rein auf repräsentative Funktionen ausgerichteten Staatspräsidenten neben einem Ministerpräsidenten ab. Man wählte aber als Amtsbezeichnung für den Regierungschef „Staatspräsident" (Art. 37), „um sein Ansehen und seine Würde in der Bevölkerung zu heben".[172] Ulrich wurde dann am 16. März 1920 als Staatspräsident auf die Verfassung vereidigt. Die Minister benötigten zu ihrer Bestätigung das Vertrauen des Landtages. Dieser konnte auch dem Gesamtministerium oder einzelnen Ressortchefs das Misstrauen aussprechen und sie so zum Rücktritt zwingen. Ein zur Demission genötigtes Gesamtministerium blieb so lange geschäftsführend im Amt, bis der Landtag den Staatspräsidenten neu gewählt haben würde (Art. 38). Zweimal amtierten geschäftsführende Regierungen über längere Zeiträume: einmal nach den Dezemberwahlen 1924 für drei Monate und nach den Novemberwahlen 1931 dauerhaft bis zum Ende Republik. Die Zahl der von Staatspräsidenten berufenen Mitglieder der Regierung war nicht festgeschrieben. Zunächst gab es die drei herkömmlichen klassischen Ressorts (Finanzen, Inneres, Justiz), zu denen 1921 das Wirtschaftsministerium (später: für Arbeit und Wirtschaft) und dann 1928 das für Kultur- und Bildungswesen, das der neue Staatspräsident Adelung mit übernahm[173], hinzukamen.

Auch im bisherigen Fürstentum Waldeck-Pyrmont, nunmehr zum Freistaat erklärt, wollte man eine neue Verfassung entwerfen. Diese kam aber angesichts der immer stärker diskutierten Angliederung an Preußen nicht zustande. Die linksliberal-sozialdemokratische Mehrheit in der am 4. April 1919 gewählten 21-köpfigen verfassunggebenden Landesvertretung strebte einen baldigen Anschluss an Preußen an und hielt daher eine Verfassung für entbehrlich. So reichte es nur zu einem im April 1919 rasch verabschiedeten, sechs kurze Paragraphen umfassenden „Gesetz zur vorläufigen Ordnung der Staatsgewalt".[174] Damit wurde die Verfassung von 1852 in der Weise geändert, dass die dem Fürsten zustehenden Hoheitsrechte einem dreiköpfigen Landesausschuss zu übertragen waren. Dieser wiederum wurde von der verfassunggebenden Landesvertretung gewählt, war dem Parlament gegenüber verantwortlich und von ihm abhängig. Der verfassungs- und staatsrechtliche Schwebezustand dauerte an.[175]

Noch ein Jahr länger als im Volksstaat Hessen dauerte es in Preußen mit der Verfassung; hier wollte man wie in Hessen auch die Reichsverfassung abwarten und arbeitete zunächst auf der Basis des im März 1919 verabschiedeten „Gesetzes zur vorläufigen Ordnung der Staatsgewalt". Zudem sorgte der rechtsradikale Kapp-Lüttwitz-Putsch vom März 1920 für Verzögerungen. Erst im November des Jahres wurde die preußische Verfassung beschlossen.[176]

Mit den Verfassungen im Rücken galt es nun, die Republik auszuformen und zu festigen. Wie die Weimarer Verfassung vom August 1919, so waren auch das hessische und das preußische Staatsgrundgesetz solide Fundamente der Demokratie. Die beiden Landesverfassungen boten nicht wie die Reichsverfassung antidemokratischen Kräften die Chance, die Republik unter geschicktem Missbrauch der Verfassungsbestimmungen aus den Angeln zu heben. Doch wie jede staatsrechtliche Grundlage bildeten auch diese lediglich den Rahmen, in dem die gesellschaftlichen Kräfte zu agieren hatten – oder von einem anderen Blickwinkel aus betrachtet: Verfassungsrechtliche Grundlagen, mochten sie Artikel für Artikel auch noch so klug ausgehandelt sein und ein in sich geschlossenes Konzept ergeben, konnten nur dann volle Wirkkraft entfalten, wenn die politischen Akteure den demokratischen Willen dazu besaßen. Genau hierauf spielte der Präsident der Volkskammer Bernhard Adelung (SPD) an, als er bei der Verabschiedung der Verfassung mahnte, dass man zwar eine verfassungsrechtliche Grundlage geschaffen habe, diese aber nun mit Leben zu erfüllen sei: „Eine Form ist geschaffen. Ihr den rechten Geist und die rechte Kraft zu geben, das muss Aufgabe des Volkes und seiner Vertreter sein. Das Volk ist souverän und der alleinige Träger der Staatsgewalt. Möge es die Gewalt in gutem Sinne und für es segensreich gebrauchen."[177] Die Republik auszubauen und zu festigen, war Auftrag der demokratischen Organe. Eine jede Verfassung ist nur so gut, wie die, die mit ihr arbeiten. Entscheidend für die Entfaltung einer Verfassungsordnung bleibt es dabei immer auch, ob sie im Volk und von seinen Organen akzeptiert wird. Und daran mangelte es in der Weimarer Republik. Es bildete sich kein weitgehend akzeptierter verfassungsrechtlicher Grundkonsens auf demokratischer Basis heraus. Es fehlte der unbedingte klassen- und milieuübergreifende Verfassungspatriotismus. Hessen stellte in dieser Hinsicht keine Ausnahme dar. Diese neue Republik fand nicht die uneingeschränkte Zustimmung der Bevölkerung, die in weiten Teilen noch Glanz und Gloria der Monarchie nachtrauerte. Zusätzlich schränkte die dauerhafte oder temporäre Besatzung durch die Siegermächte in Teilen des hessischen Raumes die Entfaltung einer demokratischen Verfassungskultur ein.

5. Wahlen und Regierungen

Die Geschichte Hessens in der Zeit der Weimarer Republik war von einer bemerkenswerten Kontinuität auf den Regierungsebenen in Preußen und im Volksstaat geprägt, die überwiegend auf einer soliden Parteienbasis fußte. Dies darf gerade vor dem Hintergrund der Entwicklung anderer Länder wie etwa in den von instabilen Kabinetten und häufigen Regierungswechseln geprägten Thüringen und Braunschweig als bemerkenswert angesehen werden. Die Stabilität im hessischen Raum sticht vor allem aber mit Blick auf die Genese im Reich hervor: In den 14 Jahren zählte man in Berlin zwölf Reichskanzler mit 20 verschiedenen Kabinetten, von denen ein gutes Dutzend über keine parlamentarische Mehrheit verfügte und so stets auf der Suche nach Unterstützung oder zumindest Tolerierung durch die nicht am Regierungstisch sitzenden Fraktionen war. Die durchschnittliche Haltbarkeitsdauer einer Regierung lag bei acht Monaten. Kabinette zerbrachen, weil die Fähigkeit zum Kompromiss als grundlegende Essenz einer Demokratie bei den Fraktionen nur schwach entwickelt war. Kabinettswechsel hatten in einigen Fällen auch fundamentale Richtungsänderungen zur Folge. Mitunter sehnten sich die Parteien nach den Oppositionsbänken, um sich, von der Last der Regierung befreit, zu regenerieren, denn der Wähler und auch die eigene Gefolgschaft straften Beteiligung an der Regierung und damit an den in Krisenzeiten notwendigen, aber unpopulären Entscheidungen ab.[178]

Dagegen leiteten nur zwei Staatspräsidenten – die beiden Sozialdemokraten Carl Ulrich und ab 1928 Bernhard Adelung – im Volksstaat die Regierung, der in der gesamten Zeit der Republik nur elf verschiedene Personen als Minister angehörten. Personelle Kontinuität war einer der Pfeiler für die politische Stabilität im Volksstaat. Lediglich 1928 ereignete sich ein größeres Revirement, als der 75-jährige Ulrich altersbedingt sein Amt aufgab. Bereits im Juli 1927 war der seit 1918 amtierende Minister und stellvertretende Regierungschef Otto von Brentano (Zentrum) mit 71 Jahren verstorben; sein Kollege Konrad Henrich (DDP) war kränklich und schied 1928 aus dem Amt aus. Er starb im Oktober des Jahres mit 64. Bis auf eine Ausnahme, den aus dem Verwaltungsdienst kommenden Juristen Ferdinand Kirnberger, der nie im Landtag sitzen sollte, konnten alle eine politisch-parlamentarische Laufbahn vorweisen. Zwei von ihnen, Brentano und Kirnberger als Zentrumsvertreter, waren Katholiken. SPD-Innenminister Heinrich Fulda war unter den elf Ministern des Volksstaates während der Republik der einzige Jude.[179]

Unter den Ministern in Ulrichs Kabinetten ragte der liberale Henrich heraus, der als Finanzminister unliebsame Entscheidungen zu fällen und zu verteidigen hatte, auch gegenüber seiner eigenen Fraktion, von der er sich mitunter im Stich gelassen fühlte. Er hatte im Dezember 1922 sogar seinen Rücktritt verkündet, diesen aber auch auf Ersuchen der SPD nach vier Wochen zurückgezogen, was wiederum die Zentrumspartei kritisierte, die das augenscheinlich bald freiwerdende Ministerium der DVP zu offerieren gedachte, um diese so in die Koalition zu hieven. Die Regierungskrise zog sich bis Ende März 1923 hin, als die DVP hartnäckig darauf bestand, dass der Finanzminister sein Rücktrittsgesuch aufrechterhalten müsse. Damit konnte sich das Zentrum nun nicht mehr einverstanden erklären, war das doch ein Affront gegenüber dem Koalitionspartner DDP. Henrich blieb.[180]

Vorzeitig zurück trat im Sommer 1921 Innenminister Heinrich Fulda (SPD). Auch seine eigene Partei kritisierte die schleppende Demokratisierung der Verwaltung seitens des Innenministeriums und trieb ihn, der zum eher konservativen Flügel der Sozialdemokratie zählte, als „Sündenbock in die Wüste".[181] Fulda, seit 1905 im Landtag und im Kaiserreich der einzige Jurist seiner Fraktion, gab auf und zog sich aus der Politik zurück. 1943 sollte der über 80-Jährige im KZ Auschwitz ermordet werden. Nach der „etwas dubiosen Entlassung" des Juristen, die vermutlich nicht ganz frei von Rücksichten auf die nach wie vor bestehenden antisemitischen Tendenzen in der Öffentlichkeit war[182], übernahm Justizminister Brentano auch das Innenressort.

Ein Blick auf die Reichsebene und die dort wirkenden hessischen Politiker: Die beiden ehemaligen Kasseler Oberbürgermeister Ernst Scholz (bis 1913) und sein Nachfolger Erich Koch-Weser[183] (bis 1919) setzten ihre Karrieren in Berlin fort: Der gebürtige Wiesbadener Scholz war 1920/21 Reichswirtschaftsminister, lange Jahre Fraktionsvorsitzender und 1929/30 für nicht ganz ein Jahr Parteivorsitzender der rechtsliberalen DVP. Erich Koch-Weser wurde mehrfach Reichsminister, erstmals im Oktober 1919, und stand lange Jahre an der Spitze der linksliberalen DDP, die wie ihre rechtsliberale Konkurrenz am Ende der Republik zu einer unbedeutenden Kraft zusammenschmelzen sollte. 1933 musste er emigrieren.

5. Wahlen und Regierungen

In der ersten Republik war der prominenteste Politiker mit hessischen Wurzeln und prägenden Stationen in Hessen zweifelsohne der Demokratiegründer und erste Regierungschef (von Februar bis Juni 1919 mit dem offiziellen Titel „Reichsministerpräsident") Philipp Scheidemann, der auch der letzten kaiserlichen Regierung unter Max von Baden (Oktober/November 1918) angehört hatte. Der nationalliberale großherzogliche Finanzminister von 1916 bis 1918, Johann Baptist Becker, amtierte als DVP-Mann im sogenannten „Kabinett der Fachleute" unter Reichskanzler Wilhelm Cuno 1922/23. Eduard David war, bevor er 1921 als Reichsvertreter in Hessen nach Darmstadt zurückkehrte, in den ersten drei SPD-geführten Reichsregierungen 1919/20 Minister ohne Portefeuille bzw. Innenminister. Er war im Februar 1919 zum ersten Präsidenten der Nationalversammlung gewählt worden, musste aber aus koalitionspolitischen Rücksichten den Posten zugunsten des Zentrumspolitikers Constantin Fehrenbach räumen.

Wie Rudolf Krohne, DVP-Reichsminister in der Mittelphase der Republik, hatten einige Kabinettsmitglieder im Hessischen studiert oder wie Rudolf Oeser, Minister in Preußen und im Reich für die DDP, als Redakteur der „Frankfurter Zeitung" dort berufliche Stationen durchlaufen. Der im September 1919 zum Präsidenten des neugeschaffenen Landesfinanzamtes der Provinz Hessen-Nassau mit Sitz in Kassel ernannte Friedrich Saemisch war unter Ministerpräsident Adam Stegerwald (Zentrum) für einige Monate 1921 preußischer Finanzminister, ehe er von 1922 bis zur Pensionierung 1938 als Präsident an der Spitze des Rechnungshofes des Reiches stand und zudem von 1922 bis 1934 als Reichssparkommissar fungierte. In dieser Funktion überprüfte er 1927/28 das Finanzgebaren des in finanzielle Turbulenzen geratenen Hessen(-Darmstadt).[184] Lediglich seine Lehre als Handlungsgehilfe in den 1890er Jahren bei einer Niederlassung von Villeroy & Boch in Frankfurt absolvierte der zweifache Reichskanzler (1920 und 1928–1930) Hermann Müller, zudem lange Jahre sozialdemokratischer Parteivorsitzender, den die Republikgegner als „Reisenden in Sachen Spülklosetts" verunglimpften. Der ehemalige Staatssekretär des kaiserlichen Reichskolonialamtes (bis 1910) Bernhard Dernburg, in Darmstadt geboren, war 1919, nun Mitglied der DDP, Reichsfinanzminister in der Regierung Scheidemann, gehörte während der gesamten Weimarer Zeit dem Reichstag und dem Vorstand seiner Partei an. Karriere in der preußischen Ministerialbürokratie bis zum Kultusminister (1921; 1925–1930) machte der aus einer hessischen Bankiersfamilie stammende parteilose Carl Heinrich Becker, der, in Amsterdam geboren, Kindheit und Jugend im Großbürgertum von Frankfurt und Gelnhausen verbrachte. Das prägte, machte ihn zum überzeugten Monarchisten, so dass er nach dem Zusammenbruch, wie er selbst bekundete, „kein Republikaner aus Leidenschaft, sondern aus Vernunft" wurde. Die Republik blieb für ihn eine „Notlösung".[185] Dagegen war der spätere preußische Minister Albert Grzesinski ein überzeugter Republikaner.

Auf der Reichsbühne spielte der Marburger Professor und Stadtverordnete (1910–1921) Johann Victor Bredt als Mitglied des preußischen Landtages (seit 1911 für die Freikonservativen) und nachfolgend des Reichstages eine herausgehobene Rolle: Nach dem Austritt aus der DNVP infolge des Kapp-Lüttwitz-Putsches zählte er zu den prominenten Köpfen der von ihm mitbegründeten Wirtschaftspartei („Reichspartei des deutschen Mittelstandes"). Lange Zeit führte er, der sich mit der Republik nur schwerlich abfinden konnte, die Reichstagsfraktion und war 1931 für ein paar Monate auch Parteivorsitzender. Im ersten Kabinett von Reichskanzler Heinrich Brüning (Zentrum) amtierte er 1930 für ein Dreivierteljahr als Justizminister.[186] Bredts linksliberaler Kollege Walther Schücking, der bis 1920 Staatsrecht in Marburg lehrte, übernahm mit dem Umbruch 1918 zahlreiche Ämter und Aufgaben, gehörte im April/Mai 1919 zu den sechs Bevollmächtigten des Reiches bei den Friedensvertragsverhandlungen in Versailles. Zudem saß er als führender Kopf der DDP von 1919 bis 1928 für den Wahlkreis Hessen-Nassau in der Nationalversammlung und im Reichstag.[187]

Blicken wir nun wieder auf den hessischen Raum, und zwar zunächst auf das Wahlverhalten derjenigen Hessen, die seinerzeit in den Landesteilen wählten, die heute zu Hessen gehören. Bei den Reichstagswahlen ergab sich folgendes Bild (siehe Tabelle rechts).

Im Vergleich zu ihrem Gesamtergebnis im Reich begann die SPD im Raum Hessen stärker, doch verringerte sich der Vorsprung mit der Zeit kontinuierlich, bis man sich ab 1930 fast auf dem gleichen Niveau einpendelte. Die DDP hatte mehr Zuspruch in Hessen als reichsweit, erlebte aber auch einen Rückgang bis in die Bedeutungslosigkeit, der dem im Reich entsprach, wo man bei beiden Wahlen 1932 um ein Prozent erzielte. Die liberale Konkurrenz DVP zeigte sich im Land zwischen Werra, Lahn und Neckar stets stärker, auch wenn man zum Ende hin im Gleichgang absackte. Die Ergebnisse des Zentrums im hessischen Raum entsprachen nahezu exakt denen im Reich.

5. Wahlen und Regierungen

Auffällig war, dass die KPD doch in etwa immer um ein Fünftel unter ihrem Gesamtresultat lag. Unter ihrem Reichsdurchschnitt bewegte sich auch die DNVP, während die NSDAP in den hessischen Gebieten signifikant mehr holte als im Reich, wo man 1930 18 Prozent, im Juli 1932 37 Prozent und im November des Jahres 33 Prozent erreichte.

Reichstagswahlen in Hessen[188]

Wahltag	KPD	SPD	DDP	Zentrum	DVP	DNVP	NSDAP	Sonst.
6.6.1920	1,3	42,0	10,2	13,9	15,5	17,1	–	–
4.5.1924	9,9	28,1	7,0	13,9	11,6	16,6	5,2	7,7
7.12.1924	5,9	34,0	8,3	14,3	12,4	16,2	2,3	6,6
20.5.1928	8,8	33,3	5,7	13,0	10,8	8,6	3,1	16,7
14.9.1930	10,9	27,9	4,2	12,0	6,0	2,8	20,4	15,8
31.7.1932	10,6	24,6	0,6	13,0	1,6	3,3	44,1	2,2
6.11.1932	13,9	21,9	0,8	12,1	3,0	4,4	41,5	2,4
5.3.1933	9,9	20,5	1,0	11,9	1,8	4,1	49,5	1,3

– Ergebnis SPD 1920 zusammen mit USPD
– DDP seit 1930 Deutsche Staatspartei (DStP)

Trotz dieses überproportionalen Zuspruchs für die NSDAP wird man zu konstatieren haben, dass die republikanische Mitte und die Linke über den hessischen Landesteilen stärker ausgeprägt war als im Reich. Das schlug sich auch in den Landtagswahlergebnissen im Volksstaat nieder:

Landtagswahlen im Volksstaat Hessen[189]

Jahr	KPD	SPD	DDP	Zentrum	DVP	DNVP	HBB	NSDAP	Sonst.
26.1.1919	–	44,5	18,9	17,6	10,1	7,4	–	–	1,5
27.11.1921	3,9	32,6	7,3	17,4	14,6	5,3	15,1	–	3,8
7.12.1924	5,4	35,2	8,5	16,1	11,8	7,0	13,2	1,4	1,4
13.11.1927	8,6	32,6	7,8	17,7	10,7	5,0	12,7	–	4,9
15.11.1931	13,6	21,4	1,4	14,3	2,3	1,4	2,7	37,1	5,8
19.6.1932	11,0	23,1	0,7	14,5	3,4	1,5	–	44,0	1,8
5.3.1933	10,9	21,7	–	13,6	1,7	2,9	–	47,4	1,8

– DDP ab 1931 in Verbindung mit anderen Gruppen: Deutsche Staatspartei bzw. Hessische Demokraten
– HBB (Hessischer Bauernbund): 1927 Hessischer Landbund, ab 1931 Hessisches Landvolk, 1932 mit DVP zur Nationalen Einheitsliste, deren Ergebnis unter DVP
– DNVP: auch unter (Deutschnationale) Hessische Volkspartei (HVP)
– unter Sonstige auch: 1919 USPD 1,5 / 1921 USPD 3,8 / 1927 Reichspartei für Volksrecht und Aufwertung (Volksrechtspartei) 5,0 / 1931 Christlich Sozialer Volksdienst (CSVD) 2,1, Kommunistische Partei Opposition (KPO) 1,9 und Sozialistische Arbeiterpartei (SAP) 1,0 / 1932: gemeinsame Liste KPO/SAP 1,6
– 1933: Ergebnis im Rahmen der Reichstagswahl

In Hessen konnten die Regierungen immer auf eine Mehrheit bauen und – bis zu den Wahlen 1931 – voll und ganz das parlamentarische Spiel spielen. Im Gegensatz zum Reich, wo die Regierungen aufgrund der permanenten, sich mitunter dramatisch zuspitzenden Krisen und auch wegen fehlender Mehrheiten über Notverordnungen nach Artikel 48 der Reichsverfassung regierten oder der Reichstag mit zeitlich oder inhaltlich befristeten Ermächtigungsgesetzen sich selbst entmachtete und auf seine Mitbestimmungs-

5. Wahlen und Regierungen

Am 4. August 1922 besuchen Mitglieder des hessischen Landtages Rüsselsheim und die Opel-Werke; hinter der Brüstung links stehen u. a. Minister Otto von Brentano (1), Staatspräsident Carl Ulrich (2) und Landtagspräsident Bernhard Adelung (3).

rechte verzichtete, indem er der Regierung weitgehend freie Hand ließ, gehörte dies in Hessen(-Darmstadt) nicht zur Praxis. Eine Demontage der Demokratie durch Präsidialkabinette, wie dies ab 1930 im Reich erfolgen sollte, als sich die Koordinaten politischen Handelns immer mehr in Richtung Reichspräsident und Reichskanzler verschoben, der Reichstag ausgeschaltet und die Republik schließlich aus den Angeln gehoben wurde, durchlebte das kleine Land nicht – nicht nur, weil ein Präsident mit umfassenden Vollmachten und der Möglichkeit zur Aushebelung der Demokratie fehlte. In Hessen (wie auch in Preußen) funktionierte das parlamentarisch-demokratische System weitgehend – bis zu den Katastrophenwahlen vom November 1931, als die Republikgegner NSDAP und KPD gemeinsam über 50 Prozent erzielten und die parlamentarische Arbeit blockierten.

Konstanz galt auch weitgehend für Preußen, wo jedoch 1921 kurzzeitig und dann von 1925 bis 1928 Minderheitsregierungen agierten. Preußen griff ausgerechnet in der ersten regulären Wahlperiode von 1921 bis 1924, in der Zeit der stabilsten Mehrheitsverhältnisse im Landtag, am häufigsten auf Notverordnungen zurück: 63 wurden erlassen. Die auf preußischem

Recht (Art. 55 der Verfassung) basierenden Verordnungen betrafen aber zumeist inflationsbedingte Maßnahmen, die binnen kürzester Frist ohne zeitverzögernde Parlamentsdebatten realisiert werden mussten.[190]

Im Volksstaat arbeiteten seit den Revolutionstagen SPD, DDP und Zentrum dauerhaft zusammen, wenn es auch bisweilen bei den Regierungsverhandlungen zu heftigen Auseinandersetzungen der Partner kam. Das Land wurde durchgängig von der Weimarer Koalition regiert. Die Frage eines Einbezugs der DVP, wie es für einige Jahre in Preußen (1921–1925) und im Sommer 1923 auch im Reich unter Reichskanzler Gustav Stresemann (DVP), wenngleich nicht einmal für zwölf Wochen, und 1928 unter Reichskanzler Hermann Müller (SPD) für nicht ganz zwei Jahre gelang, war ein in Hessen(-Darmstadt) stets wiederkehrender Diskussionspunkt. Im Reich war aus Gründen der Mehrheitssicherung eine Große Koalition aus SPD, DDP, Zentrum und DVP sinnvoll, im volksstaatlichen Hessen aber eben nicht zwingend notwendig. Hier verfügten SPD, Zentrum und DDP bis Ende 1931 über eine ausreichende Parlamentsmehrheit. Doch bereits 1921 liebäugelte die in den Novemberwahlen bestätigte Zentrumspartei mit einer Erweiterung nach rechts, um mit der DVP in der Kabinettsrunde einen starken rechtsbürgerlichen Partner an der Seite gegen SPD und DDP zu haben, nicht zuletzt auch wegen kulturpolitischer Differenzen mit der SPD. Diese waren bei der kurz zuvor verabschiedeten Reform des Volksschulwesens zum Vorschein getreten.

Es gehörte von jeher zu den grundlegenden Zielen der SPD, den Zugang zu allen Bildungsinstitutionen auch Kindern aus dem Arbeiterhaushalt zu ermöglichen. Die Entwicklung der Reform fiel in den Bereich des neu geschaffenen Landesamtes für das Bildungswesen. Präsident des Landesamtes, der als Mitglied der Landesregierung quasi Ministerrang besaß, war der Schulreformer und „Volkserzieher" Reinhard Strecker.[191] Der Mann der DDP wollte durchaus im Sinne der Sozialdemokratie das Schulwesen umgestalten – und trat schließlich im September 1921 unter Aufgabe seines Postens zur SPD über. Gegen seine Planungen zog das Zentrum, immerhin Regierungspartei, zu Felde, das von einem „Schulkampf in Hessen" schrieb. Doch wurde das innerhalb der Regierungskoalition kontrovers diskutierte, noch auf Strecker zurückgehende Volksschulgesetz mit nur einer Gegenstimme (wohl von Seiten der USPD) im Oktober 1921 angenommen. Das Gesetz, das der neue Präsident des Landesamtes Otto Urstadt (DDP) nur als Abschlagszahlung auf eine künftige weitgreifende Reform verstanden wissen wollte, machte

Kinder leiden besonders unter der Not; Linderung kommt durch Hilfe von außen. Es sind vor allem US-amerikanische Hilfsorganisationen wie die der Quäker, die umfassende Schulspeisungen finanzieren; oben: Ausgabe der Quäker-Speisung an unterernährte Kinder 1920 in Kassel; unten: Darmstädter Schulkinder danken 1924 „allen Freuden und Kindern in Amerika".

es zur Aufgabe, die Schüler zu Demokratie und Republik zu erziehen. Die überlieferte „höhere Bürgerschule" (Mittelschule) wurde auf Initiative der SPD, die darin eine Standesschule für das gehobene städtische Bürgertum sah, abgeschafft. Dafür wurden – das war der Kompromiss – die Volksschulen gestärkt, und zwar durch ein differenziertes System besonderer Klassen „mit erweiterten Lernzielen", die „weitergehende Bildungsbedürfnisse" zufriedenstellen sollten. Der Besuch der Berufsschule war nun für die männliche und weibliche Jugend verbindlich. Das von den Sozialdemokraten von jeher wegen seiner sozialen Exklusivität bekämpfte Privatschulwesen wurde eingeschränkt und kontrolliert. Zudem wurde Werkunterricht in allen Volksschulen für verbindlich erklärt.[192] Zwar wurde der im Kaiserreich begonnene Ausbau des höheren Schulwesen in der Republik so vorangetrieben, doch der Zugang zur höheren Bildung blieb für die unteren Schichten begrenzt. Sozialer Aufstieg über Bildung blieb Ausnahme. 1931 kam nur jeder zwanzigste Schüler einer höheren Bildungsanstalt im Raum Hessen aus einer Arbeiterfamilie.[193]

Das Darmstädter Regierungsbündnis war also keineswegs eine von dauerhafter Harmonie geprägte Gemeinschaft. Bereits im Sommer 1921 machte der Reichsvertreter in Darmstadt Streitfälle zwischen SPD und Zentrum, des Weiteren eine Unzufriedenheit der Linken in der SPD und der Konservativen im Zentrum mit der Koalitionspolitik aus. Doch verstehe es Ulrich, die Partner zusammenzuhalten.[194] Innerhalb der Koalitionsparteien manifestierte sich Kritik der nach vorn drängenden jüngeren Kräfte an der etablierten älteren Regierungsmannschaft.[195] Zu einem handfesten internen Koalitionskrach kam es im Sommer 1924, als beim hessischen Ausführungsgesetz zum Reichsjugendwohlfahrtsgesetz das Zentrum mit den Rechtsparteien für den Einfluss von Geistlichen in den zuständigen Kommissionen stimmte. Auf der anderen Seite wehrten SPD und DDP den Antrag ihres Koalitionspartners auf staatliche Beihilfe für einige konfessionelle Privatschulen ab.[196]

Bereits bei den Landtagswahlen am 27. November 1921 hatte die Weimarer Koalition (wie schon im Reich im Juni 1920) herbe Einbußen erlitten. Das Bündnis aus SPD, DDP und Zentrum verfügte zwar mit gemeinsamen 57 Prozent und 42 Mandaten noch über eine komfortable Mehrheit, die es im Reich bereits knapp eineinhalb Jahre zuvor, bei den Wahlen im Juni 1920, eingebüßt hatte. Doch im Vergleich zu den ersten Nachkriegswahlen im Januar 1919, als die Regierungsparteien noch 81 Prozent auf sich vereinigten, hatten die hessischen Koalitionäre nicht ganz drei Jahre

5. Wahlen und Regierungen

Die 1921 gewählten Landtagsmitglieder von Bauernbund und DNVP, darunter in der ersten Reihe (jeweils stehend) Prälat Wilhelm Diehl (l.) und Ferdinand Werner (r.), der 1930 zur NSDAP übertritt und Ende 1931 Präsident des Darmstädter Landtages wird.

später bittere Verluste hinzunehmen. Es war einerseits Enttäuschung über die Regierungspolitik, die sich im Wahlergebnis niederschlug, andererseits hatte sich das Bürgertum vom Schock der Revolution erholt.

Als Gewinner der Wahl, vor allem zu Lasten der DDP, die von 18,9 Prozent auf 7,3 Prozent abrutschte, durfte sich der neubelebte Hessische Bauernbund (HBB) fühlen, der im Verein mit den Deutschnationalen enorme Gewinne verbuchte, gerade im ländlichen Raum Oberhessens, wo sie gemeinsam in einigen Gebieten 50 Prozent und mehr der Wählerschaft auf sich vereinigten. Die SPD sank auf 32,6 Prozent ab, ein Verlust von 12 Prozentpunkten, der aber nicht ausschließlich den linken Konkurrenzparteien USPD und KPD zugutekam: Die USPD, die einen Großteil ihrer Mitglieder nach der Parteispaltung im Zuge der Vereinigung ihres linken Flügels mit der KPD Ende 1920 verloren hatte, wies zwar – gemessen an ihrem Wahlergebnis von 1919 (1,5 Prozent) – einen Zuwachs auf (mit nunmehr 3,8 Prozent immer noch dürftig), aber insgesamt gesehen blieb sie mit ihren zwei Abgeordneten weiterhin wie auch die erstmals angetretene und nahezu exakt gleich schwache KPD (3,9 Prozent; zwei Mandate) nur eine Randerscheinung im hessischen Parlament. Dass die Verluste der

SPD sich nicht in Gänze zugunsten der anderen Arbeiterparteien auswirkten, relativiert den mitunter gezogenen Schluss, der Rückgang der Sozialdemokratie sei ganz entscheidend auf die über die Regierungspolitik enttäuschten Arbeiter zurückzuführen, die der SPD den Rücken in Richtung links gekehrt hätten. Das stimmt so eben nicht.

Die Ergebnisse von 1921 setzten sich in den Jahren der relativen Stabilität (Wahlen von 7. Dezember 1924 und 13. November 1927) fort, mit auffälligen Kontinuitäten: Hinter der SPD stand ein Drittel aller Wähler, die DDP schwankte geringfügig um 8 Prozent herum. Die Zentrumspartei verbuchte 16 bzw. 17 Prozent. Die KPD, durch die Vereinigung mit dem linken USPD-Flügel 1920 reichsweit zu einer Massenpartei aufgestiegen, konnte – in Grenzen – stetig zunehmen (1924: 5,4 Prozent; 1927: 8,6 Prozent), während die Rechtsopposition aus verschiedenen Gruppierungen ein Drittel auf sich vereinigen konnte. Erst im Zeichen der Weltwirtschaftskrise verschoben sich die Wahlkoordinaten in dramatischer Weise.

Doch bevor solches eintrat, suchte Hessen ein weiteres Zerfasern des Parlaments zu vermeiden. Der Landtag erhöhte im September 1927 die Hürden, um die Bildung und den Einzug neuer „Zwergparteien" in den Landtag zu erschweren. So hatten Wahlvorschläge von bislang nicht im Landtag vertretener Parteien 7.000 Unterschriften vorzuweisen; zudem musste eine Kaution von 5.000 Reichsmark hinterlegt werden, die zugunsten der Staatskasse verfielen, wenn die Liste ohne Mandat blieb.[197] Das schreckte. Und es war ungerecht, denn die Parteien, die aktuell im Landtag saßen oder mal gesessen hatten, benötigten nur 50 Unterschriften und brauchten kein Geld zu hinterlegen.

Die Reichsregierung suchte aus verfassungsrechtlichen Bedenken im Vorfeld der Wahlen 1927 die Hessen zu Änderungen zu bewegen. Darmstadt aber weigerte sich, so dass der Reichsinnenminister sich an das Reichsgericht wandte, die Verfassungsmäßigkeit der Regelung zu prüfen.[198] Gegen die hessische Neuerung klagte auch der Landesverband der Reichspartei des deutschen Mittelstands (Wirtschaftspartei), dabei gestützt auf ein Gutachten des Kieler Staatsrechtlers Walter Jellinek.[199] Der Staatsgerichtshof des Reiches sah die Bestimmungen nicht im Einklang mit den verfassungsrechtlich garantierten Grundsätzen der freien, allgemeinen und gleichen Wahl. Während in Hamburg und Mecklenburg-Strelitz, die ähnliche Neuerungen eingeführt hatten, die Parlamente daraufhin aufgelöst wurden und Neuwahlen durchgeführt werden mussten, erklärte der Staatsgerichtshof von Hessen die Landtagswahlen vom

November 1927 für rechtsgültig. Doch musste der Landtag die Bestimmungen zurücknehmen.[200] Nachdem 1921 die Einbeziehung der DVP in die Regierung gescheitert war und das Zentrum die Alternative einer Mitte-Rechts-Koalition (ohne die SPD, mit der DNVP) abgelehnt hatte, wurde solches im Frühjahr/Sommer 1922 bereits wieder diskutiert. Zunächst protegierte das Zentrum die Erweiterung, doch als die Koalitionsschwierigkeiten überwunden waren, legte sie das Vorhaben vorläufig auf Eis, sehr zum Missfallen der DVP.[201] Nach den Landtagswahlen vom 7. Dezember 1924 ging das Zentrum noch einen Schritt weiter und setzte – allerdings vergeblich – auf die Installierung einer Regierung der Mitte mit ihr und DDP, DVP sowie dem Bauernbund, obwohl die alte Koalition mit 43 Mandaten eine sichere Mehrheit besaß. Das angedachte neue nach rechts tendierende Bündnis der Mittelparteien scheiterte bei der Wahl des Staatspräsidenten, als der Zentrumskandidat, der bisherige Minister Otto von Brentano, zwar in zwei Kampfabstimmungen bei jeweils vollständig versammeltem Parlament Ende Januar 1925 mit 34 Stimmen der vermeintlichen neuen Koalitionäre über den Amtsinhaber Carl Ulrich (SPD) mit 32 Stimmen von SPD und DDP siegte.[202] Er verfehlte jedoch knapp die von der Verfassung vorgeschriebene absolute Mehrheit von 36 Stimmen, da die DNVP nicht für ihn votierte. Die Rechtsaußenpartei signalisierte damit, dass sie die Minderheitsregierung der vier bürgerlichen Parteien nicht über eine Tolerierung stützen würde. Ulrich wiederum kam nicht durch, weil die vier Kommunisten nicht für ihn stimmten.

Erst massiver Druck der SPD, kulminierend in der Drohung mit Landtagsauflösung, und Zugeständnisse der Sozialdemokraten in kirchenpolitischen Fragen brachten die Zentrumspartei zurück in die alte Koalition. Am 24. März 1925 war mit der erneuten Wahl des 72-jährigen Ulrich die mehr als dreimonatige Hängepartie seit den Landtagswahlen beendet. Auf Ulrich, der an diesem Tag sein 40-jähriges Abgeordnetenjubiläum beging und damit (so Landtagspräsident Adelung) das „mandatsältestes Mitglied der deutschen Länderparlamente" war, entfielen 39 von 65 abgegebenen Stimmen.[203] Das bisherige kollegiale Miteinander im Kabinett und die vertrauensvolle Zusammenarbeit zwischen dem Sozialdemokraten Ulrich und dem Zentrumsmann Brentano scheinen durch die Aktion der katholischen Partei nicht dauerhaft beeinträchtigt gewesen zu sein.

Doch die nach Beendigung des Zwistes im März 1925 geäußerte Hoffnung des Reichsvertreters in Hessen, Eduard David, dass nach dieser „erbitterten Kraftprobe" zwischen der regierenden Koalition und der Rechtsopposition „das innerpolitische Leben des Landes wieder in ruhigere Bahnen einlenken" würde[204], erfüllte sich nur für eine kurze Zeitspanne. Denn alsbald bliesen die rechten Parteien zum Frontalangriff. Schon in der Krise der Regierungsneubildung 1924/25 hatten sie den Antrag eingebracht, über den in Artikel 24 der Landesverfassung zulässigen Weg der Landtagsauflösung ein weiteres Verfahren einzubauen, nämlich nach einem mit absoluter Mehrheit gefassten Entscheid des Landtages. Bis zu diesem Zeitpunkt wäre die Auflösung des Parlaments nur über eine Volksabstimmung möglich gewesen, der ein entsprechender Beschluss der Regierung oder ein Volksbegehren vorauszugehen hatte. Die Regierungskoalitionäre wiesen den Antrag am 24. April 1926 ab.[205] Daraufhin verstärkten die Rechtsparteien – die 1926 zu einem „Hessischen Wirtschafts- und Ordnungsblock" zusammengeschlossenen Landbund, DNVP und DVP – die Initiative zur Parlamentsauflösung über einen Volksentscheid unter dem zugkräftigen Motto: „Steuerzahler schickt den Landtag heim."[206]

Dem Volksentscheid hatte ein Volksbegehren vorauszugehen, das gemäß Landesverfassung (Art. 12 und Art. 24) und Ausführungsgesetz vom März 1921[207] die Zustimmung von fünf Prozent der Wahlberechtigten erreichen musste. 42.300 Ja-Stimmen wurden demnach benötigt. 152.000 Eintragungen wurden dann von den Initiatoren vorgelegt, wovon allerdings ein Großteil als ungültig – wegen schlampiger Führung der Listen mit offensichtlichen Mehrfacheintragungen – zurückgewiesen wurde. Für ungültig erklärt wurden über 90.000 Unterschriften, davon fast 75.000, weil sie nicht eigenhändig vollzogen worden waren. Knapp 62.000 Einträge wurden schließlich akzeptiert, womit das Quorum erreicht wurde. Die Volksabstimmung, für die auch Kommunisten und Nationalsozialisten eintraten, erbrachte am 5. Dezember 1926 immerhin 48 Prozent für eine Landtagsauflösung. Das war mehr als erwartet und dokumentierte doch eine massive Unzufriedenheit in der Bevölkerung mit der Regierung. Aber es reichte nicht; die zur Annahme erforderliche Mehrheit der Abstimmenden wurde knapp verpasst. Es blieb – so der zeitgenössische Kommentar – „ein Pyrrhussieg". Das Referendum war gescheitert.[208]

Ebenso misslang die erste reichsweite Volksabstimmung. Es ging um die Fürstenenteignung, die im Reich von KPD und SPD propagiert wurde. Einen zuvor von der hessischen KPD im Mai 1926 flugs eingebrachten Antrag auf Einstellung der Zahlungen an den Großherzog lehnte der Landtag ab. Die SPD-Fraktion machte da nicht mit, propagierte aber die Zustimmung zum Volksbegehren und Volksentscheid. Auch die DDP zeigte sich im Darmstädtischen radikaler als im Reich und forderte zum „Ja" für die Fürstenenteignung auf. Die evangelische Landeskirche schaltete sich als Gegner ein, nannte das Ganze einen verhängnisvollen Weg und gab, um das Referendum zum Scheitern zu bringen, die Parole aus: „Bleibe man also am 20. Juni ruhig zu Hause."[209] Denn zur Annahme eines Volksentscheids auf Reichsebene brauchte man die Mehrheit der Wahlberechtigten – nicht nur die Mehrheit der Abstimmenden. So stärkte jeder Wahlabstinenzler die Gegner des zur Abstimmung stehenden Projektes.

Bei dem in der ersten März-Hälfte durchgeführten Volksbegehren trugen sich im Volksstaat 37,5 Prozent, in Hessen-Nassau 34 Prozent der Wahlberechtigten in die Listen ein, damit in beiden Gebieten mehr als im Reich (32 Prozent). Beim Volksentscheid am 20. Juni 1926 gaben in Hessen(-Darmstadt) und in Hessen-Nassau je rund 43 Prozent der Wahlberechtigten ihre Stimme ab (im Reich 39 Prozent). Insgesamt votierten in beiden hessischen Gebieten rund 40 Prozent der Wahlberechtigten dafür, wiederum mehr als im Reich, wo sich etwas mehr als 36 Prozent dafür entschieden. Damit war das Referendum gescheitert.

Nun mussten die Hessen die Vermögensauseinandersetzungen mit dem großherzoglichen Haus dauerhaft regeln. 1928 schlossen Regierung und Großherzog einen vom Landtag im Juni gutgeheißenen Vertrag über eine Abfindung von acht Millionen Goldmark, der nach weiteren juristischen Vorklärungen 1930 unterzeichnet wurde, dessen Umsetzung sich jedoch, weil der nur noch bedingt beschlussfähige Landtag seine nach dem Gesetz notwendige Zustimmung nicht erteilte, sich bis 1934 hinziehen sollte. Der vormalige Regent erhielt demnach (ab 1928 gerechnet) 20 Jahresrenten zu 400.000 Goldmark zuzüglich einer Verzinsung von 190.000 Goldmark für den Zeitraum seit 1928. Neben der geldlichen Abfindung beließ man ihm die Schlösser Wolfsgarten und Kranichstein und gewährte lebenslanges Wohnrecht auf Schloss Romrod bei Alsfeld. Dieses fiel nach dem Tod Ernst Ludwigs 1937 an den Staat.

In der Landtagsdebatte des Juni 1928 hatte neben der KPD auch die SPD gegen die Regierungsvorlage opponiert. Sie passierte das Parlament jedoch knapp mit 29 gegen 27 Stimmen, wohl auch weil die SPD-Regierungsmitglieder gegen die eigene Fraktion und eben für den Vertrag stimmten.[210] Endgültig abgeschlossen wurden die vermögensrechtlichen

Ein Bürger unter Bürgern? Der seiner Regierungsmacht und Privilegien zwar beraubte, später schließlich fürstlich abgefundene Großherzog Ernst Ludwig (x) beobachtet im Mai 1919 mit seiner Frau Eleonore und den Söhnen, dem älteren Georg Donatus und Ludwig (rechts neben Ernst Ludwig) eine Kundgebung gegen den alliierten Entwurf eines Friedensvertrages.

Auseinandersetzungen dann erst nach dem Zweiten Weltkrieg. In Waldeck hingegen hatten Fürstenhaus und Freistaat nach einigem Hickhack schon im August 1921 eine vermögensrechtliche Regelung abgeschlossen. Nach Auflösung der 1919 geküreten Verfassunggebenden Landesvertretung wählten die Waldecker (nun ohne das verlorene Pyrmont) noch zwei weitere Male, 1922 und 1925, einen nunmehr 17-köpfigen Landtag – mit wiedererstarkten Konservativen und Rechtsliberalen –, ehe der Freistaat dann 1929 in der preußischen Provinz Hessen-Nassau aufging. Hatte 1919 die SPD noch mit fast 30 Prozent vorn gelegen, so kam 1922 ein konservatives Bündnis aus DNVP und DVP auf 50 Prozent und 1925 der Landbund allein auf 33 Prozent. Bis zur Angliederung leitete wie bisher ein von Preußen entsandter Verwaltungsbeamter als Landesdirektor in Arolsen die Exekutive. Ab 1920 nahm der DVP-Mann Wilhelm Schmieding, zuvor Landrat des Kreises Eder, die Funktion wahr. Starker Mann in den zwanziger Jahren aber war aufgrund zahlreicher Posten der DNVP-Politiker Oswald Waldschmidt, der u. a. Vorsitzender des gewähl-

5. Wahlen und Regierungen

ten dreiköpfigen Landesausschusses war, der die alten Hoheitsrechte des Fürsten wahrnahm.[211] Aus Sicht der Sozialdemokraten war und blieb Waldeck die „Dornen- und Distelplantage für aufrechte Republikaner".[212] An den Vermögensauseinandersetzungen beteiligte sich die grundsätzlich eine Besitzstandswahrung des Fürsten ablehnende SPD nur, um Nachteile für den Freistaat abzuwenden. Die DDP gab letztlich den Ausschlag für eine Entschädigung. Nach dieser gingen acht Neuntel der Domanialforsten und elf Zwölftel der Domänen als Sondervermögen an den Freistaat. Dem Fürsten blieben eine Oberförsterei, Schloss Pyrmont sowie eine Domäne, insgesamt 3.400 Hektar. Dem Herrscherhaus garantierte man zudem bis zum „Erlöschen im Mannesstamm" das Nutzungsrecht von Schloss Arolsen.[213]

Zurück nach Darmstadt: Auch nach der Novemberwahl 1927 im Volksstaat wollte das Zentrum die Regierung um die DVP erweitern, was die SPD jedoch erneut abwehrte. Nach den Landtagswahlen, bei denen die Parteien der Regierungskoalition nochmals 58 Prozent (SPD: 32,6; Zentrum 17,7; DDP 7,8) erreichten, trat Carl Ulrich aus Altersgründen als Staatspräsident zurück. Ulrich übergab den Führungsstab an den bisherigen Landtagspräsidenten Bernhard Adelung. Der von Gegnern wie Freunden als „roter Großherzog" beschriebene Ulrich verkörperte wie kein Zweiter die SPD des Landes; er stieg vom Verfolgten und Inhaftierten des Kaiserreiches zum Wegbereiter und Träger der Republik auf. Wenn auch nicht von allen in der Partei geliebt – aus näherer Umgebung wurde ihm ein zuweilen mit diktatorischen Anwandlungen durchsetzter Regierungsstil nachgesagt –, so bereiteten ihm die Hessen mit Fackelzug, Feuerwerk und Festkonzert zum 75. Geburtstag, an dem er zurücktrat, einen würdigen Abschied.[214]

Der 51-jährige Adelung, 1903 erstmalig im Landtag, war ein altgedienter Sozialdemokrat, der im Kaiserreich wegen Majestätsbeleidigung kurzzeitig in Haft gesessen hatte, in der Revolution Vorsitzender des Arbeiter- und Soldatenrates in Mainz gewesen und als dortiger Bürgermeister (1920–1928) zweimal von der französischen Besatzungsmacht ausgewiesen worden war. Er galt schon seit längerem als Kronprinz von Ulrich, obwohl er kein Ministeramt bekleidete.[215] In der neuen Regierung, die erst nach einem wochenlangen personalpolitischen Tauziehen zwischen den alten Koalitionspartnern stand, rückte mit dem Darmstädter Gewerkschaftssekretär Wilhelm Leuschner (SPD) als Innenminister ein Mann in die vordersten Reihen auf, der als entschiedener Kämpfer für Freiheit und

Der Verteidiger der Demokratie: Hessens Innenminister Wilhelm Leuschner (SPD) am 14. Juli 1932 beim Eintrag in das „Eiserne Buch", womit die Mitgliedschaft in der „Eisernen Front", dem republikanischen Kampfverband, besiegelt wird; stehend r.: Staatspräsident Bernhard Adelung. Auf dem Tisch eine kleine Büste des verstorbenen Reichspräsidenten Friedrich Ebert.

Demokratie 1944 Opfer des nationalsozialistischen Terrorregimes werden sollte.[216] Leuschner war der starke Mann, der eine konsequente republikanische Politik betrieb.

Die Regierung Adelung trat im Februar 1928 ihr Amt im Zeichen relativer wirtschaftlicher und gesamtstaatlicher Stabilität an. Die ruhige Mittelphase der Republik hatte nach der Überwindung der Gründungskrise 1924 eingesetzt. In dieser Phase versuchte sich die hessische Landesregierung an Reformen auch auf wirtschaftlichem Gebiet und in Sachen der Verwaltung, doch immer mehr sollte die Verteidigung der Republik die Kräfte absorbieren, gewannen doch die antirepublikanischen Gruppen von Rechts und Links im Gefolge der Weltwirtschaftskrise an Boden. Der polemischen Agitation der extremen Kräfte im Landtag, auf der einen Seite der Kommunisten und auf der anderen des Landbundes, der DNVP und des 1930 zur NSDAP gewechselten Ferdinand Werner suchten die Regierungsparteien mit einer verschärften Geschäftsordnung zu begegnen. Das war ein wenig demokratisches Mittel gegen

5. Wahlen und Regierungen

ein undemokratisches Vorgehen – ein unzweideutiges Signal für einen geschwächten Parlamentarismus im Hessischen. Die im März 1931 beschlossene Änderung der Geschäftsordnung ermächtigte den Landtagspräsidenten, Anträge zurückzuweisen, die ungedeckte Ausgabenerhöhungen nach sich ziehen würden, die außerhalb der Kompetenzen des Landes lagen und die Reichspolitik betrafen oder die schlichtweg „parlamentarisch unzulässige Wendungen" enthielten.[217] Mit den Landtagswahlen vom 15. November 1931, als eine Mehrheit der Negation aus NSDAP und KPD die Folge war, erübrigten sich Hoffnungen auf einen regulären und effektiven Parlamentarismus. Der Landtag war lahmgelegt. Sein letztes großes Projekt sollte die im Juli verabschiedete und im Oktober noch in Kraft gesetzte Gemeindeordnung sein, welche die kommunale Selbstverwaltung stärkte.[218]

Wie den Volksstaat so kennzeichnete demokratische Stabilität lange Zeit auch das mächtige Preußen. Die dortigen Landtagswahlen von 1921, 1924 und 1928 waren in Hessen-Nassau von Konstanz gekennzeichnet, bis die NSDAP sich 1932 – im Vergleich zu 1928 – explosionsartig vermehrte:

Wahlen zum preußischen Landtag in Hessen-Nassau

Wahltag	KPD	SPD	DDP	Zentrum	DVP	DNVP	NSDAP	Sonst.
26.1.1919	–	40,2	21,6	18,9	6,2	9,6	–	3,5
20.2.1921	4,2	31,7	8,7	17,8	16,6	15,9	–	5,1
7.12.1924	5,6	31,9	8,5	17,5	12,6	18,6	2,4	2,9
20.5.1928	8,1	32,4	5,7	15,1	9,9	10,0	3,6	15,2
24.4.1932	9,5	21,5	1,8	14,4	2,4	3,4	42,1	4,9
5.3.1933	8,9	18,1	1,1	13,9	1,7	4,8	48,9	2,6

– Sonstige, davon: 1919 USPD 3,5 / 1921 USPD 4,2 / 1928: Christlich-Nationale Landvolk- und Bauernpartei (CNLB) 7,2 und Reichspartei des deutschen Mittelstands (Wirtschaftspartei) 5,4
– DDP ab 1932 DStP

Hessen-Nassau schickte zwischen 22 (1919) und 26 (1932) Mandatsträger (1933: 29) in das bis zu 450 Köpfe starke preußische Abgeordnetenhaus. Acht bzw. neun kamen regelmäßig (1932: sechs) von der SPD, die in Hessen-Nassau mit ihrem Ergebnis zwischen drei und sieben Prozentpunkten deutlich höher als im Gesamtpreußen lag. Die linke Konkurrenz USPD kam 1919 nicht über 3,5 Prozent hinaus. Die DDP verbuchte im Hessischen bessere Resultate als im gesamten Land, 1928 und 1932 jedoch nur noch minimal. Das galt auch für die rechtsliberale Konkurrenz DVP. Weit unter dem Landesschnitt positionierte sich die DNVP (1924 5,1 und 1928 7,4 Prozentpunkte geringer). Das Zentrum rangierte in der Provinz und im Land auf dem gleichen Niveau. Zwischenzeitlich profitierten Splittergruppen erheblich, wie 1928 die Wirtschaftspartei mit 5,4 Prozent. Die NSDAP, die 1928 ein einziges hessen-nassauisches Landtagsmandat errungen hatte, verbuchte in der Provinz bei den Wahlen 1932, die dramatische Verschiebungen bescherten, mit 42 Prozent ein um sechs Prozentpunkte besseres Ergebnis als im gesamten Preußen.

In Preußen blieb die SPD führende Regierungspartei. Nach dem Rechtsruck bei den Reichstagswahlen 1920, im Kasseler Regierungsbezirk spürbarer als im Wiesbadener, setzte sich eine Angleichung der beiden Bezirke in den reichsweiten Wahlen 1924 und 1928 fort, wobei die DNVP zu Lasten neuer Konkurrenzparteien eine Halbierung der Stimmen hinnehmen musste, die liberalen Parteien insgesamt Einbußen erlebten, während das Zentrum bei leichtem Rückgang doch konstant und die SPD auch dank der Wiedervereinigung mit der Rest-USPD von 1922 leicht hinzugewann.[219]

Der nach dem Kapp-Lüttwitz Putsch in das Amt des preußischen Ministerpräsidenten gelangte Otto Braun bildete mit seinem langjährigen Innenminister Carl Severing fortan das sozialdemokratische Führungsgespann in Preußen, alsbald Synonym für die wehrhafte Republik. Mit nur zwei kurzzeitigen Unterbrechungen, als die beiden Zentrumspolitiker Adam Stegerwald 1921 für einige Monate mit einem Minderheitskabinett der bürgerlichen Mitte (Zentrum, DDP und DVP) und Wilhelm Marx 1925 mit einem Minderheitskabinett der Weimarer Koalition (Zentrum, SPD, DDP) für wenige Wochen amtierten, stand der entschlossene Demokrat Braun an der Spitze des weitaus größten deutschen Flächenstaates, den er unter seiner Regie zur republikanischen Bastion formte. Seine Regierungen bis 1932 wurden getragen von der Weima-

5. Wahlen und Regierungen

Darmstädter Feiern zum 5. Jahrestag der Verfassung: Kundgebung vor dem Schloss mit Staatspräsident Ulrich und Landtagspräsident Adelung, 10. August 1924.

rer Koalition, für einige Jahre (1921–1925) von einer Großen Koalition, also unter Einschluss der DVP. Mit der dann danach neu geschaffenen Weimarer Koalition hatte er bis 1928 jedoch keine Mehrheit im Rücken. Dennoch wurden in Preußen demokratische Reformen umgesetzt, der Verwaltungsapparat wie auch das Polizeiwesen über personalpolitische Veränderungen an den Spitzen durchaus republikanisiert, auch der in der Provinz Hessen-Nassau. Beteiligt hieran war auch der Sozialdemokrat Albert Grzesinski, zweimal Berliner Polizeipräsident (1925/26 und 1930–1932) und – in der Nachfolge von Severing – preußischer Innenminister (1926–1930). Mit ihm verfügte das von Braun als Ministerpräsident geführte Preußen über ein politisches Schwergewicht und konsequenten Verteidiger der Republik, der zuvor in Offenbach und Kassel seinen Weg gemacht hatte.

Die Regierung Braun überstand im Sommer 1931 das Plebiszit zur sofortigen Auflösung des Landtags. Ursprünglich war der Stoß von den rechten Parteien ausgegangen, dem sich dann nach dem erfolgreichen Volksbegehren im April (mit einer Unterstützung preußenweit von 22,6 Prozent der Stimmberechtigten, damit über den erforderlichen 20 Prozent liegend) im Volksentscheid am 9. August auch die KPD anschloss. Doch der nunmehrige Zangenangriff von rechts und links ging ins Leere mit einer hinter den Erwartungen der Attackierenden zurückbleibenden Zustimmung von etwas mehr als einem Drittel der Wahlberechtigten (36,8 Prozent). Das waren immerhin fast 9,8 Millionen Wählende – eine beängstigende Zahl. Aber es langte nicht, denn die Mehrheit der Wahlberechtigten wäre vonnöten gewesen. Diese erreichte man im ehemaligen Freistaat Waldeck knapp. In Hessen-Nassau gab es im Volksbegehren nur 18,8 Prozent gültige Eintragungen; den Volksentscheid unterstützten dort dann 31,8 Prozent, also jeweils deutlich unter dem Gesamtergebnis für Preußen.[220]

Blickt man auf die Kommunen[221], so ist festzuhalten, dass nach den doch noch unter dem Eindruck des revolutionären Umbruchs stehenden Wahlen vom März bzw. Juni 1919 die nächsten im Volksstaat im November 1922 und in Hessen-Nassau im Mai 1924 durchweg Einbußen für die SPD und vor allem die DDP brachten, auch in den Gebieten wie Fulda und Marburg, wo beide zuvor schon relativ schwach abgeschnitten hatten. Der Linksliberalismus erfuhr auch in der Universitätsstadt an der Lahn seit 1920 einen Niedergang, der mit einem Aufschwung der Mitte-Rechts-Parteien einherging. In ihren einstigen Hochburgen kam es zu einer Umkehr der Kräfteverhältnisse. In Kassel büßte die Sozialdemokratie mit 32,8 Prozent und nun 19 von 55 Mandaten die hauchdünne absolute Mehrheit von 1919 (51,5 Prozent und 37 der seinerzeit 72 Sitze) zugunsten der bürgerlichen Gegner (nun zusammen 33 Abgeordnete) ein, die in einer Art Arbeitsgemeinschaft vom Zentrum bis zur DNVP und den Völkischen mit einem wahren Trommelfeuer den SPD-Oberbürgermeister Philipp Scheidemann zur Aufgabe zwangen; der liberale Kasseler Regierungsvizepräsident Hans Herbert Stadler trat an seine Stelle.[222] Fortan standen sich in der Provinzhauptstadt zwei gleich starke Lager gegenüber: das der Republikaner und Demokraten und das der Republikgegner, die den neuen Staat überwinden wollten.[223]

In Wiesbaden konnte sich der zunächst kommissarische bürgerliche Oberbürgermeister Fritz Travers nach den Wahlen 1924 weiterhin auf einen Bürgerblock stützen, nachdem er im November des Jahres wieder die Amtsgeschäfte aufnehmen konnte, denn die französischen Behörden hatten ihn im Februar 1923 wie bereits seinen Vorgänger Karl Glässing abgesetzt und später ausgewiesen. Den Sozialdemokraten blieb dort wie bisher nur die Oppositionsrolle.

5. Wahlen und Regierungen

In Frankfurt brachten die Kommunalwahlen, die nach denen vom Januar 1919 erst am 4. Mai 1924 stattfanden, „Zersplitterung und Radikalisierung"[224]: Die Parteien der Weimarer Koalition hatten drastische Einbußen hinzunehmen, die SPD verlor fast 12 Prozentpunkte, die DDP gar 13. Gleichwohl verfolgte die arg geschrumpfte sozialdemokratische Fraktion im Römer eine konstruktive Politik unter sachlichen Aspekten im Gesamtinteresse der Bürgerschaft.[225] Dies stand in einem eigenartigen Gegensatz zu der klassenkämpferisch angehauchten Fundamentalopposition der Frankfurter Linken in der SPD um den Redakteur der Parteizeitung „Volksstimme" und Abgeordneten im preußischen Landtag Hans Marckwald, die sich mitunter auch auf den zentralen Parteitagen austobte, gipfelnd in dem Antrag zum Jahreskongress 1924, Reichspräsident Friedrich Ebert, den einstigen SPD-Vorsitzenden, aus der Partei auszuschließen. Der Antrag wurde aber vom zentralen Parteivorstand gar nicht erst zur Abstimmung zugelassen.[226]

Unter ihrem Oberbürgermeister Ludwig Landmann (DDP), 1924 auch von den Sozialdemokraten als „die geeigneteste Persönlichkeit" an die Stelle des in die Kritik geratenen Georg Voigt gewählt[227], betrieb Frankfurt eine fortschrittliche Politik, in der es um eine kommunalwirtschaftliche Expansion mit Ausbau der städtischen Gesellschaften und um Beteiligungen auf dem Energie- und Versorgungssektor ging. Sie war gekennzeichnet durch die konsequente Förderung von Industrieansiedlungen, eine Verbesserung der Infrastruktur wie der Energieversorgung, einer vorausschauenden Verkehrspolitik, gepaart mit moderner Stadtplanung, Wohnungsbau und Siedlungswesen sowie kultur- und sozialpolitischen Reformen – kurzum: Die Stadt eilte mit großen Schritten in die Moderne.[228] Sie war die dritte deutsche Stadt mit einem Radiobetrieb (ab 1923) und machte sich auch als Zentrum moderner Kunst einen Namen. Frankfurt galt als „Vorposten der Demokratie" und Vorreiter des Siedlungsbaus. 1928 legte die Stadt, die in diesem Jahr 18.000 Wohnungssuchende verzeichnete, ein vierjähriges Wohnungsbauprogramm auf mit dem Ziel der Schaffung von „außerordentlich beachtlichen 4.000 Wohnungen pro Jahr".[229]

In Fulda dominierte weiter die Zentrumspartei, auch wenn ihr Klientel erodierte. Dies trat beim Volksentscheid über die Fürstenenteignung 1926 auffällig zum Vorschein. Beim Volksbegehren und auch beim anschließenden Volksentscheid sprachen sich weit mehr für die entschädigungslose Enteignung aus, als die befürwortenden SPD und KPD bei den

Dauerhafte Begleiterscheinung in der Republik: Proteste gegen die schlechte Versorgungslage. 1920 ziehen Opel-Mitarbeiter gegen die hohen Kartoffelpreise in einem Demonstrationszug nach Königstädten (heute Stadtteil von Rüsselsheim).

Wahlen zuvor an Stimmen erreicht hatten. Viele Wähler des Zentrums folgten nicht der ablehnenden Haltung der Parteispitze. Der langjährige ehemalige Fuldaer Reichstagsabgeordnete Richard Müller äußerte sich gegenüber Reichskanzler Wilhelm Marx, seinem Parteifreund, besorgt darüber, dass bei diesem Votum im Regierungsbezirk Kassel 40 Prozent der Zentrumswähler abgefallen seien.[230]

Die Stadtverordnetenwahlen in Darmstadt im November 1922 sahen DVP und SPD mit je einem Drittel an Stimmen etwa gleichstark in Front, während die anderen Parteien, darunter die arg gebeutelte DDP, zwischen 6 und 9 Prozent einfuhren. Die im Lande koalierenden Parteien von SPD, Zentrum und DDP verloren die absolute Mehrheit im Darmstädter Rathaus, gewannen diese bei der nächsten Wahl im November 1925 zurück. Wilhelm Glässing, seit 1904 zunächst als Bürgermeister, dann ab 1909 als Oberbürgermeister an der Spitze der Landeshauptstadt, blieb bis zu seinem Tod 1929 im Amt. Ihm folgte der seitherige Bürgermeister Rudolf Mueller, einst Mitbegründer der DDP.[231]

In Offenbach zeigte sich eine bemerkenswerte Entwicklung. Denn der KPD-Landtagsabgeordnete Heinrich Galm, der den moskauhörigen Kurs

5. Wahlen und Regierungen

seiner Partei nicht mehr mittragen wollte, gründete mit fast dem gesamten Offenbacher KP-Ortsverband die Kommunistische Partei Opposition (KPO), die bei den Kommunalwahlen 1929 mit knapp 22 Prozent nach der SPD (fast 30 Prozent) zur zweitstärksten Partei in der Lederwarenstadt aufstieg, während die (alte) KPD auf unter 6 Prozent zurückfiel. 1931 saßen zwei Vertreter der Abspaltung im Landtag, darunter Galm, der jedoch 1932 mit einem Teil der Offenbacher KPO zur linkssozialdemokratischen Sozialistischen Arbeiterpartei Deutschlands (SAPD) ging. 1945 versuchte er sich mit einer Arbeiter-Partei, im lokalen Offenbacher Rahmen vorübergehend mit durchaus beachtlichem Erfolg (Kommunalwahlen 1946: 17,5 Prozent; 1948: 19,6 Prozent).[232]

Mit einer Zeitverzögerung demokratisiert wurden auch die beiden Kommunallandtage, die Körperschaften der beiden preußischen Regierungsbezirke Kassel und Wiesbaden: Sie wurden erstmals 1920 nach dem Verhältnissystem gewählt, zunächst von den Stadtverordnetenversammlungen und Kreistagen, dann ab 1921 (wie auch 1925 und 1929) von den wahlberechtigten Einwohnern der Provinz auf jeweils vier Jahre. Die Mandatszahl schwankte zwischen 43 und 73, wobei sich die Anzahl nach den in den Gesetzen festgelegten Teilern richtete.[233] Auch in dem aus Vertretern der beiden Kommunallandtage beschickten Provinziallandtag der Provinz Hessen-Nassau besaßen die Parteien der Weimarer Koalition (SPD, DDP und Zentrum) die Mehrheit. Diese war im Wiesbadener Kommunallandtag ausgeprägter als im Kasseler. Die SPD blieb dort über die Zeit der Republik hinweg mit rund einem Drittel (in Wiesbaden etwas weniger) die stärkste Kraft.[234] Doch bald sollte die braune Flut auch diese Parlamente wie alle anderen überschwemmen. Die Polemik hielt auch in den Kommunallandtagen Einzug. Der letzte arbeitsfähige in demokratischer Zeit, der 64. Kommunallandtag in Kassel im März 1932[235], erlebte bei der Eröffnung durch Oberpräsident August Haas ein unwürdiges Gepöbel des Nationalsozialisten Roland Freisler – u. a. mit dem Ausruf gegenüber einem anderen Abgeordneten: „Schafft mir den Juden weg". Der Unflätige sollte im März 1933 als Ministerialdirektor ins preußische Justizministerium gehen und ab August 1942 als Präsident des 1934 eingerichteten berüchtigten „Volksgerichtshofes" oberster Scherge der Hitler-Diktatur werden.

Aufruf zu den ersten Wahlen 1919 des Frauenausschusses der DDP in Hessen (-Darmstadt) an die „Frauen Hessens", das neue Recht zu nutzen und wählen zu gehen: „so darf keine Schwesterstimme, keine Mutterstimme fehlen".

6. Über die Frau in der Politik – Fortschritt und Stillstand

Als Carl Ulrich in seiner Eigenschaft als Alterspräsident am 13. Februar 1919 die verfassungsgebende hessische Volkskammer eröffnete, tat er dies lapidar mit der Formel: „Kolleginnen und Kollegen!" Und der auf dieser ersten Sitzung gewählte Parlamentspräsident Bernhard Adelung begann seine Antrittsrede mit einem lapidaren „Meine Damen und Herren!"[236] Nahezu beiläufig reagierten die beiden Hessen auf das neue weibliche Element in den Parlamenten. Nichts deutete in ihren Begrüßungsformeln auf das Revolutionäre der Situation hin. Die beiden Sozialdemokraten verloren auch in den nachfolgenden Ausführungen kein Wort über die wichtigste Neuerung, für die gerade ihre Partei seit Jahrzehnten gekämpft hatte: das Frauenwahlrecht.

Anders als die beiden Hessen orchestrierte ihr Parteifreund Friedrich Ebert die Ouvertüre der Nationalversammlung in Weimar, als er am 6. Februar 1919 prägnanter mit der Wendung war: „Besonders herzlich begrüße ich die Frauen, die zum ersten Mal gleichberechtigt im Reichsparlament erscheinen."[237] Mit diesem Satz unterstrich der Volksbeauftragte Ebert eine der wesentlichen Neuerungen der Revolutionszeit: 1919 konnten erstmals in der deutschen Geschichte Frauen wählen und auch gewählt werden. Bis 1918 durften in der patriarchalisch organisierten Welt des Kaiserreiches lediglich Männer über 25 Jahre zur Urne schreiten.

Ihr Ziel erreichten die Frauen in der Revolution. Auch Frauen gingen in den Tagen des November 1918 auf die Straße, identifizierten sich mit den Zielen der Umsturzbewegung und suchten nun die Geschlechtergerechtigkeit zu erkämpfen. Tony Sender von der USPD etwa spielte in den Tagen vor und nach dem 9. November eine führende Rolle in der Frankfurter Revolutionsbewegung.[238] Der Rat der Volksbeauftragten, die zentrale Revolutionsregierung in Berlin aus SPD und USPD, verfügte bereits am dritten Tag, am 12. November, dass sämtliche Wahlen zu öffentlichen Körperschaften allen „mindestens 20 Jahre alten männlichen und weiblichen Personen" offenstanden. Damit galt das Frauenwahlrecht auf allen Ebenen – im Reich, in den Ländern und den Kommunen.

Umringt von Männern: Margarethe Steinhäuser (Bildmitte) ist die einzige Frau in der 24-köpfigen SPD-Fraktion im Darmstädter Landtag 1921. 23 Abgeordnete stellen sich dem Gruppenfoto mit Bernhard Adelung vorn in der Mitte; es fehlt Staatspräsident Carl Ulrich.

Das galt erstmalig im Januar 1919. So saßen zum ersten Mal auch Mandatsträgerinnen in einem hessischen Landesparlament, und zwar fünf von insgesamt 70 Abgeordneten: Anna Rauck und Margarethe Steinhäuser (beide SPD), Else Hattemer (Zentrum), Karoline Balser (DDP) und Else Bierau (DVP).[239] Am 3. April 1919, erst auf der 9. Sitzung der verfassungsgebenden Volkskammer, ergriff die erste Frau das Wort in einem hessischen Parlament. Es war Karoline Balser, „eine gestandene Politikerin mit Führungserfahrung", die seit 1907 Leiterin des Allgemeinen Deutschen Frauenverbandes in Darmstadt und Vorsitzende des dortigen Verbandes Städtischer Frauenvereine war.[240] Der Liberalen folgten am gleichen Tag nacheinander Else Hattemer und Margarethe Steinhäuser. Die ersten drei Reden von Frauen im Landtag des Volksstaates galten einem Dringlichkeitsantrag zur Schwarzschlächterei.[241]

Oft standen die Frauen nicht am Rednerpult; Anna Rauck tat dies nur ein einziges Mal und zwar am 6. Mai 1919[242], obwohl sie nur bei drei der insgesamt 119 Sitzungen dieser ersten Legislaturperiode bis November 1921 nicht anwesend war. Es ging bei ihrer einzigen Rede um die Beru-

6. Über die Frau in der Politik – Fortschritt und Stillstand

fung von Frauen in Regierungs- und Verwaltungsstellen. Else Hattemer begründete dabei den von ihr in dieser Sache gestellten Antrag mit einem knappen Rückblick: „Millionen deutsche Frauen standen bereits vor dem Krieg im Erwerbsleben, und in Zukunft wird noch eine größere Zahl von Frauen gezwungen sein, ihren Lebensunterhalt zu verdienen. Wir haben in der Kriegszeit auch gesehen, dass die Frau auf den verschiedensten Gebieten Großes geleistet hat."[243]

In der Tat waren während des Krieges immer mehr Frauen zur Arbeit herangezogen worden, die nicht nur in der ganz auf Rüstungsproduktion umgestellten Industrie die zum Kriegsdienst eingezogenen Arbeiter ersetzten und „ihren Mann" standen. Die „Lückenbüßerinnen"[244] mussten dies tun, denn die Unterstützung für die Familien der an der Front stehenden Soldaten fiel zu gering aus. Zunächst schlossen sich bei Kriegsbeginn örtlich die Frauenvereine zusammen, um ihre vielschichtigen Wohltätigkeitsinitiativen zu koordinieren.[245] Anfang August 1914 rief eine Zeitung in Wiesbaden die Frauen zur Arbeit; sie sollten an die Stelle der Männer treten, die „eilen mussten in den heiligen Krieg".[246] Die Frauen sollten und wollten ihren Beitrag leisten, wie ein Gedicht vom „Kass'ler Strickbataillon" im Oktober 1914 kundtat[247]:

„Das Vaterland, es ruft zum Schutz
Die Männer all' hinaus.
Zu bieten unsern Feinden Trutz,
Stolz-freudig zieh'n sie aus.
Wir aber, die geblieben fern
Daheim am warmen Herd,
Wir wollen auch uns zeigen gern
Des Vaterlandes wert.
Wir sind das Kass'ler Strickbataillon,
Der Dienst wird uns nicht schwer.
Mit Lust und Liebe stricken wir
Für unser tapfres Heer!"

Die Hausfrau, die den nunmehr von einem stetig wachsenden Mangel betroffenen Haushalt zu organisieren hatte, rückte in den Fokus des öffentlichen Interesses und organisierte sich. Der im Herbst 1915 gegründete Kasseler Hausfrauenverein verzeichnete raschen Zulauf. Er politisierte sich in der Republik, ehe er in der NS-Zeit in Raten aufgelöst und

1949 wieder begründet wurde. Auch in Frankfurt wurde mit der „Hausfrauenvereinigung 1915" ein ähnlicher Verein ins Leben gerufen, dem es ebenfalls um die Vertretung der allseits vernachlässigten Interessen der Hausfrau in der Gesellschaft und um deren politische Schulung ging.[248]

Die traditionelle Rolle der Frau, gekennzeichnet durch die drei „K" – Kinder, Küche, Kirche –, war im Ersten Weltkrieg aufgebrochen worden. Allein die Rüsselsheimer Opel-Werke, die als Lieferant von Last- und Personenwagen eine Schlüsselposition in der kriegswichtigen Industrieproduktion einnahmen, beschäftigten zu Spitzenzeiten mehr als 1.500 Frauen. Unter den 14.000 Arbeitskräften einer im Krieg neu aufgebauten Munitionsfabrik in Kassel zählte man 1918 mehr Frauen als Männer, von denen eine Vielzahl Kriegsversehrte waren. Frauenarbeit wurde erheblich geringer entlohnt. So fürchteten die männlichen Arbeitskräfte, wie ein Frankfurter Gewerkschafter in einer Untersuchung über die Frauenarbeit 1916 feststellte, bei zunehmender Beschäftigung von Frauen ein Herabdrücken des Lohnes und bei einer Einberufung der Arbeiter zum Frontdienst deren dauerhaften Verlust des Arbeitsplatzes.[249] Letztere Besorgnis erwies sich als unbegründet. Denn nach dem Krieg wurden die Frauen, die industrielle „Reservearmee", mit der Rückkehr der Soldaten und deren Eingliederung in den Produktionsprozess vom Arbeitsplatz verdrängt und wieder in ihre traditionelle Mutter- und Familienrolle gedrängt.

Hatte sich das Leben der Frauen im Weltkrieg mit gestiegenen Verantwortlichkeiten und Aufgaben verändert, so wurde im Zuge der Normalisierung nach dem Ende der Kampfhandlungen vieles davon wieder zurückgenommen. Sie schieden aus den wieder von den Männern beanspruchten Arbeitsfeldern aus. Schon am 23. Dezember 1918 bat man in Wiesbaden um Spenden für die nach der Rückkehr der Männer entlassenen Straßenbahnschaffnerinnen. Und zehn Wochen nach Kriegsende war in einer dem „Darmstädter Tagblatt" zugegangenen Mitteilung zu lesen: „Die deutsche Frau hat im Krieg den Mann vertreten und ihre Pflicht erfüllt. Jetzt dient sie – sich und dem deutschen Volke, wenn sie Platz macht [...]. Nicht gute Worte helfen hier, die Arbeitgeber, auch die Behörden hören sie nicht. Hier hilft nur gesetzlicher Zwang."[250] Die lokalen Ausschüsse zur Demobilisierung der Truppen besaßen weitreichende Vollmachten, um die Soldaten wieder zurück an ihre angestammten Arbeitsplätze zu bringen. Die Frauen hatten zu weichen und in jene „Erwerbszweige" zurückzugehen, die für die „männlichen Arbeitskräfte völlig

6. Über die Frau in der Politik – Fortschritt und Stillstand

An die Stelle des zum Kriegsdienst eingezogenen Mannes tritt die Frau: die ersten Straßenbahnschaffnerinnen in Darmstadt 1915.

ungeeignet" seien.[251] Die Frau wurde wieder „an den Herd geschickt"; sie konnte ab Mitte der 1920er in der technisierten, genormt-funktionalen „Frankfurter Küche" wirken, die, soweit bekannt, bei den Hausfrauen auf zunächst doch wenig Begeisterung stieß.[252]

Jenseits des Hausfrauendaseins entstand ein neues Frauenbild: Die moderne selbstbewusste und ungebundene Angestellte kleidete sich im Kostüm, trug in der Freizeit einen kurzen Rock und schmückte ihre Kurzhaarfrisur „Bubikopf" mit einem „Topfhut"; des Abends war sie im Charleston-Kleid und mit Zigarettenspitze in den Bars und Cafés unterwegs. Diese idealisierte Darstellung der erfolgreichen, selbstbewussten und selbstbestimmten Frau, in Filmen und Illustrierten verbreitet, in Romanen von und über Frauen thematisiert, spiegelte aber nicht die Realität der meisten Frauen wider, allenfalls einiger weniger in den Großstädten, wo junge Frauen die mit der Republik neu eröffneten Chancen zur Selbstentfaltung nutzten. Vision und Wirklichkeit klafften auseinander, denn der überwiegende Teil der Frauen durchlebte weiterhin die alten Rollen.

Daran änderte es auch wenig, dass die neue Freizügigkeit es Frauen erlaubte, ihre Homosexualität auszuleben; § 175 des Strafgesetzbuches galt nach wie vor nur für Männer, die gleichgeschlechtliche sexuelle Handlungen vornahmen. Auf der anderen Seite standen Abtreibungen weiter unter Strafe (§ 218), auch wenn der Paragraph von den Arbeiterparteien im Reichstag immer wieder zur Disposition gestellt wurde. Kleine Erfolge waren es da, dass ab 1926 der Schwangerschaftsabbruch nicht mehr als Verbrechen, sondern nur noch als Vergehen, also nicht mehr mit bis zu fünf Jahren Zuchthaus, sondern mit Gefängnisstrafe geahndet wurde. 1927 wurde die medizinische Indikation gestattet. Überwiegend verheiratete Arbeiterfrauen mit mehreren Kindern entschlossen sich aus sozialer Not zur illegalen Abtreibung, vielfach bei Quacksalbern. Unzählige Frauen auch in Hessen bezahlten den Gang zum „Engelmacher" mit dem Leben oder dauerhaften gesundheitlichen Schäden. Auch wenn eine erfahrene Ärztin den illegalen Eingriff vornahm, konnten Komplikationen zum Tode führen wie bei einer Jugendlichen aus Egelsbach, die 1932 eine Abtreibung in Frankfurt vornehmen ließ. Die Ärztin, die für die Abschaffung von § 218 eintrat und in einer Beratungsstelle tätig war, musste daraufhin untertauchen.[253]

Staatlicherseits wurde der Frauenpolitik keine besondere Förderung zuteil. Im Volksstaat versandeten Gedanken an ein besonderes Referat für Frauenfragen bald.[254] Dabei hatte der Frankfurter Sozialdemokrat und Reichstagsabgeordnete Max Quarck dem hessischen Staatspräsidenten Carl Ulrich im November 1919 personelle Vorschläge für ein solches im volksstaatlichen Hessen geplantes Frauenreferat unterbreitet, dessen Aufbau er „für sehr glücklich" hielt, denn: „Stoff genug für dasselbe ist da."[255]

Wenn es auch nicht zu besonderen frauenpolitischen Ämtern reichte, so war den Frauen, die während des Krieges über die Mitarbeit in der sozialen Fürsorge hinaus stärker am politisch-gesellschaftlichen Leben partizipierten, die politische Mitwirkung nicht mehr länger zu verweigern. Im 1919 gewählten ersten Landtag des Volksstaates Hessen saßen fünf Frauen, später im 3. und 4. Landtag (1923–1925 bzw. 1925–1927) jeweils sechs Mandatsträgerinnen. Mehr als sechs sollten es nie werden.[256] Bis zum Ende der 1970er Jahre betrug der Frauenanteil in hessischen Landesparlamenten maximal 9 Prozent.

Die Frau war in den lokalen parlamentarischen Körperschaften Weimars weit unterrepräsentiert. Das galt auch für die Kommunallandtage der Regierungsbezirke Kassel und Wiesbaden, die Männerdomänen blieben. Sie wurden in der Republik viermal gewählt (1920, 1921, 1925,

6. Über die Frau in der Politik – Fortschritt und Stillstand 105

Damenreigenmannschaft des RSV Flottweg Kassel 1928.
Frauen wird als Sport Kunstradfahren empfohlen, weil es dabei neben
Körperbeherrschung und Beweglichkeit vor allem auch um Ästhetik geht.

1929). Die Zahl der Mandate betrug zwischen 43 und 73; insgesamt waren 451 Sitze zu vergeben. 1925 zog mit Minna Bernst die erste Abgeordnete in den Kommunallandtag Kassels ein; der Sozialdemokratin folgten noch Johanna Vogt (1929/DDP) und Katharina Gimbel (1930/ KPD). In dem Pendant für Wiesbaden wirkten in der gesamten Weimarer Zeit fünf Frauen, die alle von Frankfurt aus delegiert wurden: Als erste kam Marie Bittorf 1920 (SPD), gefolgt 1921 von Else Alken (Zentrum) und Anna Schultz (DDP), dann 1927 von Elsa Bauer (SPD) sowie 1930 von Frida Born (DDP).[257] Marie Bittorf gehörte zu den elf Frauen, die im März 1919 als erste in das Stadtparlament der Mainmetropole gewählt worden waren.

Dabei gelangten die Frauen von 1919 keineswegs unvorbereitet in die neuen Tätigkeitsfelder, waren sie doch in der überwiegenden Mehrzahl politisch kampferprobt und konnten zum Teil auf reiche frauenpolitische Verbandsarbeit zurückblicken, als sie nun auch Parlamentarierinnen wurden. Lina Ege aus Frankfurt gelangte 1919 für die SPD als eine von zunächst 22 weiblichen Abgeordneten (der insgesamt 402 Volksvertreter) in die preußische Landesversammlung und gehörte dann dem preußischen Landtag bis 1928 an. Sie war über Jahrzehnte führend in der sozialistischen Frauenbewegung und in der kommunalen Wohlfahrtsfürsorge tätig.[258]

Neues ausprobieren: junge Frauen in Frankenberg beim sogenannten „Girl-Tanz" (1931).

Der Weg der Frauen in *die* Politik war nunmehr geebnet, ihr weiterer Weg in *der* Politik sollte ein dornenreicher sein. Obwohl mit dem Frauenwahlrecht ein wichtiger Schritt auf dem Weg zur Gleichberechtigung vollendet wurde, fand sich keine Ministerin – weder in Hessen, noch in Preußen oder im Reich. Bis auf die Episode der unabhängigen Sozialdemokratin Minna Fasshauer als Volkskommissarin im Land Braunschweig 1918/19 rückte keine weitere Frau während der Weimarer Republik in ein Ministeramt auf. In den von Thomas Klein zusammengestellten Listen der leitenden Beamten in der preußischen Provinz Hessen-Nassau sucht man unter den Landräten und Oberbürgermeistern vergebens nach einer Frau, unter den ordentlichen Mitgliedern der Bezirksregierungen in Kassel und Wiesbaden (Regierungsräte, -oberräte, -direktoren) finden sich nur zwei Frauen: eine ohne Vornamen aufgeführte Dr. Spindler

6. Über die Frau in der Politik – Fortschritt und Stillstand

als Frauenreferentin von 1926 bis 1928 in der Bezirksregierung Wiesbaden und die promovierte Juristin Meta Keßler, im gleichen Amt tätig im Bereich der Wohlfahrtspflege von 1928 bis zu ihrer Entlassung „aus politischen Gründen" durch die Nationalsozialisten 1933.[259] Auf dem kommunalen Parkett kamen Frauen vereinzelt in Ämter: Meta Hammerschlag-Quarck, Frau von Max Quarck, gehörte ab 1919 als ehrenamtliche Stadträtin dem Frankfurter Magistrat an. Die promovierte Juristin Anna Schultz, von 1919 bis 1929 für die DDP in der Frankfurter Stadtverordnetenversammlung, wurde Leiterin der städtischen Rechtsauskunftsstelle.

In den demokratischen Wahlkörperschaften spielten die Frauen zumeist nur Nebenrollen. Sie konzentrierten ihre Arbeit auf die Bereiche, die ihnen die Männer zuwiesen, die aber auch von einigen Frauen selbst als den vermeintlichen weiblichen Charaktereigenschaften entsprechend für geeignet gehalten wurden. Als die „klassischen weiblichen" Aufgabenfelder galten weithin Familie, Wohlfahrtsfragen, Sozialfürsorge, Erziehung und Bildung.

Das schlug sich auch in den Kommunalparlamenten nieder, in denen neben den „Stadtvätern" nun auch „Stadtmütter" saßen.[260] Jenny Apolant, eine Cousine des 1922 ermordeten Reichsaußenministers Walther Rathenau, wurde 1919 mit zehn anderen Frauen, darunter Henriette Fürth (SPD) und Tony Sender (USPD)[261], in das 96-köpfige Frankfurter Stadtparlament gewählt. Apolant als liberale Vorkämpferin des Frauenwahlrechts und Leiterin der 1907 gegründeten „Zentralstelle für Gemeindeämter der Frau", die sich für das Wahlrecht und die Beteiligung der Frau in den Kommunen einsetzte und mit reichen politischen Erfahrungen ausgestattet war, erhob es schon zu Beginn zur Aufgabe der Parlamentarierinnen, sich in den diesbezüglichen sozialen Ausschüssen zuzuwenden, da diese ihren „Fähigkeiten am meisten" entsprechen würden. So engagierte sich die Frankfurter Stadtverordnete und spätere preußische Landtagsabgeordnete (1928–1932) Berta Jourdan als Exponentin der Volksschullehrerschaft vor allem in schulpolitischen Fragen.[262]

Wie viele andere Frauen auch setzte sich Apolant für eine interfraktionelle Zusammenarbeit der Mandatsträgerinnen ein und gründete in Frankfurt die „Politische Arbeitsgemeinschaft für Kommunalpolitikerinnen verschiedener Parteien". Illusionen über die Schwere des künftigen frauenpolitischen Weges machte sie sich dabei nicht: „Ein Ziel ist erreicht, aber dieses Ziel bedeutet keinen Ruhepunkt, sondern wiederum einen Anfang und wahrscheinlich einen schweren."[263]

Weiterhin sind Frauen in ihren traditionellen Berufen tätig: Arbeiterinnen einer Zigarrenfirma in Heuchelheim beim Konfektionieren von Zigarrenkisten (um 1930).

Neben wachsender Teilhabe im Arbeitsprozess war im Krieg auch der Anteil der Frauen in den Universitäten gestiegen. In Marburg befanden sich die Frauen, unter Berücksichtigung der tatsächlichen Präsenz an der Universität, 1918 sogar knapp in der Mehrheit, deutlich über dem Durchschnitt aller preußischen Universitäten. Zwei Drittel der 2.078 Immatrikulierten hatten bereits im Wintersemester 1914/15 im Feld gestanden, so dass der Anteil der weiblichen Studierenden 1915 bei 40 Prozent gelegen hatte.[264] Die Zahl der Studentinnen wuchs bis 1918 auf das Doppelte des Vorkriegsstandes. Die Frauenquote sank nach Kriegsende zwar wieder rapide, rangierte aber insgesamt über dem Vorkriegsniveau: In Gießen verzeichnete die Universität zum Wintersemester 1919/20 den Höchststand der Frauenquote, der erst wieder 1931 überboten wurde.[265]

Insgesamt aber konnte von einer durch den Funktionswandel während des Krieges angestoßenen kontinuierlichen Fortentwicklung der Frauenrechte und der gesellschaftspolitischen Teilhabe der Frau keine Rede sein. So wehrte der männerdominierte Landtag des Volksstaates im Juli 1921 Forderungen von einigen weiblichen Abgeordneten nach Zulassung von Frauen zum Richteramt ab. Zur Begründung musste man schon weit in die Tasche überlieferter Vorurteile greifen: Die zu behandelnden „gars-

6. Über die Frau in der Politik – Fortschritt und Stillstand

tigen Sachen" seien nichts für das warmherzige Gemüt des schwachen Geschlechts, wie Justizminister Otto von Brentano vor dem Landtag mit moralisierendem Unterton meinte. Frauen seien im Grunde doch im sozialen Bereich am besten aufgehoben, eine Ansicht, die auch von Mandatsträgerinnen der rechtsbürgerlichen Parteien geteilt wurde.[266] Einiges geschah trotzdem: Der Reichstag verabschiedete im Juli 1922 ein Gesetz zur Zulassung zu Berufen der Rechtspflege. Dennoch scheint es im Darmstädtischen bis 1933 keine Richterin gegeben zu haben, während im benachbarten preußischen Frankfurt für 1928 drei neue Richterinnen gemeldet wurden.[267] In Preußen durften Frauen ab 1921 die erste juristische Staatsprüfung absolvieren und im Jahr darauf auch Richterin oder Staatsanwältin werden.[268] Es blieb nicht mehr als ein Zeichen, dass zum 1. Januar 1922 auch Frauen an der Frankfurter Börse zugelassen werden sollten, was faktisch nur wenige taten bzw. tun konnten, da die entsprechenden Positionen fast ausschließlich von Männern okkupiert blieben. Die Nationalsozialisten schlossen die Frau freilich 1934 wieder von der Börse aus.[269]

Die im Krieg begründeten Hausfrauenverbände setzten ihre Arbeit in der Republik mit gleicher Stoßrichtung fort. Die Frankfurter „Hausfrauenvereinigung 1915" nannte sich ab März 1920 „Berufsorganisation der Hausfrauen", um sogleich im Namen eine zentrale Forderung zum Ausdruck zu bringen: die Anerkennung der Hausfrauentätigkeit als Beruf.[270] Das blieb Wunschtraum – bis heute.

Auch jenseits der politischen Arbeit gab es Hemmungen der Gleichberechtigung. In Artikel 109 der Weimarer Verfassung hieß es zwar, dass Männer und Frauen „grundsätzlich dieselben staatsbürgerlichen Rechte und Pflichten" besaßen, aber das „grundsätzlich" signalisierte eine gewichtige Einschränkung. Denn die vermeintlichen Wesensunterschiede wurden damit verfassungsrechtlich zementiert, auch wenn Artikel 119 die Ehe als Grundlage des Familienlebens unter den besonderen Schutz der Verfassung stellte und erklärte, dass sie auf der Gleichberechtigung der beiden Geschlechter beruhe. Doch blieb die Ungleichheit im Privatrecht bestehen, besonders im Ehe- und Familienrecht, das Frauen nach wie vor entmündigte. Alte Gesetze des Kaiserreichs und allgemeine gesellschaftliche Normen, die die Divergenz der Geschlechter zementierten und damit der Gleichberechtigung entgegenwirkten, galten weiterhin. In der Gesellschaft von Weimar weiter um die Gleichberechtigung ringend, hatte die Frau zumindest an der Wahlurne das gleiche Gewicht wie der Mann. Die Waschmaschine blieb ihr Metier.[271]

Es war schließlich eine Frau aus Hessen, die Kasseler Sozialdemokratin Elisabeth Selbert, die in einem beharrlichen Kampf 1948/49 im Parlamentarischen Rat, in den sie allerdings nicht vom hessischen Landtag, sondern vom niedersächsischen entsandt worden war, erfolgreich für die Verankerung der Gleichstellung von Mann und Frau im bundesdeutschen Grundgesetz stritt.[272] Ein Ministeramt auf zentralstaatlicher Ebene sollte eine Frau erst 1961 bekleiden: Die erste Frau in einem Bundeskabinett überhaupt kam aus Hessen. Es war die gebürtige Frankfurterin Elisabeth Schwarzhaupt, Tochter des vormaligen preußischen DVP-Landtagsabgeordneten Wilhelm Schwarzhaupt. Unter Bundeskanzler Konrad Adenauer (CDU) übernahm die Christdemokratin, die seit 1953 für den Wahlkreis Wiesbaden im Bundestag saß, das Ressort Gesundheit.[273] Die erste Frau an einem hessischen Kabinettstisch war Vera Rüdiger, die unter Ministerpräsident Holger Börner (SPD) ab 1978 das Ministerium für Bundesangelegenheiten, dann von 1984 an das für Wissenschaft und Kunst leitete. Und das 1991 gebildete rot-grüne Kabinett von Ministerpräsident Hans Eichel (SPD) bestand zu gleichen Teilen aus Frauen und Männern und war die erste Landesregierung mit dieser Parität in der Bundesrepublik.[274]

7. Ein geeintes Hessen? – Die ausgebliebene Territorialreform

„Die Dynastien sind erledigt! – Auch für uns Hessen ist die Bahn frei zu neuem Aufbau. Denn nicht mehr hemmen Familieninteressen, nicht mehr Rücksichten auf die Erbfolge oder die Rechte von Agnaten [d. i. von erblichen Thronfolgern – W. M.], nicht mehr ein mystisches Gottesgnadentum." Mit diesen Worten untermauerte der Kasseler Heimatschriftsteller und Redakteur Bruno Jacob zum Jahreswechsel 1918/19 in einer Flugschrift seine Forderung nach einem Zusammenschluss der beiden Territorien, die den Namen „Hessen" in sich trugen, nämlich Kurhessen und Hessen(-Darmstadt), was er in einem „Nachtrag zur 1. Auflage" mit Blick auf die in der Berliner Regierung und andernorts diskutierten weiträumigeren Pläne auf Nassau und Waldeck erweiterte. Mit Anklage des sich sperrenden Preußen erhob er den „Aufbau eines hessischen Gesamtstaates" zu einer staatspolitischen Notwendigkeit.[275]

Ungeachtet der Tatsache, dass hessische Gebiete sich mit Kriegsende der Kontrolle der Darmstädter Landesregierung entzogen, ergab sich nach dem Untergang der fürstlichen Herrscherhäuser die Chance, die überlieferten Territorien neu zu ordnen. Dabei trat der Gedanke eines geeinten „Groß-Hessen" in den Vordergrund. Diese Idee hatte um die Jahrhundertwende einen Aufschwung genommen und war mitunter zur politischen Vision stilisiert worden. Großherzog Ernst Ludwig schrieb 1909 als „Traum für die Größe unseres Vaterlandes" von einer Einteilung des Deutschen Reiches in zehn oder elf Bundesstaaten, darunter ein nicht näher abgegrenztes „Großhessen".[276] Die Vorstellungen blieben insgesamt doch uneinheitlich.

Mit der Revolution begann in verschiedenen Zirkeln eine Diskussion um die Frage der Zusammenfügung, die bis dahin in erster Linie auf den akademischen Raum begrenzt gewesen war. Trotz der zuvor durchgespielten Vorstellungen gab es keinen allseits akzeptierten Plan für die hessischen Gebiete. Zentral stand die Frage im Vordergrund, wie viele Länder die neue Republik benötigte. Dabei ging es immer darum, ob das übermächtige Preußen mit 60 Prozent an Fläche und Bevölkerung als dominierender Einzelstaat weiter existieren sollte. Auch in Berlin entwickelte der Staatssekretär des Innern, der liberale Hugo Preuß, in seinem Entwurf der Reichsverfassung vom 3. Januar 1919 Pläne zur Überwindung des Ungleichgewichts der Länder. Da heißt es in § 29, dass bis zur Bildung neuer Freistaaten bestimmte Gebiete zusammengefasst werden sollten, die eine festgelegte Anzahl von Abgeordneten in das (provisorische) Staatenhaus als Vertretung der Länder zu entsenden hatten. Unter Nummer 10 findet sich „Hessen, bestehend aus der Provinz Hessen-Nassau ohne die Kreise Schaumburg und Schmalkalden, dem Kreise Wetzlar, dem ehemaligen Großherzogtum Hessen sowie Waldeck mit 4 Millionen Einwohnern, 4 Abgeordnete".[277] Für Preuß war eine Neuordnung unabdingbar. Denn würden sich die alten Territorien wieder konsolidieren, dann wäre „eine der wichtigsten Errungenschaften dieser Revolution von vornherein wieder beseitigt: die Möglichkeit freier Bahn für die politische Selbstorganisation des ganzen deutschen Volkes nach den inneren Lebensnotwendigkeiten des modernen Nationalstaates."[278] Das war also das übergeordnete Ziel, das von einigen in Hessen geteilt wurde. Es sollte nicht erreicht werden.

Mit dem Umbruch von 1918 meldete sich eine „großhessische Bewegung" zu Wort, die ihren Schwerpunkt mit dem im Dezember 1918 in Kassel gegründeten „Hessischen Volksbund" im ehemaligen Kurhessen hatte, bald aber auch im volksstaatlichen Oberhessen Fuß fasste und in Darmstadt Unterstützung fand. Die Idee eines Groß-Hessen wurde zunächst vorwiegend mit stammesgeschichtlichen und historischen Argumenten untermauert. Aus der Schublade hervorgeholt wurden die 1848 diskutierten Pläne einer Vereinigung der beiden Hessen samt Nassau sowie dem seit 1867 von Preußen mitverwalteten und mitfinanzierten, mittlerweile zum Freistaat gewordenen ehemaligen Fürstentum Waldeck und dem zur preußischen Rheinprovinz zugehörigen Kreis Wetzlar, der ohnehin von hessischen Gebieten umschlossen war. Später tauchten in der Debatte vermehrt wirtschaftliche und verwaltungspolitische Motive auf. Diese Diskussionen fanden vor allem auf der historiografischen und publizistischen Ebene statt, in weitaus geringerem Maße auf staatlicher Bühne. Planspiele zur hessischen Vereinigung lehnte das regierungsamtliche Hessen-Nassau strikt ab, war damit doch die territoriale Integrität als Teil Preußens zur Disposition gestellt.

Auch die Darmstädter Regierung unter Carl Ulrich ging die Frage verhalten an, weil sie durch eine öffentliche Diskussion um die Neuordnung eine Stärkung der um sich greifenden separatistischen Tendenzen befürch-

7. Ein geeintes Hessen? – Die ausgebliebene Territorialreform

tete. Das war gewiss nicht unbegründet, hatte sich doch Anfang Juni 1919 der Putsch des Wiesbadener Ex-Staatsanwalts Hans Adam Dorten ereignet. Dieser hatte in Rheinhessen sowie in Wiesbaden und weiteren nassauischen Orten mit Unterstützung der französischen Besatzungsmacht, die im Dezember 1918 aufgrund der Waffenstillstandsbedingungen eingerückt war, die „Rheinische Republik" – aus dem Rheinland, also der Rheinprovinz, Altnassau, Rheinhessen und der Rheinpfalz – ausgerufen, deren vorläufiger Regierungssitz Wiesbaden sein sollte: Zentrale öffentliche Ämter wurden besetzt, die Polizei entwaffnet und leitende Beamte ausgewiesen. Der Separatismus drohte auch volksstaatliche Kreise links des Rheins zu erfassen. Dortens Unternehmen zerschellte allerdings sehr rasch an dem spontan ausgerufenen Generalstreik und der fehlenden Unterstützung durch die Verwaltungen.[279] So kam der Wiesbadener Regierungspräsident Wilhelm von Meister der Aufforderung der französischen Besatzungsmacht, sich Dorten zu unterstellen, gar nicht erst nach und trat zurück. Die Franzosen wiesen zahlreiche Beamte aus: Angesichts der besatzungsrechtlichen Einschränkungen und des personellen Aderlasses lahmte fortan die Verwaltung.[280]

Im Juli 1920 wurde Dorten aufgrund eines Haftbefehls des Reichsgerichts von Frankfurter Polizeikommissaren im Handstreich in Wiesbaden festgenommen. Das war auch nach Ansicht des Kasseler Oberpräsidenten eine unzulässige Aktion, die zu außenpolitischen Verwicklungen führte, handelte es sich dabei doch um eine – auch innerhalb der Reichsregierung durchaus umstrittene und kritisierte – eigenmächtige Operation der aus unbesetztem Gebiet stammenden Polizei auf besetztem Territorium. So wurde, nachdem die Interalliierte Rheinlandkommission (IRKO) die sofortige Entlassung gefordert hatte, auf Anweisung des Auswärtigen Amtes Dorten nach drei Tagen wieder freigelassen und nach Wiesbaden zurückgebracht. Der neue Wiesbadener Regierungspräsident Wilhelm Momm war im Zuge dieser Aktion von der IRKO ausgewiesen worden und konnte erst im November 1920 in sein Amt zurückkehren.[281]

Wegen der dennoch weiterhin latenten Gefahr separatistischer Aktionen war der hessische Landtag gut beraten, die territoriale Geschlossenheit des Volksstaates herauszustreichen. Um aufkommende Loslösungsversuche, eine Absplitterung Rheinhessens, im Keim zu ersticken, entwickelte die Regierung in Darmstadt die Idee eines mittelrheinischen Teilstaates links und rechts des Rheins, bestehend aus dem gesamten Hessen(-Darmstadt) sowie aus Nassau, dem Rheingau, der bayerischen Pfalz und aus kleineren umliegenden Gebieten, allerdings ohne das als Konkurrenten betrachtete Frankfurt, und Kurhessen. Der „Gliedstaat Mittelrhein" sollte – wirtschaftlich kräftig – ein fester Eckpfeiler der Republik sein und als Brücke über Main und Rhein den Zusammenhalt stärken. Die Darmstädter waren sich bewusst, dass der rechtsrheinische Teil des Volksstaates allein, ohne das besetzte Rheinhessen, immerhin die reichste seiner drei Provinzen, aus der man vier Zehntel des Steuersolls schöpfte, nicht lebensfähig war. Andererseits schien die Zugehörigkeit Rheinhessens, dem die Sorge galt, nur dann gesichert, wenn man einem größeren Land angehören würde.[282]

Unter dieser Einschätzung brachte die Landesregierung sogar eine großhessische Republik ins Spiel, die neben den oben genannten Gebieten nun auch die gesamte preußische Provinz Hessen-Nassau umfassen sollte. All diese Pläne stießen vor allem bei der direkt betroffenen preußischen Regierung und auch bei der Reichsregierung nicht auf Gegenliebe. Es sorgte für erhebliches Misstrauen in Berlin, dass Ulrich und Brentano bei einem Besuch Rheinhessens am 28. Juni 1919 auch gegenüber dem Oberkommandierenden der französischen Rheinarmee, General Charles Mangin, die mögliche Neugründung einer mittelrheinischen Republik erwähnt hatten. Unter dem Verdacht von Separatverhandlungen stehend, versuchte der hessische Regierungschef in einem Brief an Reichspräsident Friedrich Ebert seine lauteren Absichten darzulegen.[283] Als Justizminister Otto von Brentano, getragen von antipreußischer Grundhaltung, in der Folge auch noch mit dem Putschisten Dorten Gespräche führte, unterstellte man den Hessen landesverräterische Aktionen, dem Brentano in der Nationalversammlung, der er ebenfalls angehörte, entschieden entgegentrat. Dabei wies er zugleich den seinem Ministerpräsidenten gemachten Vorwurf zurück, dieser „habe sich als Vorkämpfer partikularistischer Ideen ausgewiesen und bestätigt".[284]

Was war eigentlich passiert? Auf Drängen der Politiker im Rheinhessischen waren Ulrich und Brentano nach Mainz gekommen.[285] Zur gleichen Zeit nahm die Separatistenbewegung einen Aufschwung. Um dieser die Basis zu entziehen und den Franzosen eine erwägenswerte Alternative zur Abspaltung eines rheinischen Separatstaates anzubieten, brachte Ulrich die Idee einer das besetzte Rheinhessen einbindenden „Mittelrheinischen Republik" ins Spiel, die auch Teile Nassaus umfassen sollte. Das wiederum rief Preußens Ministerpräsident Paul Hirsch auf den Plan, der den hinter seinem Rücken gemachten Alleingang seines hessischen Parteifreundes Ulrich scharf missbilligte.[286]

7. Ein geeintes Hessen? – Die ausgebliebene Territorialreform

Staatspräsident Carl Ulrich (l.) und Justizminister Otto von Brentano weilen im Juli 1919 zu Besprechungen mit Reichs- und Ländervertretern in Weimar.

So sahen sich die hessischen Regierungsvertreter im Juli 1919 harschen Vorwürfen ausgesetzt. Brüsk lehnte Preußen jede Vergrößerung Hessens auf Kosten des eigenen Territoriums ab, was letztendlich wohl auch den Darmstädtern nicht so ganz unrecht gewesen sein dürfte, mussten sie dieses heiße Eisen nicht weiter schmieden. Orientierungsmaßstab war im Grunde das, was Staatspräsident Ulrich am 8. Juli gegenüber dem Landtag betonte, dass der Volksstaat Hessen „als ein in sich geschlossenes durchaus geordnetes Staatswesen bestehen" bleibe. Die Neugliederungsdiskussion werde seine Regierung jedoch mit wachem Auge begleiten.[287] Eine generelle, das ganze Reich umspannende Reform scheiterte 1919 auch an den Beharrungskräften in den (süddeutschen) Ländern, vor allem in Bayern, die damit auch den Selbstbehauptungswillen Preußens stützten. Artikel 18 der ab August gültigen Weimarer Verfassung sprach zwar von einer Gliederung des Reiches in Länder unter Berücksichtigung des Willens der Bevölkerung, doch die Sache war zunächst auf Eis gelegt. Zudem war „Groß-Hessen" für die Parteien der Weimarer Koalition in der preußischen Provinz kein Thema; vor allem die nordhessische SPD sah keine Notwendigkeit, Preußen, in dem man sich nun nach mehr als 50 Jahren gut eingerichtet hatte und wo die Sozialdemokratie erfolgreich die Regierung dominierte, aufzubrechen.[288] Das großhessische Feuer loderte nur noch schwach in Pamphleten und Flugschriften weiter. Mitte der 1920er Jahre fiel die Frage in einen Dornröschenschlaf, auch wenn in dieser Zeit, von Frankfurt ausgehend, vornehmlich unter wirtschaftspolitischen Gesichtspunkten für das Rhein-Main-Gebiet und dessen weites Umland raumordnungspolitische Konzepte erörtert wurden. Die Idee vom einigen Hessen erreichte aber die politische Ebene zunächst nicht mehr. Dort wurde das Ganze nur auf Sparflamme gekocht, bis das Problem der Länderneugliederung 1926 Auftrieb erhielt.

Auslöser war eine Finanzkrise, die zu Beginn des Jahres voll durchschlug. Angesichts der finanziellen Belastungen keimten in der hessischen Regierung Gedanken, die staatliche Selbstständigkeit aufzugeben und sich in Form einer Reichsprovinz oder eines Reichslandes unmittelbar der Reichsgewalt zu unterstellen.[289] Das drang bis zur Reichsregierung, die Ende 1927 zudem Signale wahrgenommen haben wollte, dass es unterhalb der offiziellen Ebene Gespräche zwischen Vertretern Hessens und Preußens über eine „Aufsaugung Hessens durch Preußen in irgendeiner Form" gebe. Dabei sei eine Übernahme Hessens in den preußischen Staatsverband ins Spiel gebracht worden. Für diesen Fall wolle Preußen seine Provinz Hessen-Nassau zerschlagen, den südlichen Teil, also den Regierungsbezirk Wiesbaden, mit dem Volksstaat Hessen zu einer neuen Provinz mit der Hauptstadt Frankfurt fusionieren.[290] Wenn sich Hessen „bei sehr guter und sparsamer Finanzverwaltung nicht mehr halten könne" (vor allem wegen der Folgelasten aus der Besetzung von Teilen des Landes), so sei es, wie der hessische DDP-Reichstagsabgeordnete Adolf Korell auf einem Bezirksparteitag in Wächtersbach meinte, „der bessere und einfachere Weg", in Preußen aufzugehen.[291]

Die Länderneugliederung wurde nunmehr umfassender diskutiert, zum einen durch die von der Reichsregierung im Herbst 1927 einberufene „Länderkonferenz zur Beratung der Verwaltungsreform" unter Vorsitz von Reichskanzler Wilhelm Marx, zum anderen durch den überpar-

7. Ein geeintes Hessen? – Die ausgebliebene Territorialreform

teilichen „Bund zur Erneuerung des Reiches". Die Denkschrift des 1928 eingesetzten, nach dem vormaligen Reichskanzler Hans Luther benannten „Luther-Bundes" sah – neben der Fortexistenz der vier süddeutschen Länder alter Art (Bayern, Baden, Württemberg, Sachsen) – die Bildung eines norddeutschen Kernlandes des Reiches vor, das aus Preußen und den Ländern nördlich des Mains bestehen sollte, untergliedert in Provinzen. Eine dieser von einem Oberpräsidenten geführten „Reichsland-Provinzen" sollte aus dem Zusammenschluss von Hessen-Nassau und dem Darmstädter Volksstaat entstehen.[292] Der von der amtlichen Länderkonferenz eingesetzte Verfassungsausschuss, der im Sommer 1930 seine Arbeit vorläufig beendete, fasste keine Beschlüsse hinsichtlich der Grenzen, diskutierte aber wohl unter „Hessen" einen Raum ohne Kurhessen.[293]

Fortan meldeten sich wieder verstärkt die aus der Geschichte die Notwendigkeit der Reform ableitenden Historiker zu Wort. Auch der hessen-darmstädtische Innenminister Wilhelm Leuschner (SPD) griff unter politisch-verwaltungstechnischen Vorzeichen in die Debatte ein. Er schlug in einem Artikel in der „Frankfurter Zeitung" 1929 vor, den Volksstaat Hessen in ein „Reichsland" umzuwandeln. Am Ende würde die Auflösung des Landes stehen. Dessen Verwaltung sollte vom Reich auf Preußen übertragen werden, um dann später mit den wirtschaftlich eng mit dem Rhein-Main-Raum verbundenen Teilen von Hessen-Nassau unter einem direkt der Reichsregierung verantwortlichen Landespräsidenten zusammengefügt zu werden. Damit wollte Leuschner die „Brücke zum Einheitsstaat" schlagen, wie der Artikel überschrieben war.[294]

Solchen Plänen widersprach jedoch in gleicher Zeitung zwei Monate später Leuschners preußischer Amtskollege Albert Grzesinski (SPD), dem das alles zu halbherzig erschien und der gleich eine preußisch-hessische Verwaltungsgemeinschaft ins Spiel brachte, wobei das Ganze wohl faktisch auf eine Übernahme der hessischen Gebiete durch Preußen hinausgelaufen wäre.[295] Diese Vorschläge fielen insgesamt auf keinen fruchtbaren Boden. Staatspräsident Adelung lehnte in seiner Stellungnahme zur Reichsreform im Mai 1930 mit deutlichen Worten den Anschluss Hessens an Preußen ab. Bei aller Einsicht in die Notwendigkeit einer zweckmäßigen Gliederung des Reiches war das für ihn nicht die Lösung der Reichsreform, um die – so Adelung – „nirgend so heiß und so ehrlich gerungen" werde wie in Hessen.[296]

Die Neugliederung blieb aus, sehr zum Leidwesen einiger Politikträger im Lande. Der seit 1927 das Kasseler Regierungspräsidium leitende

Ferdinand Friedensburg (DDP) sprach (und schrieb) 1931 vom hessischen Raum als dem „Schulbeispiel für die Notwendigkeit einer baldigen und gründlichen Reichsreform".[297] Er stand allerdings einer Verknüpfung seines Kurhessen mit südhessischen Gebieten skeptisch gegenüber. So kam dem Volksstaat auch in der Weimarer Zeit eine Brückenfunktion zu. Sein seit 1911 im Amt befindlicher Gesandter beim Reich, Maximilian Freiherr von Biegeleben, definierte diese im März 1919 vor dem Verfassungsausschuss der Nationalversammlung so: „Hessen speziell ist ein Bindeglied zwischen Nord und Süd und hat die ihm daraus erwachsenden politischen Aufgaben stets erfüllt."[298] Das entsprach dem Selbstverständnis und blieb Handlungsleitlinie.

Wenn auch der große Wurf ausblieb, so wurde einiges doch geändert. Am 1. April 1929 ging Waldeck, dessen etwa 100 km nördlich entfernt liegende, kaum mehr als 10.000 Einwohner umfassende Exklave Pyrmont, die sich Waldeck nach dem Dreißigjährigen Krieg einverleibt hatte und die bereits zum 1. April 1922 durch Reichsgesetz an die preußische Provinz Hannover gefallen war[299], per Staatsvertrag nun auch faktisch in Preußen auf. 1926 hatte Preußen den Akzessionsvertrag von 1867 gekündigt. Bei der Feier in Arolsen zum Übergang an Preußen, u. a. mit der Festrede des preußischen Innenministers Grzesinski, kam es zu Pfiffen und massiven Störungen, nicht nur durch völkische Gruppen. Viele Waldecker verübelten es dem preußischen Vertreter, dass er in der Revolution 1918 derjenige gewesen war, der die Abdankung des Fürsten in die Wege geleitet hatte. So wurde das Ganze insgesamt ein frostiges „Hochzeitsfest".[300] Ungeachtet der Missklänge war es nun Faktum: „Die Waldecker wurden Preußen."[301]

Waldeck wurde mit seinen drei bestehenden Kreisen dem Regierungsbezirk Kassel angegliedert. Dieser wiederum verlor zum 1. Oktober 1932 durch Verordnung der preußischen Regierung seine Exklave Rinteln, den Kreis Grafschaft Schaumburg, an die preußische Provinz Hannover, dazu vorübergehend auch das von thüringischen Ländereien umschlossene Schmalkalden, das dann 1944 endgültig an die preußische Provinz Sachsen, hier an den Regierungsbezirk Erfurt, fallen sollte. Mit der gleichen „Verordnung über die Neugliederung der Landkreise", die aufgrund von zwei Notverordnungen des Reichspräsidenten aus dem Jahr 1931, nach dem Sturz der Regierung Braun durch Reichsexekution, vom Staatskommissar zum 1. August 1932 erlassen wurde, gelangte der zur preußischen Rheinprovinz gehörende Kreis Wetzlar zum Regierungsbezirk Wies-

7. Ein geeintes Hessen? – Die ausgebliebene Territorialreform 119

Am 1. April 1929 geht der Freistaat Waldeck in Preußen auf: Feierlichkeiten vor dem Regierungsgebäude in Arolsen.

baden.[302] Damit war für die Zeit der Republik die Groß-Hessen-Sache erledigt. Sie sollte dann in der Diktatur unter ganz anderen Vorzeichen erneut gestellt und zu machtpolitisch motivierten, aber wenig sinnvollen Resultaten führen. Mit Führererlass vom 1. April 1944 wurde die preußische Provinz Hessen-Nassau in zwei eigenständige Provinzen geteilt. Das nördliche Kurhessen erhielt einen neuen Gauleiter, der dann auch kommissarisch das Oberpräsidium leitete. Aus dem Regierungsbezirk Wiesbaden wurde unter Einbeziehung der vormals zum Regierungsbezirk Kassel (jetzt: Provinz Kurhessen) gehörenden Kreise Gelnhausen, Hanau (Stadt und Land) und Schlüchtern die neue Provinz Nassau.

Wenn auch in der Republik eine große Lösung auf der obersten Ebene ausblieb, so erfolgten auf der unteren Ebene einige Neuerungen. Im Nassauischen wurde 1928 eine dauerhafte Gebietsreform durchgeführt, die den Großstädten Frankfurt und Wiesbaden die in der Peripherie liegenden Gemeinden einverleibte. Die umfangreichsten Neuordnungen in der Provinz erfolgten mit der genannten Landkreisverordnung vom August 1932, bei der es zu umstrittenen Auflösungen und Zusammenschlüssen von einigen Kreisen zum 1. Oktober kam. Manches davon wurde aber schon bald wieder zurückgenommen.[303] Ein Zeichen engerer Zusammengehörigkeit war die bei der Neugliederung der Reichstagswahlkreise 1924 vorgenommene Bildung eines Wahlkreisverbandes Hessen aus den beiden Wahlkreisen 19 (Hessen-Nassau und Waldeck und Wetzlar, aber ohne Schmalkalden) und 33 (Hessen-Darmstadt).[304]

Ein geeintes „Groß-Hessen" wurde dann am 19. September 1945 durch die amerikanische Besatzungsmacht geschaffen. Sie fügte, nach ausgiebigen Meinungsumfragen unter den neuen hessischen Verwaltungsspitzen, die in der eigenen Zone liegenden Teile der vormaligen preußischen Provinz Hessen-Nassau und des ehemaligen Volksstaates Hessen zusammen. Nicht zum Land gehörten die hessischen Territorien im 1945 gebildeten französischen Besatzungsgebiet. Das waren Rheinhessen und vier rechts des Rhein liegende nassauische Kreise rund um Montabaur, die den Franzosen als Brückenkopf bei der Zoneneinteilung zugesprochen worden waren: Oberwesterwald, Unterwesterwald, St. Goarshausen und Unterlahn. Zu weiteren Konzessionen waren die Amerikaner bei der Einteilung in Besatzungszonen aber nicht bereit und nahmen andernorts konsequent den Rhein als Grenze: Die rechtsrheinischen Mainzer Stadtteile Kastel (mit Amöneburg) und Kostheim wurden von Wiesbaden verwaltet und fielen somit an „Groß-Hessen". Der Name des neuen Landes wurde mit der neuen Landesverfassung, die in einem Volksentscheid am 1. Dezember 1946 angenommen wurde, in „Hessen" geändert.[305]

8. Außenpolitische Belastungen und ökonomische Zwangslagen

Die junge Republik drückten außenpolitische Belastungen, vor allem in Gestalt des von vielen als Schmach empfundenen Versailler Friedensvertrages, den Nationalversammlung und Reichsregierung im Juni 1919 annehmen mussten. Auch durch Hessen ging ein Schrei der Empörung über den oktroyierten Vertrag. Dieser erscholl auch aus den Kleinstädten, wo sich der Protest über die Parteigrenzen hinweg in Demonstrationen entlud, bereits bei der Bekanntgabe der alliierten Vorlage im Mai 1919.[306] Die Bedingungen wurden von der übergroßen Mehrheit als ein unerträgliches und unerfüllbares Diktat betrachtet: Gebietsverluste, Zuweisung der alleinigen Kriegsschuld, drastische Abrüstung, hohe Reparationen und weite Einschränkungen der staatlichen Souveränität. Der Kampf gegen die „Kriegsschuldlüge" war nur ein Teil der Agitation gegen den Vertrag, jedoch ein wichtiger Kitt der allgemeinen Revisionsbestrebungen.

Für Hessen bedeuteten Niederlage und Friedensschluss zudem die Besetzung weiter Gebietsteile. Bereits das am 11. November 1918 im französischen Compiègne abgeschlossene Waffenstillstandsabkommen schrieb die Okkupation der Gebiete links des Rheins fest. Das betraf vor allem die Provinz Rheinhessen. Zudem schmerzte die Besetzung von drei Brückenköpfen, von denen die zwei um die Städte Koblenz und Mainz gezogenen Halbkreise mit dem festgelegten Radius von 30 km rechts des Rheins Hessen direkt tangierten. Den Brückenköpfen vorgelagert war zudem eine zehn Kilometer breite, weitestgehend entmilitarisierte Zone.

Die Besetzung reichte also bis in die Darmstädter Peripherie. Mit Rheinhessen war somit insgesamt ein Viertel des Volksstaates mit mehr als einem Drittel seiner Bevölkerung unter französische Kuratel gestellt; die Verbindungen zwischen den besetzten und unbesetzten Teilen blieben eingeschränkt. Die französischen Behörden erlaubten später den hessischen Politikern aus den unbesetzten Bezirken nur recht zögerlich und dann auch noch verspätet die Einreiseerlaubnis in den besetzten Raum, etwa im Frühjahr 1924 zu Wahlkampfauftritten.[307] So fühlte sich der

Wenige Tage nach der Veröffentlichung der Friedensbedingungen inspiziert Marschall Ferdinand Foch (l.) als alliierter Oberkommandierender am 15. Mai 1919 französische Truppen in Königstein/Taunus. Er hat am 11. November 1918 im französischen Compiègne für die siegreiche Entente den Waffenstillstand unterzeichnet.

Hesse des Volkstaates als „Vorposten der deutschen Sache" und als Teil eines „beinahe zur Hälfte besetzten Landes", wie es in einer Resolution des beim Reich auf Unterstützung hoffenden „Gesamtministeriums" vom 15. Dezember 1922 hieß.[308]

Mit dem Mainzer Brückenkopf waren zum anderen auch Teile des Rhein-Main-Gebietes, eben der Provinz Hessen-Nassau, involviert. Neben Wiesbaden fielen der Rheingau und Teile des Taunus unter französische Herrschaft, die über Jahre hinaus in den betroffenen Gebieten das gesellschaftliche und politische Leben beeinträchtigte. In der Phase des Waffenstillstands (Dezember 1918 bis Juni 1919) isolierten die Franzosen die besetzten Gebiete auch im Brückenkopf, die in der nachfolgenden Periode (bis 1924) ihre militärisches Präsenz rechts des Rheins reduzierten.[309]

Bereits am 14. November 1918 gelangte ein französisches Vorkommando nach Kronberg/Taunus, wo dann ab Dezember eine 500 Mann starke Truppe stationiert wurde.[310] Im benachbarten Königstein mit seinen 2.900 Einwohnern wurden den Franzosen, die am 14. Dezember

8. Außenpolitische Belastungen und ökonomische Zwangslagen

mit 1.800 Mann kamen, alle größeren Hotels und Gebäude zur Verfügung gestellt. Von 1920 bis 1923 waren etwa 400 Franzosen im Taunus-Kurort stationiert.[311] In Seelenberg (heute Ortsteil von Schmitten), einem Dorf von 250 Seelen, entstand vorübergehend eine 230-köpfige französische Garnison. Mit Abschluss des Friedensvertrages verließen die Franzosen ihre Stützpunkte im Feldberggebiet.[312] Frankfurt wurde zur Grenzstadt; die Demarkationslinie verlief am westlichen Stadtrand. Das seinerzeit noch selbstständige Höchst lag im Besatzungsgebiet. Ein- und Ausfuhren dieser Gebiete unterlagen der Genehmigungspflicht, bis zum Juli 1919 existierte gar eine Gütersperre für Waren von der linken zur rechten Rheinseite. Französische Truppen zogen am 13. Dezember 1918 in die nassauische Residenzstadt Wiesbaden ein. Damit endete die fünfwöchige Herrschaft des örtlichen Arbeiter- und Soldatenrates. Verwaltung und Behörden hatten nun den Franzosen zu folgen. Sie blieben dort bis Ende 1925, als Wiesbaden Hauptquartier der britischen Rheinarmee wurde und 6.000 Engländer in der Kurstadt Quartier bezogen. Die Jahre der englischen Besatzung in Nassau verliefen im Vergleich zur französischen wesentlich ruhiger. 1929 wurde Wiesbaden zudem Sitz der Interalliierten Rheinlandkommission (IRKO), womit sich auch wieder französische Truppen einquartierten.[313] Die nach dem Versailler Vertrag auf 15 Jahre befristete Besatzung sollte dann bereits fünf Jahre früher enden, nachdem Deutschland den Young-Plan zur Regelung der Reparationszahlungen angenommen hatte: Der Abzug der letzten Franzosen erfolgte am 30. Juni 1930.

Die französischen Militärbehörden ließen keine Zweifel daran aufkommen, wer das Sagen hatte. Opposition gegen die Sieger wurde unterdrückt, Oppositionelle wurden ausgewiesen. Der bereits 1920 einmal seines Dienstes enthobene Wiesbadener Regierungspräsident Wilhelm Momm wurde erneut 1922 von der IRKO aus dem Amt geworfen, weil er nicht gegen eine Arbeiterdemonstration anlässlich der Gedenkfeier für den ermordeten Reichsaußenminister Walther Rathenau eingeschritten war.[314] Rathenau hatte seinerzeit als Wiederaufbauminister im Sommer 1921 in Wiesbaden mit seinem französischen Amtskollegen Louis Loucheur das sogenannte „Wiesbadener Abkommen" über Sachlieferungen zur Erfüllung von Reparationsforderungen ausgehandelt.

Im Februar 1923 – kurz nach dem Beginn der Ruhrbesetzung – verhafteten französische Behörden kurzerhand bei seiner Einreise nach Wiesbaden den designierten Regierungspräsidenten Konrad Haenisch

(SPD), gegen dessen Ernennung die Rheinlandkommission ein Veto eingelegt hatte, und verbannten ihn. 1923 war ohnehin das Krisenjahr der Republik. Und es grenzt schon an ein Wunder, dass sie dieses überhaupt überstand. Die im Januar erfolgende Besetzung des Ruhrgebiets durch französische und belgische Truppen und der von der Reichsregierung als Gegenmaßnahme verhängte passive Widerstand trieben die ohnehin schon hohe Inflation in astronomische Höhen. Es kam zu einer rasanten Preissteigerung, einhergehend mit dramatischen Versorgungsengpässen. Die soziale Not entlud sich in Unruhen.

Separatistische Abenteurer und extremistische Parteien gefährdeten die Reichseinheit. Die Kommunisten planten den revolutionären „Deutschen Oktober", bliesen aber den Umsturzversuch in der Erkenntnis mangelnder Unterstützung bereits vor Beginn wieder ab. Zugleich waren sie in Sachsen und in Thüringen für einige Wochen an Regierungen mit der SPD beteiligt, während in Bayern eine auf eine nationale Diktatur zusteuernde Rechtsregierung amtierte. Länder widersetzen sich Anordnungen der Reichsregierung. Im rechtskonservativen Klima Bayerns putschte der Nationalsozialist Adolf Hitler am 9. November 1923. Doch sein „Marsch auf Berlin" wurde schon an der Münchner Feldherrnhalle gestoppt.

Zum Höhepunkt der Krise trat das hessische Parlament zusammen und verurteilte die Separatisten. Die SPD übte durch ihren Abgeordneten Georg Kaul aber auch scharfe Kritik an dem von der Reichsregierung am 27. September verhängten militärischen Ausnahmezustand. Und auch Staatspräsident Ulrich bezeichnete diesen als „nicht nötig" und verlangte die baldige Aufhebung.[315] Bei einer Besprechung der Ministerpräsidenten mit Reichskanzler Gustav Stresemann (DVP) am 25. September in Berlin, als man die Maßnahmen nach Aufhebung des passiven Widerstandes im besetzten Ruhrgebiet erörterte, sprach sich Ulrich für sofortige Abkehr von dem höchst kostspieligen passiven Widerstand aus, mit dem das Reich auf die Besetzung des Ruhrgebietes reagiert hatte. Die betroffene Bevölkerung wurde für die geforderte Verweigerung einer Zusammenarbeit mit der Besatzungsmacht vom Reich alimentiert, was die latente Geldentwertung kräftig angeheizt hatte. Um möglichen Unruhen nach dem Abbruch zu begegnen und das Reich zusammenzuhalten, wollte die Reichsregierung den Ausnahmezustand verhängen, den Ulrich aber auch hier schon für nicht notwendig erachtete. Er blieb ungehört.[316] So erging die entsprechende Verordnung des Reiches nach Artikel 48

8. Außenpolitische Belastungen und ökonomische Zwangslagen 125

der Reichsverfassung dann doch zwei Tage später. Reichswehrminister Otto Geßler wurde dabei die vollziehende Gewalt übertragen. Der militärische Ausnahmezustand wurde von Hessen aus kritisiert, auch von jenseits der Regierung. So meldete sich die Ortsgruppe Frankfurt des Republikanischen Reichsbundes, des Vorläufers des 1924 gegründeten „Reichsbanners Schwarz-Rot-Gold" als Sammlung der Demokraten, mit scharfer Kritik zu Wort. Die Frankfurter Republikaner sahen darin eine „schwere Gefahr für die Republik" und forderten die Umwandlung in einen zivilen Ausnahmezustand.[317] Und geraume Zeit später, vier Tage vor dem Hitler-Putsch in München, beklagte man sich direkt beim Reichspräsidenten, dass das Reich nicht gegen die antirepublikanischen Umtriebe in Bayern einschritt.[318]

Auch Hessen war von dieser hochexplosiven Situation des Jahres 1923 betroffen, welche die seit 1919 andauernde Krise erheblich verstärkte. Nahezu ohnmächtig stand man den Besatzungsmächten gegenüber. So nannte Landtagspräsident Adelung im November 1923 vor dem Landtag Zahlen der Ausweisung aus Rheinhessen durch die Franzosen: Allein in Hessen(-Darmstadt) seien 7.241 Personen mit 17.219 Angehörigen, also zusammen 24.460 vertrieben, von den 70 Abgeordneten neun aus der Heimat verbannt worden.[319] Er selbst war 1919 und wieder 1923 aus Mainz, wo er Beigeordneter (Bürgermeister) war, ausgewiesen worden. Er wusste also, wovon er sprach.

Der nicht nach Wiesbaden hineingelassene Haenisch saß für eineinhalb Jahre in einer Ausweichstelle in Frankfurt und blieb lediglich für die unbesetzten Teile des Regierungsbezirks zuständig. Er durfte erst im Juli 1924 nach dem Ende der Ruhrbesetzung nach Wiesbaden.[320] Nach seinem Tod im Mai 1925 sollten selbst die Franzosen den Sozialdemokraten als einen Mann der deutsch-französischen Verständigung würdigen.[321] Infolge der Ausweisungen 1923 waren in der Bezirksregierung in Wiesbaden schließlich nur noch zehn höhere Beamte vorhanden.

Zu einem besatzungspolitischen Kuriosum führte die Einrichtung rechtsrheinischer Brückenköpfe um Koblenz und Mainz, die auch hessen-nassauische Gebiete umfassten. Die beiden auf Vorschlag des alliierten Oberkommandierenden Marschall Foch um Mainz und Koblenz gezogenen Halbkreise mit einem Radius von 30 Kilometern, die sich nicht berührten, ließen einen schmalen Streifen südwestlich von Limburg bis an den Rhein zwischen Lorch und Kaub frei, der wegen seiner Form als „Freistaat Flaschenhals" in die Geschichte einging, an der

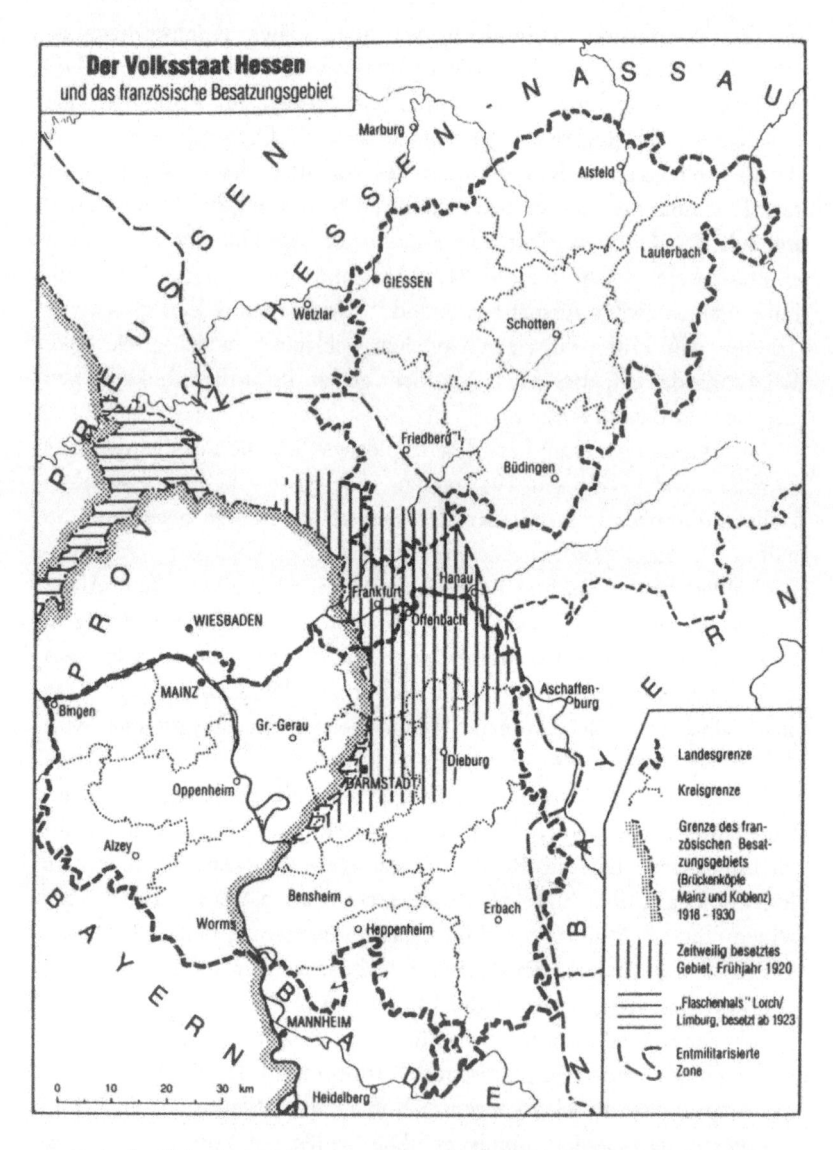

Karte des Volksstaates Hessen nach dem Ersten Weltkrieg mit dem durch eine besondere Umrandung hervorgehobenen französischen Besatzungsgebiet – schraffiert der „Freistaat Flaschenhals", nordwestlich von Wiesbaden.

8. Außenpolitische Belastungen und ökonomische Zwangslagen

schmalsten Stelle gerademal 800 Meter breit. Die schildbürgerliche Episode bereitete den betroffenen Gebietsteilen mit zwei kleineren Städten und 30 Landgemeinden mit insgesamt etwa 17.500 Einwohnern erhebliche Versorgungsprobleme, denn die Franzosen isolierten zeitweise den Raum, indem sie die Grenzen zwischen besetzten umliegenden Gebieten und dem unbesetzten „Flaschenhals" abriegelten, so dass die Rheinstädtchen Kaub und Lorch nur schwer über das Nadelöhr zu erreichen waren.[322] Die Einwohner im „Freistaat Flaschenhals", ausgestattet mit eigenem Notgeld, Briefmarken und Pässen, suchten in Robin-Hood-Manier diese Engpässe über behördlich sanktionierten Schmuggel und die tolldreiste Entführung eines französischen Kohlenzuges zu beheben. Den geostrategischen Fehler korrigierten die Franzosen mit dem Einmarsch im Zuge der Ruhrbesetzung im Februar 1923. Die Besetzung des „Flaschenhalses" dauerte bis zum November 1924, so dass die Bevölkerung dann dort ein weniger aufregendes Dasein bis zum Juni 1930, der endgültigen Räumung der Brückenköpfe, führen konnte.[323]

Am 15. Mai 1923 gelangten von Diez aus kommende französische Truppen auch nach Limburg, dem Tor zum Flaschenhals. Bürgermeister Marcus Krüsmann wurde verhaftet, weil er sich nicht den Franzosen unterstellen wollte. Er konnte erst im Oktober 1924 wieder auf seinen Amtssessel zurückkehren. Bis dahin rückten die Franzosen noch zweimal, am 29. Juni und am 12. Juli 1923, in die Stadt ein und zogen erst am 22. Oktober 1924 wieder ab.[324] Mit der im Zuge des „Ruhrkampfes" erfolgenden Besetzung der Stadt Limburg und Teilen des dazugehörigen Landkreises wurden das nahe Weilburg und der Oberlahnkreis, die verschont blieben, zu Grenzposten an der neuen Demarkationslinie zum französisch besetzten Gebiet und mussten zahlreiche von der Besatzungsmacht Ausgewiesene aufnehmen. Die rund 1.300 Vertriebenen bedeuteten eine enorme Belastung für das Lahnstädtchen Weilburg mit seinen etwa 3.600 Einwohnern. In einem hohen Akt der Solidarität fanden die Heimatlosen Aufnahme bei Privatleuten, wurden in einer leer stehenden Kaserne, in Gasthäusern und Hotels oder in den von der Reichsbahn auf dem Gelände des Bahnhofs Weilburg abgestellten D-Zugwagen untergebracht. Nach Beendigung des passiven Widerstandes konnten alle Ausgewiesenen bis Weihnachten 1924 in ihre Heimat zurückkehren.[325]

Es kann kein Zweifel bestehen, dass die dauerhafte Besetzung besonders das kleine Hessen(-Darmstadt) politisch und wirtschaftlich stark

Familien, die von den Franzosen nach der Besetzung des Ruhrgebiets 1923 von dort ausgewiesen werden, kommen am Bahnhof von Weilburg an.

belastete, was die hessischen Vertreter gegenüber Berlin herausstrichen, wenn sie mit der Karte der Solidarität finanzielle Unterstützung des Reiches einzuwerben versuchten. Kein Zweifel kann aber auch daran bestehen, dass die permanent angespannte finanzpolitische Situation des Volksstaates zum Teil hausgemacht und auch auf grundlegende strukturelle Defizite zurückzuführen war. Zu dieser Einschätzung gelangten auch Berliner Regierungskreise Mitte der 1920er Jahre.[326]

Die innerhessischen Wirtschaftsbeziehungen wurden durch die Besatzung beträchtlich gehemmt. Wichtige Importe wie die Kohlelieferungen aus dem Ruhrgebiet wurden erschwert. Insgesamt aber war die Wirtschaftspolitik von Weimar in erster Linie Sache des Zentralstaates. Gestaltungsspielraum besaßen Länder und Kommunen hauptsächlich durch regionale und lokale infrastrukturelle Maßnahmen, um der Nachkriegskrise zu begegnen. Der öffentliche Sektor wurde im Bereich der Wirtschaft ausgedehnt – auch und gerade, um den Problemen der wirtschaftlichen Demobilisierung entgegenzusteuern. Während das Reich den Unternehmen die Verpflichtung auferlegte, die aus dem Krieg wieder zurückkehrenden Soldaten in den Produktionsprozess zu integrieren, konnten die nachgeordneten Gebietskörperschaften durch landesweite und örtliche

8. Außenpolitische Belastungen und ökonomische Zwangslagen

Programme – wie Notstandsarbeiten und einem Ausbau der Erwerbslosenfürsorge – die sozialen Folgen des Krieges abfedern. Die Produktivität konnte so insgesamt gehalten und die befürchtete Arbeitslosigkeit abgefangen werden. Hatte etwa Kassel zwischen 1918 und 1920 einen Rückgang der Beschäftigungszahlen um nahezu genau ein Drittel (von 62.500 auf 42.000) zu registrieren, so erreichte man 1922 beinahe wieder den Stand bei Kriegsende, obwohl dort die im Zuge der Rüstungsproduktion angeschwollene chemische Industrie seitdem den Verlust von 17.000 Arbeitsplätzen zu vermelden hatte. Unmittelbar nach Kriegsende war auch im Hessischen die Arbeitslosigkeit angestiegen. Doch selbst auf dem Höhepunkt der Inflation waren in Hessen (in den heutigen Grenzen) nur 36.000 Arbeitsfähige ohne Arbeit. Im Zuge der Rationalisierung infolge der grundlegenden Währungssanierung 1923/24 (eingeleitet durch das „Wunder der Rentenmark") schwoll die Zahl an und überschritt 1926 die 100.000-Marke.[327]

Bereits im Sommer 1922 – so stellte Kassels Oberbürgermeister Scheidemann im April 1923 fest – war „die Hoch- und Scheinkonjunktur im deutschen Wirtschaftsleben der letzten zwei Jahre" allmählich zum Stillstand gekommen.[328] Das galt für die hessische Wirtschaft generell, die sich eben nicht mehr so dynamisch entwickelte wie vor dem Krieg. Nimmt man die Zeitspanne von Kriegsbeginn bis zum Ende der Inflation 1923/24, so gab es Gewinner und Verlierer: Als Gewinner zeigten sich Chemie und Maschinenbau, als Verlierer die traditionellen Gewerbe wie Möbel- und Bauindustrie.[329]

Der Druck der Reparationszahlungen paarte sich mit einer steigenden Inflation, die 1923 durch die Kosten für den staatlich verordneten passiven Widerstand gegen die französische Ruhrbesetzung zu einer dramatischen Krise anwuchs, die das Reich an den Rand des Untergangs und dabei zahlreiche Firmen in den Ruin trieb. So überstand nur die Hälfte der in Frankfurt ansässigen Firmen das Krisenjahr. Allein die Kasseler Metallindustrie verlor zwischen 1922 und 1924 über 4.200 Arbeitsplätze. 1923 spitzte sich mit der wirtschaftlichen auch die soziale Lage dramatisch zu. Hessen und Hessen-Nassau verzeichneten im Mai 1923 nach dem Ruhrgebiet die höchste Teuerungsrate.[330] Die Krise nahm absurde Formen an. So verfügte die Darmstädter Landesregierung Ende Oktober 1923 nicht einmal über genügend Geldscheine: Im unbesetzten Gebiet konnte man sich mit eigenem Notgeld behelfen, im besetzten ging das nicht.[331]

Die Verelendung nahm zu. Fast ein Drittel der 21.000 Haushalte in Darmstadt wurde auf dem Höhepunkt der Krise von der städtischen Wohlfahrt unterstützt. Das Geld verlor stündlich rapide an Wert. Die Sparer büßten ihre Rücklagen ein, die Sachwertbesitzer kamen ungeschoren davon. Unruhen waren die Folge – nicht nur in Wetzlar, wo es im Oktober zu Tumulten und Plünderungen kam.[332] Eine im November 1923 von den Arbeiterparteien in Biebrich, damals noch nicht zu Wiesbaden gehörend, gegen die wachsende Not organisierte Protestversammlung eskalierte, als Demonstranten das Rathaus stürmen wollten und die Polizei eingriff. Am Ende des „schwarzen Freitags im roten Herbst" waren sechs Tote zu beklagen.[333]

Über die direkte Okkupation durch die Franzosen hinaus drohte stets die Gefahr, dass bei einer Zuspitzung der außen- und innenpolitischen Lage noch weitere Teile rechts des Rhein besetzt werden würden, um als Faustpfand Frankreichs die Berliner Regierung gefügig zu machen. Das war im April 1920 der Fall, als Frankreich den Einsatz der Reichswehr in den entmilitarisierten Gebieten des Ruhrgebiets gegen die Rote Ruhr-Armee, die sich im Ruhrrevier zur Abwehr des Kapp-Lüttwitz-Putsches gebildet, aber nach Niederschlagung des Aufstandes nicht aufgelöst hatte, zum Anlass für eine Strafaktion nahm und am 6. April neben Frankfurt und Bad Homburg auch Darmstadt, Offenbach und Hanau für knapp sechs Wochen besetzten und unter Belagerungszustand stellten. In Frankfurt kam es bereits am zweiten Tag bei Auseinandersetzungen zwischen den Besatzungstruppen und der Bevölkerung zu neun Toten und 18 Verwundeten.[334] Dabei waren auch französische Kolonialeinheiten aus Marokko beteiligt, was hernach von nationalistischen Gruppen ausgeschlachtet wurde und den Beginn der rassistischen Kampagne von der „Schwarzen Schmach" (am Rhein) markierte, der auf dem Vorwurf an die Franzosen basierte, bewusst „minderwertige" farbige Soldaten aus den Kolonien gegen die „höherwertige" deutsche Bevölkerung einzusetzen.[335]

Das hessische Staatsministerium erwog angesichts der Besetzung die Verlegung der Hauptstadt in unbesetztes Gebiet. Gießen kam hierfür in Frage. Der Rückzug der Franzosen Mitte Mai machte solche Planung jedoch hinfällig.[336]

Mit der französischen Besatzungsmacht im Rücken und von dieser direkt gefördert keimten erneut separatistische Strömungen. Im Oktober

8. Außenpolitische Belastungen und ökonomische Zwangslagen

Strafaktion nach dem Einsatz der Reichswehr im entmilitarisierten Ruhrgebiet im Zuge des Kapp-Lüttwitz-Putsches: französische Soldaten mit Maschinengewehr vor der Hauptwache in Frankfurt. Hier kommt es am 8. April 1920 zu Zusammenstößen mit der Bevölkerung, die neun Tote und 18 Verwundete fordern.

1923 schlugen die Separatisten in dem seit Ende 1918 besetzten Rheinhessen und Wiesbaden ein weiteres Mal zu. In der nassauischen Landeshauptstadt erstürmten sie Rathaus und Regierungspräsidium, die Franzosen entwaffneten die Polizei und setzten Bürgermeister Fritz Travers ab, der den Anfang November 1919 ausgewiesenen Oberbürgermeister Karl Glässing vertrat. Die Position an der Spitze der Stadt füllte dann der zweite Beigeordnete Alfred Schulte bis zum November 1924 aus, als Travers die Amtsgeschäfte wieder aufnehmen konnte.[337] Mancherorts wie etwa in Limburg zeigte sich eine keineswegs nur von Landfremden getragene Separatistenbewegung, von der sich jedoch der französische Kommandant wegen ihrer Rüpelhaftigkeit distanzierte. Dagegen wurde dem Separatistenkommando in Wiesbaden eine kaum verhüllte Unterstützung durch die Franzosen zuteil. Versprengte Einzelkämpfer wie in Griesheim wurden von der Arbeiterschaft ins Abseits gedrängt.[338] Ein etwa 300-köpfiger durchaus mit schweren Waffen ausgestatteter Trupp besetzte in Königstein Rathaus und Landratsamts, zog aber nach nur einem Tag angesichts des Widerstandes aus den Reihen der Bevölkerung wieder ab.[339]

Separatistenputsch 1923 in Wiesbaden: Am 23. Oktober sichert französisches Militär mit Panzern das von den Sonderbündlern besetzte Rathaus.

Die Sonderbündler, die sich in Rheinhessen noch einige Zeit hielten, scheiterten erneut, auch enttäuscht über eine in ihren Augen unzureichende Unterstützung durch die Franzosen. Auf der anderen Seite fühlte sich die hessische Regierung von der Reichsregierung, die nach Einführung der Rentenmark alle Leistungen an die Bevölkerung des besetzten Gebietes einstellte, nicht hinreichend bei ihren Bemühungen um Lösung des Konflikts gestützt. Zu Beginn des Jahres 1924 war der Spuk dann vorbei.[340] Insgesamt markierte das Jahr den Beginn einer etwas ruhigeren Phase der Republik. Erst jetzt setzten die sogenannten „Goldenen Zwanziger" ein, aber der Schein trog, denn so „golden" sollte auch diese kurze Zeitspanne nicht sein, weil die sozialen Zwangslagen blieben.

Mit der radikalen Währungsreform und der Überwindung der Hyperinflation 1923/24 schien sich auch die hessische Wirtschaft, wenn auch regional ganz unterschiedlich, einigermaßen zu konsolidieren. Doch spürte man ab Herbst 1925 einen Rückschlag. 1926 erreichte die Zwischenkrise ihren Höhepunkt. Diese sogenannte „Reinigungskrise" traf das Land Hessen besonders, deren Finanzminister Konrad Henrich im März und April 1926 Brandbriefe an die Reichsregierung schrieb. Henrich galt als Kritiker der vom Reich projektierten Finanzreform, was er im Mai

8. Außenpolitische Belastungen und ökonomische Zwangslagen 133

1925 in einem Zeitungsartikel auch öffentlich kundgetan hatte, sehr zum Missfallen Berliner Regierungskreise. Seine Kritik richtete sich gegen die vorgesehene Herabsetzung der Steuern auf große Einkünfte und Vermögen sowie die Erhöhung der Verbrauchsabgaben. Auch die angedachte Neuregelung des Finanzausgleichs würde die Länder und Gemeinden enttäuschen.[341]

In seinen Schreiben vom Frühjahr 1926 legte er dar, dass der Landeshaushalt für 1925 ein Defizit von 8,5 Mio. RM aufweise, das sich für 1926 auf 9,1 Mio. RM vergrößern werde. Zwar tue Hessen alles, um Einsparungen zu erzielen, doch sei die Notlage „in erster Linie auf die Besetzung eines großen, und zwar des wirtschaftlichen wichtigsten Teiles des Landes" zurückzuführen. Die Lasten der Erwerbslosenfürsorge seien durch den Anstieg der Arbeitslosigkeit in Hessen doppelt so hoch wie im Reichsdurchschnitt. Die Landesregierung erwarte eine Unterstützung zur ausgeglichenen Bilanzierung des Haushaltes, andernfalls müsse sie sich überlegen, die staatliche Selbstständigkeit aufzugeben und eine Art Mediatisierung in der Schaffung einer „Reichsprovinz" anzustreben.[342]

Die Reichsregierung erklärte sich bereit, Vorschüsse zu leisten, wenn das Reich das Recht zur Prüfung des hessischen Haushaltsgebarens erhalte. Hessen zeigte sich mit einer Finanzkontrolle durch das Reich einverstanden. Die vereinbarte Prüfungskommission wurde erst im Januar 1927 gebildet, weil man mit Hiobsbotschaften über die prekäre Finanzlage des Landes die Agitation für den Volksentscheid zur Landtagsauflösung, der am 5. Dezember 1926 knapp scheiterte, nicht noch zusätzlich munitionieren wollte.[343] Die sechsköpfige Kommission, u. a. mit Reichssparkommissar Friedrich Saemisch, der sich im Hessischen gut auskannte, wenn auch als Präsident des Landesfinanzamtes der Provinz Hessen-Nassau von 1919 an eher im preußischen Teil, nahm erst im Mai 1927 ihre Tätigkeit auf.

Hessen erhielt die Kredite, auch wenn Berlin der Meinung war, dass die Finanznot des Landes keinesfalls ausschließlich, nicht einmal zum größten Teil eine Folge der französischen Besatzung sei. Als im Nachtragshaushalt des Reiches für 1927 ein besonderer Grenzfonds („Westhilfe") aufgelegt wurde, der den besetzten Grenzgebieten im Westen zugute kommen sollte, beschloss die Reichsregierung im Juli 1928 mit 5:4 Stimmen, dass Hessen nicht in den Genuss von Sonderzahlungen kommen sollte.[344] Das wurde von der Darmstädter Regierung als „große Ungerechtigkeit" empfunden.[345] Die Landesregierung fasste – in Reaktion auf den Beschluss der

Reichsregierung in Sachen Westhilfe und wohl auch auf das erste Gutachten aus dem Hause des Reichssparkommissars vom Oktober 1928[346] – einen Monat später die enormen Belastungen durch die Besetzung Rheinhessens für die betroffenen Gebiete, aber auch für die gesamte Finanzlage des Landes in einer detaillierten „Denkschrift über die wirtschaftliche und kulturelle Notlage im besetzten Hessen" zusammen.[347] Die Okkupation führe nicht nur in den betroffenen linksrheinischen Gebieten, sondern auch im unbesetzten Teil, vor allem an den Randgemeinden am Rhein, zu Belastungen. So lagen die Arbeitslosenzahlen im besetzten Teil über denen im unbesetzten, im gesamten Hessen weit über dem Reichsdurchschnitt[348]; ebenso litten Wirtschaft und Warenaustausch an den Hemmnissen der Grenze zwischen unbesetzten und besetzten Teilen, die natürliche Bindungen und Warenströme einschränkte.

Am 22. Dezember 1929, zwei Monate nach dem New Yorker Börsenkrach („Schwarzer Freitag"), der am Beginn einer tiefgehenden und dauerhaften Weltwirtschaftskrise stand, sandte der Reichssparkommissar Saemisch sein „Gutachten über die Staatsverwaltung in Hessen" der Darmstädter Landesregierung. Es lieferte dramatische Zahlen: So war der Zuschussbedarf der öffentlichen Verwaltung des Landes je Kopf im Vergleich zu den beiden Vorkriegsjahren für 1926/27 um fast 150 Prozent gestiegen. Hatte man 1913/14 satte Haushaltsüberschüsse verzeichnet, so schlossen 1926/27 die Bilanzen mit „erheblichen Fehlbeträgen". Die „starke Verteuerung der öffentlichen Verwaltung" liege in der Verstaatlichung von Bereichen wie dem Vermessungswesen, der Schaffung neuer Behörden wie den Landwirtschaftsämtern, der Übernahme des Volksschulpersonals und der Polizeipersonalkosten (mit Ausnahme der Landgemeinden) durch das Land. Auch seien fünf Ministerien (einschließlich Staatspräsident) doch zu viele für ein kleines Land wie Hessen, dessen Behördenaufbau insgesamt jedoch als gut und durchdacht bezeichnet wurde. Könne man ein eigenes Kultusministerium noch rechtfertigen, so seien die Aufgaben des für Wirtschaft und Arbeit dem Innenministerium zuzuschlagen.[349] Aus dem finanziellen Dilemma werde man nur durch drastische Einsparmaßnahmen und umfassende Reformen kommen, die auch in die hessische Verfassung eingreifen würden. Saemisch hob darauf ab, dass zwar für 1928/29 das Haushaltsdefizit 5,75 Mio. RM betrage, doch dem stünde ein Vermögen von über 200. Mio. RM an Forsten und Domänen gegenüber.[350] Ein Staatsbankrott der Hessen stehe also nicht bevor.

8. Außenpolitische Belastungen und ökonomische Zwangslagen

Hessen fühlte sich jedoch vom Reich nicht genügend unterstützt: Gewiss waren sich die Darmstädter bewusst, dass die akuten Finanzengpässe nur durch Rationalisierung der Verwaltung, verbunden mit Personalabbau überwunden werden konnten. Dazu schritten sie auch. Man setzte jedoch die vom Reichssparkommissar vorgeschlagenen Änderungen auf dem Gebiet der Verwaltung nur zum Teil um, auch aus verfassungsrechtlichen Bedenken. So hielt der Reichssparkommissar die Zusammenlegung einiger Kreise für angebracht, insgesamt eine Verminderung der Zahl von 18 auf elf, und hatte die drei Provinzen als Mittelinstanzen für überflüssig erklärt; die Aufgaben der Provinzialdirektoren seien ohne weiteres zwischen Ministerium und Kreisen aufzuteilen. Hessen(-Darmstadt) unternahm hierzu nichts. Zur Auflösung sollte es erst 1937 in der Zeit des Nationalsozialismus kommen. Die Zahl der Ministerien wurde nach den nächsten Landtagswahlen vom November 1931 um eines reduziert: Das Ministerium für Arbeit und Soziales aufgelöst, der Amtsinhaber Adolf Korell, der dem Landtag nicht mehr angehörte, in den Ruhestand geschickt. Er wurde Pfarrer in Wiesbaden.

Im Zuge dieser allgemeinen Stützungsaktionen wurde auch die Möglichkeit einer Übernahme der Justizverwaltungen der Länder in die Obhut des Reiches erörtert. Während einige Länder dagegen waren, sah die Regierung in Darmstadt hierin eine Chance zur finanziellen Konsolidierung. Denn Hessen würde etwa 7,5 Mio. RM jährlich sparen können. Eine solche „Verreichlichung" der Justizverwaltung stieß auf grundlegende Sympathie bei Reichskanzler Wilhelm Marx. Über die Mitteilung eines Reichstagsabgeordneten des Zentrums aus Hessen glaubte er, dass auch seine Partei im Volksstaat dieses anstrebe. Weit gefehlt. Ihr Fraktionsvorsitzender in Hessen, Hans Hoffmann, klärte seinen Parteifreund Marx in Berlin auf, dass sie sich dagegen stelle, denn bei einer Umsetzung des Vorhabens würde Hessen „zu einem Land zweiten Grades" herabsinken. Die Kostenersparnis sei ohnehin minimal. Ebenso wie die von Liberalen und Sozialdemokraten ins Spiel gebrachte Idee eines Reichslandes würde eine Überleitung der Landesjustizverwaltung auf das Reich den Verfall der Eigenständigkeit Hessens herbeiführen.[351]

Ungeachtet der finanziellen Bedrängnis bewegte sich das Land wie auch das Reich insgesamt in einer Phase der relativen Stabilität. 1928 schienen die Verhältnisse gefestigt, politisch wie ökonomisch. Das verflossene Jahr 1927 war – wirtschaftlich betrachtet – das stabilste und günstigste der Republik gewesen: Das Nettoinlandsprodukt stieg im gesamten

Hessen zwischen 1926 und 1928 um fast ein Viertel. Hessische Industrie und Gewerbe verbuchten zwischen 1925 und 1929 eine Umsatzsteigerung von über 50 Prozent, im gleichen Zeitraum hatte der hessische Industriearbeiter ein Drittel mehr in der Lohntüte.[352] Jedoch: Auch in der Phase der relativen Stabilität litten Teile der Bevölkerung. In letzter Verzweiflung begingen einige Selbstmord oder rissen ganze Familien in den Tod wie der Frankfurter Kaufmann Friedrich Wiechmann, der im März 1928 gemeinschaftlich mit seiner Ehefrau seine drei Kinder tötete, dann seine Frau auf deren Verlangen umbrachte, seinen eigenen Erhängungsversuch aber überlebte. Wiechmanns Name stand als Synonym für den in Not geratenen, nur unzureichend von der Sozialfürsorge unterstützten Frankfurter.[353]

Gerade im Frankfurter Raum zerbröselten in der Nachkriegsinflation die Vermögen zahlreicher Stiftungen, die soziale und kulturelle Projekte getragen hatten. In der Kulturpolitik trat kommunale Trägerschaft an die Stelle bürgerschaftlichen Engagements. Schon während des Weltkrieges war die von Mäzenatentum geprägte kulturpolitische Entwicklung Frankfurts beschnitten worden; angedachte Vorhaben zerstoben.[354] Besonders in Wiesbaden schlug sich der wirtschaftliche Niedergang, der allerdings schon vor Ausbruch des Krieges zu spüren gewesen war, bei dem vom Abstieg bedrohten Bürgertum in Ablehnung und Distanz gegenüber der Republik nieder, die man mit Okkupation und Not in Verbindung brachte. Mancher Bürger hing den glorreichen Zeiten des Wilhelminismus nach und war bereit, sich jenen zuzuwenden, die in Ablehnung der Republik einer Wiedergeburt des einstmals mächtigen Reiches das Wort redeten.[355]

Zu einer kurzzeitigen Einigkeit über die Parteigrenzen hinweg kam es, als man am 30. Juni 1930 landauf, landab das Ende der Besatzung Rheinhessens und der rechtsrheinischen Brückenköpfe feiern konnte.[356] Zu einer der zahlreichen Feiern kam Reichspräsident Hindenburg am 20. Juli nach Wiesbaden. Aber schon wenige Monate später wurde die Freude über den Abzug der Franzosen und Engländer überlagert von der Besorgnis im republikanischen Lager über den massiven Einzug der Nationalsozialisten auf die politische Bühne, manifest bei den Reichstagswahlen im September 1930.

9. Republik im Widerstreit

Die auf außenpolitische Folgen zurückzuführenden Belastungen, die unmittelbar auf die hessischen Gebiete wirkten, waren das Resultat einer unverantwortlichen Politik der Hohenzollernmonarchie, die den Krieg 1914 nicht nur in Kauf genommen, sondern angesteuert hatte. Die hohen Reparationen und drastischen Gebietsverluste infolge der Kriegsniederlage wurden jedoch der Republik angelastet. Die Kritik traf die Konkursverwalter, nicht die eigentlichen Konkursverursacher, also diejenigen, die für Krieg und Niederlage verantwortlich waren, sich aber zum Ende hin aus der Verantwortung gestohlen hatten. Die unselige Dolchstoßlüge, die glauben machen wollte, dass der Krieg wegen innerer Unruhen verloren gegangen war, vergiftete nachhaltig die politische Kultur der Republik und untermauerte bei vielen die Ansicht, dass die Demokratie aus dem Verrat geboren sei und ihre Begründer, vor allem die Sozialdemokraten, schäbige Vaterlandsverräter seien.

Die Rückwärtsgewandten sahen jetzt die alten stereotypen Vorurteile gegenüber der Arbeiterbewegung aus der Zeit des Kaiserreichs vollauf bestätigt. Die seinerzeit begründete Stigmatisierung der Sozialdemokraten als vaterlandslose Gesellen hatte nichts an Gefährlichkeit eingebüßt – im Gegenteil: Galt sie im Kaiserreich eben denjenigen, die für eine umfassende Demokratisierung dem monarchischen Obrigkeitsstaat den Kampf angesagt hatten, so traf sie jetzt die Begründer und Träger der neuen republikanischen Staatsordnung.

Dabei spielten auch die Kirchen eine wenig ruhmvolle Rolle. Besonders die evangelischen Landeskirchen Hessens, die sich offiziell über den Parteien stehend verstanden, ließen es an Republikanismus vermissen. Der konservative Teil des Protestantismus, bei dem die Dolchstoßlegende auf „willige Ohren" stieß, lehnte die Republik ab.[357] Mit dem im Juni 1923 zum Prälaten (Kirchenpräsidenten) der Evangelischen Landeskirche in Hessen[358] gewählten Wilhelm Diehl hatte dieser Teil der evangelischen Glaubensgemeinschaft einen Mann im volksstaatlichen Parlament, über den die Kirchenleitung glaubte ihre Interessen besser vertreten zu können. Er gehörte freilich der rechtskonservativen, die Republik ablehnenden DNVP an. Für ihn blieb daher der 9. November

1918 das größte „Verbrechen, das jemals am deutschen Volke vollbracht worden" sei.[359]

Wie im übrigen Reich, so gab es auch in Hessen neben Herzensrepublikanern eine Vielzahl von Vernunftrepublikanern, die nicht aus innerer Überzeugung dabei waren, die sich aber mangels realistischer Alternativen mit den Gegebenheiten arrangierten. Der Block der Antirepublikaner blieb weitgehend fest gefügt. Bei der überwiegenden Mehrzahl der Industrieführer etwa bestimmte Reserviertheit bis Negierung die Ansicht über die neue Staatsform. Das galt etwa für die Dillenburger Eisenunternehmer Hans und Carl Grün, die sich wie zahlreiche Großindustrielle nach dem Beispiel des Ruhrmagnaten Hugo Stinnes zwar der rechtsliberalen DVP anschlossen, sich aber nicht für die neue Demokratie engagierten, war doch die Republik ein in ihren Augen unnatürliches Gebilde, gegen die sie und ihre Vorfahren im Kaiserreich Front bezogen hatten. So brauchten sie auch nicht über ihren Schatten springen, um sich, als die Republik untergegangen war, schon am 1. Mai 1933 der NSDAP anzuschließen.[360]

Auf der anderen Seite stellte sich der Leica-Chef Ernst Leitz II., der nach dem Tod seines Vaters Ernst Leitz (I.) 1920 das Wetzlarer Unternehmen von Weltruf übernommen hatte, bedingungslos auf den Boden der Demokratie. Der Unternehmer setzte die soziale Fürsorge seines Vaters für die Belegschaft in der Weimarer Zeit fort. Schon im Kaiserreich war das Unternehmen für eine offenere Haltung gegenüber der Sozialdemokratie eingetreten. Man bewies soziale Verantwortung, schloss 1885 eine Vereinbarung zur Unterstützung von in Not geratenen oder nicht mehr arbeitsfähigen Mitarbeitern, stiftete zum 50-jährigen Firmenjubiläum 1899, in dem das 50.000ste Mikroskop fertiggestellt wurde, eine „Invaliden-, Witwen- und Waisenkasse" und führte bereits 1906 den Achtstundentag ein.[361]

Nach dem Krieg war Ernst Leitz II. als Mitbegründer der DDP in Wetzlar, Gemeindevertreter und Kreistagsabgeordneter kein Vernunftrepublikaner, sondern als bekennender Republikaner mit dem Herzen dabei. Er, der mehrfach – allerdings vergeblich – für den Reichstag kandidierte, marschierte bei der Verfassungsfeier 1924 als führendes Mitglied des von ihm mitbegründeten und finanziell unterstützten Ortsverbandes des republikanischen Kampfbundes „Reichsbanner Schwarz-Rot-Gold" durch Wetzlar und widersetzte sich schon früh nationalsozialistischen Bestrebungen. Nach 1933 half er einigen von den Nationalsozialisten

Mitglieder des „Reichsbanners Schwarz-Rot-Gold" in Wetzlar fahren im August 1931 mit einem Leitz-LKW zur Verfassungsfeier des republikanischen Kampfbundes in Koblenz.

bedrängten und verfolgten Mitbürgern. Doch auch Leitz musste im Zweiten Weltkrieg den Arbeitskräftemangel seines Unternehmens mit Zwangsarbeitern kompensieren. Das lastet wie ein Schatten auf seiner Biographie und auf seinem Unternehmen.[362]

Nach der Revolution kochten zu viele rückwärtsgewandte Antirepublikaner weiter ihr Süppchen, zogen die Demokratie in den Schmutz, verleumdeten die neue Ordnung und ihre Repräsentanten. Sie hätten die Republik am liebsten gleich wieder zertreten. Mit vollem Recht mahnte die liberale „Frankfurter Zeitung" in einem Leitkommentar Mitte Februar 1921 die Erziehung zur Demokratie an: „Dem Deutschen tut eine republikanische Schule not, die ihm die Kardinaltugenden des modernen Staatsbürgers erst einmal voll zu entwickeln haben wird: den Glauben an die Freiheit [...] und den Willen zur Demokratie."[363] Denn: Völkisch-nationale und antisemitische Gesinnungen überdauerten den Systembruch von 1918, paarten sich zuweilen mit scharfer Ablehnung der Republik.

Schon im zweiten Jahr der Republik holte die radikale Rechte zum Gegenschlag aus. Unter der kaiserlichen Reichskriegsflagge, mit dem Hakenkreuz an Revers und Fahrzeugen zogen Truppen, die sich gegen die ersten staatlichen Maßnahmen zur Umsetzung der im Versailler Vertrag festgeschriebenen Reduktion des Heeres auf 100.000 sperrten, am 13. März 1920 in Berlin ein, um die Regierung zu Fall zu bringen. Der Kapp-Lüttwitz-Putsch drohte die Republik zu zertrümmern. Weil das Militär nicht gegen die Meuterer vorgehen wollte, mussten Reichspräsident und Teile der Reichsregierung ins sichere Stuttgart fliehen. Insgesamt stießen die Putschisten in Hessen auf wenig Resonanz. Die Darmstädter Regierung, die sich auch um die Haltung der örtlichen Reichswehrgarnison sorgte, ergriff Abwehrmaßnahmen. Gerüchte, Staatspräsident und Regierung seien gefangen genommen worden, erwiesen sich als falsch.[364] Tatsache aber war, dass der selbsternannte Reichskanzler Wolfgang Kapp den Hessen Ulrich wie alle anderen Länderchefs für den 25. März zu einer Besprechung nach Berlin einlud. So lange sollte der Spuk aber gar nicht erst dauern.

Die drei Regierungsfraktionen verurteilten in einer auf der Sondersitzung des Landtages am 15. März kundgetanen gemeinsamen Resolution die Berliner Vorgänge, von denen sich auch alle anderen Fraktionen (verbal) distanzierten.[365] Doch zahlreiche Offiziere unterstützten den von rechtsextremen Politikern und Militärs gesteuerten Putsch oder sympathisierten im Stillen mit den Revolteuren. Das in Kassel residierende, für den gesamten westdeutschen Raum zuständige Reichswehrgruppenkommando 2 nahm in den ersten Stunden des Umsturzes eine undurchsichtige Haltung ein, so dass Oberbürgermeister Scheidemann den schwankenden Stab am 14. März schriftlich daran erinnerte, dass die Truppen der Reichswehr und deren Führer auf die Verfassung vereidigt worden seien und Soldaten, die sich hinter Kapp stellten, ihren Schwur brechen würden.[366] Der in Kassel residierende hessen-nassauische Oberpräsident Rudolf Schwander (DDP) erließ umgehend eine Verfügung, dass „Anordnungen der Staatsstreichler in Berlin" nicht zu befolgen seien.[367]

Die unsicheren nachgeordneten militärischen Einheiten wie in Marburg warteten auf Befehle aus Kassel.[368] Doch die Kasseler Kommandierenden schlugen sich alsbald auf die Seite der rechtmäßigen Regierung, wie auch die zunächst doch recht zögerlich agierende Militärführung in Darmstadt, bei der sich offensichtlich bereits ein dubioser Mann aus Berlin als künftiger Staatspräsident von Hessen vorgestellt hatte, den man aber ungehindert ziehen ließ. Ob die Begebenheit sich tatsächlich ereignet hat, lässt sich nicht prüfen. Ulrich zumindest überliefert in seinen Erinnerungen, dass ihm der Vorfall zugetragen worden sei.[369]

Die hessischen Militärs schlugen sich fast ausnahmslos, wenn auch manche erst nach einem Moment des Besinnens, auf die Seite der verfassungsmäßigen Regierungen. Sie taten dies weniger aus republikanischer Treue als vielmehr aus der Erkenntnis, dass die Putschisten keine Erfolgsaussichten besaßen. Denn der von den sozialdemokratischen Mitgliedern der Reichsregierung und dann von den sozialistischen Gewerkschaften und den Arbeiterparteien reichsweit proklamierte Generalstreik ließ das doch dilettantisch organisierte Kapp-Unternehmen binnen weniger Tage zusammenbrechen. Der Streik erfasste jedoch nicht das ganze Land. In Waldeck wurde weder Protest laut, noch kam es zu Streikaktionen. Der Bezirksbefehlshaber hegte wohl Sympathie für die Putschisten und untersagte Streiks.[370] In Fulda verbot das Militär Versammlungen mit mehr als zehn Personen; ob dies allein schon ausreichte, den andernorts befolgten Generalstreik zu verhindern, bleibt fraglich.[371] Es will scheinen, dass hier die christlichen Gewerkschaften sich merkwürdig distanziert zum Generalstreikpostulat verhielten. Immerhin übten sie weit mehr Einfluss als die sozialistischen aus und waren sich der Unterstützung des ortsansässigen Bischofs gewiss, der sich später nicht scheute, für seine Schäflein ein Verbot der Mitgliedschaft in einer freien Gewerkschaft auszusprechen.[372]

In Marburg folgten, von Außenstehenden begafft, nur einige wenige republikanische Studenten dem Aufruf der Arbeiterorganisationen zu einer großen Demonstration am 16. März im Rahmen des Generalstreiks.[373] Nicht nur in Frankfurt hatten die Arbeiterparteien SPD, USPD und KPD gemeinsam zur Gegenwehr aufgerufen. SPD und USPD in Darmstadt, wo drei junge Leute Flugblätter für Kapp verteilt hatten und verhaftet worden waren, brachten 12.000 auf die Straße zum Protest.[374] Mitunter kam es zu blutigen Auseinandersetzungen, als die Kommunisten den Kampf gegen Kappisten zur „Aufrichtung der Macht des Proletariats", also in die bislang verpasste bolschewistische Revolution, weitertreiben wollten, wie in einem Aufruf in Frankfurt zu lesen war. In der Mainmetropole kam es bei Kämpfen zu 14 Toten; in Kassel bei ähnlich gelagerten Fronten waren 18 Menschenleben zu beklagen. Der Abwehrkampf gegen die Putschisten drohte in Frankfurt in einen revolutionären Aufstand zu münden. Der SPD-Polizeipräsident rief die Reichswehr zur Hilfe, die die bewaffneten Arbeitertrupps entwaffnete. Auch wenn weiteres Blutvergießen vermieden werden konnte, so blieb bei vielen Republikanern auch jenseits von Frankfurt Misstrauen gegenüber den eingerückten Truppen und der Militärmacht generell.[375]

Während die Regierung in Darmstadt in ihrer personellen Besetzung bestehen blieb, zog der Kapp-Lüttwitz-Putsch in Preußen einen Einschnitt nach sich: Otto Braun (SPD) folgte seinem Parteigenossen Paul Hirsch als preußischer Ministerpräsident. Der ebenfalls ins Gespräch gebrachte Frankfurter Parteisekretär und Bürgermeister Eduard Gräf galt innerhalb der Koalition nicht als konsensfähig.[376] Der neue Regierungschef Braun setzte die Weimarer Koalition aus SPD, Zentrum und DDP fort. Insgesamt blieb der von der organisierten Arbeiterbewegung angesichts ihres erfolgreichen Abwehrkampfes des Kapp-Lüttwitz-Putsches geforderte, immer innerhalb der demokratischen Bahnen gedachte „Ruck nach links" aus. So mussten zwar Reichskanzler Gustav Bauer und Reichswehrminister Gustav Noske, beides Sozialdemokraten, gehen – und mit ihnen die ganze Reichsregierung –, doch der Wille zum weiteren politischen Aufräumen versandete schon bald nach dem Putsch.

Einiges geschah doch. Eine von einem mit den Putschisten sympathisierenden Rittmeister befehligte Einheit in Frankfurt wurde nach dem Ende des Putsches nach Bad Orb verlegt und dort schließlich aufgelöst. Die beiden verantwortlichen Generäle des Reichswehrgruppenkommandos in Kassel verloren ihre Posten: Der kommandierende Roderich von Schoeler wurde in den Ruhestand geschickt, sein Stellvertreter und Chef des Stabes Friedrich von Loßberg lediglich versetzt. Er war während des Putsches mit dem Plan, sich an die Spitze einer Militärdiktatur zu stellen, an Noske herangetreten, dort aber abgeblitzt. Loßberg pflegte dann als Befehlshaber des Wehrkreises Münster weiterhin antirepublikanische Attitüden und verweigerte seinen Truppenteilen die Teilnahme an Verfassungsfeiern.[377] Auch wenn hier das Führungspersonal betroffen war, so blieb doch die Chance für eine durchgreifende Reform etwa der militärischen Strukturen ungenutzt.

Auch die Verantwortlichen für das in den Wirren der Tage nach dem Putsch verübte Massaker von Mechterstädt wurden in einem militärischen Gerichtsverfahren freigesprochen. Was war geschehen? Angehörige einer freiwilligen Marburger Studentenkompanie[378] waren – nach militärischer Lesart – zur „Befriedung" nach Thüringen entsandt worden war, wo die zur Abwehr des Kapp-Lüttwitz-Putsches gebildeten proletarischen Volkswehren auch nach dem Ende des Umsturzunternehmens das Gebiet kontrollierten. Dabei hatten die Marburger Freiwilligen am 25. März 1920 bei Mechterstädt 15 gefangen genommene Arbeiter hinterrücks erschossen, angeblich „auf der Flucht". Doch es war ein Meuchelmord, der wie viele Taten der rechten Republikgegner, denen die Richter stets wohlwollend „vaterländische Motive" zubilligten, ungesühnt blieb.[379] Das Schwurgericht in Kassel bestätigte im Dezember 1920 die Freisprüche des Marburger Kriegsgerichts, was zu einer erneuten Welle der Empörung führte. Das letztinstanzliche zivile Gericht lieferte damit einen weiteren Beweis für eine rechtslastige Justiz in der Republik.

Kaum Folgen hatte der Putsch im Offizierskorps, wo sich doch eine erhebliche Zahl direkt auf die Seite des Umsturzes geschlagen oder eine wohlwollende Duldung an den Tag gelegt hatte. Zum harten Durchgreifen rief auch Albert Grzesinski auf, mittlerweile Reichsabwicklungskommissar und am 18. März zum zivilen Beigeordneten beim Oberbefehlshaber des Reichwehrgruppenkommandos 1 (Berlin) ernannt. Er trat in der Erkenntnis, dass er sich gegen die Militärs nicht würde durchsetzen können, nach nur zwei Tagen zurück und wurde dann am 22. März von Ebert und Noske zum Reichskommissar für das Gebiet der Reichswehrbrigade Kassel bestimmt. Hier konnte er einige Konfliktherde zwischen Arbeiterschaft und Militärs entschärfen, lehnte es aber ab, den freigewordenen Posten des Reichswehrministers zu übernehmen. Scheidemann hatte ihn gegenüber Reichspräsident Ebert ins Spiel gebracht.[380]

Auch die Darmstädter Regierung sah sich veranlasst, beim neuen Reichskanzler Hermann Müller (SPD) Protest gegen die „milde Behandlung" der am Putsch Beteiligten zu erheben, was – so Staatspräsident Ulrich – in „weitesten Kreisen des hessischen Volkes" scharf verurteilt werde. Der „gärenden Stimmung" könne „eine Berechtigung nicht abgesprochen werden". So prophezeite er, dass „jede Weichheit gegenüber den Rechtsputschisten eine ungeheure Erbitterung gerade in der Arbeiterschaft" bewirken werde.[381] In der Tat konnten Arbeit und Resultate des nachfolgend im Reichswehrministerium gebildeten Untersuchungsausschusses, der das Verhalten der Offiziere überprüfte, kaum zufrieden stellen. Geleitet vom parlamentarischen Staatssekretär und Heidelberger Nationalversammlungsabgeordneten Christian Stock (SPD), dem späteren hessischen Ministerpräsidenten der Jahre 1946 bis 1950, vermochte der Ausschuss keine Signale zu setzen, um eine personelle Generalbereinigung der Reichswehr in die Wege zu leiten.[382]

Die Hessen blieben daher wachsam. Schießübungen von Zivilisten auf Militärplätzen, die der Darmstädter Regierung durch die Gießener Polizei im Februar 1924 gemeldet wurden, duldete sie nicht und hielt die Berliner Regierung, insbesondere den Reichswehrminister, zum Einschreiten an.

Die Darmstädter befürchteten nicht nur die Bildung von paramilitärischen Gruppen, sondern auch negative außenpolitische Folgen: Derartige Spielereien könnten die Franzosen zum Einmarsch veranlassen.[383] Auch in der Gegend von Kirchhain übten sich nationalsozialistische Gruppen in paramilitärischen Kampfspielen. Der zuständige Landrat von und zu Gilsa, der das zuließ, musste gehen.[384]

Eine erhebliche Zahl der aus dem Krieg zurückgekehrten Soldaten, von der Bevölkerung 1918/19 mit großem Jubel empfangen, fand sich in der Republik nicht zurecht. Sie schmiedeten, auch weil sie nicht bereit waren, die Kriegsniederlage und die daraus sich ergebenden Konsequenzen zu akzeptieren, das Schwert der Revanche wie in Marburg, wo Traditionsvereine ehemaliger Offiziere und Frontsoldaten mit der Negation der neuen Ordnung den nationalsozialistischen Aufstieg förderten und wo in Korporationshäusern geheime Waffenarsenale gehütet wurden.[385]

Wie in der Reichswehr so lebten in der Bevölkerung tradierte Denkhaltungen und Wertvorstellungen fort. Es war die Zeit, als Professoren der Universitäten, denen als „Pflanzstätten des Geistes"[386] eine wichtige Funktion im Prozess der politisch-demokratischen Bildung zukam, tosenden Beifall ernteten, wenn sie in den Vorlesungen die Republik und ihre Repräsentanten in den Schmutz zogen.[387]

Der junge Schriftsteller Carl Zuckmayer und sein Freund Carlo Mierendorff, später Pressesprecher des hessen-darmstädtischen Innenministeriums, wurden bei einer Studentenversammlung der Universität Frankfurt im Frühjahr 1919, als der Rektor eine wüste Rede gegen streikende Arbeiter hielt und zum Eintritt in Studentenbataillone zum Kampf gegen die Streikenden aufforderte, von den aufgeputschten Kommilitonen verprügelt, mit Faustschlägen und Fußtritten malträtiert, nachdem beide, selbst Frontkämpfer, zur Solidarität mit den Arbeitern als den „Kameraden von gestern" aufgerufen hatten.[388]

An den Universitäten pflegten Lehrende und Lernende eine aus dem Kaiserreich hinübergerettete völkisch-nationale Gesinnung, die sich bei vielen mit antisemitischen Elementen paarte. Der Republik standen sie zumindest abwartend, weithin distanziert, gar strikt ablehnend gegenüber. Auch an der Technischen Hochschule (TH) Darmstadt machte sich eine Politisierung der Universitäten bemerkbar, wo national-völkische Gruppen dominierten und republikanische Studentenverbände mit rund sieben Prozent bei den Wahlen zu den Studentenvertretungen eine zu vernachlässigbare Größe darstellten. Das Nationalkonservative dominierte

9. Republik im Widerstreit

auch den Lehrkörper.[389] Die permanente prekäre finanzielle Lage etwa bei der Gießener Landesuniversität trug nicht gerade dazu bei, Ressentiments gegenüber der neuen staatlichen Ordnung abzubauen.[390] Auf der Reichsgründungsfeier der Studenten 1932 hieß es, dass nach dem Krieg „fremde geistige Kräfte ans Ruder gekommen" seien. Die Weimarer Republik sei schlicht ein „undeutsches Prinzip".[391] Eben weil die Republik allen neue Möglichkeiten eröffnete, manifestierte sich in allen Bereichen auch die Kritik am System. Das galt besonders für die Kultur. Die Freiheit der Demokratie sorgte auf dieser Ebene für eine nie dagewesene Meinungsvielfalt und zu einer vielschichtigen Blüte. Die Republik ermöglichte kulturelle Vielfalt und Experimentierfreudigkeit, für die beispielhaft die im Juni 1919 gegründete Darmstädter Sezession stand, eine überregionale Künstlervereinigung vor allem von Literaten, die eine ihrer Wurzeln in dem jugendlich-stürmischen Zirkel der „Dachstube", einer expressionistischen Vereinigung, und im Kreis um die radikale Literatur- und Kunstzeitschrift „Das Tribunal" von Carlo Mierendorff besaßen. Insgesamt aber war die Weimarer Zeit keineswegs so golden, wie die 1920er Jahre oft bezeichnet werden. Hinter dem schönen Schein eines vielfältigen kulturellen Angebots, hinter Glanz und Glamour von Varietés, Kinos und Sportveranstaltungen blieb die soziale Misere, die von der Kunst in verschiedenen Formen zum Thema gemacht wurde. Die neue Offenheit wurde von einigen missbraucht, um gegen die Republik zu agitieren, ob von links oder rechts, ob in Wort, Schrift oder Bild; die Freiheit wurde nur von wenigen anderen zur Unterstützung der Republik genutzt. Alles in allem besaß die Demokratie in der Kunst einen kritischen Begleiter, der den Bogen mitunter überspannte und so der Republik einen Bärendienst erwies.[392]

Um Kunst und Kultur kreisten leidenschaftliche Diskussionen. Da wurde selbst die Benennung eines Preises „für hessische oder in Hessen wirkende Künstler" nach dem Dichter Georg Büchner im Volksstaat, erstmals 1923 am Verfassungstag verliehen, zum vieldiskutierten Politikum, gar im Parlament, weil Kritiker aus dem rechten Spektrum den Vormärz-Dichter als Namensgeber eines aus Landesmitteln geförderten Kulturpreises für nicht geeignet hielten.[393] Nicht einmal in solchen Fragen herrschte Konsens zwischen den Lagern. Die Erstaufführung von Büchners „Leonce und Lena" im Januar des Jahres in Darmstadt hatte für erheblichen Wirbel und massive Proteste gesorgt, die bis in den Landtag hinüberschwappten. Der überregional renommierte Theaterintendant

Gustav Hartung, dessen Inszenierungen bereits zuvor Skandale ausgelöst hatten, gab angesichts der nachhaltigen Kritik 1924 seinen Posten auf, wurde aber 1931, gegen lautstarken Protest von rechten und rechtsradikalen Gruppen, erneut berufen. Keine geringeren als die beiden Literatur-Nobelpreisträger Thomas Mann und Gerhart Hauptmann hatten sich nachdrücklich für Hartungs Rückkehr eingesetzt.[394]

Die Republikaner setzten Zeichen gegen die Antidemokraten: So erklärten die Regierungsparteien 1929 nach scharfen parlamentarischen Debatten den Tag der Weimarer Verfassung, den 11. August, in Erinnerung an die Unterzeichnung der Reichsverfassung durch Reichspräsident Friedrich Ebert im Jahr 1919 zum gesetzlichen Feiertag in Hessen, was im Reich bekanntlich nicht gelungen war. Die Landesregierung hoffte, dass „der Verfassungstag den ihm zukommenden Charakter eines wirklichen Volksfeiertages und -festes erhalten" werde.[395] Nach dem Gesetz waren die Schulen angewiesen, „für Schüler und Lehrer verbindliche, der Bedeutung des Tages entsprechende Feiern" zu veranstalten. Und wenn der Tag künftig mal in die Ferien fallen sollte, hatten die Feiern kurz vor oder nach diesen stattfinden.[396] Ausreden, den Tag nicht begehen zu können, war damit ein Riegel vorgeschoben worden. Für die republikfeindliche DNVP gab es da nichts zu bejubeln: Ihre Mitglieder „und ihre Gesinnungsfreunde" – hieß es in einer Anzeige in der „Bad Nauheimer Zeitung" 1929 – „sehen keinen Grund, am 11. August frohe Feste zu feiern. Sie verbringen den Tag in stiller Trauer um die verlorengegangene Größe und Herrlichkeit des alten Reiches."[397] Und die Nationalsozialisten brachten später sogar im preußischen Landtag den von ihrem Kasseler Abgeordneten Roland Freisler begründeten Antrag ein, den 28. Juni, den „Tag der Unterzeichnung des Versailler Diktates, zum völkischen Trauertag" zu erklären.[398] Dafür fand sich keine Mehrheit.

Die Problematik eines allgemeinen Feiertages begleitete Hessen (-Darmstadt) schon seit den Anfangstagen der Republik. 1919 hatte der Landtag den Ersten Mai, den 1889 eingeführten Tag der internationalen Arbeiterbewegung, zum allgemeinen Feiertag erhoben und die Regierung aufgefordert, für eine künftige reichseinheitliche Regelung in diesem Sinne zu sorgen.[399] Diese kam nicht, so dass 1920 erneut über den Ersten Mai diskutiert wurde. Wieder ohne Ergebnis. So wurden an diesem Tag Beamte und Staatsbedienstete freigestellt, wenn sie denn an den Veranstaltungen teilnehmen wollten. Ruhe kehrte keine ein, denn die Feier des Revolutionstages, des 9. November, bereitete der Regierung Kopfzerbre-

9. Republik im Widerstreit

Verfassungsfeier auf dem Marktplatz von Wetzlar 1921.

chen. Die bürgerlichen Parteien der Koalition waren gegen, die Sozialdemokraten für eine staatliche verordnete Feier. Die Lösung bestand in einer Verordnung analog zur Maifeier: Freistellung der Staatsdiener für republikanische Veranstaltungen. Das wiederum rief die DVP auf den Plan, die die Verordnung im Landtag zur Sprache brachte. In der hoch kontroversen Debatte ging es neben der Bewertung des 9. November als Wegmarke der deutschen Geschichte auch wieder um den 1. Mai. Bei der dreitägigen Debatte Ende November/Anfang Dezember wurde „die ganze hessische Revolutionsgeschichte aufgetischt"[400] – über die Feier am Ersten Mai aber keine Entscheidung gefällt.[401]

Die Landesregierungen in Hessen und Preußen hoben trotz aller Kontroversen um Feiertage stets die Besonderheit des Verfassungstages hervor. Sie hielten Städte und Gemeinden an, diesen besonders zu würdigen, auch und gerade angesichts der „beklagenswerten Zerrissenheit im deutschen Volke".[402] So war der Verfassungstag bis 1929 an allen Orten mit Feiern begangen worden, wobei es mitunter zu Vorfällen kam wie 1927 in Gießen, als der Festredner, ein pensionierter sozialdemokratischer Oberstudienrat, hingebungsvoll ein konsequentes Einstehen für die Republik einforderte und mit scharfer Kritik an den Fürsten und Hohenzollern nicht sparte, was die anwesenden Reichswehrvertreter mitsamt Militär-

Aufmarsch der Republikaner: Demonstrationszug
des „Reichsbanners Schwarz-Rot-Gold" 1925 in Darmstadt,
mit Hut mitten im Zug zwischen den beiden Fahnen Staatspräsident Ulrich (X).

kapelle als parteipolitische Rede werteten und mit einem demonstrativen Verlassen des Saales quittierten, durften doch Soldaten keinen politischen Versammlungen beiwohnen. Das sorgte für reichsweites Aufsehen und führte nicht nur zu einer Aufforderung des hessischen Staatspräsidenten an den Reichswehrminister, den Fall zu untersuchen – dieser stützte dabei das Vorgehen der Militärs –, sondern auch zu einer entsprechenden Glosse von Carl von Ossietzky in seiner linkskritischen Zeitschrift „Die Weltbühne".[403] Die Einführung des Verfassungstages als Feiertag 1929 hatte symbolhaften Charakter: Es war ein Zeichen der kämpferischen Republik. Ebenfalls Symbolkraft besaß die auf Betreiben der Nationalsozialisten schon im Juli 1932 vollzogene Streichung des Feiertages, diesmal ein Zeichen der untergehenden Republik. Und die nach der Reichsexekution eingesetzte preußische Regierung sorgte mit dem Verbot von Umzügen und Versammlungen nicht nur dafür, dass man in geschlossene Räume ausweichen musste, sondern auch, dass der bescheidene Volksfestcharakter dieses Tages doch gänzlich verloren ging.[404]

Während die politischen Verantwortlichen die Idee der republikanischen Volksgemeinschaft stärken wollten, auch über den 1929 zum

9. Republik im Widerstreit

Feiertag erklärten Verfassungstag, lieferten sie nahezu gleichzeitig ein Zeugnis bedenklicher Ausgrenzung. Zu den unrühmlichen Handlungen der Politik in Hessen gehörten diskriminierende Gesetze und Verordnungen gegen die als „Zigeuner" bezeichneten Sinti und Roma. 1929 verabschiedete der Darmstädter Landtag ein vom Innenministerium unter Leuschner eingebrachtes „Gesetz zur Bekämpfung des Zigeunerunwesens (Zigeunergesetz)", durch das den Sinti und Roma u. a. das „Reisen und Rasten in Horden", also in Familienverbänden, verboten wurden (Art. 6).[405] Auch versuchten einzelne Kommunen in Hessen, einer vermeintlichen „Zigeunerplage" mit Ausweisungen zu begegnen. Die einstmalige Weltkurstadt Wiesbaden etwa verbannte 1929 alle neu zugezogenen, in Wohnwagen lebenden Sinti aus dem Stadtgebiet. Gleichwohl wurde das Existenzrecht der Sinti und Roma nicht in Frage gestellt. Das änderte sich gravierend mit der „Machtergreifung", denn die Nationalsozialisten betrieben den systematischen Völkermord an den Sinti und Roma.

Bereits in der Republik nahm die Radikalisierung zu. Die politischen Lager zeigten „Flagge". Bei der Feier der TH Darmstadt zur Reichsgründung am 18. Januar 1922, die man weiterhin wie einst im Kaiserreich in Erinnerung an die Kaiserproklamation im Schloss zu Versailles 1871 beging und die wohl auch statt des republikanischen Verfassungstages so festlich umrahmt wurde, hissten die Organisatoren nur das hessische Rot-Weiß und – wohl bewusst – nicht die in Artikel 3 der Reichverfassung vorgeschriebene republikanische Reichsflagge Schwarz-Rot-Gold.[406] Für die, die dem alten monarchischen Schwarz-Weiß-Rot nachhingen (und immer noch flaggten), wirkten die republikanischen Farben, verpönt als „Schwarz-Rot-Senf", wie ein rotes Tuch. Doch konnte man sich in der Republik auf die neue Handelsflagge zurückziehen, die nach dem merkwürdigen Flaggenkompromiss der Reichsverfassung in den alten kaiserlichen Farben Schwarz-Weiß-Rot gehalten war. Die alte Trikolore zu präsentieren untersagte das Darmstädter Innenministerium zum Verfassungstag 1922: Schwarz-Rot-Gold sei zu flaggen. Sollte Fahnen in dieser Farbkombination nicht in ausreichendem Maße vorhanden sein, durften rot-weiße (Hessen-)Fahnen, aber auf gar keinen Fall schwarz-weiß-rote oder frühere Staatsflaggen mit Landeswappen aufgezogen werden.[407]

Zwei Jahre nach dem Flaggenspiel bei der Reichsgründungsfeier der TH Darmstadt sollte der nationalsozialistische Hochschulring bei den

Ganz Marburg ist auf den Beinen: 400-Jahr-Feier der Universität 1927.

studentischen Wahlen eine Zweidrittelmehrheit erzielen. Im gleichen Jahr beschloss der Allgemeine Studentenausschuss der Universität Frankfurt auf Antrag völkischer Gruppen, dass ausländische Juden nicht mehr zum Studium zugelassen werden sollten.[408] In Marburg, das immerhin den Verfassungstag ordentlich feierte, verloren die Festredner bei der Vierhundertjahr-Feier der Universität 1927 wohl doch bewusst kein Wort über Demokratie und Republik.[409] Als der parteilose, dem Liberalismus zuneigende preußische Kultusminister Carl Heinrich Becker im Januar 1930 in die Lahnstadt kam, löste dies von völkischen Studentenverbindungen ausgehende Tumulte aus.[410]

Die Berufung des Philosophie-Professors Julius Goldstein, Jude und Mitglied der DDP, an die Darmstädter Hochschule 1925/26 durch das Ministerium, ohne Rücksicht auf die eingereichte Berufungsliste der Hochschulgremien vollzogen, löste eine Landtag und Regierung beschäftigende Kontroverse aus, bei der es um die Freiheit der Hochschule ging, in der aber auch antisemitische Motive eine Rolle spielten.[411]

In der Darstellung der antirepublikanischen Ausfälle und antisemitischen Tendenzen darf nicht verloren gehen, dass es auch eine wirkungsmächtige republikanische Heerschar gab. So erlebte Frankfurt im

9. Republik im Widerstreit   151

Feier zum 75. Jahrestag der Nationalversammlung von 1848 am 18. Mai 1923 in Frankfurt: Hinter einem Banner aus dem Revolutionsjahr verlässt Reichspräsident Friedrich Ebert (X) nach dem Festakt die Paulskirche.

Mai 1923 anlässlich des 75. Jahrestages des Paulskirchenparlaments von 1848 ein machtvolles republikanisches Fest: 30.000 versammelten sich auf dem Römerberg zu einer demokratischen Volksfeier in Anwesenheit von Reichspräsident Friedrich Ebert (SPD), der sich ganz besonders für eine nationale Feier stark gemacht hatte. Am Abend fand ein Fackelzug statt, dem – so berichten Augenzeugen – etwa 60.-70.000 Menschen beiwohnten.[412] Der parteilose rechtsliberale Reichskanzler Wilhelm Cuno kam nicht und ging auf Distanz. Manch strammer Monarchist, dem die Republik und ihre Farben ein Gräuel blieben, wandte sich ab: Der Marburger Staatsrechtler und spätere Reichsjustizminister Johann Victor Bredt, an dessen Haus „niemals eine andere Fahne als die schwarz-weiß-rote" wehte, begab sich abseits, als das schwarz-rot-goldene Banner auf dem Römerberg aufgezogen wurde, um nicht die republikanischen Farben „grüßen zu müssen".[413]

Hatte auch mancher Politiker und Staatsdiener durch Abwesenheit innere Gleichgültigkeit, gar Distanz zur Republik und ihren symbolträchtigen Ereignissen wie diesem offenbart, mochte auch die Paulskirche an diesem Tag mit Hakenkreuzschmierereien besudelt worden sein:

Der 18. Mai 1923 war ein Tag republikanischer Heerschau, Werbung für die Demokratie, zeigte sich doch so etwas wie die klassenübergreifende freiheitliche Gesellschaft demokratischer Bürger in Harmonie. Frankfurt erwies sich nicht nur hier als gutes republikanisches Pflaster. Die Veranstaltung fügte sich in das Bestreben der hessischen Demokraten ein, das Ansehen der jungen Republik über symbolische Akte und repräsentative Veranstaltungen im Bewusstsein seiner Bürger zu verankern. Allerdings zeitigte dies nur begrenzten Erfolg.

Denn demokratische Politiker wurden mit Kübeln von Dreck beworfen. Es blieb nicht bei verbalen Verunglimpfungen der neuen Ordnung und ihrer Träger: Am 4. Juni 1922 verübten zwei Mitglieder der rechtsterroristischen Organisation „Consul" ein Blausäureattentat auf den Kasseler Oberbürgermeister Philipp Scheidemann bei seinem pfingstsonntäglichen Spaziergang im Habichtswald. Mit Blausäure aus einer Klistierspritze wollten sie ihn ermorden, weil für den „Novemberverbrecher" eine Kugel „viel zu schade" sei. Der sozialdemokratische Spitzenpolitiker verkörperte für die antidemokratische Rechte in besonderem Maße das verhasste System: Er hatte am 9. November 1918 vom Reichstag in Berlin die Republik ausgerufen und damit im Grunde, so meinten die dem Vergangenen verhafteten Demokratiegegner, dem Kaiserreich und der Armee den Dolchstoß versetzt. Drei Tage nach dem Attentat versammelten sich 40.000 Kasseler zu einer eindrucksvollen Demonstration für die Republik.[414] Scheidemann hatte das Attentat dank glücklicher Umstände überlebt, doch gab der unter einem permanenten verleumderischen Angriffen der Republikgegner stehende Sozialdemokrat im Herbst 1925 den Posten in seiner Geburtsstadt nach noch nicht einmal der Hälfte seiner Amtszeit auf – amtsmüde, angefeindet und verunglimpft, zudem von Krankheit gezeichnet.

Scheidemann hatte in seinen öffentlichen Auftritten immer wieder gewarnt, dass der Feind der Republik rechts stehe.[415] Das wurde zum geflügelten Wort, vor allem mit der Rede von Reichskanzler Joseph Wirth (Zentrum) bei der Trauerfeier für den wenige Wochen nach dem Anschlag auf Scheidemann ermordeten Außenminister Walther Rathenau (DDP).[416] Der tödliche Anschlag auf Rathenau am 24. Juni 1922, nach dem Mord am ehemaligen Reichsfinanzminister Matthias Erzberger (Zentrum) am 26. August 1921 der zweite innerhalb eines Jahres an einem herausragenden Vertreter der Demokratie, wühlte wie kein zweites Ereignis die Republikaner auf, die ihren Protest in mächtigen Demonstra-

9. Republik im Widerstreit 153

Am 7. Juni 1922, drei Tage nach dem fehlgeschlagenen Attentat, ruft Philipp Scheidemann, erhöht von einem Tisch vor dem Kasseler Rathaus, zur Verteidigung der Republik auf.

tionen quer durch Hessen artikulierten, die in Darmstadt aus dem Ruder liefen. Der DVP-Abgeordnete Eduard Dingeldey, wortgewaltiger Kontrahent der Regierung, wurde tätlich angegriffen und die Wohnung seines Fraktionskollegen Arthur Osann heimgesucht. Bilder von der Verwüstung sind überliefert.[417] In der Stadt Wächtersbach am südlichen Vogelsberg rumorte es über Tage; nach mehreren republikanischen Demonstrationen kam es am 4. Juli zu Handgemengen und Heimsuchung von Republikgegnern. Die hierfür augenscheinlich verantwortlichen linksrepublikanischen und kommunistischen Rädelsführer kamen vor Gericht: Von den schließlich 64 Angeklagten wurden 26 verurteilt, insgesamt zu elf Jahren Haft und saftigen Geldstrafen.[418]

Wie das Reich, wo nach der Ermordung Rathenaus mit dem Republikschutzgesetz ein Instrument gegen die demokratiefeindlichen Bestrebungen geschaffen wurde, so suchte der Volksstaat nach gesetzgeberischen Antworten auf die Anschläge. Denn die Gefahr für den Bestand der Republik war offensichtlich. Es ging den Hessen aber nicht nur um Abwehr von direkten Angriffen auf die Demokratie und Verleumdungen der jungen Republik, sondern auch um eine aktive Republiksicherung. Dazu zählte eine innere demokratische Festigung von Beamtenschaft und Universitäten, wo der alte wilhelminische Atem noch zu spüren war. So prangerte der SPD-Fraktionsvorsitzende Georg Kaul im hessischen Landtag 1920 den nach wie vor bestehenden Geist des Obrigkeitsstaates in den Amtsstuben an und kritisierte damit auch die unzureichenden Reformbestrebungen seines eigenen Innenministers Heinrich Fulda[419], der im Jahr darauf seinen Hut nahm.

Demokratie wollte erlernt und gelernt werden. Dazu musste man die demokratischen Staatsgrundlagen kennen. Um die weithin unbekannte hessische Landesverfassung dem Volke näherzubringen und zu verankern, bekam jeder Schulabgänger ein Exemplar in die Hand gedrückt. Ob er sie auch las und – wichtiger noch – verinnerlichte? Demokratischen Patriotismus zu implementieren war Kern des von der SPD eingebrachten Gesetzespakets, das der Darmstädter Landtag nach den Anschlägen im Sommer 1922 schnürte. Denn: „Die Republik muss, wenn sie von Bestand sein soll, [...] im Herzen Aller Raum finden", stellte Landtagspräsident Bernhard Adelung (SPD) bei der den Anschlägen folgenden Sitzungsperiode mit Berechtigung heraus.[420] Die nach kontroversen Diskussionen verabschiedeten Maßnahmen waren darauf ausgerichtet, dass auch Beamte und Richter sich zur republikanischen Staatsform zu bekennen hatten. Und die „Verordnung, das Verhältnis der Schulen in Hessen zum republikanischen Staat betreffend", forderte von der Lehrerschaft ein Eintreten für die Republik: Es genüge eben nicht mehr, jeder Herabsetzung der Republik und ihrer Träger zu entsagen. Passives Danebenstehen reichte nicht mehr; aktives Engagement für die Demokratie wurde verlangt. Das Verächtlichmachen der Republik oder ihrer Symbole galt als Dienstvergehen.[421]

Die Republik stärker im Bewusstsein zu verankern aber war ein Prozess, den man nicht über Gesetze steuern konnte; das musste reifen, musste erst wachsen. So riefen besorgten Republikaner aus Frankfurt am Ende des Krisenjahres 1923, das noch einmal gezeigt hatte, wie fragil de Republik war, ihre Gesinnungsgenossen dazu auf, endlich eine republikanische Begeisterung vor allem unter den Jugendlichen zu entfachen.[422] Es waren Pflöcke einzuschlagen, um das republikanische Fundament zu bereiten, das die Bevölkerung begehen sollte. Denn im Wesentlichen überdauerten die in vorrepublikanischer Zeit geformten und personell besetzten Behörden; und so arbeiteten die neuen Amtsträger im Land und in den Kommunen mit einem wilhelminisch sozialisierten Beamtenstab zusammen, der nur selten ein klares Bekenntnis zur Demokratie abgab, sich mehrheitlich bestenfalls als „unpolitisch", also dem abstrakten Staat dienend, verstand. Das weitgehend aus dem Kaiserreich übernommene Berufsbeamtentum identifizierte sich nur zu einem Teil mit der neuen Republik oder gar mit den die neue Ordnung tragenden Parteien.[423] Während im königlichen Preußen Verwaltung, Schulen und Hochschulen durch und durch konservativ geprägt waren, galt das großherzogliche Hessen, mit den Worten des Bevollmächtigten des Auswärtigen Amts in Darmstadt, Hugo Graf von Lerchenfeld, vom Dezember 1920, als „ein nationalliberaler Zier- und Nutzgarten", wo andere Richtungen, insbesondere wie im Preußen vor 1919 auch die sozialdemokratische, „nicht zur Geltung" hatten kommen können.[424] Da war es nach 1918 schwer, einen neuen republikanischen Geist zu infiltrieren.

In mancher Amtsstube blieb das Bild vom exilierten Kaiser über den Systemwechsel hinaus hängen. So drang die SPD im Waldeckischen mit ihrer Forderung nicht durch, Kaiser- und Fürstenbilder aus den Diensträumen des Landesdirektors zu entfernen.[425] In Limburg kam es im Juli 1922 zu einem regelrechten Bildersturm, als ein Protestzug der sozialistischen Arbeiterbewegung erfolgreich die Herausgabe eines noch im Stadtverordnetensaal befindlichen Kaiserporträts verlangte und es zerstörte. Der Magistrat forderte im Nachgang von den verantwortlichen Organisatoren Schadenersatz, die dies mit dem Angebot konterten, auf ihre Kosten ein Bild des demokratischen Staatsoberhauptes, des Reichspräsidenten Friedrich Ebert, zu beschaffen.[426]

Vor allem in der Justiz herrschten noch altes Personal und überlebte Einstellungen vor. Mit deutlichen Worten prangerte der Sprecher der DDP, Johannes Schreiber, im Juli 1924 im Darmstädter Landtag ein völliges Versagen der Gerichte in politischen Prozessen an, da der größte Teil der Richterschaft offen gegen die Republik eingestellt sei. Versuche, eine Änderung durch die zielgerichtete Berufung von republikanischen Beamten herbeizuführen, riefen die traditionell konservative Richterschaft und ihre alten Standesorganisationen auf den Plan. Dies war im Oktober 1923 bei der Ernennung des befähigten Amtsgerichtsrats Ludwig Neuroth zum Landgerichtsdirektor – dem ersten mit SPD-Parteibuch – der Fall. Die Berufung wurde von der Mehrheit der Richterschaft, angeführt von der traditionellen Standesvertretung, dem „Hessischen Richterverein", und von den rechtsbürgerlichen Kräften im Parlament als eine „Politisierung der Justiz" missbilligt. Wenn der Republikanische Richterbund demgegenüber beim Staatspräsidenten mangelnde republikanische Einstellung von leitenden Juristen beklagte, so reagierten die konservativen Kollegen mit Protest.[427]

Nichts kennzeichnete die Sehnsucht nach der alten Ordnung mehr als die Tatsache, dass die Deutschen in ihrer Mehrheit den greisen Generalfeldmarschall Paul von Hindenburg in der Nachfolge des am 28. Februar 1925 im Alter von 54 Jahren verstorbenen Republikgründers Friedrich Ebert zum Reichspräsidenten wählten. Aber nicht die Hessen: Sie stimmten im zweiten Wahlgang am 26. April mehrheitlich für den Sammelkandidaten der Weimarer Koalition, den Zentrumspolitiker Wilhelm Marx, Hessen-Nassau mit 51,2 Prozent und Hessen(-Darmstadt) gar mit 55,2 Prozent (im Reich 45,3). Hier kam Hindenburg lediglich auf 45 Prozent bzw. 41,3 Prozent (im Reich 48,3). Im ersten Wahlgang hatte in Hessen(-Darmstadt) der SPD-Kandidat Otto Braun mit 37,2 Prozent vorn gelegen (im Reich 29,0), in Hessen-Nassau der rechtsbürgerliche ehemalige Innenminister Karl Jarres (DVP) mit 36,1 Prozent (im Reich 38,8). Im Freistaat Waldeck stimmten drei Viertel der Wählenden im zweiten Durchgang für Hindenburg.[428]

Hindenburg hatte seinen Nimbus vom glorreichen Feldherrn, als Sieger der Schlacht von Tannenberg 1914, über die Kriegsniederlage hinwegretten können, die er als oberster Militär, als Chef der 3. (und letzten) Obersten Heeresleitung seit August 1916, eigentlich zu verantworten hatte. Nahezu überschwänglich war er in einem vom Sozialdemokraten Albert Grzesinski für den Arbeiter- und Soldatenrat in Kassel gemeinsam mit dem liberalen Oberbürgermeister Erich Koch-Weser für den Magistrat der Stadt verfassten Aufruf begrüßt worden, als die Oberste Heeresleitung am 14. November 1918 Quartier im Schloss Wilhelmshöhe bezog: „Hindenburg gehört dem deutschen Volke und dem deutschen Heere. Er hat sein Heer zu glänzenden Siegen geführt und sein Volk in schwerer Stunde nicht verlassen. Nie hat Hindenburg in der Größe seiner Pflichterfüllung uns näher gestanden als heute."[429]

9. Republik im Widerstreit

Der als Kriegsheld verehrte Kriegsverlierer Generalfeldmarschall Paul von Hindenburg verlässt Mitte Februar 1919 Kassel in Richtung Kolberg (Pommern), wohin die von ihm geleitete Oberste Heeresleitung zur Auflösung verlegt worden ist. Jubelnde Kinder säumen seinen mit Blumen übersäten Weg zum Bahnhof.

Als Hindenburg am 12. Februar 1919 Kassel verließ, hatte er die kurz zuvor verliehene Ehrenbürgerschaft der Stadt im Gepäck, die sogleich einen Platz nach ihm benannte.

Mit dem Kriegsverlierer Hindenburg bekleidete das höchste Staatsamt ein Mann des alten Systems, ein Militär, ein Antidemokrat, der Erfinder der das politische Klima so verheerend belastenden Dolchstoßlüge – ein düsteres Vorzeichen: „Sieg der deutschen Dummheit", notierte der Darmstädter Philosoph Julius Goldstein hierzu in sein Tagebuch.[430] Mit den rückblickenden Worten von Albert Grzesinski, der 1918 für die huldvolle Begrüßung des Generals in Kassel mitverantwortlich gewesen war: Hindenburgs Wahl markierte den „Wendepunkt", von dem an „der Abmarsch von der Demokratie erfolgte".[431]

Zwar blieb es in der Mittelphase der Republik weitestgehend ruhig, doch dann nahm die Polarisierung zu und die Auseinandersetzungen verschärften sich. Verdruss am sogenannten „Parteiengezänk" machte sich früh bemerkbar. Schon im September 1921 notierte der einstige Großherzog Ernst Ludwig mit einem gewissen Maß an Sympathie für eine

„Fest der Arbeit" des Gewerkschaftskartells Darmstadt am 28. Juni 1925.

Lösung jenseits der Demokratie: „Es fängt schon an der Ruf nach dem Diktator, denn der Parteien-Hader zerreißt das Volk. [...] Wenn ein Diktator käme, müsste es einer sein, der über Egoismus und Parteienstreit steht. Am besten wäre es, wenn das Volk über die Parteien hinaus ihn auf seine Schultern hebt."[432] Zwölf Jahre später ging der „Ruf nach dem Diktator" in Erfüllung. Aber gewiss nicht so, wie es sich Ernst Ludwig vorstellte, der wohl an einen friedfertigen Landesvater jenseits von Parlament und Parteien gedacht haben dürfte.

10. Aufstieg der NSDAP und Gegenwehr im Zeichen der Wirtschaftskrise

Am 11. Juli 1932 spielten sich im Rathaus von Kassel wüste Szenen ab. Die Hauptdarsteller waren der Vorsitzende der sozialdemokratischen Stadtverordnetenfraktion Christian Wittrock und der nationalsozialistische Abgeordnete Roland Freisler. Es war nicht das erste Mal, dass Freisler als Einpeitscher und Organisator der nordhessischen NSDAP durch Beschimpfungen der bestehenden Staatsform, der Regierungsstellen und der Sozialdemokraten tumultartige Szenen auslöste. Bereits Mitte des Jahres 1930 war er von der Polizei einmal aus dem Sitzungssaal entfernt worden. Seinem Ruf als rasender Roland[433] war er wenige Wochen zuvor wieder einmal gerecht geworden, als er mit seiner Rede im preußischen Landtag wüste „Lärm- und Raufszenen" mit provoziert hatte, die schließlich zum Abbruch der Sitzung geführt hatten.[434]

Jetzt im Juli 1932 beschimpfte er die Sozialdemokraten in übelster Weise als „Zuchthäusler". Es flogen die Fäuste, nachdem der NSDAP-Mann weiter wild um sich geschrien hatte. Schließlich warfen die Abgeordneten von SPD und KPD mit vereinten Kräften die Nationalsozialisten aus dem Rathaus. Am folgenden Tag organisierten die örtlichen Arbeiterparteien machtvolle Demonstrationen gegen die Hitler-Bewegung.[435] Mochte die Arbeiterbewegung sich hier ausnahmsweise einmal einig zeigen im Kampf gegen die Nationalsozialisten: So einfach wie aus dem Sitzungssaal der Kasseler Stadtverordneten waren die braunen Horden nicht mehr von der politischen Bühne in Deutschland zu vertreiben.

Denn kaum ein Jahr später, im Juli 1933, konnte der Kasseler Stadtverordnetenvorsteher Fritz Lengemann (NSDAP) einem völlig gleichgeschalteten Stadtparlament mit Blick auf die leeren Stühle der Sozialdemokraten, die bei der Wahl am 12. März zwar noch gewählt worden waren, ihre Mandate aber aufgrund der nationalsozialistischen Repressionen nicht mehr wahrnehmen konnten, zynisch mitteilen, dass „die linke Seite des Hauses uns nun endgültig verlassen hat". Und vor dem üblichen Heil-Hitler-Ruf am Schluss einer jeden Sitzung fügte er noch hinzu: „Ich bin mir dessen bewusst, dass darüber nicht viele weinen

Das Hakenkreuz überstrahlt schon 1924 eine Kundgebung der vaterländischen Verbände an der Trinkkuranlage in Bad Nauheim. Sie wenden sich gegen die sogenannte „Kriegsschuldlüge", gegen die im Versailler Vertrag festgeschriebene alleinige Verantwortung Deutschlands am Ausbruch des Weltkrieges, mit der die Alliierten ihre hohen Reparationsforderungen begründen.

werden. Der Reichsminister Goebbels hat ja einmal gesagt: Die Tränen, die um die S.P.D. vergossen werden, gehen in ein halbes Schnapsglas hinein."[436]

Schon am 24. März 1933, dem Tag nach Annahme des Ermächtigungsgesetzes durch den Reichstag, hatten SA- und SS-Trupps das Rathaus gestürmt. Sie hatten den liberalen Oberbürgermeister Herbert Stadler ab- und als neues Stadtoberhaupt Gustaf Lahmeyer eingesetzt, der 1925 im Zuge des vorzeitigen Ausscheidens von Oberbürgermeister Scheidemann auf den Posten des Bürgermeisters gerückt war. Umgehend wurden die als sozialdemokratisch und republiktreu identifizierten Beamten vertrieben, verhaftet und im Spießrutenlauf durch die nationalsozialistische Meute gehetzt. Der Rauswurf der Nationalsozialisten aus dem Kasseler Rathaus im Juli 1932 war also nicht von Dauer. Im Gegenteil: Die NSDAP sollte alsbald am Ziel sein.

Zu einer wirklich bedeutungsvollen Kraft in Hessen wuchs die Hitler-Partei, die sich nach ihrem Verbot infolge des gescheiterten Putsches in

10. Aufstieg der NSDAP und Gegenwehr im Zeichen der Wirtschaftskrise 161

München vom November 1923 um die Jahreswende 1924/25 in den hessischen Gebieten neu formiert hatte, erst 1929 im Zuge der grundstürzenden ökonomischen Krise. Zuvor hatte es mit regionalen Unterschieden antisemitische und nationalistische Kreise gegeben, die dort anknüpften, wo sie 1918 stehen geblieben waren. Man kooperierte mit Gruppen und Verbänden aus dem äußersten rechten Spektrum, auch bei Veranstaltungen zu populären Schlagworten der antirepublikanischen Propaganda, um Aufmerksamkeit zu erzeugen. So trat der spätere NS-Gauleiter Jakob Sprenger im Herbst 1924 auf einer von DNVP und Vaterländischen Verbänden organisierten „Kundgebung gegen die Kriegsschuldlüge" in Bad Nauheim auf. Das Hakenkreuz dominierte das Bild der von 1.500 Teilnehmern besuchten Veranstaltung an der Trinkkuranlage, auf der neben Sprenger General Ernst von Wrisberg sprach, der im März 1920 beim Kapp-Lüttwitz-Putsch von den Revolteuren zum Chef der Heeresleitung ernannt worden war, was die Offiziere im Reichswehrministerium aber glattweg ignoriert hatten.[437]

Die von inneren Kämpfen und persönlichen Auseinandersetzungen arg gebeutelten völkisch-nationalsozialistischen Kreise entwickelten sich binnen kürzester Zeit zu einer dynamisch-aggressiven Massenpartei, deren Erfolg nicht nur auf einer straffen Organisation sowie der Strategie des gewaltsamen Straßenkampfes und der Saalschlachten, gestützt auf die berüchtigten Sturmabteilungen (SA), beruhte, sondern auch in der Erosion des Weimarer Parteiensystems im Zuge einer dramatischen wirtschaftspolitischen Krise gründete. Kurzzeitige Verbote wie das gegen die im März 1926 gebildete NS-Ortsgruppe in Wiesbaden durch den preußischen Innenminister Severing ein Jahr später hemmten nur kurz den Aufschwung der Partei.

1925 zunächst in zwei, dann 1927 in drei Parteigaue über den hessischen Gebietsteilen gegliedert (Hessen-Nassau-Nord in Kassel und Hessen-Nassau-Süd in Frankfurt sowie Hessen-Darmstadt in Offenbach, seit Januar 1931 dann in Darmstadt), verzeichnete die Partei Ende 1931 bereits etwa 35.000 Mitglieder, ein enormes Wachstum, wenn man berücksichtigt, dass der Kasseler Gau Ende 1925 ganze 476 Parteigänger hatte vorweisen können.[438] Der chaotisch geführte Gau Hessen-Darmstadt verschliss bis Ende 1932 immerhin drei Gauleiter. Als der zweite, Peter Gemeinder, den Hitler Anfang 1931 persönlich ernannt hatte, um die desolaten Verhältnisse in der Darmstädter Zentrale zu ordnen, Mitte des Jahres mit 40 Jahren überraschend nach einer

Parteiveranstaltung an Herzversagen verstarb, verweigerte das zuständige Bischöfliche Ordinariat Mainz, in Person von Generalvikar Philipp Jakob Mayer, unter Hinweis auf Beschlüsse der Bischofskonferenz, dass Katholizismus und Nationalsozialismus unvereinbar seien, ein kirchliches Begräbnis. So sprach dann kein Geistlicher bei der Beerdigung des von den Nationalsozialisten zum Märtyrer stilisierten Gemeinder auf dem Waldfriedhof in Darmstadt, wo sich mehrere hundert uniformierte Parteigenossen einfanden, darunter der wohl Prominenteste der alte „Kämpfer" August Wilhelm von Preußen (genannt AuWi), der vierte Sohn des letzten Kaisers Wilhelm II. Der Hohenzoller erschien in einer mit einem Eisernen Kreuz dekorierten SA-Uniform; als überzeugter Anhänger der Hitler-Bewegung trat er auf weiteren Massenveranstaltungen der NSDAP auch in Hessen auf.[439] Einem anderen Parteigenossen an der Bergstraße verweigerte ein katholischer Geistlicher im Herbst 1931 unter Verweis auf das Bischöfliche Ordinariat die kirchliche Trauung, die der NS-Mann aber nach Übertritt zum Protestantismus von einem evangelischen Geistlichen erhielt. Ein weiterer evangelischer Pfarrer aus Darmstadt ließ es ohne Widerspruch gewähren, dass ein Nationalsozialist im Braunhemd vor den Traualtar trat, sekundiert von uniformierten Sturmkameraden. Am „Deutschen Tag" im August 1931 öffnete die protestantische Kirche in Michelstadt ihre Pforten für einen „Sondergottesdienst" uniformierter SA- und SS-Männer.[440]

Der Aufstieg der Partei wurde auch in Hessen durch aggressive Propaganda, nicht nur durch die eigene Presse, forciert. Im Gau Hessen-Nassau effektivierte seit 1931 der junge Propagandaleiter Franz Hermann Woweries, Karrierist in den Mittzwanzigern, die Arbeit der Publikationsorgane, die dann mit der Machtübernahme bei gleichzeitiger Ausschaltung der demokratischen Konkurrenz die Rolle als Transmissionsriemen der NS-Politik und Einpeitscher der Massen voll erfüllen konnte.[441] Blicken wir auf ein Beispiel, wie sich die NSDAP mit ihren Nebenorganisationen entwickelte, und greifen dabei auf eine NS-Schrift des Jahres 1935 zurück.[442] Es geht um den Kreis Hersfeld, das Zentrum eines Gebietes, das von 1893 bis zur Revolution 1918 durchgängig von einem Antisemiten im Reichstag vertreten worden war. Auf solchem Nährboden konnte die nationalsozialistische Saat gut keimen. So kam es schon früh zu antisemitischen Ausschreitungen: 1924 wurde die Synagoge in Hersfeld beschädigt. Im Herbst 1922 hatte sich in einem Dorf des Umlandes eine NS-Ortsgruppe gebildet, die dort 1923 die erste öffentliche Veranstaltung abgehalten und nachfolgend an nationalistischen Aktionen andere Organisationen wie an einer Bannerweihe des Jungdeutschen Ordens mitgewirkt hatte. Nach dem Verbot der NSDAP infolge des Hitler-Putsches beteiligten sich die Nationalsozialisten unter der Flagge des Völkischen Blocks an den Reichstagswahlen 1924. Nach der Wiedergründung der NSDAP trat man verstärkt ab 1929 im Raum auf, kandidierte im gleichen Jahr für den Kreistag und erzielte zwei Mandate. Im Oktober 1930 wurde in Hersfeld die SA, 1932 die SS gegründet. Hinzu kamen 1931 die „Hitler-Jugend" und im September 1932 das „Deutsche Jungvolk" für die jüngeren Jahrgänge, im Juli 1932 die „NS-Frauenschaft" und im Januar 1933 der „Bund Deutscher Mädel". Bei den Reichstagswahlen im Mai 1928 erhielt die NSDAP im Kreis 377 Stimmen (die mit weitem Abstand führende SPD verzeichnete 10.594) und steigerte die Zahl bis zu den Wahlen im Juli 1932 um das 35-fache (13.717; SPD 8.635). Das bedeutete einen Anstieg von 1,87 Prozent im Mai 1928 (SPD 52,6 Prozent) auf 52,9 Prozent im Juli 1932 (SPD 33,5 Prozent).[443] Dieser Aufschwung war nicht zuletzt auch auf eine dramatische wirtschaftliche Entwicklung zurückzuführen.

Die durch den „Schwarzen Freitag" an der New Yorker Börse im Oktober 1929 ausgelöste Weltwirtschaftskrise mit rasch ansteigender Arbeitslosigkeit kam auch in Hessen den Nationalsozialisten zugute. Sie konnten bereits über den im Dezember des gleichen Jahres stattfindenden Volksentscheid gegen den Young-Plan, der die Modalitäten der Reparationszahlungen erträglich gestaltete, einen kräftigen Popularitätsschub in der Öffentlichkeit und zunehmende Akzeptanz im rechten politischen Spektrum für sich verbuchen. Der von den antirepublikanischen Kräften der Rechten initiierte Volksentscheid gegen den Reparationsplan hatte am 22. Dezember 1929 in Hessen eine Zustimmung unterhalb des Reichsdurchschnitts von 13,8 Prozent erbracht: In Hessen-Nassau votierten 10,1 Prozent, in Hessen(-Darmstadt) sogar nur 8,4 Prozent der Wahlberechtigten für das sogenannte Freiheitsgesetz; beteiligt hatten sich 10,7 bzw. 8,9 Prozent. In beiden Hessen-Teilen wäre bereits das Volksbegehren in der zweiten Oktoberhälfte des Jahres durchgefallen, denn in Hessen(-Darmstadt) hatten sich nur 3 Prozent, in Hessen-Nassau 5,5 Prozent der Wahlberechtigten in die Listen eingetragen. Im Reich hatte das Volksbegehren die verfassungsrechtliche Hürde von 10 Prozent so gerade um 0,2 Prozent übersprungen. Im Regierungsbezirk Kassel rangierte der Kreis Ziegenhain mit nahezu

37 Prozent Zustimmung der Wahlberechtigten an der Spitze, während Fulda-Land mit 0,75 Prozent den letzten Platz einnahm.[444] Gleichwohl profitierte die nationalsozialistische Bürgerkriegspartei auch im Hessischen von der Mobilisierungskampagne. Gerade die Reichstagswahlen vom September 1930 lösten einen erneuten Schub aus. Im Wahlkampf lieferte die Partei einen agitatorischen Propagandafeldzug auch auf dem Lande, wo sie die Not der Landwirtschaft zum antisemitisch unterfütterten Thema machte. Auch die städtische Wählerschaft wurde mobilisiert. So sprach Hitler am 3. August vor 17.000 Menschen in der vollbesetzten Frankfurter Festhalle; Marschformationen mit Musik, Fahnen, Symbole und Uniformen umrahmten den Auftritt. Das trug Früchte: Die Partei, die schon bei den Kommunalwahlen in Hessen-Nassau und im Volksstaat im November 1929 flächendeckend in die Stadtparlamente eingezogen war – und mit ihr sogleich Polemik und Radau in die Sitzungen –, erzielte 1930 in den beiden hessischen Reichstagswahlkreisen um die 20 Prozent (Hessen-Nassau 20,8 und Hessen-Darmstadt 18,5 Prozent). Lediglich die SPD erreichte mit 28 Prozent mehr Stimmen. Im Vergleich zu 1928 konnte die NSDAP im Regierungsbezirk Kassel ihr Ergebnis versiebenfachen, kam im protestantisch-agrarischen Kreis Ziegenhain auf über 40 Prozent, während der Einbruch in katholische Gebiete weitaus schwächer ausfiel. In Fulda-Stadt erreichte sie lediglich 13 Prozent und in Fulda-Land 7 Prozent. Die Stadt und ihr Umland verfügten weiterhin über einen „erstaunlich stabilen Zentrumsturm".[445]

Im Upland des Freistaates Waldeck, das per Staatsvertrag zum April 1929 in Preußen aufgehen sollte, ragte bei den dortigen Wahlen zum Gemeindezweckverband 14 Tage vor der Einverleibung der Ort Schwanefeld mit 88 Prozent für die NSDAP heraus. Auch im Waldeckischen, wo der Antisemitismus stark verankert war, wuchsen die Nationalsozialisten bei den Reichstagswahlen im September 1930 mit 26,6 Prozent zur stärksten Kraft.[446] Bei diesen Wahlen katapultierte sich die Hitler-Partei, die 1928 im Volksstaat nicht mal 2 Prozent (Hessen-Nassau exakt 3 Prozent) erreicht hatte, mit 18,5 Prozent zur zweitstärksten Partei herauf, wobei der oberhessische Kreis Lauterbach mit fast 40 Prozent Spitzenreiter war. In diesem agrarisch geprägten Notstandsgebiet gelang der NSDAP der Durchbruch; sie schnitt besonders gut in den Dörfern des Kreises ab, bis auf die Stadt Herbstein, der katholischen Oase im evangelischen Kreis Lauterbach. Hier widerstand das katholische Milieu dem

10. Aufstieg der NSDAP und Gegenwehr im Zeichen der Wirtschaftskrise

Wahlkampfkundgebung der NSDAP mit Adolf Hitler:
17.000 Zuschauer in der vollbesetzten Frankfurter Festhalle am 3. August 1930.

braunen Ansturm. Noch bei den März-Wahlen 1933 erzielte das Zentrum 78 Prozent, dagegen die NSDAP lediglich 18 Prozent bei insgesamt 799 abgegebenen Stimmen.[447] Wie im kleinen Herbstein, so hielten generell auch die katholisch geprägten Gebiete der Zentrumspartei die Stange und erwiesen sich als weitgehend resistent gegenüber dem nationalsozialistischen Werben. Das galt auch für weite Teile der Arbeiterschaft: Im Arbeiterdorf Langenselbold behielt die KPD bei den Reichstagswahlen im November 1932 und sogar noch bei jenen im März 1933 die Oberhand: 1932 mit 1.934 Stimmen gegenüber 1.007 für die NSDAP, vier Monate später mit 1.799 gegen 1.372 (SPD 302 und 303 Stimmen). Zu diesem Zeitpunkt waren in etwa zwei Drittel der Bevölkerung auf öffentliche Unterstützung angewiesen.[448]

Spätestens mit dem Jahr 1930 musste die NSDAP als ernsthafte Bedrohung für die Republik gesehen werden. Straßenkämpfe und Saalschlachten waren an der Tagesordnung.[449] Die Gewalt wurde bis in die kleinsten Dörfer getragen. Ein republiktreuer Schulmeister in der Kleingemeinde Kelze, NSDAP-Hochburg im Landkreis Hofgeismar, war über einen längeren Zeitraum Übergriffen von Nationalsozialisten ausgesetzt, bis er dann bei einer nächtlichen blutigen Schlägerei, als eine Gruppe junger NS-Leute („Nazi-und Stahlhelmer") aus dem Ort und aus Nachbargemeinden das Schulhaus aufsuchte und über ihn herfiel, in Notwehr einen der Täter erschoss. Auch wenn hier letztlich einer der militanten Rechten Opfer war: Der weit über den regionalen Raum Beachtung findende Vorfall war, so weissagte das sozialdemokratische „Kasseler Volksblatt" mit Blick auf den Terror der Nationalsozialisten, ein „Vorspiel zum Dritten Reich".[450]

Die immer mehr in den Vordergrund drängende Frage lautete also auch in Hessen: Wie kann die Demokratie vor dem Ansturm der Republikfeinde von rechts und auch von links geschützt werden? Die naheliegende Lösung war das Verbot. Die Landesregierung in Darmstadt ließ keine Zweifel aufkommen, die Demokratie entschieden gegen ihre Feinde zu verteidigen. Wiederholt wurden antirepublikanische Publikationsorgane wie die deutschnationale „Hessische Landeszeitung" verboten. Im Mai 1923 belegte die Regierung in Hessen den antisemitisch-antidemokratischen „Deutsch-Völkischen Schutz- und Trutzbund" mit dem Bann und nach dem Hitler-Putsch vom November 1923 auch dessen Partei.[451]

Hessens Innenminister Wilhelm Leuschner ließ dann im Oktober 1928 NS-Zeitschriften und im Mai 1929 den kommunistischen Rotfrontkämpferbund, den militanten Arm der KPD, verbieten. Gleichzeitig wurde die Polizeiorganisation verstärkt; die Koordination lag bei dem im März 1930 geschaffenen Landeskriminalamt. Bei den gewalttätigen Demonstrationen von Kommunisten oder Nationalsozialisten kam die Bereitschaftspolizei zum Einsatz, die um eine berittene Einheit erweitert worden war.[452] Nach dem vom preußischen Innenminister Albert Grzesinski verfügten allgemeinen Verbot öffentlicher politischer Demonstrationen, Umzüge und Versammlungen unter freiem Himmel, sorgte das im Juni 1930 in Preußen verhängte Uniformverbot in Kassel für Unruhen der vor allem in den Arbeitervierteln provozierenden SA-Kampforganisationen, die zu regelrechten Straßenkämpfen ausarteten. Ein Stadtverord-

10. Aufstieg der NSDAP und Gegenwehr im Zeichen der Wirtschaftskrise 167

Spielmannszug des Rotfrontkämpferbundes 1926 im Hanauer Stadtteil Kesselstadt.

neter der Braunhemden wurde dabei schwer verletzt und starb geraume Zeit später.[453] Wenige Tage nach der „Blutnacht" folgten die nächsten Krawalle. Bei einer vom Polizeipräsidenten Adolf Hohenstein verbotenen Kundgebung mit dem Thüringer Innenminister Wilhelm Frick, dem reichsweit ersten nationalsozialistischen Landesminister, kam es zwischen Polizei, Nationalsozialisten und Kommunisten zu handgreiflichen Auseinandersetzungen.[454]

Ein vom Polizeipräsidenten erlassenes Demonstrationsverbot half kaum; nur wenig Wirkung erzielten auch die vom Kasseler Oberpräsidenten August Haas stets von neuem verhängten Verbote von NS-Zeitungen. In fünf Monaten des Jahres 1931 (1. April bis 31. August) verbot Haas von etwas mehr als 3.000 in seiner Provinz durch republikfeindliche Parteien angemeldeten Versammlungen 43 der NSDAP und 72 der KPD, darüber hinaus acht von anderen Gruppierungen. Von den zur Genehmigung vorgelegten Drucksachen der beiden Parteien ließ er jeweils rund ein Zehntel gar nicht erst zu.[455] Während die Behörden ihren Kampf mit gesetzlichen Mitteln führten, trugen SPD, der von ihr und dem demokratischen Bürgertum ins Leben gerufene republikanische Kampfbund „Reichsbanner Schwarz-Rot-Gold", mit jeweils etwa 4.000 Mitgliedern in Kassel und in Frankfurt im Jahr 1932 am stärksten[456], und die mit den Gewerkschaften 1931 gebildete „Eiserne Front" den außerparlamentarischen Kampf gegen die braune Gefahr aus. Sie war der mächtigste Zusammenschluss von Organisationen zur Verteidigung der Republik.

Das 1924 gegründete Reichsbanner war ein rein männlicher Kampfverband, verstand sich als überparteiliches Bündnis zum Schutz der Republik gegen „Hakenkreuz und Sowjetstern" und bemühte sich, republikanisches Gedankengut vor allem mit Fahnenweihen, Errichtung von Denkmälern und Verfassungsfeiern als Teil einer demokratischen Festkultur in der Bevölkerung zu implementieren. Zugleich propagierte man ein demokratisches Kriegsgedenken als Kontrapunkt zum verherrlichenden Nationalistenrummel. Eine der größten der insgesamt 32 Gauverbände, die direkt der Zentrale in Magdeburg unterstanden, war der Nordhessen umfassende Gau „Hessen-Cassel", der 1925 etwa 82.800 Mitglieder in 292 Ortsgruppen besaß.[457] Daneben gab es noch den Gau Hessen-Nassau (mit Sitz in Frankfurt) und den für den Freistaat Hessen (Sitz Darmstadt). Es waren beeindruckende Demonstrationen, wenn das Reichsbanner 1928 zum Verfassungstag im August 80.000 Republikaner in Frankfurt mobilisierte.

Als Reaktion auf die zunehmende Gewalt der Republikfeinde und zum Schutz republikanischer Veranstaltungen bildete das Reichsbanner ab 1930 paramilitärisch ausgebildete Schutzformationen (Schufo). Ihnen gegenüber stand der Ende 1918 ins Leben gerufene „Stahlhelm, Bund der Frontsoldaten", der als rechte Veteranenvereinigung sich der soldatischen Traditionspflege annahm und den Mythos vom Frontkämpfer pflegte. Der Stahlhelm war, nach den Worten des Kasseler Abgeordneten im preußischen Landtag, Lothar Steuer, von 1932, eine Organisation, die auf dem nationalen Boden stehend seit der Revolution „gegen dieses politische System kämpft" und „den Gedanken der Wehrhaftigkeit vertritt".[458] Dies sei ein Ruhmesblatt aller national denkender Deutschen. Der Stahlhelm als militanter Arm der DNVP bildete mit dieser und anderen nationalistischen Gruppen 1931 die „Harzburger Front", in die sich auch die NSDAP einreihte und die offen auf den Sturz der Republik hinarbeitete. Die Nationalsozialisten hatten schon 1921 mit der SA (Sturmabteilung) und 1925 mit der SS (Schutzstaffel), die zunächst der SA unterstand, Kampftruppen geschaffen.

Gegenseitiges Belauern und Provozieren war an der Tagesordnung: So machten sich im Oktober 1930 in Frankfurt Kommunisten nach einem gemeinsamen Werbezug in ein bekanntes NS-Sturmlokal auf, begannen kommunistische Kampfeslieder zu singen und Parolen zu skandieren, ohne dass die anwesenden Nationalsozialisten zur Tat schritten. Man kannte sich schließlich als Nachbarn. Erst als weitere SA-Männer herbeigerufen wurden, entwickelte sich aus dem provokanten Gespiele eine wüste Schlägerei, in deren Verlauf ein Kommunist so schwer verletzt wurde, dass er im Krankenhaus verstarb. Die beteiligten Nationalsozialisten erhielten insgesamt eineinhalb Jahre Haft wegen Körperverletzung mit Todesfolge.[459]

Auch in Hessen gab es schon früh Todesopfer im Straßenkampf: Am 27. April 1929 ermordeten Nationalsozialisten die beiden Frankfurter Reichsbanner-Mitglieder Heinrich Schmidt (16 Jahre) und Heinrich Koch (21 Jahre). Der mutmaßliche Täter wurde freigesprochen.[460] Zahlreiche Unbeteiligte wurden Opfer von politischen Wirtshausschlägereien. Vieles blieb unaufgeklärt.[461]

Zwar verbot Innenminister Leuschner in Darmstadt immer wieder auch verhetzende Flugschriften, doch lehnte er zunächst ein Uniformverbot wie in Preußen ab, weil damit, so begründete er sein Nichteingreifen, der nationalsozialistischen Bewegung eine Bedeutung beigemessen werde, die ihr eigentlich nicht zukomme. Mit dieser Einschätzung deutete der Sozialdemokrat die Zeichen der Zeit aber falsch. Im August 1930 untersagte er, dem preußischen Beispiel folgend, dann doch per Ministererlass uniformierte Aufmärsche von NSDAP und KPD.[462] Dem Uniformverbot entgingen die Braunhemden mit dem Wechsel der Farben. Sie zogen sich einfach weiße Hemden an und erzeugten somit dennoch ein Stück Gruppenzugehörigkeit. Im Oktober 1931 mahnte Leuschner seine nachgeordneten Stellen draußen im Lande zu einer erhöhten Wachsamkeit gegenüber den „radikalen politischen Parteien und Organisationen", aus deren Hetze sich eine Gefährdung von Sicherheit und Ordnung ergeben könne.[463]

Die NSDAP setzte ihren Siegeszug fort und nutzte die Zuspitzung der Wirtschaftskrise, wie sie im Zusammenbruch der „Darmstädter und Nationalbank" (Danat-Bank) im Juli 1931 und der nachfolgenden Zahlungsunfähigkeit der Darmstädter Volksbank überdeutlich wurde. Seit dem Spätherbst stellten auch zahlreiche Privatbanken ihre Zahlungen ein, manche versuchten sich mit kriminellen Machenschaften über Wasser zu halten. Ein Privatbankier in Kassel nahm sich das Leben.[464] Mit dem Bankenkrach verschärfte sich die Lage für die öffentlichen Haushalte; vor allem die Gemeinden erhielten keine Kredite mehr – und dies bei wachsenden Ausgaben.[465]

Nach der Zahlungsunfähigkeit der Darmstädter und Nationalbank (Danat-Bank) am 13. Juli 1931, die zu einer Verschärfung der Wirtschaftskrise führt, beginnt der Ansturm auch auf andere Geldinstitute, hier auf eine Frankfurter Sparkasse.

Untrügliches Zeichen der Krise war die Einstellung der 1919 wieder eingeführten Frankfurter Messen im Jahr 1929. Insgesamt war der hessische Raum von der Wirtschaftskrise besonders hart betroffen. Das lag auch an der engen internationalen Verflechtung gerade des Rhein-Main-Gebietes. So sank das Pro-Kopf-Einkommen zwischen 1928 und 1932 im Reichsdurchschnitt um ein Viertel, in Hessen gar um ein Drittel. Die IHK Kassel meldete in ihrem Raum für das Jahr 1931 die Höchstzahl an Konkursen und Vergleichen, zusammen 309 (1929: 168; 1930: 194; 1932: 202).[466]

Die Arbeitslosigkeit stieg: Das 1924 in Frankfurt eingerichtete Landesarbeitsamt Hessen, für Hessen-Nassau, Volksstaat und Waldeck zuständig, lieferte dramatische Zahlen. Unmittelbar nach Kriegsende waren durch arbeitsuchende Soldaten und entlassene Frauen die Arbeitslosenzahlen stark angestiegen, die in der Phase der Scheinblüte (1922) abgemildert wurde. Dabei war die Arbeitslosigkeit nach der Zwischenkrise in der Zeit von 1926 bis 1928 um mehr als ein Drittel zurückgegangen.[467] Ende 1928 waren im Gesamtbezirk Hessen 95.000 arbeitsuchend gemeldet gewesen, Ende 1929 135.000 und im Sommer 1930 185.000. Zum Jahresende 1930 lag die Arbeitslosigkeit rund 20 Prozent über dem Reichsdurchschnitt; 211.000 wurden gezählt. Besonders betroffen waren die vorwiegend industriellen Bezirke, die Großstädte Frankfurt, Wiesbaden und Kassel. Dagegen schlug im ländlichen Raum die Arbeitslosigkeit nicht so dramatisch durch. Offenbach hingegen wies die relativ höchste Arbeitslosenquote auf. Der Absatz der Leder- und Schuhwaren ins Rheinland und ins Saargebiet, aber auch nach Belgien und Frankreich war 1923 während der Ruhrbesetzung völlig zusammengebrochen. Von diesem Rückschlag sollte sich die Industrie der Stadt nicht mehr erholen.[468] Zum Jahresende 1930 stand – so Hessens Finanzminister Kirnberger – Offenbach vor dem finanziellen Zusammenbruch. Die Arbeitsmarktlage war trostlos, die Finanzlage katastrophal, auch wegen der Lasten für die Krisen- und Wohlfahrtunterstützungsempfänger, deren Zahl in Offenbach pro 1.000 Einwohner um das Siebenfache höher als im Reich lag, mehr als doppelt so hoch wie in Frankfurt.[469] Am 1. November 1932 stand Offenbach mit 10.200 zu unterstützenden Wohlfahrtserwerbslosen bei 80.000 Einwohnern prozentual an der Spitze sämtlicher deutscher Städte.[470]

Die unsichere wirtschaftliche Lage schlug sich auch an der etwa im Vergleich zu den 15 Jahren vor dem Ersten Weltkrieg, als es 1.220 Streiks und 174 Aussperrungen gegeben hatte, geringeren Anzahl an Arbeitskämpfen im Raum Hessen (im Arbeitsamtsbezirk Hessen) für den Zeitraum 1919 bis 1932 nieder: 1.051 Streiks und 41 Aussperrungen mit 365.000 betroffenen Arbeitnehmern.[471] Wer um seinen Arbeitsplatz fürchtete und damit angesichts der Massenarbeitslosigkeit schlichtweg um die Existenz bangte, der hielt still und scheute den Arbeitskampf.

Die Fortdauer der Wirtschaftskrise, deren Auswirkungen durch die rigide Deflationspolitik von Reichskanzler Heinrich Brüning noch verstärkt wurden, förderte die NSDAP. Das wurde auch bei den Wahlen 1932 sichtbar. Am Tiefpunkt der Krise, Anfang 1932, hatten schätzungsweise 29 Prozent der Arbeitnehmer und 18 Prozent der Erwerbspersonen keinen Arbeitsplatz. Etwas mehr als ein Drittel der Einwohner musste mit öffentlichen Mitteln aus der Arbeitslosenversicherung oder Fürsorge seinen Lebensunterhalt bestreiten.[472] In diesem Jahr waren in Hessen durchschnittlich 286.000 Arbeitslose gemeldet. Dazu kamen noch Arbeitswillige, die wegen der „Ungunst der Zeit" nicht auf dem Arbeitsmarkt erschienen und in keiner Statistik auftauchten. Man schätzt, dass die Arbeitslosen mit ihren wirtschaftlich abhängigen Familienangehörigen ein Viertel der Gesamtbevölkerung stellten.

Etwa vier Fünftel der arbeitslos Gemeldeten erhielten eine Unterstützung; etwa 20 Prozent von diesen wurde Arbeitslosengeld nach dem 1927 vom Reichstag verabschiedeten Gesetz zur Arbeitslosenversicherung gewährt, die anderen bekamen Krisenunterstützung (30 Prozent) oder von den Kommunen aufzubringende Erwerbslosenhilfe (47 Prozent).[473] Letzteres belastete die ohnehin klammen Kassen von Städten und Gemeinden ungemein. Als ein Beispiel Kassel, wo bei der Firma Henschel zwischen 1928 bis 1932 ein dramatischer Arbeitsplatzabbau erfolgte: Von 5.150 Mitarbeitern waren vier Jahre später lediglich 1.258 übrig geblieben.[474] In der Provinzhauptstadt erhielten nach Inkraftsetzung der Arbeitslosenversicherung am 1. Oktober 1927 63,5 Prozent der ca. 13.000 Arbeitslosen Hauptunterstützung, 31,8 Prozent Mittel aus der Krisenfürsorge und 4,6 Prozent gehörten zu den ausgesteuerten Arbeitslosen, die von der Stadt Wohlfahrtsunterstützung bekamen. Diese Dreiteilung verschob sich mit der zunehmenden Arbeitslosigkeit in der Wirtschaftskrise hin zu den mit geringeren finanziellen Zuwendungen bedachten Wohlfahrtsempfängern. An den Zahlen lässt sich die zunehmende Verelendung ablesen:

Arbeitslose in Kassel nach Unterstützungskategorien[475]

	Hauptunterstützung	Krisenfürsorge	Wohlfahrt
1928	61,3 Prozent	23,8 Prozent	14,8 Prozent
1929	57,4 Prozent	18,6 Prozent	28,8 Prozent
1930	36,9 Prozent	12,7 Prozent	50,7 Prozent
1932	8,9 Prozent	20,0 Prozent	71,0 Prozent

Die nominellen Verschiebungen gingen einher mit einer Kürzung der Unterstützungsdauer und der Unterstützungssätze, seit Juni 1932 wurde der Bezug aus der Arbeitslosenversicherung nach einer gewissen Dauer von der Hilfsbedürftigkeit des Betroffenen abhängig gemacht.

Das 1927 eingeführte System der Arbeitslosenversicherung, auf eine Arbeitslosenzahl unter „normalen Umständen" ausgelegt, war mit der sprunghaften Überschreitung der angedachten Höchstgrenze von Versorgungsempfängern faktisch zusammengebrochen, einhergehend mit einer enormen Erhöhung der Belastung der in die Bresche springenden Kommune als nunmehrigen Finanzier der Hilfen. Mehr noch: 1932 waren in Kassel etwa ein Viertel der Arbeitslosen aufgrund fehlender Anwartschaften und neuer Gesetze ganz aus dem System der Arbeits-

10. Aufstieg der NSDAP und Gegenwehr im Zeichen der Wirtschaftskrise

losenversicherung und der Wohlfahrt herausgefallen. Diese sogenannten „Ausgesteuerten" waren auf öffentliche und private Einrichtungen angewiesen.

In Offenbach, wo es 1929 rund 5.000 Wohnungssuchende gab, von denen etwas mehr als die Hälfte überhaupt keine Wohnung besaß, war 1930 jeder sechste Arbeitnehmer arbeitslos: Für die Wohlfahrtsempfänger musste die Stadt 7 Mio. Reichsmark aufwenden, während gleichzeitig die Steuereinnahmen auf 8,5 Mio. RM herabsanken. Die Stadt wehrte die drohende Zahlungsunfähigkeit über einen Kredit in Höhe von 15 Mio. RM ab.[476] In Hessen-Nassau lag die Zahl der Wohlfahrtserwerbslosen, die im besonderen Maße Auskunft über die zunehmende Verelendung gibt, prozentual zunächst über dem Landesdurchschnitt, ab September 1931 unter diesem:

Entwicklung der Wohlfahrtserwerbslosen in Hessen-Nassau[477]

Tag	Zahl der Wohlfahrtserwerbslosen in Hessen-Nassau	Auf 1.000 Einwohner entfallende Wohlfahrtserwerbslose in Hessen-Nassau	Auf 1.000 Einwohner entfallende Wohlfahrtserwerbslose in Preußen
31. März 1929	13.951	5,69	4,02
31. März 1930	24.628	10,05	6,85
30. Sept. 1930	32.060	13,07	11,71
31. Dez. 1930	39.709	16,19	15,31
30. Juni 1931	47.652	19,43	18,81
31. Dez. 1931	66.354	27,05	29,15
30. Juni 1932	90.993	37,10	40,93
31. Dez. 1932	108.166	43,70	49,30
31. März 1933	111.313	44,97	49,60

Weltwirtschaftskrise mit steigender Zahl der Arbeitslosen, die in einem Arbeitsamt in Wiesbaden für die karge Unterstützung aus der Arbeitslosenversicherung anstehen, denn Stellen gibt es kaum noch zu vermitteln.

Ende 1932 erhielten von den 70.000 Arbeitslosen der 550.000 Einwohner zählenden Stadt Frankfurt nur etwa die Hälfte überhaupt eine Arbeitslosenunterstützung. Die andere Hälfte war auf die städtische Wohlfahrt angewiesen. Ein Drittel des städtischen Haushaltes wurde hierauf verwandt.[478] Schon 1929 lag die Provinz Hessen-Nassau bezüglich der kommunalen Pro-Kopf-Verschuldung mit 265 RM an der Spitze sämtlicher preußischer Provinzen und weit über dem Reichsdurchschnitt von 178 RM. Das war aber erheblich weniger als der Volksstaat, der mit 348 RM pro Kopf Spitzenreiter war.[479]

Gegenmaßnahmen wie ein vom hessischen Landtag Ende Juni 1930 verabschiedetes und zum Jahresende erweitertes Sofortprogramm linderten nur die allergrößte Not. Gesetzliche Arbeitslosenfürsorge und kommunale Wohlfahrtsunterstützung reichten nicht aus, um der zunehmenden Verelendung der Massen Herr zu werden. Notstandsarbeiten blieben lediglich singuläre und temporäre Maßnahmen für einige wenige. Die Lasten für derartige Arbeitsbeschaffungsprojekte hatten die Kommunen zu tragen. Die Krise brachte sie an den Rand des Ruins; immer stärker drückten die rasch wachsenden Schulden. Städte und Gemeinden hatten in den ersten Jahren nach dem Weltkrieg trotz zunehmender Aufgaben und trotz einer die Kommunen um Einnahmen bringenden Steuerreform unter Finanzminister Matthias Erzberger die Notlage – zunächst unter Ausnutzung der stetigen Inflation – bewältigen können. Sie hatten zudem die sozialen Verwerfungen, die im Zuge der Staatskrise 1923 und auch während des folgenden harten Konsolidierungskurses nach der Währungsreform 1923/24 entstanden waren, einigermaßen abfedern können. Doch schienen die Kommunen in der Weltwirtschaftskrise vor allem wegen der hohen Soziallasten vor dem Kollaps zu stehen, wie Frankfurt, die 1932 mit 270 Millionen Reichsmark am höchsten verschuldete Stadt im Reich. Das drohende Finanzdebakel konnte noch in letzter Minute im Januar 1933 durch ein Darlehen des preußischen Staates abgewendet werden.[480]

Die Verschuldung stieg in rasantem Tempo auf dramatische Höhen: Im Oktober 1930 bezifferte Frankfurts Oberbürgermeister Landmann im Rahmen einer Unterredung einer Delegation des Deutschen Städtetages mit Reichskanzler Brüning den Fehlbetrag im Haushalt des Jahres noch auf 8 Mio. RM.[481] Wenige Wochen später meldete sich der hessische Finanzminister Ferdinand Kirnberger (Zentrum) beim Reichskanzler, seinem Parteikollegen Heinrich Brüning, um seine schweren Sorgen über den Finanz- und Wirtschaftsplan des Reiches kundzutun, der die Länder zusehends gängeln und belasten würde. Dabei prognostizierte er für 1931 einen Fehlbetrag im Landeshaushalt von 10 Mio. RM. Trotz eines massiven Personalabbaus von 1.900 der insgesamt 14.600 Beamten drohe der Ruin.[482] Von nun an sandte der hessische Finanzminister regelmäßig Bittbriefe in Richtung Berlin, wo er selbst mehrfach vorstellig wurde. Denn Hessen(-Darmstadt), das – nach seinen Worten – bis „zum Ende des Krieges ein wohlhabendes Land in völlig geordneten Finanzverhältnissen"[483] gewesen war, habe sich mittlerweile zu einem Pflegefall entwickelt. Kirnberger beantragte im Juli 1931 einen Reichskredit in Höhe von 9 Mio. RM für das Land und von 3 Mio. RM für die Kommunen, die von den Wohlfahrtslasten schier erdrückt zu werden drohten. Er malte düstere politische Visionen für den Fall, dass die Unterstützung versagt werde. Dann sei ein Aufstand der Bevölkerung zu befürchten, dessen Wirkungen nicht vorhersehbar seien. Einem solchen Aufruhr könne die Regierung wohl nicht Herr werden, so dass die Gefahr eines Einmarsches der Franzosen zur Befriedung des Gebiets bestehe. Solche Argumentationsketten überzeugten Berlin nicht: Das Ersuchen blieb – soweit ersichtlich – unbeantwortet.[484] Am 8. Oktober 1931 bat der Hesse nach Besprechungen mit dem Reichskanzler eine Woche zuvor um eine Unterstützung von 6 Mio. RM bis zum 30. November, dabei um Auszahlung von 2 Mio. RM bis zum 12. Oktober, um überhaupt die Gehälter bezahlen zu können. Die Kredite flossen – aber nur zum Teil.[485] Im Mai 1932 beklagte Kirnberger, dass die Überweisung der Reichssteuern erheblich unter den Prognosen blieb.[486]

Mitte Dezember 1932 meldete sich Hessens Innenminister Leuschner beim Reichsfinanzminister in Berlin mit einer 26-seitigen Denkschrift zur Notlage der Gemeinden, die „einen so bedrohlichen Charakter angenommen" habe, dass es geradezu fahrlässig wäre, „die Reichsregierung nicht zu unterrichten und die sofortige Hilfe des Reichs zu erbitten, um katastrophalen Zusammenbrüchen" zum 1. Januar 1933 vorzubeugen.[487] Auch Staatspräsident Adelung wurde bei dem nicht einmal seit vier Wochen amtierenden Reichskanzler Kurt von Schleicher in einer langen brieflichen Darlegung zum Jahresende vorstellig, um die hessische Finanznot darzulegen.[488] Es war eine breite achtseitige Darlegung, warum Hessen(-Darmstadt), das vor dem Krieg ein „sehr finanzkräftiges Land" gewesen sei, das „in finanzieller Hinsicht in der ersten Reihe der deutschen Länder" gestanden habe, nun in eine dermaßen schwierige Finanzsituation geraten war. Die Gründe machte der Staatspräsident extern fest. Ob seine Erläuterungen etwas bewirkten, ist nicht überliefert. Das zweibändige Konvolut der (überlieferten) Akten der Reichskanzlei mit Bezug zum Volksstaat Hessen endet mit Adelungs Schreiben.[489]

Die Massenarbeitslosigkeit sorgte insgesamt für einen dramatischen Vertrauensverlust der demokratischen Parteien; die Systemgegner KPD und NSDAP organisierten Erwerbslosenversammlungen und -demonstrationen. Die Republik steuerte ungebremst in eine tiefe Legitimationskrise, mit immer stärker werdenden antidemokratischen Kräften, die die ohnehin prekäre Lage zunehmend verschärften. Die Demokratie konnte die Existenzkrise nicht mehr bewältigen.

Zwischen der sozialen und wirtschaftlichen Not und dem Aufstieg der NSDAP bestand ein enger Zusammenhang, doch wanderten nicht allein Arbeitslose zur Hitler-Partei, sondern auch erwerbstätige Arbeiter und ein Großteil der von den bürgerlichen Parteien enttäuschten und zunehmend verarmenden Mittelschichten, korrespondierte doch der Zuwachs

10. Aufstieg der NSDAP und Gegenwehr im Zeichen der Wirtschaftskrise 177

Aufmarsch des völkisch-bündischen Jungdeutschen Ordens mit Ordensfahnen 1920 in Kassel.

der NSDAP mit einem dramatischen Verlust der etablierten bürgerlichen Parteien (mit Ausnahme des Zentrums). Es fehlte nicht an Versuchen, den dramatischen Niedergang der liberalen Parteien und das Zerbröseln der bürgerlichen Organisationen durch Bündelung zu stoppen. Für eine solche „Sammlung der politischen Mitte" machte sich der Kasseler Regierungspräsident Ferdinand Friedensburg besonders stark, zumal der Mitglieder- und Mandatsschwund seiner DDP durch das (zeitweilige) Zusammengehen mit dem Jungdeutschen Orden in der Deutschen Staatspartei nicht gebremst worden war. Ohnehin missbilligten viele Urliberale die Kooperation ihrer Partei mit Arthur Mahrauns zweifelhafter Bewegung. Der gebürtige Kasseler hatte aus einem von ihm aufgestellten Freikorps in Kassel den „Jungdeutschen Orden" nach dem Vorbild des Deutschen Ordens geformt, als dessen „Hochmeister" er konservativ-reaktionäres Gedankengut predigte. Eine Verbindung der DDP mit der Volksnationalen Reichsvereinigung, dem politischen Arm des Jungdeutschen Ordens, die dann mit Gründung der Deutschen Staatspartei 1930 realisiert wurde, verachtete der Nestor der modernen Parteiengeschichtsschreibung, Ludwig Bergsträsser, vormals DDP-Reichstagsabgeordneter und nun in der Frankfurter Außenstelle des Reichsarchivs tätig, als „faden Absud der Spätromantik".[490]

Der spätere erste Nachkriegsregierungschef im Volksstaat machte wie viele überzeugte Altliberale den Schritt in die neue Partei nicht mit und trat 1931 zur SPD über. Der Minister für Arbeit und Wirtschaft Adolf Korrell schied ebenfalls aus der Partei aus, schloss sich aber keiner neuen an und firmierte nachfolgend als „parteilos".

Zwar vermochte Friedensburg im Kasseler Raum im Januar 1931 ein breites Spektrum, von Demokraten bis zu Konservativen und dem evangelischen Christlich-sozialen Volksdienst, zu einer ersten Sondierungsrunde zusammenzubringen, aber weder sein Programm noch seine Person erwiesen sich in diesem Konglomerat der bürgerlichen Interessenvertreter als konsensfähig. Sein Versuch einer Sammlung der bürgerlichen Mittelparteien scheiterte.[491] Dieser bemerkenswerte Zerfall der bürgerlich-protestantischen Milieus spielte der NSDAP in die Hände. Gerade in Gebieten mit einem hohen evangelischen Bevölkerungsanteil gelang der NSDAP der flächendeckende Einbruch.[492] Zudem tendierten Beamte im Vergleich zur Restbevölkerung überproportional zur NSDAP. Weiterhin vermochten die Braunhemden in großem Maße, einstige Nichtwähler an die Urne zu bringen.

Mit einem verfassungsrechtlichen Winkelzug wollte die Regierung Adelung den Siegeszug der Nationalsozialisten bremsen. Über ein verfassungsänderndes Gesetz verlängerte der Landtag im März 1930 die Dauer der Legislaturperiode um ein auf nunmehr vier Jahre, und zwar schon für die seit 1927 laufende und nicht erst für die künftigen Landtage. Zur Rechtfertigung der Verlängerung der aktuellen Parlamentsperiode wurden die beiden renommierten Verfassungsrechtler Gerhard Anschütz und Friedrich Giese bemüht. Offiziell begründete die Regierung ihr Ansinnen, dass sie mehr Zeit benötige, um ihr Programm durchzuführen.[493] Eigentliches Motiv war es, den Einzug der Nationalsozialisten in den Landtag zu verhindern. Der Aufschub der Wahlen um ein Jahr war getragen von der Hoffnung, dass bei einer erwarteten wirtschaftlichen Besserung die NSDAP an Zuspruch verlieren würde. Doch eine ökonomische Konsolidierung stellte sich nicht ein, so dass sich die parlamentarische Ouvertüre der Nationalsozialisten in Hessen nur um ein Jahr verschob. Dann aber erfolgte sie mit besonderer Wucht.

Bei der ganz im Zeichen der Weltwirtschaftskrise stehenden hessendarmstädtischen Landtagswahl am 15. November 1931 schnitt die NSDAP, die im Landtag bis dahin nur mit dem erst im Frühjahr 1930 von der DNVP zur NSDAP gewechselten Ferdinand Werner vertreten war, mit 37,1 Prozent und 27 Mandaten besser als die drei Parteien der Regierungskoalition zusammen ab (SPD 21,4 Prozent; Deutsche Staatspartei/DDP 1,4; Zentrum 14,3). Die Nationalsozialisten gewannen den Löwenanteil der Jung- und Erstwähler und zogen viele Gefolgsleute der bürgerlichen Parteien, die der totalen Auflösung nahe waren, zu sich herüber. Im neuen Landtag verfügten die Regierungsfraktionen gemeinsam nur über 26 Abgeordnete. In dem Land, in dem 13 Jahre hindurch die Weimarer Koalition regiert hatte, wirkte der jähe Umschwung im November 1931 besonders krass, wie Innenministeriumssprecher Carlo Mierendorff analysierte.[494]

Nach den Novemberwahlen präsidierte im hessischen Parlament mit Ferdinand Werner erstmalig ein Nationalsozialist. Dies verdankte der Alt-Antisemit einer Absprache zwischen NSDAP und Zentrum, das im Gegenzug den Posten des 1. Vizepräsidenten erhielt, der nach der Fraktionsstärke eigentlich der SPD zustand. Möglicherweise sollte diese Wahlabsprache zwischen NSDAP und Zentrum ein neues Regierungsbündnis einläuten. Solches Denken wurde hinfällig, als wenige Tage nach der Wahl die sogenannten Boxheimer Dokumente bekannt wurden, die in schonungsloser Weise die diktatorischen Ansprüche der NSDAP offenlegten. Die Vorgeschichte: Bei einem Treffen von NS-Funktionären auf dem Boxheimer Hof bei Lampertheim Anfang August 1931 wurde ein Papier entwickelt, das eine Art Notstandsproklamation für den Fall einer nationalsozialistischen Machtergreifung enthielt. Verfasser dieses Dokuments war Werner Best[495], Richter am Amtsgericht in Gernsheim und zugleich Rechtsberater der hessischen NSDAP, später einflussreicher Ideologe der SS und Prototyp des nationalsozialistischen Schreibtischtäters. In dieser „ersten Bekanntmachung unserer Führung nach dem Wegfall der seitherigen obersten Staatsbehörden" kündigten die Nationalsozialisten an, dass jeder Widerstand gegen ihre Anordnungen mit dem Tode bestraft werde.

Erst nach der Wahl von Best in den Darmstädter Landtag wurde das Dokument aufgrund einer persönlichen Racheaktion bekannt. Der ebenfalls für die NSDAP ins Hessen-Parlament gewählte Wilhelm Schäfer war wegen seiner Vorstrafen und wegen Führens eines gefälschten Doktor-Diploms von Best dazu gedrängt worden, auf die Annahme seines Mandats zu verzichten. Dass Schäfer, Teilnehmer des Boxheimer Treffens, auch noch aus der NSDAP ausgeschlossen wurde, verbitterte ihn so sehr, dass er das Ganze publik machte. Er trat dann später auf Veranstaltungen der „Eisernen Front" als Kronzeuge auf, um die NS-Bewegung zu entlarven.[496]

Aufmarsch des Buchdrucker-Verbandes in Darmstadt zum Ersten Mai Mitte der 1920er Jahre, mit dabei: Carlo Mierendorff (rechte Reihe, der zweite in einem hellen Mantel).

Schäfer, der seinen Verrat büßen sollte – man fand ihn im Juli 1933 erschossen im Frankfurter Stadtwald –, wandte sich bewusst an den Polizeipräsidenten von Frankfurt und die preußische Regierung. Damit konnte auch das als kämpferisch-republikanischer Hort geltende Preußen einbezogen werden. Und jetzt konnten die beiden sozialdemokratisch geführten Regierungen in Preußen und Hessen handeln. Hessens Innenminister Wilhelm Leuschner, unterstützt von seinem Pressereferenten Carlo Mierendorff, und sein preußischer Amtskollege Carl Severing, allesamt Sozialdemokraten, erkannten die Brisanz der niedergeschriebenen Planspiele und nutzten die Veröffentlichung zum Ende des Novembers 1931 hin zur Demaskierung des Nationalsozialismus.

Die Publizierung der Papiere in der Presse löste einen Sturm der Entrüstung aus. Hausdurchsuchungen bei Mitgliedern der NSDAP bestätigten die Echtheit der Schriftstücke, die schlagartig erhellten, was nach einer nationalsozialistischen Machtergreifung drohte. Die Boxheimer Dokumente boten Anschauungsmaterial, wie sich die Nationalsozialisten die Sicherung ihrer Herrschaft vorstellten – schlichtweg ein Akt des Hochverrats. Das war eine Ansicht, die vom Oberreichsanwalt jedoch nicht

10. Aufstieg der NSDAP und Gegenwehr im Zeichen der Wirtschaftskrise

unbedingt geteilt wurde. Er hielt den Tatbestand des Hochverrats für nicht gegeben[497], so dass das Verfahren gegen Best, der zwar vom Dienst suspendiert wurde, sein Landtagsmandat aber behielt, vor dem Leipziger Reichsgericht im Oktober 1932 in eine Farce mündete: Best wurde nicht verurteilt und kam frei. Nicht das im Grunde doch verworrene Dokument an sich, sondern die Reaktion der reichsstaatlichen Behörden auf dieses und der Umgang mit den Urhebern waren das eigentlich Bedenkliche. In einer Mischung aus Lässigkeit, Unterschätzung und Ohnmacht agierte die Staatsmacht. Nicht einmal ein halbes Jahr nach Abschluss des Verfahrens konnten die Nationalsozialisten ihre Ideen von der Eroberung der Macht in die Tat umsetzen. Und Best wurde Sonderkommissar für das hessische Polizeiwesen.

Doch noch einmal zurück: Mit den Wahlen 1931 verfügte die NSDAP in Hessen über mehr Sitze als die bisherige Regierungskoalition; so wurden die Wahl eines Staatspräsidenten und die Verabschiedung des Haushaltes zurückgestellt. Das Parlament war unfähig zur Regierungsbildung und als Gesetzgebungsorgan lahmgelegt. Die formell zurückgetretene bisherige Regierung unter Staatspräsident Adelung blieb nach Artikel 38 der Landesverfassung weiter geschäftsführend im Amt, weil eine Neuwahl des Staatspräsidenten nicht zustande kam. Die Mehrheit des Volkswillens hatte sie nicht mehr hinter sich. Der Versuch zur Bildung einer Koalition aus NSDAP und Zentrum, die nach den Vorstellungen von Reichskanzler Brüning (Zentrum) Vorreiter für das Reich sein sollte, scheiterte nicht zuletzt aufgrund der Publizierung der Boxheimer Dokumente. Der öffentlich gemachte Briefwechsel zwischen beiden Fraktionen vom Dezember 1931/Januar 1932 kaschierte die wahren Gründe und schob sachliche Differenzen in den Fokus.[498]

Die demokratische Bastion Hessen, seit der Revolution 1918 von den Sozialdemokraten regiert und republikanisch geformt, hatte ihre Kraft eingebüßt. Die Hoffnung, es beim Nationalsozialismus nur mit einem vorübergehenden Phänomen zu tun zu haben, blieb illusorisch. Am 19. April 1932 wehrten die Regierungsparteien im Verein mit der KPD den Antrag der NSDAP ab, gegen das von Seiten des Reiches sechs Tage zuvor verhängte Verbot der uniformierten Kampforganisationen SA und SS zu intervenieren. Ebenso blockten sie einen weiteren Antrag der Nationalsozialisten ab, für Hessen ein Verbot aller Kampforganisationen, also auch des republikanischen „Reichsbanners Schwarz-Rot-Gold" und der „Eisernen Front", zu verhängen. Die SPD-Fraktion im Darmstädter

Landtag hatte bereits am 17. März einen Antrag auf Verbot „aller militärisch organisierter Wehrverbände der NSDAP" gestellt.[499] Die Hessen wurden schließlich vom Reich im Stich gelassen, als der neue Reichskanzler Franz von Papen, Herrenreiter und Antidemokrat, das SA-Verbot im Juni 1932 aufheben ließ.

Die Eiserne Front demonstriert

für Freiheit und Arbeit,
gegen die Entfesselung des nationalsozialistischen Terrors,
gegen die Kürzung der Renten und Unterstützungen

Samstag, den 2. Juli um 18½ Uhr

Aufstellung auf dem Paradeplatz
Marsch durch die Straßen Darmstadts nach dem **Marienplatz**
Ansprache des Genossen
Dr. Mierendorff, M. d. R.
Einreihen! — Mitkämpfen!
Freiheit! Eiserne Front, Bez. Darmstadt

Aufruf der ‚Eisernen Front' zu einer Kundgebung im Vorfeld der Reichstagswahl 1932 in Darmstadt mit Carlo Mierendorff.

11. Endkampf der Republik

Im Frühjahr 1932 drohte der Republik bereits der Abgrund: Hitler kandidierte für das Amt der Reichspräsidenten. Der direkte Griff nach der Macht gelang jedoch nicht. Aber kaum ein Jahr später war er als frisch ernannter Reichskanzler am Ziel. Bei den Präsidentenwahlen neun Monate zuvor schnitt er im Hessischen überdurchschnittlich gut ab: Im zweiten Wahlgang am 10. April erzielte er in 14 Kreisen des Regierungsbezirks Kassel und in fünf des Regierungsbezirks Wiesbaden die absolute Mehrheit. Der aus Furcht vor dem Sieg der Nationalsozialisten nun auch von der SPD als das kleinere Übel unter dem Motto „Schlagt Hitler, wählt Hindenburg" unterstützte Amtsinhaber verbuchte fünf kurhessische und neun nassauische Kreise für sich; in jedem Regierungsbezirk reichte es jeweils in zwei Kreisen wegen der hohen Stimmenzahl für den kommunistischen Kandidaten Ernst Thälmann weder für Hitler noch Hindenburg zur absoluten Mehrheit. Im Volksstaat gewann Hindenburg jedoch bereits im ersten Wahlgang am 13. März mit 51,5 Prozent die Mehrheit, damit mehr als im Reichsdurchschnitt (49,6 Prozent).[500] Im zweiten Wahlgang kam er in Hessen-Nassau auf 52,2 Prozent (im ersten auf 49,8), in Hessen-Darmstadt auf exakt dem Reichsergebnis entsprechende 53,1 Prozent. Hitler erhielt im ersten Wahlgang in Hessen-Nassau 34,5 und im Volksstaat 33,7 Prozent (im Reich 30,1), verbesserte sich im zweiten auf 40,1 bzw. 38,3 Prozent (im Reich 36,8).

Im ehemaligen Freistaat Waldeck ließ Hitler in der ersten Runde mit 54,1 Prozent Hindenburg mit 34,2 klar hinter sich, im zweiten noch deutlicher: 61,6 zu 36,0 Prozent. Signifikante Unterschiede ergaben sich zwischen Stadt und Land – als Beispiel: In der Stadt Gießen lag Hindenburg in der ersten Runde mit 55,4 Prozent weit vor Hitler mit 32,1 (in der zweiten dann mit 55,5 zu 40,1 Prozent). Führte der Amtsinhaber im Kreis Gießen zunächst mit 47,4 Prozent noch knapp vor Hitler mit 45,3, so legte er in der Entscheidung nicht mehr zu (wiederum 47,4 Prozent) und unterlag dem Nationalsozialisten, der sich auf 49,4 Prozent steigerte. In der Provinz Oberhessen hatte Hitler gar in beiden Wahlgängen die Nase vorn (48,4 und 52,7 Prozent).[501]

In den Wahlen zum Reichstag vom November 1932 lag die NSDAP in Hessen-Nassau mit 41,2 Prozent und in Hessen-Darmstadt mit 40,4 Prozent weit über dem Gesamtergebnis im Reich mit 33,1 Prozent. Noch einmal wurde deutlich, dass neben den allgemeinen Folgen der Krise zwei hessen-spezifische Momente für eine rasche Konsolidierung der NS-Bewegung sorgten: Neben dem traditionell starken Antisemitismus waren es die unter strukturellen Defiziten leidenden ländlichen und kleinstädtischen Räume in Nord- und Mittelhessen, die auf den NS-Zug aufsprangen. Nehmen wir die Entwicklung der Ergebnisse der Reichstagwahlen im gesamten Hessen von 1928 bis 1932 in den Blick, so zeigt sich der rasante Aufstieg der NSDAP von 3,1 Prozent über 30,4 Prozent 1930 auf den Höchststand im Juli 1932 mit 44,1 Prozent bei einem gleichzeitigen Sturz der beiden liberalen Parteien von 16,5 Prozent über 8,8 Prozent zwei Jahre später bis in die Bedeutungslosigkeit mit 2,2 Prozent im Juli 1932. Das Zentrum blieb stabil zwischen 12 und 13 Prozent. Die SPD sackte ab: von 33,3 Prozent 1928 auf 21,9 Prozent im November 1932, wovon die KPD allerdings nicht im gleichen Maße profitierte: Die linke SPD-Konkurrenz gewann lediglich fünf Prozentpunkte hinzu, stieg von 8,8 Prozent im Jahr 1928 auf 13,9 im November 1932.[502]

Mit ihrem völkisch-nationalen Programm, der Ablehnung des Parlamentarismus, einem militanten Antisemitismus und der Idee der „Volksgemeinschaft" sprach die Hitler-Bewegung vor allem Wähler aus dem protestantischen Milieu an, dem ländlichen wie dem (groß-)städtischen, und gewann auch die gewerkschaftlich nicht gebundene Industriearbeiterschaft. In den Betrieben fasste die Nationalsozialistische Betriebszellenorganisation (NSBO) jedoch nur schwerlich Fuß: In den hessischen Gauen zählte man im Oktober 1931 bei 700.000 Beschäftigten gerademal 900 Mitglieder.[503] Das sozialdemokratische und vor allem das katholische Milieu erwiesen sich als weitgehend resistent gegenüber dem Werben der Hitler-Partei. Und bei den Arbeitslosen rangierte die NSDAP doch hinter der KPD.

Im Darmstädter Parlament besaßen seit den Novemberwahlen 1931 diejenigen Kräfte, die die Republik entschieden bekämpften, die Mehrheit (NSDAP 27 und KPD 10 Mandate von insgesamt 70), aber es war aufgrund der diametralen Gegensätze der Flügelparteien nur eine negative Majorität, die zu konstruktiver parlamentarischer Aktion nicht fähig war. Der Landtag, in dem die Nationalsozialisten für Tumulte sorgten

11. Endkampf der Republik

Auch die KPD erhält in der Krise Zulauf: kommunistische Wahlveranstaltung auf dem Altstädter Markt in Hanau (wohl 1930).

und vom Rednerpult unflätige Beleidigungen bis hin zu Morddrohungen ausstießen, wurde von unerfüllbaren Anträgen der extremen Parteien geradezu überschwemmt; Staatspräsident Adelung erblickte darin eine „parlamentarische Verwilderung"[504], weil die extremen Kräfte bei der notleidenden Bevölkerung Hoffnungen weckten, die einfach nicht zu erfüllen waren.

In den parlamentarischen Vertretungen in den Kommunen von Hessen-Nassau und des Volksstaates, die im November 1929 gewählt hatten, vollführten KPD und NSDAP bereits seit diesem Zeitpunkt ein negatives Zusammenspiel, um die Ortsvertretungen durch eine Flut von Anträgen lahmzulegen. So kamen in Frankfurt 1931 von insgesamt 644 Anträgen in den Plenarsitzungen 251 von der KPD und 215 von der NSDAP, also zusammen rund 70 Prozent.[505] Ein kurzer Blick auf die Mandate in den größeren Städten zeigt die wachsende radikalisierte Zusammensetzung: Frankfurt – NSDAP neun und KPD elf (von 85); Kassel – NSDAP und KPD je vier (von 56); Wiesbaden – NSDAP neun und KPD sechs (von 54); Darmstadt – NSDAP fünf und KPD ein (von 48); Offenbach – NSDAP zwei und KPO elf sowie KPD drei (von 48). In Hanau ging die NSDAP 1929 leer aus (KPD sechs von 36). Die beiden doch fundamental entgegengesetzten Parteien lieferten sich handfeste Auseinandersetzungen und Prügeleien im Saal, so dass viele Sitzungen in den Rathäusern im Kampfgetümmel endeten. Eine antidemokratische Allianz der Extremisten bedrohte den hessischen Landtag. Reinen Propagandazwecken dienten die sogleich beim Zusammentritt des Landtages gestellten Misstrauensanträge von KPD und NSDAP gegen die Regierung, die ja bereits zurückgetreten war und nur noch geschäftsführend amtierte, sowie ein Antrag der NSDAP auf sofortige Ablösung von Innenminister Leuschner. Die Abstimmung am 11. Dezember 1931 verlief zum Teil grotesk. Während der Antrag der KPD auf Feststellung, dass die Regierung „nicht das Vertrauen des Landtages" besitze, mit Mehrheit angenommen wurde (über den Misstrauensantrag der NSDAP brauchte daher nicht mehr befunden zu werden), stellte Landtagspräsident Werner nach der Abstimmung über den NSDAP-Antrag auf Abberufung Leuschners zunächst fest, dass dieser mit 30 gegen 28 abgelehnt worden sei. Es kam zu Zurufen aus der Zentrumsfraktion, dass sie nicht gegen den Antrag votiert, sondern Stimmenthaltung geübt habe, so dass nun Werner die Annahme konstatieren konnte, was – so das Protokoll – mit Rufen „Heil! Heil! Heil Hitler! auch auf der Galerie" quittiert wurde. Die Beschlüsse blieben ohne Konsequenz.[506] Die Regierung und Leuschner blieben geschäftsführend am Ruder.

Die Nationalsozialisten hatten sich auf Leuschner eingeschossen, dem man schwere Verfehlungen, gar Amtspflichtverletzung unterstellte. Das war die Retourkutsche auf die Publizierung der Boxheimer Dokumente. Am Ende dieser von der NSDAP zentral gesteuerten Kampagne stand ein Untersuchungsausschuss, der seine Arbeit Ende Januar 1932 ergebnislos einstellte.[507] Die Nationalsozialisten wurden aber nicht müde und erstatteten beim Oberreichsanwalt Strafanzeige gegen Leuschner wegen Vertuschung und Duldung illegaler kommunistischer Aktivitäten. Das war zum großen Teil Politik für das Fenster. Wenn es konkreter wurde, dann gaben sich die Nationalsozialisten hasenfüßig: Als die KPD im Februar 1932 einen Antrag auf Erhöhung der Arbeitslosen-Winterhilfe einbrachte, verließen die NS-Mandatsträger vor der Abstimmung den Sitzungssaal, obwohl sie selbst solches bereits Wochen zuvor gefordert hatten.[508]

Im Juli 1932 waren die Hessen-Darmstädter bereits wieder zur Landtagswahl aufgerufen, nachdem der Hessische Staatsgerichtshof einer

11. Endkampf der Republik

Anfechtungsklage der vom Wahlprüfungsausschuss wegen fehlerhafter Ausfertigung der eingereichten Unterlagen nicht zur Wahl am 15. November 1931 zugelassenen Wirtschaftspartei stattgegeben und dieses Votum für ungültig erklärt hatte. Damit galt der Landtag als aufgelöst. Bei den erforderlichen Neuwahlen am 19. Juni 1932 behauptete zwar die Koalition ihr Ergebnis (SPD 23,1 Prozent; Deutsche Staatspartei/DDP 0,7; Zentrum 14,5), doch die NSDAP verzeichnete mit 44 Prozent eine nochmalige Steigerung. Die KPD konnte ihr Resultat mit 11 Prozent (1931: 13,6) mit geringen Verlusten einigermaßen halten. Die erhoffte Klärung blieb also aus – im Gegenteil: Die Lage verschärfte sich.

Obwohl sich keine Regierungsmehrheit abzeichnete, setzte man die Wahl des Staatspräsidenten auf die Tagesordnung. Das Ganze endete 8. Juli ergebnislos, da von den vier Kandidaten keiner die erforderliche absolute Mehrheit erhielt. Dem NSDAP-Mann Ferdinand Werner fehlte eine Stimme; er kam auf 35 Stimmen, drei mehr als seine Partei Mandate besaß. Für ihn votierten auch die beiden Vertreter der bürgerlichen Einheitsliste und der einzige der DNVP. Staatspräsident Bernhard Adelung (SPD) und Finanzminister Ferdinand Kirnberger (Zentrum), der dem Landtag nicht angehörte, erhielten komplett die Stimmen ihrer jeweiligen Fraktionen (17 bzw. zehn), der Kommunist Wilhelm Keil die sieben aus den eigenen Reihen und zusätzlich die vom SAPD-Mann Heinrich Galm. Der daraufhin von der NSDAP gestellte Antrag auf Stichwahl zwischen den beiden vorn liegenden Kandidaten widersprach der Verfassung und fand keine Mehrheit. Zu einem zweiten Wahlgang, für den die Parteien die gleichen Kandidaten ins Rennen schicken wollten, kam es nicht mehr. Er wurde von der Tagesordnung abgesetzt. Dabei blieb es.[509] Es blieb auch dabei, dass die Regierung wie schon seit dem November des Vorjahres weiterhin über Verordnungen agieren musste, um das Land am Laufen zu halten. Wie schon zuvor überschwemmte vor allem die NSDAP den Landtag weiter mit Anträgen, teilweise der absurden Art, mussten zudem zahlreiche Geschäftsordnungsdebatten geführt werden.

Wenige Wochen nach der Hessen-Wahl, am 20. Juli 1932, ereignete sich in Berlin ein nicht nur für die preußische Provinz Hessen-Nassau bedeutsamer Einschnitt, der zum Meilenstein auf dem Weg in die Diktatur wurde. Bei den Landtagswahlen am 24. April 1932 waren in Hessen-Nassau die Nationalsozialisten von dürftigen 3,6 Prozent im

Mai 1928 auf 42,1 Prozent hinaufgeschnellt, was über dem allgemeinen Ergebnis in Preußen lag (36,3 Prozent).[510] Die SPD rangierte nun in der Provinz bei 21,5 Prozent (1928: 32,4), nahezu exakt dem Gesamtergebnis entsprechend; das Zentrum war in Hessen-Nassau in etwa gleichgeblieben (14,4 Prozent). Die KPD brachte es hier auf 8,9 Prozent, erheblich weniger als in ganz Preußen (12,8), während die liberalen Parteien zu Randerscheinungen verkümmerten: Deutsche Staatspartei/DDP 1,8 Prozent (1928: 5,7) und DVP 2,4 Prozent (1928: 9,9). Ähnlich erging es der DNVP, die von 10,0 (1928) auf 3,4 Prozent abstürzte.

Seit den Landtagswahlen im April 1932 war die preußische Staatsregierung unter Ministerpräsident Otto Braun (SPD) nur noch geschäftsführend im Amt. Preußen durchlief nun das, was die Hessen schon seit Monaten erleben mussten: ein Regieren ohne Mehrheit. Zu diesem Zeitpunkt war es nicht ungewöhnlich, dass in den Ländern geschäftsführende Regierungen ohne parlamentarische Mehrheiten mehr recht als schlecht ihre Arbeit vollführten. Dies vor Augen kamen aus Hessen sozialdemokratische Stimmen, man solle Preußen doch aufgeben. Der Hersfelder Reichstagsabgeordnete Michael Schnabrich und der Kasseler Oberpräsident August Haas, bis 1932 Mitvorsitzender der SPD-Landtagsfaktion in Preußen, sprachen sich in einem Zeitungsartikel Ende April 1932 für den Austritt ihrer Partei aus der Regierung und die Machtübergabe an die Nationalsozialisten aus, um ein weiteres Ausbluten der eigenen Partei zu verhindern.[511] Doch die Parteiführung wollte keine Position freiwillig räumen.

So musste sie gewaltsam vertrieben werden. Die Regierung des zwischenzeitlich erkrankten Otto Braun wurde ohne Gegenwehr am 20. Juli von der Reichsregierung unter Reichskanzler Franz von Papen, gestützt auf die Ermächtigung von Reichspräsident Hindenburg nach Artikel 48 der Reichsverfassung, abgesetzt. Auch der Berliner Polizeipräsident Albert Grzesinski, lange Jahre in Offenbach und Kassel einer der profiliertesten Sozialdemokraten, musste als entschiedener Verteidiger der Republik das Feld räumen. Der deutschnationale Landtagsabgeordnete Lothar Steuer aus Kassel hatte zuvor davon geschrieben, dass, wenn man der SPD Preußen wegnehme, dies einer Revision des 9. November 1918 gleichkäme.[512] Das sollte es in der Tat sein, auch wenn an Restauration der Monarchie kaum jemand der Sympathisanten des Preußenschlags dachte. Steuer selbst hatte im preußischen Landtag am 2. Juni 1932 offen vom grundsätzlichen Kampf seiner DNVP „gegen das System von Weimar" gespro-

11. Endkampf der Republik

Noch befinden sich die Republikaner im Amt: Bei der Verfassungsfeier am 11. August 1931 in Kassel stehen Regierungspräsident Ferdinand Friedensburg (1), Oberpräsident August Haas (2) und Polizeipräsident Adolf Hohenstein (3) in der ersten Reihe. Ein Jahr später, nach dem „Preußenschlag", werden Haas und Hohenstein entlassen; im Februar 1933 ereilt Friedensburg das gleiche Schicksal.

chen und bezüglich „Braun und Severing und Grzesinski" unter stürmischen Beifall seiner Bundesgenossen ausgerufen: „Schluss mit ihnen und all ihren Konsorten!"[513] Das Ziel war im Juli 1932 erreicht.

Das Vorgehen gegen Preußen bedeutete, so kommentierte der Sozialdemokrat Carlo Mierendorff treffend, „den schwersten Schlag, der dem Gedanken der in Weimar beschlossenen republikanischen Verfassung Deutschlands bis jetzt versetzt worden ist". Und er hatte weiterhin Recht, wenn er mit Blick auf die Einsetzung Papens als Reichskommissar von Preußen feststellte: „Die alte Ordnung des Bismarckschen Reichs: Personalunion zwischen preußischem Ministerpräsidenten und Reichskanzler, ist wieder hergestellt."[514]

Die antidemokratische Rechte nutzte die Reichsexekution gegen Preußen, um missliebige Republikaner aus den Ämtern zu verjagen: So wurden in Kassel Oberpräsident August Haas und Polizeipräsident Adolf Hohenstein, beides Sozialdemokraten, die zuvor gegen die nationalsozialistischen Ausschreitungen vorgegangen waren, bereits am nächsten

Tag in den Ruhestand geschickt. Gleiches Schicksal ereilte sozialdemokratische Köpfe aus der Verwaltungsbeamtenschaft.[515] Zufrieden titelte eine konservative Zeitung in Kassel, dass „das System" – eben die verhasste Republik – in „Kassel und in Hessen-Nassau endlich ausgedient" habe.[516] An die Stelle der Demokraten traten als Chef der Provinzialverwaltung der deutschnationale Ernst von Hülsen, Kurator der Universität Marburg, der sich zunächst geziert hatte[517], und als Polizeipräsident Wolf von Kattowitz, der allerdings schon im April 1933 dem SA-Gruppenführer Friedrich („Fritz") Pfeffer von Salomon, dem späteren ersten Kasseler Gestapo-Chef, weichen musste. Beide neuen Behördenchefs gingen gegen die organisierte Arbeiterbewegung mit besonderer Schärfe vor und ließen andererseits die nationalsozialistische Straßenpolitik gewähren. So konnte der dem Nationalsozialismus zugehörige Ministerpräsident von Oldenburg, Carl Röver, bereits im Juli eine wüste Hetztirade gegen die Republikaner vom Stapel lassen, ohne dass die anwesende Polizei eingriff und die Versammlung auflöste. Die nun Kattowitz unterstehenden Ordnungshüter verharrten mit Rücksicht auf die allgemeine Stimmung (wie es hieß) im Stillstand.[518]

Preußen war von den Demokratiegegnern geschleift worden. Die wehrhafte Trutzburg in einer sich in Auflösung befindlichen Republik, „die letzte zuverlässige Machtposition der Demokratie in Deutschland" (Ferdinand Friedensburg[519]), war zerstört. Die hessen-darmstädtische Landesregierung meldete sich zu Wort und legte beim Reichspräsidenten scharfen Protest ein. Staatspräsident Adelung, der im Kreis seiner Ministerpräsidentenkollegen die stärksten Bedenken gegen den Preußenschlag erhob, beklagte bei Hindenburg Eingriffe des Reiches in die Länderkompetenzen und eine Gefährdung der in der Reichsverfassung garantierten „Lebensrechte der Länder".[520] Bei einer Besprechung der Länderchefs mit Papen strich er heraus, dass die Autorität der Länderregierungen durch die Reichsregierung erschüttert sei, die ohnehin „den Parteien mit Missachtung gegenüberstehen" würde.[521] Er hatte Recht. Die Macht der (republikanischen) Parteien sollte gebrochen werden.

Zwar gab es allenthalben papierne Proteste, aber ein Generalstreik wie jener im März 1920, als der Griff nach der Macht durch die Kapp-Putschisten erfolgreich abgewehrt worden war, blieb gegen die absolut unrechtmäßige „Reichsexekution" aus. Auch in der hessischen Provinz fernab von Berlin verhielt man sich abwartend. Carl Kraft, SPD-Abgeordnete des preußischen Landtags aus dem Kasseler Bezirk, gab die

11. Endkampf der Republik

Die scheinbar gelöste Stimmung bei diesem Fototermin täuscht über die angespannte Atmosphäre hinweg: Auf der Konferenz mit Reichskanzler Franz von Papen (7. v. r., Bildmitte vorn) am 23. Juli 1932 in Stuttgart kritisieren die Ministerpräsidenten, darunter Hessens Staatspräsident Bernhard Adelung (2. v. l.), die Absetzung der preußischen Regierung durch eine Verordnung des Reichspräsidenten nach Artikel 48.

Richtung vor: „Den Führern die Treue halten und ihre Weisungen befolgen!"[522] Weisungen ergingen nicht, obwohl die Republikaner verschiedentlich auf ein Signal aus Berlin warteten. Der Frankfurter Gewerkschaftsführer Ernst Mulansky hatte am 10. Juli 1932, zehn Tage vor dem Preußen-Coup, auf einer Großkundgebung der „Eisernen Front" in Frankfurt vor 50.000 Teilnehmern noch energisch mit den Worten „die Zeit ist reif zum Handeln" zur aktiven Verteidigung der Republik aufgerufen: „Wir fürchten nicht den Kampf! Wir greifen an!". Doch musste auch er beim Preußen-Schlag eingestehen, dass man zum „Handeln" vor allem aus organisatorischen Gründen gar nicht in der Lage war.[523] So wie in Kassel reichte es nur zu durchaus beeindruckenden Massenprotesten und Kundgebungen, einige mit Zehntausenden von Teilnehmern. In Hofheim am Taunus strömten im Vorfeld der Reichstagswahlen 3.000 zu einer Wahlkampfkundgebung der „Eisernen Front" mit Scheidemann als Redner.[524] Aber die Mobilisierung der Republikaner blieb eine Empörung ohne politische Folgen.

In zeitgenössischer und auch rückschauender Betrachtung erscheint die Passivität der republikanischen Bewegung und auch der Sozialdemokratie, gerade mit Blick auf die sich einige Monate später vollziehende Machtübernahme Hitlers, doch erstaunlich. Warum, so lautete die Frage, widersetzte sich das Reichsbanner, die mächtigste Organisation der Republik, dem folgenschweren Schlag gegen die Demokratie nicht mit einem Aufstand? Führende Politiker wie der Berliner Polizeipräsident Grzesinski rechtfertigten dieses Stillhalten nachträglich kurz und knapp: „Es war am 20. Juli 1932 einfach schon zu spät." In der Tat ist dieser Einschätzung eine gewisse Berechtigung zuzuschreiben. Denn die allgemeinen Rahmenbedingungen mit hoher Arbeitslosigkeit schwächten die Schlagkraft der Gewerkschaften. Die Parole Generalstreik habe nicht ausgegeben werden können, weil für einen „Kampf" der „Resonanzboden" gefehlt habe, räsonierte Grzesinski später.[525] Und ein Aufruf zum bewaffneten Kampf hätte unweigerlich in den Bürgerkrieg geführt, für den die Demokraten nicht gerüstet schienen und in dem sie hoffnungslos unterlegen gewesen wären. Die Verantwortlichen erkannten die Aussichtslosigkeit eines bewaffneten Konflikts. Eine Niederlage hätte zum endgültigen Verbot und letztlich Zerfall des Reichsbanners geführt. So blieb die Organisation auch nach dem Preußenschlag handlungsfähig, wenn auch in der Wirkungsmacht erheblich gestutzt.

Die Republik lag im Todeskampf. Die Nationalsozialisten schwenkten auf die Zielgerade ein und profitierten zweifellos auch davon, dass die organisierte Arbeiterbewegung uneins blieb und die Kommunisten in den Sozialdemokraten nach wie vor den Hauptfeind sahen. An dieser ebenso fatalen wie absurden Grundhaltung änderte sich auch nichts, als die existentielle Bedrohung für die Republik immer deutlicher zutage trat. SPD und KPD standen sich trotz der wachsenden braunen Gefahr unversöhnlich gegenüber. Wenn die Kommunisten auch in Hessen die Kampagne einer „roten Einheitsfront von unten" propagierten, so meinte das immer Gewinn der sozialdemokratischen Parteigänger, nachdem diese sich von der SPD-Führung losgesagt hätten. Unter diesem Motto stand der von 1.500 Köpfen (überwiegend Kommunisten) besuchte „Erste Kampfkongress der Antifaschistischen Aktion" im Juli 1932 in Darmstadt, auf dem der KPD-Reichsvorsitzende Ernst Thälmann eines der Hauptreferate hielt.[526] Auch auf der Straße trafen SPD und die eng mit ihr verwobene „Eiserne Front" auf die KPD. Als Kommunisten im April 1932 eine Kundgebung der „Eisernen Front" in Flörsheim im Taunus massiv störten, entwickelte sich eine wüste Schlägerei mit Verletzten und einem Toten, einem Kommunisten aus Rüsselsheim, von unbekannter Hand mit einem Messer niedergestreckt.[527] Für die Kommunisten blieben die Sozialdemokraten die Sozialfaschisten, Büttel des Kapitalismus, sogar noch, als Hitler bereits an der Macht war: Die letzte Sitzung der frei gewählten Frankfurter Stadtverordnetenversammlung am 7. Februar 1933 ging in Tumulten unter, nachdem ein Kommunist wieder einmal einen Sozialdemokraten als „Sozialfaschisten" tituliert hatte.[528] Es war demnach nahezu zwangsläufig, dass Bestrebungen für ein linkes Bündnis, etwa bei Wahlen, wie es im Sommer 1932 in Kassel angedacht wurde, wirkungslos verpufften. Das Postulat von der „Einheit der Arbeiterbewegung" wurde immer als Dominanz der eigenen Partei verstanden unter Einschluss der Anhänger der anderen, ohne deren Führungsriege. Eine Einigung oder einheitliche Aktion wurde zusätzlich erschwert durch die Gründung bzw. Abspaltung sozialdemokratischer und kommunistischer Splitterparteien wie des Internationalen Sozialistischen Kampfbundes (ISK), der Sozialistischen Arbeiter-Partei Deutschland (SAPD) oder der Kommunistischen Opposition (KPO).[529]

Da mochten andere mutig Zeichen setzen: Als Adolf Hitler am 16. Juni 1932 in Offenbach im Stadion am Bieberer Berg im Vorfeld der sechs Wochen später stattfindenden Reichstagswahl eine Veranstaltung abhalten wollte, verweigerte das Vorstandsmitglied der Offenbacher Kickers, Manfred Weinberg, die Freigabe. So fand das Ganze auf einem benachbarten Platz des SV Offenbach vor 20.000 Gefolgsleuten statt. Der Jude Weinberg aber wurde aus dem Verein gedrängt, nachdem seine Tat etwa 200 Mitglieder zum Verlassen des Vereins bewogen und eine Mitgliederversammlung seinen Rücktritt gefordert hatte. Er ging, und die Kickers waren nun, so jubilierten die „Offenbacher Nachrichten" schon im Juli 1932, „frei von jüdischem Einfluss".[530] Weinberg kam im März 1933 vorübergehend in „Schutzhaft" ins KZ Osthofen und emigrierte anschließend. Andere demonstrierten durch Fernbleiben Opposition gegen den Nationalsozialismus: Als Hitler Ende Oktober 1932 im Vorfeld der Reichstagswahlen vom 6. November auch im katholisch geprägten Limburg sprach, blieb, so meldete die bürgerliche Presse, das eigens aufgebaute Festzelt auf dem Marktplatz zu einem Drittel leer – aber es waren immer noch mehrere Tausend da, die dem Einpeitscher Beifall klatschten.[531]

Der Hinweis auf diese Ereignisse darf jedoch nicht darüber hinwegtäuschen, dass Hitler und der Nationalsozialismus auch (und gerade)

Adolf Hitler kommt im Juli 1932 zu einer Wahlveranstaltung nach Wiesbaden; hier auf dem Flugplatz Erbenheim, wohl vor dem Abflug.

in Hessen ihren Siegeszug in Breite und Schnelligkeit fortsetzten. Hitler bediente sich einer modernen Wahlkampfstrategie; dazu gehörten jene modern wirkenden Propagandaflüge, um an einem Tag an mehreren Orten präsent zu sein. Im Juli 1932 kam er vor der Reichstagswahl auf dem dritten dieser Rundflüge auch nach Wiesbaden, wo ihm Tausende zujubelten. Überall da, wo die NSDAP in den Wahlkörperschaften in der Lage war, legte sie die Demokratie lahm. In Darmstadt war ein Regieren angesichts der parlamentarischen Konstellationen nur auf dem Wege der Verordnung ohne Mitwirkung der gewählten Vertreter möglich. Das Parlament erstarrte in polemischen Auseinandersetzungen und entwürdigte sich selbst durch agitatorische Scheingefechte.

Der Landtag lag im Sterben, unfähig zur Aktion. Nur zwei Gesetze verabschiedete er im Zeitraum zwischen Ende 1931 bis April 1933, die auch in Kraft gesetzt wurden: eine im Grunde unwichtige Novellierung des Pressegesetzes von 1862 und (auf Antrag der NSDAP) im Juli 1932 die Abschaffung des Verfassungstages, den der Landtag erst drei Jahre zuvor nach scharfen parlamentarischen Debatten zum Feiertag erhoben hatte. Ein von der NSDAP eingebrachtes und vom Plenum angenommenes Amnestiegesetz wurde von der Regierung, weil es gegen Reichs-

11. Endkampf der Republik

Reichspräsident Paul von Hindenburg (im Wagen links) besucht im Juli 1932 Wiesbaden, hier gefeiert bei der Fahrt von der rechtrheinischen „Brückenkopfgemeinde" Mainz-Kastel kommend.

recht verstieß, nicht verkündet. Dazu hatte die um Stellungnahme gebetene Reichsregierung geraten.[532] Gleiches galt für einen im Februar anhängigen Gesetzentwurf auf der Basis eines NSDAP-Antrages über die Versammlungsfreiheit, das die Landesregierung nicht zu veröffentlichen gewillt war, auch weil es in wesentlichen Punkten dem Reichsrecht widersprach.[533]

So wie der Verfassungstag als Feiertag gestrichen wurde, so sollte auch die Verfassung kein Dreivierteljahr später in den Orkus der Geschichte geworfen werden. Die Totengräber der Republik, die Anfang Oktober 1932 erstmals in SA- und Parteiuniformen im Landtag erschienen waren, hielten die Schaufeln schon bereit. Der Kasseler SPD-Parteisekretär Rudolf Freidhof hatte 1931 gewarnt, dass die NSDAP einen Krieg heraufbeschwören werde, der ein „Meer von Blut und Tränen für die jetzt lebende Generation und kommende Geschlechter" zur Folge habe: „Krieg und Barbarei ist das Ziel des Nationalsozialismus." Das sollte zutreffen. Und Freidhof, der nach dem Ende des Zweiten Weltkriegs die örtliche SPD wieder mit aufbaute und Landtags- sowie Bundestagsabgeordneter wurde, prophezeite bei einem Sieg der Nationalsozialisten fürchterliche Folgen für das eigene Klientel: „Wehe der Arbeiterklasse, wenn diese blutgierigen Bestien jemals zur Macht kämen."[534] Die „Bestien" kamen zwei Jahre später an die Macht. Aber die Arbeiter*klasse* an sich hatte wenig zu befürchten, wenn sie sich gefügig zeigte und unterwürfig in die nationalsozialistische Volksgemeinschaft einreihte. Die Arbeiter*bewegung* jedoch sollte verfolgt und zerschlagen werden.

Die Arbeiterbewegung wird zerschlagen: Besetzung und Verwüstung des Volkshauses in Bensheim, das verschiedenen Arbeitervereinen als Vereinslokal gedient hat, durch die SA am 2. Mai 1933.

12. Untergang der Demokratie und Wegbereitung der Diktatur

Am 17. März 1929, zehn Jahre nach seinem Amtsantritt als Reichsministerpräsident (Reichskanzler), hielt Philipp Scheidemann zwei öffentliche Reden, eine am Vormittag in Berlin, eine am Abend in seiner Geburtsstadt Kassel. In ihnen warnte der ehemalige Oberbürgermister von Kassel vor einem Sieg der Nationalsozialisten: „Nehmen wir an, dass die Reaktion zum Siege gelangen könnte – glaubt jemand, dass drei Tage später noch ein Republikaner in seinem Amte sein würde?"[535]. Seine Vorausschau zeigte allerdings nicht im Entferntesten auf, mit welcher Unmenschlichkeit die vier Jahre später von verantwortungslosen konservativ-antirepublikanischen Steigbügelhaltern in den Sattel der Macht gehobenen Nationalsozialisten zunächst das Deutsche Reich, dann die Welt überziehen sollten. Das Ausmaß von Brutalität und Menschenverachtung lag außerhalb des Vorstellbaren. Scheidemann musste als einer der von den Nationalsozialisten meistgehassten Republikaner 1933 Deutschland Hals über Kopf verlassen. Der Sozialdemokrat starb 1939 im Exil in Kopenhagen.[536]

Bei der sogenannten „Machtergreifung" der Nationalsozialisten am 30. Januar 1933 handelte es sich eigentlich um eine sich im bisherigen Rahmen vollziehende Übergabe der Reichskanzlerschaft, dieses Mal an Adolf Hitler. Das wurde in Hessen wie überall in Deutschland von den neuen Machthabern mit großen Kundgebungen und Fackelzügen gefeiert, von der Arbeiterbewegung mit Protestversammlungen etwa unter der Parole „Nieder mit Hitler" quittiert. In Frankfurt folgten vier Tage nach Hitlers Ernennung an die 10.000 Demokraten dem Ruf der „Eisernen Front" und versammelten sich auf dem Römerberg.[537] Doch mit öffentlichen Bekenntnissen zur Republik und dem bekundeten Willen zur Abwehr diktatorischer Bestrebungen konnte letztendlich der Zug der NSDAP zur totalen Macht nicht mehr aufgehalten werden. In Etappen wurde auch Hessen im Sinne der neuen Herrscher „gleichgeschaltet", erfolgte sukzessive die „Demontage der Demokratie".[538]

Im Volksstaat nahmen die auf eine Machtübernahme weder organisatorisch noch personell hinreichend vorbereiteten Nationalsozialisten

Kassels Oberbürgermeister Philipp Scheidemann spricht 1922 auf einer SPD-Veranstaltung im Rheinstädtchen Kaub, das in der „Republik Flaschenhals" liegt.

die Berliner Ereignisse zum Anlass, in dem seit den November-Wahlen 1931 durch eine Pattstellung weitgehend handlungsunfähigen Landtag einen Antrag auf Auflösung des Parlaments und Neuwahlen zu stellen, die zusammen mit den für den 5. März terminierten Reichstagswahlen stattfinden sollten. Der Antrag verfehlte jedoch am 6. Februar mit 34 Ja- gegen 33 Nein-Stimmen deutlich die erforderliche Zweidrittelmehrheit, wie sie der per Gesetz vom März 1930 geänderte Artikel 24 der Landesverfassung vorschrieb.[539] Die Regierung von Staatspräsident Bernhard Adelung und Innenminister Wilhelm Leuschner blieb daher weiterhin geschäftsführend im Amt. Doch der neue Reichsinnenminister Wilhelm Frick (NSDAP) ließ nicht locker; er forderte die Befolgung der Notverordnung vom 4. Februar „zum Schutze des Deutschen Volkes", die die Versammlungs- und Meinungsfreiheit einschränkte, und wies die Darmstädter Regierung an, den SPD-Mann Leuschner abzulösen. Diesem massiven Druck glaubten die hessischen Sozialdemokraten – in Fehleinschätzung des totalen Machtanspruchs der Nationalsozialisten – entgehen zu können, wenn Leuschner sein Amt niederlegen würde. „Eine harte Woche. Scheißkerle entpuppen sich", notierte dieser zweideutig in seinem Tageskalender.[540] Meinte er, dass die neuen

12. Untergang der Demokratie und Wegbereitung der Diktatur

Machthaber nun ihr wahres Gesicht zeigten? Oder spiegelt sich in seinen Worten vielleicht auch ein Maß an Verbitterung über seine zurückweichenden sozialdemokratischen Parteikollegen wider? Leuschner, der ein Jahr zuvor vor den hessischen Parlamentariern erklärt hatte, dass ein Staat, der sich nicht verteidige, „nicht wert zu existieren" sei[541], fügte sich: Er verkündete am 15. Februar seinen baldigen Rücktritt und übergab seine Amtsgeschäfte einem höheren Beamten seines Ministeriums. Mit Genugtuung registrierte ein NS-Blatt, dass „der berüchtigte sozialdemokratische Innenminister [...], einer der übelsten Terroristen gegen die deutsche Freiheitsbewegung, der die ihm zur Verfügung stehende Machtfülle fortdauernd missbrauchte und zur Stütze der korrupten Sozialdemokratie verwandte"[542], seinen Posten zum 1. April aufgeben würde.

Auch andernorts schufen die Nationalsozialisten Fakten. Die Verwaltungen wurden „gesäubert". Die beiden Regierungspräsidenten Fritz Ehrler (SPD) in Wiesbaden und sein liberaler Kollege Ferdinand Friedensburg in Kassel wurden als entschiedene Anhänger der Republik aus dem Amt verbannt. Auf die Stelle von Ehrler rückte der zunächst noch parteilose, dann zum 1. Mai 1933 der NSDAP beitretende Karrierebürokrat Werner Zschintzsch, auf den 1936, als er zum Staatssekretär in das Reichs- und Preußische Ministerium für Wissenschaft, Erziehung und Kultur befördert wurde, der „alte SA-Kämpfer" Friedrich („Fritz") Pfeffer von Salomon folgte. Dieser hatte nach der Machtübernahme durch die Nationalsozialisten seit April 1933 als Polizeipräsident von Kassel und wenige Monate später als Leiter der örtlichen Gestapostelle fungiert, war dann aber aufgrund von Intrigen des dortigen Gauleiters Karl Weinrich abgelöst und nach Wiesbaden transferiert worden.[543]

Mit Friedensburg, für den der in jeder Hinsicht blasse Verwaltungsjurist Konrad von Monbart nachrückte, musste ein Mann des Liberalismus gehen. Bei einem sonntäglichen Besuch seiner Diensträume am 12. Februar fand er ein Telegramm des preußischen Ministerpräsidenten Hermann Göring (NSDAP) vor, nach dem er sofort beurlaubt sei.[544] Bereits bei seinem Amtsantritt 1927 hatte Friedensburg es als seine vordringliche Aufgabe gesehen, republikanisches Gedankengut in der Bevölkerung zu festigen, was ihn sogleich zum Zielobjekt der Antirepublikaner machte. Dabei tat sich – bis hin zu einer Interpellation im preußischen Landtag – der deutschnationale Abgeordnete Lothar Steuer aus Kassel besonders hervor, der wesentlich die letztlich erfolgreiche Kampagne gegen den 1925 vorzeitig aus dem Amt ausscheidenden Kasseler Oberbürgermeister Philipp Scheidemann angeführt hatte.[545]

In Frankfurt musste Polizeipräsident Ludwig Steinberg als sozialdemokratischer „Parteibuchbeamter" am 11. Februar seinen Stuhl räumen. Im Gefolge des Reichstagsbrandes in der Nacht zum 28. Februar ging die Polizei gegen KPD und SPD vor, verhaftete vor allem Kommunisten, durchsuchte Parteibüros und beschlagnahmte im großen Stil Unterlagen und Wahlkampfmittel. Sozialdemokratische und kommunistische Versammlungen wurden untersagt. Missliebige örtliche Presseorgane der Arbeiterbewegung, wie in Frankfurt zum 1. März die sozialdemokratische „Volksstimme" und die kommunistische „Arbeiter-Zeitung", wurden im Vorfeld der März-Wahlen verboten und damit auch den Sozialdemokraten, den entschiedenen Verteidigern der Republik, die wichtigsten Sprachrohre genommen. Der braune Terror beherrschte überall die Szene; Rollkommandos von SA und SS überfielen ihre erklärten Gegner. Angst und Schrecken machten sich flächendeckend breit.

Dennoch: Noch einmal mobilisierte die Arbeiterbewegung ihre Kräfte, noch einmal organisierten SPD und KPD, mitunter sogar gemeinsam, Großveranstaltungen, noch einmal demonstrierte die „Eiserne Front" entschiedenen Kampfeswillen, noch einmal rief Leuschner vor den Republikanern zur Verteidigung der Demokratie auf[546] – doch alles vergebens. Die Reichstagswahlen vom 5. März waren, wenn auch die Stimmenauszählung wohl noch „ordnungsgemäß" erfolgte, keineswegs auch nur „halbwegs frei", wie sie bisweilen (auch heute noch) bezeichnet werden. Denn die KPD wurde nach dem Reichstagsbrand unnachgiebig verfolgt, zahlreiche ihrer Funktionäre waren schon verhaftet. Zugleich wurde die SPD massiv behindert. Terror herrschte auch am Wahltag. In Ober-Ramstadt bei Darmstadt wurden vier Männer des „Reichsbanners Schwarz-Rot-Gold" durch Schüsse von Nationalsozialisten verwundet; der 32 Jahre alte Georg Sache erlag seinen Verletzungen. Der 24-jährige Offenbacher Reichsbannermann Christian Pleß, der mit seinen Kameraden Wähler schützen wollte, wurde von einem SA-Mann niedergestreckt. Seine Beerdigung wurde zu einer letzten machtvollen Demonstration der Arbeiterbewegung in der Lederwarenstadt: Etliche tausend Trauergäste gaben ihm das letzte Geleit.[547] Prominentes Opfer des unmittelbaren Terrors nach der Wahl war der Präsident der Landesversicherungsanstalt Darmstadt, Hermann Neu-

Mahnwache für den bei einer Schießerei am 5. März ermordeten Reichsbanner-Mann Christian Pleß aus Offenbach; ganz l.: Artur E. Bratu, in den 1970er Jahren Direktor der Hessischen Landeszentrale für politische Bildung.

mann, bis 1924 SPD-Landtagsabgeordneter. Er wurde am 8. März in Darmstadt von der SA ermordet.[548]

Bei den Reichstagswahlen vom März lag die NSDAP in Hessen (heutiges Gebiet) mit 49,5 Prozent fast sechs Prozentpunkte über dem Reichsergebnis.[549] Bei den gleichzeitig stattfindenden Wahlen zum preußischen Landtag erzielte sie in Hessen-Nassau 48,9 Prozent, überwand dabei im Regierungsbezirk Kassel die 50-Prozent-Marke, nicht aber im Regierungsbezirk Wiesbaden. In beiden Bezirken aber blieb man über dem Ergebnis im Gesamtpreußen mit 43,2 Prozent. Die NSDAP schritt landauf, landab zur symbolpolitischen Übernahme der Macht: Wie überall hissten auch in Bad Homburg am 7. März ihre Mannen ohne nennenswerte Gegenaktionen oder gar Gegenwehr schwarz-weiß-rote Fahnen und das Hakenkreuzbanner am Rathaus als Zeichen der Okkupation.[550] Auch in Egelsbach mit seinen dreieinhalbtausend Einwohnern, wo das republikanische Banner verbrannt wurde, jubilierten die Nationalsozialisten, die zunächst im traditionell roten Arbeiterdorf einen schweren Stand gehabt hatten. Triumphierend ließen sie verkünden, dass „mit dem heutigen Tage die längst faulen Früchte gefallen" seien.[551]

Das Hakenkreuz weht ab dem 13. März 1933 auch am Römer in Frankfurt.

Allerorten taten es ihnen ihre Parteigenossen gleich. Vergeblich wehrte sich der Magistrat Limburgs gegen die parteipolitische Vereinnahmung durch die Nationalsozialisten, gehöre das Rathaus doch der „gesamten Bürgerschaft".[552] Der Frankfurter Oberbürgermeister Ludwig Landmann konnte zwar noch das erste Hissen der Hakenkreuzfahne durch die SA verhindern, den nächsten Versuch am 13. März jedoch nicht mehr. Er hatte am 4. März verlautbaren lassen, zum 1. Oktober des Jahres wegen der Erreichung der Altersgrenze in den Ruhestand zu treten. Am 11. März erklärte er, dass er, um sinnlose Kämpfe zu vermeiden, bereits tags darauf ausscheiden werde. An eben diesem 12. März durchkämmten SA-Trupps auf der Suche nach ihm die Stadt, konnten seiner aber nicht habhaft werden. Er setzte sich nach Berlin ab. Für viele andere wie für den deutsch-völkischen Leiter des Stadtarchivs in Friedberg, Ferdinand Dreher, aber war die „vierzehnjährige Passionszeit" der ungeliebten Republik vorüber. Jetzt begann für ihn das Wetterleuchten einer langersehnten neuen Ordnung. Der Archivar sollte beim Einmarsch der Amerikaner 1945 Selbstmord begehen.[553] Für viele Nationalsozialisten ging die „tausendjährige Sehnsucht der deutschen Jugend", das Dritte Reich, in Erfüllung, wie es der NS-Lautsprecher Roland Freisler ein halbes Jahr zuvor im preußischen Landtag in pathetische Worte gekleidet hatte.[554]

Nach den Wahlen holte die NSDAP zum Todesstoß gegen die sozialdemokratische Regierung in Darmstadt aus – für alle sichtbar: SA-Trupps verbrannten auf dem Darmstädter Luisenplatz die schwarz-rot-goldene Fahne der Republik, während auf dem Landtagsgebäude, dem Ständehaus, die aufgezogene Hakenkreuzfahne die neue Zeit des Nationalsozialismus verkündete. Der nach der Machtübertragung auf Hitler von den nationalsozialistischen Organisationen immer mehr verstärkte Terror bot Reichsinnenminister Frick willkommene Gelegenheit und Vorwand, die Staatsgewalt aufgrund der „Verordnung zum Schutze von Volk und Staat" vom 28. Februar, der sogenannten Reichstagsbrandverordnung, an sich zu reißen und bereits am Tag nach der Reichstagswahl im Darmstädtischen die Befugnisse seinem Parteifreund, dem Landtagsabgeordneten Heinrich (Heinz) Müller, als Reichskommissar zu übertragen, wobei er sogleich mit NS-Gauleiter Jakob Sprenger als dem wichtigsten Parteimann die nächsten Maßnahmen koordinierte.[555] Müller, Leiter des Alsfelder Finanzamtes, übernahm damit die Regierungsgewalt, während der gerade einmal 29-jährige Werner Best, Urheber der „Boxheimer Dokumente", als Sonderkommissar für das Polizeiwesen die zentrale Machtposition usurpierte. Vergeblich protestierte Staatspräsident Adelung gegen diese Maßnahmen; er wurde kurzerhand unter Polizeiaufsicht gestellt. Noch in der Nacht nach der Wahl erfolgten die Besetzung des Innenministeriums und die Entwaffnung der Bereitschaftspolizei; Gewerkschaftshaus und Verlagsgebäude der sozialdemokratischen Zeitung „Hessischer Volksfreund" in Darmstadt wurden durchsucht. Ohnmächtig rief die SPD ihre Parteianhänger zu „Disziplin und Besonnenheit" auf.[556]

Der SS-Mann Best, eine Woche nach der Ablösung der formal noch amtierenden Regierung Adelung offiziell zum „Staatskommissar für das Polizeiwesen in Hessen" ernannt, begann umgehend mit der „Säuberung" des Polizeiapparates von sogenannten „unzuverlässigen" Elementen, womit nichts anderes als republiktreue Kräfte gemeint waren. Er machte kurzerhand tausende Nationalsozialisten zu Hilfspolizisten. Ende März 1933 gab es in Hessen(-Darmstadt) 2.150 reguläre Polizeibeamte und fast 4.600 solcher Hilfspolizisten, von denen drei Viertel der SA angehörten. In seinem Bemühen, die Polizei zu einer zuverlässigen Stütze der NS-Regierung zu formen, baute Best die unter Leuschner noch recht kleine Abteilung der politischen Polizei aus, die bis dahin dem Polizeiamt Darmstadt angegliedert gewesen war. Schon 1923/24 war beim Polizeiamt der Landeshauptstadt eine Nachrichtenzentrale gegründet worden, die staatsgefährdende Bestrebungen beobachten sollte. Die bei den Polizeidirektionen entstandenen politischen Abteilungen wurden 1930 dem beim Innenministerium ressortierenden Landeskriminalpolizeiamt zugeordnet. Best löste dieses Ende März 1933 aus der allgemeinen Verwaltung heraus: Hessen(-Darmstadt) besaß damit schon vor Preußen, wo per Erlass in Frankfurt das für den Regierungsbezirk Wiesbaden zuständige „Geheime Polizeiamt" am 26. April 1933 als wichtigste Gestapo-Dienststelle auf dem Gebiet des späteren Hessen ins Leben gerufen wurde, eine selbstständige politische Polizei, die seit Mitte September 1933 die Bezeichnung „Hessisches Geheimes Staatspolizeiamt Darmstadt" trug. Sie war mit umfangreichen Kompetenzen ausgestattet, dabei Best direkt unterstellt und dem Zugriff der Gerichte und Staatsanwaltschaften entzogen. Es war ihre Aufgabe, staatsfeindliche, insbesondere sogenannte marxistische Bestrebungen zu bekämpfen.[557]

Wie die Nationalsozialisten mit ihren Gegnern verfuhren, zeigte das Schicksal von Carlo Mierendorff. Der militante Sozialdemokrat, ein unerschrockener und entschiedener Verteidiger der Republik, war Ende 1928 von Leuschner als Pressesprecher ins hessische Innenministerium geholt worden. Mit seismografischem Gespür registrierte er früh die von der NSDAP ausgehende Gefahr.[558] Seit 1930 auch Mitglied des Reichstages, hatte er dort im Februar 1931 die Verleumdungen des NS-Propagandaführers Joseph Goebbels an den Pranger gestellt und die Demagogie der Hitler-Bewegung entlarvt. Mierendorff zählte zu den populärsten Köpfen der „Eisernen Front", deren bald weithin als antinationalsozialistisch bekanntes Agitprop-Symbol der „Drei Pfeile" er gemeinsam mit dem russischen Gastwissenschaftler Sergej Tschachotin 1932 entwickelt hatte.[559]

Dass Mierendorff und Leuschner die Veröffentlichung der Boxheimer Dokumente veranlasst hatten, machte sie für die hessischen Nationalsozialisten zu den meistgehassten Sozialdemokraten im Land. Am 2. Februar

1933 hatte Mierendorff noch in einer Großveranstaltung von SPD und „Eiserner Front" in Darmstadt den „Kampf gegen die Hitler-Diktatur" proklamiert.[560] Am 5. März erneut in den Reichstag gewählt, musste er jedoch untertauchen, da er nach einer Hausdurchsuchung am 7. März wegen angeblicher Dienstvergehen per Haftbefehl gesucht wurde. Bereits bei einer Massenveranstaltung am 3. März im Wetzlarer Stadtteil Niedergirmes konnte der als Festredner angekündigte Mierendorff aufgrund seiner Gefährdung nicht mehr auftreten.[561] Er floh in die Schweiz, kehrte aber schon nach kurzer Zeit ins Land der Willkür zurück, um hier einen frühen Versuch zur Organisierung sozialdemokratischen Widerstandes zu unterstützen. Nachdem er am 13. Juni in Frankfurt verhaftet worden war, veranstalteten die Nationalsozialisten mit ihrem prominenten Häftling ein entwürdigendes Schauspiel, das für Best, der nunmehr für das hessische Polizeiwesen verantwortlich war, als Verfasser der Boxheimer Dokumente sicher auch ein Stück persönlicher Rache darstellte: Die NS-Handlanger trieben Mierendorff – wie so viele ihrer Gegner in diesen Tagen – mit Fußtritten und Schlägen unter Sirenengeheul durch die Innenstadt Darmstadts, schmähten ihn als „Lump, Stromer, Arbeiterverräter" und verkündeten in Sprechchören ihren Triumph, das „Presseschwein" der Leuschner-Regierung[562] endlich dingfest gemacht zu haben. Wenige Tage nach seiner Verhaftung wurde Mierendorff in das Konzentrationslager im rheinhessischen Osthofen bei Worms verbracht, dem ersten von den Nationalsozialisten eingerichteten KZ in Hessen, von ihnen beschönigend als „Umerziehungslager für verwilderte Marxisten" bezeichnet. Durch das auf dem Gelände einer ehemaligen Papierfabrik am 6. März 1933 eingerichtete „Schutzhaftlager", Bests Modell-KZ, sollten bis zu seiner Auflösung Mitte 1934 etwa 3.000 sogenannte „Schutzhäftlinge" gehen – ihrer Freiheit, Menschenwürde und Grundrechte beraubt.[563] Für Hessen-Nassau wurde im Juni 1933 im ehemaligen Benediktinerkloster Breitenau südlich von Kassel ein Konzentrationslager eingerichtet, das dann im März 1934 aufgelöst, aber nach Kriegsbeginn von der Kasseler Gestapo als Straf- und Durchgangslager für ausländische Zwangsarbeiter und auch deutsche Gefangene, darunter Juden, verwendet wurde.[564]

Nach Osthofen und Breitenau verbrachten die neuen Machthaber in Hessen vor allem Mitglieder und Funktionäre der Arbeiterparteien, darunter Bürgermeister, Stadtverordnete und Landtagsabgeordnete, zudem führende Vertreter republiktreuer Verbände wie des „Reichsbanners Schwarz-Rot-Gold" und der „Eisernen Front", aber auch Juden und der „Rassenschande" beschuldigte Bürger sowie einige wenige opponierende kirchliche Vertreter. Jeden konnte es treffen. „Nach Osthofen verbracht" wurde auch manch einer, der die neue Reichsregierung lediglich beschimpft hatte.[565] „Schutzhaft", wie es so verschleiernd in der nationalsozialistischen Sprachregelung für politische Haft hieß, bedeutete für die Betroffenen Ausgeliefertsein, Erniedrigung, Ungewissheit, Schikanen und Folter. Osthofen, neben dem weitaus größeren Dachau das erste reguläre Konzentrationslager im Reich, wurde als „Westhofen" Schauplatz von Anna Seghers' 1942 im Exil erschienenen Roman „Das siebte Kreuz".

Mierendorff als prominentester Häftling wurde hier so schwer misshandelt, dass er einige Tage nicht sprechen konnte und für Wochen ins Lazarett kam.[566] Sein Leidensweg durch das Lagersystem und das Berliner Gestapo-Gefängnis endete erst im Februar 1938. Nach seiner Entlassung schloss er sich abermals der Widerstandsbewegung an, fungierte als Bindeglied der sozialdemokratischen Opposition um Wilhelm Leuschner zu den bürgerlichen und militärischen Zirkeln, die später das Attentat auf Hitler vom 20. Juli 1944 und den daran gekoppelten Umsturzversuch vorbereiteten. An diesem war Mierendorff aber nicht mehr beteiligt. Im Dezember 1943 war er bei einem Luftangriff auf Leipzig ums Leben gekommen. Mierendorffs ehemaliger Minister Leuschner wurde zur zentralen Figur der sozialdemokratischen Opposition und wäre daher bei einem erfolgreichen Umsturz in der neuen Reichsregierung Vizekanzler geworden. Leuschner bezahlte seine führende Mitwirkung am Umsturz mit dem Leben. Er wurde am 29. September 1944 in der Strafanstalt Berlin-Plötzensee hingerichtet.

Zurück in die Zeit der sich verfestigenden Diktatur: Im Frühjahr 1933 eroberten die Nationalsozialisten mit ihrer Strategie einer Machtsicherung von oben und von unten, zum einen durch Gesetze und Verordnungen und zum anderen durch ungezügelten Terror der Straße, also durch einen scheinbar revolutionären Druck der „Massen", die zentralen Institutionen. In einem Freund und Feind überraschenden Tempo und in ungeahnter Rigorosität setzten die Nationalsozialisten unter Ausnutzung aller legalen und illegalen Machtmittel ihren Herrschaftsanspruch in die Tat um.

Dabei bemühten sie sich sogar noch, ihrer mit der Bestellung Müllers zum Reichskommissar vollendeten „Machtergreifung" in Hessen eine demokratische Tünchung zu geben. In der Landtagssitzung am 13. März 1933, bei der alle Abgeordneten der KPD und einige der SPD nach dem offiziellen Protokoll „fehlten" – sie waren entweder verhaftet oder untergetaucht –, wählte die NSDAP-Mehrheit im Verein mit DNVP und DVP sowie auch dem Zentrum, das seine Zustimmung mit dem Wunsch nach klaren politischen Verhältnissen begründete[567], den bisherigen NSDAP-Landtagspräsidenten Ferdinand Werner zum Staatspräsidenten und bestätigte den bestellten Reichskommissar Heinrich Müller als Minister für Finanzen, des Innern und der Justiz. Der faktisch schon um seine Macht beraubte bisherige Staatspräsident Adelung, den die SPD unter Gelächter der Nationalisten als ihren Kandidaten vorgeschlagen hatte, erhielt 15 Stimmen aus den eigenen Reihen. Er selbst gab einen weißen Stimmzettel ab, weil er, von den Nationalsozialisten zuvor unter Hausarrest gestellt und um die Verfügungsgewalt über die Polizei beraubt, ganz sicher gehen wollte, ein „Unentschieden" oder gar seine Wahl zu vermeiden.[568] Adelungs Enthaltung hätte es gar nicht bedurft; denn alle anderen Parteien stimmten für den Nationalsozialisten. Die seit den Novembertagen 1918 andauernde sozialdemokratische Ära war nunmehr beendet. Nach der Wahl des Staatspräsidenten schaltete sich das Darmstädter Parlament am 13. März selbst aus: Mit einer lediglich vom Landtagspräsidenten festgestellten, aber nicht nach Stimmen bezifferten „Mehrheit" nahm der Landtag ein Ermächtigungsgesetz an. Anders als im Reichstag, wo am 23. März die noch verbliebenen SPD-Abgeordneten gegen die Annahme des von Hitler geforderten reichsweiten Ermächtigungsgesetzes votierten (die kommunistischen Mandatsträger waren auch hier schon verfolgt, verhaftet, untergetaucht oder ins Ausland geflüchtet) und der SPD-Parteivorsitzende Otto Wels unter lebensbedrohlichen Begleitumständen gegen die tobenden Nationalsozialisten eine mutige Rede für Freiheit und Demokratie und gegen die Verbrechen der neuen Machthaber hielt[569], verlief die hessische Landtagssitzung weniger stürmisch. Die Preisgabe der parlamentarischen Demokratie verkümmerte zu einem „Akt erbarmungswürdiger Widerstandslosigkeit"[570], der nicht einmal eine Stunde dauerte.

Die SPD-Fraktion verweigerte dem Ermächtigungsgesetz ihre Zustimmung. In der zeitgenössischen Presse und ungeprüft in der Literatur finden sich zwei Varianten zum sozialdemokratischen Verhalten. Sie habe gegen das Ermächtigungsgesetz votiert[571] oder Stimmenthaltung geübt.[572] Das stenographische Protokoll gibt darüber keine direkte Auskunft, denn der neue Landtagspräsident Philipp Jung ließ per Akklamation abstimmen: „Wer für das Gesetz in seiner Totalität ist, den bitte ich, sitzen zu bleiben." Dann stellte er die Mehrheit einfach fest, sogar, falls diese erforderlich sei, die notwendige Zweidrittelmehrheit.[573] Eine Nachfrage nach Enthaltungen gab es nicht. Man konnte nur mit Ja oder Nein votieren, also dürften die SPD-Vertreter aufgestanden sein, was einem Nein gleichkam. Wären sie sitzengeblieben, so hätte der Landtagspräsident sicher mit dem Ton der Genugtuung einen einstimmigen Beschluss konstatiert. Ein deutliches Wort: Andere Interpretationen, die von einer „Enthaltung" ausgehen, die angesichts der Abstimmungsmodalitäten gar nicht vorgesehen war (ein „halbes Erheben" für Enthaltung gab es nicht), suchen der SPD einen Kotau vor den neuen Machthabern zu attestieren, um andere, die sich willfährig wie die Vertreter der Zentrumspartei erwiesen, von der tatsächlichen Verantwortung für die Annahme des Ermächtigungsgesetzes zu entlasten.

Wie zehn Tage später im Reich, so votierten auch die hessischen Zentrumsabgeordneten in einer Mischung aus Angst und Resignation, aber auch mit großem Anpassungswillen für die Entmündigung, mit dem der Prozess der Entparlamentarisierung in Hessen abgeschlossen und die Demokratie endgültig preisgegeben wurde. Denn mit dem Ermächtigungsgesetz entmachtete sich der Landtag selbst, der sich sogleich bis zum 1. Oktober vertagte. Er gab der neuen Regierung ein Instrument an die Hand, mit dem diese am Parlament vorbei Maßnahmen treffen konnte und wovon sie zur Sicherung ihrer Herrschaft und zur Ausschaltung ihrer Gegner auch ausgiebig Gebrauch machte. Sogleich wurden die sozialdemokratischen Zeitungen des Landes für dann insgesamt 14 Tage verboten. Über eine Regierungsverordnung vom Tag darauf konnte der Innenminister die Amtszeit von Wahlbeamten, die SPD oder KPD angehörten, kurzerhand vorzeitig beenden.[574] Der Willkür waren jetzt Tür und Tor geöffnet. Der bereits auf dem Totenbett aufgebahrte Darmstädter Landtag wurde begraben: Durch das zentralstaatliche „Vorläufige Gesetz zur Gleichschaltung der Länder mit dem Reich"[575] vom 31. März wurde ein fünfzigköpfiges Pseudo-Parlament installiert, dessen Zusammensetzung sich nach den Ergebnissen der Reichstagswahlen vom 5. März richtete, wobei die eigentlich auf die KPD entfallenen Mandate gar nicht mehr besetzt wurden (§ 7.3). So verteilten sich nach Vorlage des Landeswahlleiters die Mandate wie folgt: NSDAP 26, SPD 11 und Zentrum 7; auf die erzkonservative „Kampffront Schwarz-Weiß-Rot" entfiel ein Sitz.[576]

Nur ein einziges Mal, am 16. Mai 1933, trat dieses Scheinparlament zusammen. Bei diesem nur 21-minütigen grotesken Schauspiel fehlten jetzt auch die Sozialdemokraten, die längst mundtot gemacht worden waren. Besonders begrüßte der frisch gewählte Landtagspräsident Heinrich Müller unter „Sieg Heil"-Rufen „als Vertrauensmann unse-

12. Untergang der Demokratie und Wegbereitung der Diktatur

Paradeaufstellung auf dem Darmstädter Luisenplatz am 16. Mai 1933 zu der vom nationalsozialistischen Pseudo-Landtag vorgenommenen Einführung von NS-Gauleiter Jakob Sprenger (in der Bildmitte mit Hitler-Gruß) zum Reichsstatthalter von Hessen, links leicht versetzt dahinter Regierungschef Ferdinand Werner.

res Führers" den neuen Reichsstatthalter Jakob Sprenger. Der im Zuge der „Gleichschaltung" der Länder ernannte Reichsstatthalter war der neue starke Mann, der qua Amt die Landesregierung ein- oder absetzen, Gesetze erlassen und Beamte ernennen konnte.

Der Landtag wählte an diesem 16. Mai noch die Mitglieder für die Ausschüsse, die allerdings nie zusammentraten, und verabschiedete flugs ein neues Ermächtigungsgesetz, das dem Ministerpräsidenten das Recht zum Erlass von Gesetzen gab, die auch von der Verfassung abweichen konnten.[577] Die uneingeschränkte Herrschaft der Hitler-Partei war damit „legalisiert" worden. Die faktische Auflösung des Landtages im Oktober 1933 war nur noch Formsache. Sie ging einher mit der Auflösung des Reichstages. Sprenger gab sogleich bekannt, dass er keine Neuwahl anberaumen werde.[578]

Der SPD war am 22. Juni jedwede politische Betätigung untersagt worden, bis auch sie das Verbot mit dem „Gesetz gegen die Neubildung von Parteien" vom 14. Juli ereilte. Bis dahin war längst die reichhaltige sozialdemokratische Presse zerschlagen worden von der „Volksstimme" in Frankfurt, über den „Hessischen Volksfreund" in Darmstadt bis hin zum „Kasseler Volksblatt". Die Blätter der Liberalen und des Zentrums konnten noch ein wenig länger bestehen bleiben.[579] Die Zentrumspartei hatte sich reichsweit am 5. Juli 1933 selbst aufgelöst; ihre Abgeordneten blieben Mitglieder des Darmstädter Landtages „ohne Partei". Wie in Frankfurt, wo sich die heillos zerstrittene Partei des Katholizismus dem Schicksal fügte, gab es auch im gesamten Hessen innerhalb des Zentrums einen „Trend, sich dem verführerischen Schimmer des neuen nationalen Aufbruchs hinzugeben".[580] Ein Großteil der Stadtverordneten des Zentrums – nicht nur der Mainmetropole – trat als Hospitanten der jeweiligen NSDAP-Fraktion bei.

Auch in den anderen Kommunen lief der Prozess zur Entdemokratisierung genauso zügig ab. Hessen(-Darmstadt) war am 20. März mit einer Verordnung zur „Sicherung der Verwaltung in den Gemeinden" vorangeschritten, die die Absetzung unliebsamer Bürgermeister und Beigeordneter, vor allem natürlich aus den Reihen der Arbeiterbewegung, erleichterte. Dann sorgte das (vorläufige) Gesetz zur Ländergleichschaltung dafür, dass auch die Stadt- und Gemeindevertretungen nach den jeweiligen Ergebnissen der Reichstagswahl vom 5. März umgebildet wurden, wobei auch hier die kommunistischen Mandatszahlen nicht mehr zu berücksichtigen waren (§ 12).

Letzteres galt auch in Preußen, wo ebenfalls noch demokratisch verfasste Körperschaften amtierten, da dort die letzten Kommunalwahlen wie auch im Volksstaat 1929 stattgefunden hatten. Bereits vor den preußischen Kommunalwahlen am 12. März 1933, besonders nach den Wahlen zum Reichstag und zum preußischen Landtag, verstärkte die NSDAP den Terror, schikanierte und verhaftete den politischen Gegner und übte auf missliebige Amtsträger Druck aus. Unmittelbar nach dem Urnengang wurden Behörden und Ämter von den letzten „unzuverlässigen Elementen" gesäubert. Es folgte die sukzessive Durchdringung der Kommunalverwaltungen mit nationalen Kräften.[581] Dort, wo die Wahlen nicht im Sinne der neuen Machthaber ausfielen, wie in der Zentrumshochburg Limburg, zwangen die Nationalsozialisten die Bürgermeister und Stadtverordnetenvorsteher, ihre Ämter niederzulegen. In Limburg hatte die katholische Partei die Hälfte der abgegebenen Stimmen auf sich vereinigen können, während die NSDAP für sie doch mäßige 31,7 Prozent erhalten hatte. Unter ihrem Druck fügte sich Bürgermeister Marcus Krüsmann und gab wie auch der Stadtverordnetenvorsteher sein Amt auf. Nach einer provisorischen Zwischenbesetzung wurde im November der Rheingauer

NSDAP-Kreisleiter Willi Hollenders Rathauschef am Bischofssitz.[582] Nach und nach wurden auch die kleinen Orte „nazifiziert". In Niederselters/Taunus konnte der vorgewarnte Bürgermeister Adam Graef, seit 1922 im Amt, im letzten Moment vor dem SA-Trupp fliehen, der ihn absetzen wollte und dann aus Enttäuschung über das geglückte Entkommen des Sozialdemokraten dessen Amtszimmer verwüstete. Wie viele republikanische Amtsträger versuchte Graef die NS-Zeit irgendwie in Selbständigkeit zu überstehen, wurde aber 1940 nach einer unbedachten Äußerung verhaftet, in das KZ Sachsenhausen verbracht und starb als Opfer der Barbarei wohl im April 1945 beim Transport in das KZ Bergen-Belsen.[583]

Schonungslos wurde gegen KPD und SPD vorgegangen. Man vertrieb die bis dahin noch verbliebenen Sozialdemokraten aus den Ämtern und nahm sie zum Teil wie die Kommunisten in „Schutzhaft". Auch zahlreiche Gewerkschafter wurden von der SA verschleppt und brutal misshandelt.[584] Der Wiesbadener Gewerkschaftsfunktionär, SPD-Stadtverordnete und Anführer der „Eisernen Front" Konrad Arndt, zuvor bereits mehrfach verhaftet und verprügelt, war schon am Tag nach dem reichsweiten Ermächtigungsgesetz zu Hause von SA-Männern in Zivil überfallen und durch Messerstiche lebensgefährlich verletzt worden. Später folgten drei Jahre KZ, ehe er, zum Kriegsdienst eingezogen, auf ungeklärte Weise durch einen „Unfall" 1940 ums Leben kam.[585]

In Frankfurt setzten die Nationalsozialisten am Tag nach der Kommunalwahl Landgerichtsrat Friedrich Krebs, einen „alten Kämpfer" der völkischen Bewegung, an die Stelle des demokratischen Oberbürgermeisters Ludwig Landmann, der als Jude besonders gefährdet war. Der seit 1924 amtierende DDP-Politiker, ein „publikumsscheuer Herzensrepublikaner", konnte der Hatz von SA-Kommandos noch entgehen, emigrierte 1939, „ausgeplündert und nahezu mittellos"[586], in die Niederlande, wo er sich nach dem Einmarsch der Wehrmacht verbergen konnte und 1945 verstarb. Sein 1930 auf zwölf Jahre gewählter Amtskollege in Wiesbaden, der DVP-Mann und NS-Gegner Georg Krücke, wurde bereits am Abend der Stadtverordnetenwahl von der SA verhaftet, kam unter Hausarrest und gab Anfang Juni 1933 auf Druck der Nationalsozialisten sein Amt auf. Nach Kriegsende 1945 hob ihn die amerikanische Besatzungsmacht wieder auf den Posten. Sein Nachfolger wurde 1933 Alfred Schulte, seit 1925 Erster Beigeordneter und damit Stellvertreter des Oberbürgermeisters und erst seit Mai 1933 Mitglied der NSDAP, bis er 1937 wenig würdevoll in den altersbedingten Ruhestand geschickt wurde.[587] In Kassel musste der liberaldemokratische Oberbürgermeister Herbert Stadler weichen; seinen Posten okkupierte sein Stellvertreter Gustaf Lahmeyer. Dort, wo einst mit Philipp Scheidemann einer der führenden Männer der Republik gewirkt hatte, saß nun einer ihrer Gegner. Unliebsame Rathausbedienstete wurden von SA-Leuten abgeführt und schwer misshandelt.[588] Eine Ausnahme bildete Fulda, wo Oberbürgermeister Franz Danzebrink, ein Mann der katholischen Zentrumspartei, im Amt bleiben sollte. 1937 trat er der NSDAP bei. Er wurde 1942 im Amt bestätigt und erst einige Monate nach Kriegsende, Ende Juni 1945, von den Amerikanern verhaftet. Er wurde jedoch nicht weiter zur Rechenschaft gezogen und kam ungeschoren davon. Im Verfahren vor einer der Spruchkammern, die nach dem Krieg die Verstrickung des Einzelnen in das NS-System versuchten herauszufinden, wurde er zunächst als „Minderbelasteter", dann sogar als „Entlasteter" eingestuft, was ihn ermunterte, vehement seine Versorgungsbezüge bei der sich sträubenden Stadt Fulda einzufordern, dabei unterstützt von CDU-Bundespolitikern. Die Frage, welche individuelle Schuld er auf sich geladen hatte, wurde nicht beantwortet – wenn sie denn überhaupt gestellt wurde. Seiner Karriere war die herausgehobene Funktion im Nationalsozialismus jedenfalls nicht abträglich: 1954 wurde er Kommunalreferent im Bundesinnenministerium.[589]

Allgemein kam es jedoch in allen größeren hessischen Städten zu einem umfassenden personellen Austausch – auch in Hessen-Darmstadt: In der Landeshauptstadt musste der 1929 von den Parteien der Weimarer Koalition auf zwölf Jahre gewählte Oberbürgermeister, der Liberaldemokrat Rudolf Mueller, zum 30. März 1933 den Stuhl räumen. Seinen Stellvertreter, den Sozialdemokraten Heinrich Delp hatten die Nationalsozialisten bereits am Tag zuvor verhaftet, weil er sich geweigert hatte, freiwillig zurückzutreten. In Gießen konnte sich der seit 1914 amtierende, 1925 auf Lebenszeit gewählte liberaldemokratische Oberbürgermeister Karl Keller noch ein Jahr lang halten, ehe er zum 31. März 1934 aufgab.[590] Die Amtsstuben wurden von den „Novemberverbrechern", wie die Nationalsozialisten die Republikaner verunglimpften, sukzessive „gereinigt". Mehr noch: Wie andernorts auch ordnete etwa Krebs in Frankfurt in vorauseilendem Gehorsam und in ideologischem Aktionismus bereits am 28. März die Entlassung sämtlicher Juden aus der Stadtverwaltung an. Am 1. April folgte reichsweit der Boykott jüdischer Geschäfte. Als erste Stadt in Deutschland hatte Darmstadt am 28. März 1933 für 24 Stunden die jüdischen Läden gesperrt.

12. Untergang der Demokratie und Wegbereitung der Diktatur

Auf Grundlage des „Gesetzes zur Wiederherstellung des Berufsbeamtentums" vom 7. April 1933 wurden Juden von einem auf den anderen Tag aus ihren über Jahre angestammten Tätigkeitsfeldern entfernt – wie etwa der Kustos am Hessischen Landesmuseum in Darmstadt, Karl Freund. Doch damit nicht genug: Zum Verlust des Arbeitsplatzes kam die nicht minder bittere Erkenntnis, von allen im Stich gelassen zu werden, wenn auch noch der Dienstvorgesetzte sich weigerte, das gewünschte Zeugnis auszustellen, sich keiner der Kollegen für den Verbannten verwandte und die von Freund seit ehedem geförderten nicht-jüdischen Künstler sich in ihr Schneckenhaus verkrochen und ihre Stimme nicht gegen das ihm angetane Unrecht erhoben.[591] Im Mai verbrannten die Nationalsozialisten dann in allen größeren Städten Hessens die Bücher „undeutscher Autoren". Vor Ort setzte sich die Ausgrenzung fort: In Gießen wurde etwa der Arbeitersamariterbund durch die nationalistisch-konservativen Organisationen von der Feier zur Eröffnung des Reichstages am 21. März einstimmig ausgeschlossen.[592]

Die Parlamente waren gleichgeschaltet; die bereits geschwächte außerparlamentarische Macht wurde gänzlich zerschlagen. Den Arbeitern wurden die Rechte genommen. Die Betriebsratswahlen im März 1933 hatten den Nationalsozialistischen Betriebszellenorganisationen in einigen Unternehmen peinliche Niederlagen beschert. Anfang April 1933 verfügte die Reichsregierung daher per Gesetz weitreichende Eingriffsmöglichkeiten hinsichtlich der Betriebsräte. Das nutzte die hessische Landesregierung, um als Kontrollinstanz der Arbeiterschaft einen Staatskommissar für Arbeiterfragen einzusetzen.

Nach der Feier am 1. Mai, als die Nationalsozialisten erstmals den traditionellen internationalen Arbeiterfesttag zum „Tag der nationalen Arbeit", also zum Feiertag, erklärt und zum Schein den Schulterschluss mit den Gewerkschaften vollführt hatten, besetzten die Hilfstruppen der neuen Macht allerorten die Gewerkschaftshäuser, wurden diverse Verbände verboten und zahlreiche Funktionäre verhaftet, mitunter in sadistischer Weise misshandelt.[593] Die Freien Gewerkschaften wurden in die „Deutsche Arbeitsfront", die NS-Zwangsorganisation, überführt. Georg Kaul, der langjährige SPD-Fraktionsvorsitzende im volksstaatlichen Landtag, suchte enttäuscht von den gemeinsamen Aktionen der sozialistischen Gewerkschaften mit den nationalsozialistischen Verbänden am Abend des 1. Mai den Freitod: „Vor so viel Gesinnungslumperei schäme ich mich. Ich werde versuchen zu gehen", schrieb er zum Abschied. Er verstarb am darauffolgenden Tag, als die Gewerkschaften zerschlagen wurden.[594]

Trügerische Eintracht am 1. Mai 1933, den die Nationalsozialisten zum Feiertag erklärt haben: Die Marschkolonne der Firma Bänninger stellt sich zum Festumzug in Gießen auf, angeführt von SA-Männern in Uniform. Tags darauf werden die Gewerkschaften im ganzen Land zerschlagen.

Auch in den anderen wirtschaftlichen Selbstverwaltungsorganen wie den Industrie- und Handelskammern kam es zur „Gleichschaltung", die sich zunächst in einem personellen Wechsel niederschlug. Diesem ging in Frankfurt eine bemerkenswerte Aktion der Kammer voraus: Die IHK demonstrierte dort Distanz zum pöbelhaften Antisemitismus der NS-Bewegung, als sie, nachdem die Nationalsozialisten für den 1. April zum Boykott der jüdischen Geschäfte aufgerufen hatten, am 31. März eine Zusammenkunft jüdischer Kaufleute organisierte, die jedoch am Ende von einem SS-Krawallkommando heimgesucht wurde. Einige IHK-Mitglieder wurden dabei verhaftet. Umgehend trat das gesamte IHK-Präsidium zurück, ein Akt des Protestes des Einzelnen, aber auch der Anpassung der Institution. Neuer Präsident wurde Carl Lüer, Mitglied der NSDAP seit 1927.[595]

In Kassel musste der langjährige Präsident Karl Ludwig Pfeiffer dem Gauwirtschaftsberater der NSDAP für Kurhessen, Rudolf Braun, weichen. Neben Kurhessen gab es in Hessen noch einen weiteren Gauwirtschaftsberater als Beistand des Gauleiters auf wirtschaftlichem Gebiet:

Karl Eckardt für den südlichen Gau Hessen-Nassau. Eckardt spielte bei den späteren „Arisierungen" jüdischer Unternehmen eine besonders verwerfliche Rolle, als er unter Assistenz staatlicher Behörden bis hin zur Gestapo jüdische Besitzer ihres Eigentums beraubte und sich dabei persönlich bereicherte.

In Darmstadt löste der Nationalsozialist Paul Griebel Mitte April Emil Schenck, in der Republik aktives Mitglied der DDP, als Präsident der IHK ab, ehe im August 1933 Karl Merck an deren Spitze trat. Merck war, wie viele Unternehmer seiner Zeit, darunter Wilhelm von Opel, zum 1. Mai 1933 Mitglied der NSDAP geworden. Der Kasseler Großindustrielle Oscar Henschel war einen Monat zuvor zur Partei gestoßen. Einige taten dies aus Überzeugung, andere in der scheinheiligen Begründung, dass sie wegen ihrer herausgehobenen Stellung hierzu nachgerade verpflichtet seien. Freilich gab es auch in der Unternehmerschaft den „alten Kämpfer", den langjährigen, durchaus schon bewährten Parteigenossen.[596] Die Motivation, sich zu den neuen Mächtigen zu bekennen, mit ihnen zusammenzuarbeiten oder auch nur zu arrangieren, reichte von Überzeugung über Opportunismus bis hin zur kühlen Berechnung.

Die politische Neuordnung mündete in der Auflösung der demokratischen kommunalen Vertretungen. Das wurde mit dem Preußischen Gemeindeverfassungsgesetz vom 1. April 1934 zementiert, mit dem das bis dahin recht unterschiedliche Kommunalrecht im Land im nationalsozialistischen Sinne vereinheitlicht wurde. Exakt ein Jahr später trat die reichseinheitliche deutsche Gemeindeordnung in Kraft, die jeglichen demokratischen Willensbildungsprozess ausschloss. Die Kommunen waren gleichgeschaltet, die nicht mehr gewählten, sondern ernannten Gemeinderäte wurden zu bloßen Beratungsorganen degradiert, wie es schon in der preußischen Regelung von 1934 verfügt war. Das Führungspersonal in der Kommune wurde gänzlich gegen NS-Gefolgsleute ausgetauscht.[597]

Die Nationalsozialisten hatten somit auch in Hessen ihre Macht zementiert. Einer dieser neuen Machthaber war Jakob Sprenger, ein NSDAP-Führer mit geradezu typischem Lebensweg und Karriereverlauf.[598] Der Sohn eines kleinen Landwirtes aus der Pfalz, seit 1912 Beamter an einem Frankfurter Postamt, fand als enttäuschter Frontsoldat seinen politischen Zufluchtsort in der NSDAP. 1927 wurde er Gauleiter in Hessen-Nassau/Süd, das etwa dem Regierungsbezirk Nassau entsprach. Geraume Zeit vor der Machtübernahme Hitlers wurde Sprenger, seit 1930 Reichstagsmitglied, auch der Gau Hessen-Darmstadt unterstellt. Die Zentrale der Leitung für den neuen Gau „Hessen-Nassau" – neben dem nördlichen „Kurhessen" unter Karl Weinrich in Kassel – befand sich jetzt in Frankfurt, das zum Machtzentrum der hessischen Nationalsozialisten aufstieg. Doch damit war sein Hunger nach Macht nicht gestillt. Am 5. Mai 1933 ernannte ihn Hindenburg auf Wunsch Hitlers im Rahmen des „Zweiten Gesetzes zur Gleichschaltung der Länder mit dem Reich"[599] vom 7. April zum Reichsstatthalter in Hessen. Als verlängerter Arm des Reichskanzlers besaß er nahezu uneingeschränkte Vollmachten. Die Befugnis zur Umgestaltung der Regierung nutzte er zur eigenen Machtsicherung, schob Innenminister Müller auf den Posten des Landtagspräsidenten ab und berief Ferdinand Werner im Juni zum alleinigen Staatsminister, dessen Regierungsapparat auf drei Ministerialabteilungen verknappt wurde.

Letztlich zielte Sprenger auf eine politische Zusammenfassung des Rhein-Main-Raumes unter seiner Führung. Doch Werner und Best widersetzten sich Sprengers Ambitionen, woraufhin dieser dann Werner im September 1933 ausbootete und dessen Stellvertreter Philipp Jung zum alleinigen Staatsminister machte. Gleichzeitig konnte er Best ablösen.[600] Schließlich ernannte Hitler Sprenger am 1. März 1935 zum Regierungschef in Darmstadt, womit er nun parteiliche und staatliche Macht – zumindest für Hessen-Darmstadt – in seiner Hand vereinte. Zum 1. April 1937 verfügte Sprenger die Auflösung der drei hessen-darmstädtischen Provinzen Starkenburg, Oberhessen und Rheinhessen, die den Umbruch von 1918 als Verwaltungseinheiten unbeschadet überdauert hatten. Darmstadt war nun nicht mehr „Landeshauptstadt", sondern nur noch „Behördensitz".

Im Norden Hessens war Prinz Philipp von Hessen im Juni 1933 als neuer Oberpräsident der preußischen Provinz Hessen-Nassau von den Nationalsozialisten eingesetzt worden. Philipp von Hessen, den persönlichen Freund Hermann Görings, als „völlig unpolitisch" zu charakterisieren und ihn auf sein kulturelles Engagement zu reduzieren[601], verschleiert, dass es sich bei ihm, der einige Zeit in Italien Kunst studiert hatte und seit 1925 mit Prinzessin Mafalda von Savoyen, der zweiältesten Tochter des italienischen Königs Viktor Emanuel III., verheiratet war, um einen Bewunderer der faschistischen Idee (vor allem italienischer Prägung) handelte. Schon im Oktober 1930 hatte er das Mitgliedsbuch der NSDAP erworben. Sein Bruder Wolfgang wurde im Sommer 1933 Landrat des

12. Untergang der Demokratie und Wegbereitung der Diktatur

Am 8. Juni 1933 besuchen der preußische Ministerpräsident Hermann Göring (NSDAP) und sein Parteigenosse und Freund Prinz Philipp von Hessen (im Wagen stehend r.), der tags zuvor in Kassel als Oberpräsident der Provinz Hessen-Nassau eingeführt worden ist, die Universitätsstadt Marburg. Unter den jubelnden Zaungästen stehen links vorn auch Deutschordensritter mit Fahnen.

Obertaunuskreises in Bad Homburg, ein weiterer, Christoph, machte Karriere in Görings Reichsluftfahrtministerium.

Gewiss war Philipp von Hessen kein fanatischer Nationalsozialist wie etwa Erbprinz Josias von Waldeck und Pyrmont, ältester Sohn von Friedrich, des letzten regierenden Fürsten dort. Bereits im November 1929 der NSDAP beigetreten, spielte er die Rolle eines „Ersatzmonarchen unter dem Totenkopf"[602]: Als Duz-Freund von SS-Chef Heinrich Himmler brachte es der Prinz, dessen jüngerer Bruder Max Gegner des NS-Regimes blieb, zum höheren SS-Offizier: Er wurde schließlich zum „Täter von Rang", der die „Verschmelzung von alter Adelselite und der neuen Elite der SS" verkörperte.[603]

Dass Josias und auch Philipp von Hessen, nach dem Tod seines Vaters Friedrich Karl 1940 Oberhaupt der Dynastie, sich der NS-Bewegung anschlossen, machte diese in monarchistischen Gesellschaftskreisen im ursprünglichen Wortsinn „hoffähig". Der Landgraf, nach dem Anschluss Österreichs als Sonderbotschafter zum italienischen Diktator Benito Mussolini geschickt, um dessen Stillhalten in der österreichischen Frage zu sichern, war nach dem Sturz des Duce, den Viktor Emanuel III. verhaften ließ, und dem von ihn verkündeten Waffenstillstand im September 1943 als Bindeglied zur Regierung in Rom entbehrlich und wurde auf Order Hitlers hin ins KZ Flossenbürg verbracht. So ereilte ihn das Schicksal eines bei den Machthabern in Ungnade gefallenen Kollaborateurs der Diktatur. Seine ins KZ Buchenwald verschleppte Frau Mafalda verstarb an den Verletzungen infolge eines alliierten Bombenangriffs.[604]

Mit seiner Ausschaltung und dem Sturz des in der NSDAP weithin schon seit längerem als Fehlbesetzung angesehenen Kasseler Gauleiters Weinrich erreichte der ehrgeizige Sprenger sein Ziel: Durch Führererlass vom 1. April 1944 wurde die preußische Provinz Hessen-Nassau in zwei eigenständige Provinzen geteilt. Das nördliche Kurhessen erhielt mit Karl Gerland einen neuen Gauleiter, der dann auch kommissarisch das Oberpräsidium leitete. Aus dem Regierungsbezirk Wiesbaden wurde die um einige kurhessische Kreise erweiterte neue Provinz Nassau, deren Oberpräsident Jakob Sprenger wurde.

Der machtbewusste Sprenger war auf dem Zenit seiner Karriere angelangt – zehn Monate später jedoch am Ende. Nachdem er noch am 15. Februar 1945 den Befehl ausgegeben hatte, „Volksgenossen", die nicht gegen den nahenden Feind kämpfen wollten oder vor diesen zu fliehen versuchten, „rücksichtslos mit der Waffe niederzuschießen" oder zur Abschreckung zu erhängen[605], floh er Hals über Kopf kurz vor dem Einmarsch der Amerikaner in Richtung Österreich. Unmittelbar vor der deutschen Kapitulation nahm sich der hessische NS-„Führer" am 7. Mai 1945 in Tirol mit einem Gebräu aus Zyankali und Weinbrand das Leben. Zwölf Jahre zuvor war er im hessischen Raum einer der führenden Totengräber der ersten deutschen Demokratie gewesen.

Schlussbetrachtung:
Hessen zwischen Macht und Ohnmacht
in der Republik

Die Geschichte des hessischen Raumes in der Weimarer Republik unterschied sich in vielen Bereichen kaum von der in den anderen Teilen des Reiches, wies aber doch auch Besonderheiten auf. Auch die Hessen waren im Herbst 1918 weitgehend überrascht, zum einen von der Kriegsniederlage und zum anderen von der eruptiven Druckwelle der Revolution, auf die niemand vorbereitet war und für die niemand ein Konzept parat hatte. Der 9. November erschien vor allem den Sozialdemokraten als die „Morgenröte einer neuen Zeit", auch wenn sie sich bewusst waren, dass „der leuchtende Tag" so bald nicht folgen würde (Georg Kaul). Sie wollten auf diesen hinarbeiten.[606]

So viel Hoffnung wie 1918/19 war nie. Dabei waren die Startbedingungen der neuen Republik katastrophal. Kriegsniederlage und Revolution waren keine Ereignisse, von denen eine integrierende Breitenwirkung ausging. Dazu war die Erinnerung zu heterogen, im Falle des Krieges zudem bei vielen von einer grundlegend falschen Wahrnehmung geprägt, dass man eigentlich den Waffengang hätte gewinnen können, wäre es nicht zur Revolution gekommen. Das wirkte in einem hohen Maße desintegrierend für die Gesellschaft von Weimar und delegitimierend für die neue Staatsform Republik, die für viele ein verhasstes Gebilde blieb, auch weil sie nach ihrer Ansicht aus dem Verrat der sogenannten „Novemberverbrecher" geboren worden war. Kriegsende und Kriegsfolgen wurden zum Makel derer, die in der allgemeinen Desorganisation der Novembertage 1918 die Gelegenheit beim Schopfe gepackt hatten. Sie wollten das Reich vor dem Untergang bewahren und den Weg in die Republik bahnen. Von Beginn an fehlte es an einem weithin anerkannten positiven Narrativ von der Grundsteinlegung der Demokratie. Einen Gründungsmythos der Republik entwickelte niemand. Unter dem Alpdruck des Versailler Friedensvertrages wurde nicht die Frage gestellt, wer eigentlich die Schuld am Krieg besaß, sondern nur noch, wem das Ende und die fatalen Folgen zu verdanken waren. Im Rückgriff auf Stereotypen der Kaiserzeit, als die Sozialdemokraten zu staatenlosen Staatsfeinden,

Hoffnungen am Beginn der Republik:
Kundgebung der Frankfurter SPD im Januar 1919.

vaterlandslosen Gesellen und finsteren Volksverderbern gestempelt worden waren, wurden diese verantwortlich gemacht für die Kriegsniederlage und die sich daraus ergebenden katastrophalen Konsequenzen in Gestalt des als Schmach empfundenen Versailler Vertrages. Die unselige Dolchstoßlüge wurde zum probaten Transporteur dieses Irrglaubens, so dass nicht die Schuldigen an Krieg und Niederlage, also die kaiserlichen Entscheidungsträger in Politik und Militär, verantwortlich an diesem Elend gemacht wurden, sondern deren staatsrechtliche Erben, die den Karren aus dem Dreck gezogen, das Leben zu normalisieren versucht und den Weg in die Demokratie freigelegt hatten, also die Gründer der Republik.

Dass die unerwartete Niederlage und der überaus harte Friedensvertrag nie richtig verarbeitet wurden, gehörte zu den zentralen Belastungen der Republik. Jenseits der unterschiedlichen Sichtweisen auf Krieg und Kriegsschuld dominierte allerorten das Gedenken an die Opfer. Dies alles – einhergehend mit einer Sehnsucht nach dem Vergangenem bei vielen, einer mitunter gewalttätigen Ablehnung der neuen Staatsordnung und ihrer Träger bei einigen – waren die allgemeinen Startbedingungen der Demokratie.

Belastungen der Republik: Krieg und Kriegsniederlage, aber auch die Erinnerung an den Krieg, die von Verherrlichung bis Verdammung reicht, sind dominierende Elemente in der Kultur der ersten Republik, so auch in Altmorschen (südlich von Melsungen), wo das ganze Dorf bei der Einweihung des Ehrenmals im Juli 1923 auf den Beinen ist.

Unter diesen Voraussetzungen vollzog sich auch die Entwicklung Hessens, das als teilbesetztes Territorium von den Lasten des Friedensvertrages in besonderer Weise betroffen war. Neben der allgemeinen Not, die im Vergleich zur Vorkriegszeit zu enorm gestiegenen „sozialen Lasten" führte, kam noch die „Besatzungsnot", wie es Staatspräsident Bernhard Adelung im Februar 1932 vor dem Landtag ausdrückte.[607] Die erste Demokratie litt unter den Siegermächten. Nach dem Zweiten Weltkrieg sollten die westlichen Alliierten zu Paten der deutschen Demokratie werden und ihr, zumindest in den Westzonen, zu Stabilität und Akzeptanz verhelfen, so dass sie mit dem notwendigen wirtschaftlichen Ausschwung zum Erfolgsmodell werden konnte. Das Gegenteil war nach dem Ersten Weltkrieg der Fall gewesen: Die Sieger belasteten mit einer unnachgiebigen Politik die ohnehin unter wirtschaftlichen Krisen leidende Republik und schadeten so dem Ansehen der jungen Demokratie.

So blieb auch in Hessen Versailles für viele ein Symbol für die abgelehnte Republik; der Kampf gegen den Vertrag und gegen die darin niedergelegte vermeintliche „Kriegsschuldlüge", gepaart mit der Dolchstoßlüge, waren Klammern der Antirepublikaner. Dem konnten die Verteidiger der Republik nur wenig entgegensetzen. Mit Ratio konnte das Irrationale nicht ad absurdum geführt werden.

Ungeachtet dieser mentalen Dispositionen und Prägungen der Gründungsphase war Hessen im besonderen Maße republikanisch geprägt, waren der Volksstaat und die preußische Provinz Hessen-Nassau lange Zeit den antidemokratischen Stürmen trotzende Regionen. Es fehlte jedoch auch hier wie im übrigen Reich eine ökonomische Stabilisierung von Dauerhaftigkeit, welche die Akzeptanz des neuen Staates beträchtlich erhöht hätte. Das Gegenteil stellte sich ein. Ökonomische und soziale Dauerlasten mündeten in eine Wirtschaftskrise sondergleichen mit gesellschaftlichen Verwerfungen und Notlagen, die die innere Zerrissenheit verstärkten und extremistischen Organisationen, die die Republik zerstören wollten, zugute kamen. Es zeigte sich gerade in Hessen, dass die wirtschaftlichen Zwangslagen in besonderer Weise den Nationalsozialisten in die Hände spielten, erzielten sie dort doch mit der Krise über dem Reichsdurchschnitt liegende Ergebnisse, bisweilen lokal und regional weit darüber. Das war vor der wirtschaftlichen Superkrise so eben gerade nicht gewesen. Als Beleg sei die just in der Mitte der Republik, im April 1925, in einer Phase der relativen Stabilität stattfindende Volkswahl des Reichspräsidenten angeführt: Die Hessen stimmten mehrheitlich für den republikanischen Sammelkandidaten Wilhelm Marx, nicht für den von konservativ-nationalistischen Gruppen aus dem Altenteil auf die politische Bühne geholten Paul von Hindenburg, der schließlich Nachfolger des Republikgründers Friedrich Ebert wurde. Die Wahlwerte für die außerhalb des demokratischen Bodens agierenden Parteien, wozu auch die DNVP zu zählen war, blieben in Hessen während der mittleren Jahre unter den zwar weiter angespannten, aber doch halbwegs normalen sozioökonomischen Bedingungen unterhalb denen des Reiches; das schloss überproportionale Zahlen in einigen Kreisen, vor allem ländlich geprägter und mit nationalistisch-antisemitischer Tradition, freilich nicht aus. Die KPD als Partei der Industriearbeiterschaft bewegte sich insgesamt, mit Ausnahme einiger weniger Hochburgen wie Hanau, stets unter dem Reichsdurchschnitt, was zunächst auch für die NSDAP galt, die aber dann mit der sich zunehmend verschärfenden Wirtschaftskrise nahezu flächendeckend Ergebnisse einfuhr, die signifikant über denen in Gesamtdeutschland lagen.

Schlussbetrachtung

Nach einer vollkommen unblutigen Revolution erlebten die beiden größeren Territorien Hessens Jahre mit relativ kontinuierlich arbeitenden Kabinetten der Weimarer Koalition aus SPD, Zentrum und DDP (in Preußen zeitweise auch der Großen Koalition unter Einschluss der DVP), mit ganz normalen Regierungskrisen, aber immer gewillt, das parlamentarisch-demokratische Spiel zu spielen und dabei den Konsens mit dem politischen Partner zu suchen und zu bewahren. In Hessen(-Darmstadt) regierte dauerhaft eine mit komfortabler Mehrheit ausgestattete Weimarer Koalition – mit immer über 40 der 70 Mandate –, die im November 1931 über das Votum der Bürger ihre Majorität einbüßte. Ab diesem Zeitpunkt, als das Volk den demokratischen Parteien den Boden unter den Füßen wegzog, war ein Regieren nur noch auf dem Verordnungswege möglich, aber dieser Weg wurde von der republikanischen Exekutive in Hessen, die nicht einfach aufgeben, sich nicht davonstehlen und das Land den Radikalen ausliefern wollte, nicht zur Umformung der Demokratie, wie das Reich es vormachen sollte, missbraucht, sondern um das Leck geschlagene republikanische Staatsschiff einigermaßen auf Kurs zu halten.

Es ist bemerkenswert, dass es in Hessen während der gesamte Republik zu keinen Experimenten ins Extreme kam. Weder versuchte man hier eine linksdemokratische Koalition von SPD und USPD, wie sie im Land Braunschweig 1919 für einige Jahre hielt, noch gab es Volksfrontregierungen aus SPD und KPD, wie sie in Sachsen und Thüringen im Krisenherbst 1923 für einige Wochen praktiziert und auf Druck des Reiches beendet wurden. Für eine linkssozialistische Alternative mit der USPD oder später eine der Volksfront mit der KPD war die hessische SPD zu reformistisch und zu gouvernemental. Auf der anderen Seite war die USPD zu schwach, um ein wirkungsvoller Partner zu sein, blieben die Gräben zwischen SPD und KPD zu tief, um zur gemeinsamen Aktion zu schreiten. Zudem hätte eine von der SPD-geführte Regierung links der Mitte ohne bürgerliche Parteien des Verfassungsbogens niemals über eine Mehrheit verfügt. Auch schlug das Pendel nicht nach der anderen Seite aus, wie es in Bayern geschah, wo rechtsnationale Kreise vorübergehend mit diktatorischen Vollmachten regierten und dem Reich die Gefolgschaft verweigerten. Hessen dagegen stand treu zum Reich, nicht nur mit dem Aufruf der Regierung des Volksstaates „an das Hessische Volk" nach dem Hitler-Putsch 1923, als man das Münchner Treiben scharf verurteilte und „feierlich das Treugelöbnis zum Reich und zur Republik" abgab.[608]

Im nationalistischen Klima der selbsternannten konservativen Ordnungszelle Bayern fühlten sich rechte antirepublikanische Verbände wohl, wie eben der Putsch der Nationalsozialisten deutlich vor Augen führte. Bayern blieb ein Hort der Reaktion, Hessen – der Volksstaat und Hessen-Nassau als Provinz Preußens gleichermaßen – ein Hort der Republik, wo zumindest in Ansätzen eine Demokratisierung von Gesellschaft und Verwaltung erfolgte.

In Hessen(-Darmstadt) fehlte es selbst an einer aktionsbereiten Majorität für ein Projekt einer rechtsbürgerlich-konservativen Regierung, wie sie im südlichen Nachbarland Württemberg 1924 aus DNVP und Zentrum, dann ab 1928 unter Hinzuziehung von DDP und DVP geschaffen wurde, obwohl die Weimarer Koalition im Stuttgarter Parlament eine Mehrheit besaß.[609] Offenbar fehlte es in Hessen auch an den hierfür notwendigen Führungspersönlichkeiten. Der Versuch 1924/25 scheiterte kläglich, weil sich die hessischen Konservativen im Gegensatz zu ihrer württembergischen Schwesterpartei dem Rechtsbürgerblock verweigerten. So regierte in Hessen(-Darmstadt) 14 Jahre eine treu-republikanische Regierung mit nur zwei Staatspräsidenten, was umso bemerkenswerter ist, als in anderen Ländern, die eine weit linkere Periode durchlaufen hatten, der Dammbruch gegenüber der braunen Flut geschah: Im östlichen Nachbarland Thüringen, wo die SPD eine Zeitlang mit der USPD und auch der KPD regiert hatte und 1924 die linke Regierung von einer konservativ-nationalen abgelöst worden war, gelangte im Januar 1930 erstmalig für das Reich ein NSDAP-Mann auf einen Ministerstuhl; im einstmals roten Freistaat Braunschweig wurde im Herbst des gleichen Jahres ein weiterer aus der Hitler-Partei ins Kabinett geholt, was eine massive Entrepublikanisierung von Verwaltung und Polizei nach sich zog, als demokratische Kräfte durch Nationalsozialisten ersetzt wurden. Solch extreme Kabinettswechsel von ganz links nach ganz rechts erlebte Hessen (und auch Preußen) eben nicht. Kontinuität prägte das Regierungshandeln. Allerdings entging Hessen(-Darmstadt) im Juli 1932 nur knapp dem, was der NSDAP andernorts gelang: In Sachsen-Anhalt wurde im April 1932 erstmals ein Nationalsozialist zum Ministerpräsidenten gewählt; im Sommer zogen die kleinen Länder Oldenburg und Mecklenburg-Schwerin mit nationalsozialistischen Regierungschefs nach.

Hessen hielt stand, sowohl Hessen(-Darmstadt) und Hessen-Nassau als Provinz des (über-)mächtigen Preußen. Sie setzten positive Akzente für eine Demokratisierung, als auch unter den Hessen der neue Staat nicht die uneingeschränkte Zustimmung der Bevölkerung fand; viele trauerten lange noch Glanz und Gloria der Monarchie nach. Die neuen Politikträger begegnetem dem, wollten Demokratie und demokratisches Denken implementieren, nicht nur über die Feiern zum Verfassungstag. Demokratie wollte erlernt und sollte erlebt werden. Der Prozess einer Republikanisierung der Köpfe aber war ein Unterfangen, das Zeit benötigte, die der Demokratie aber nicht zur Verfügung stand, denn sie wurde bald von einer sämtliche politische Koordinaten durcheinanderwirbelnden Wirtschaftskrise heimgesucht, die in einigen Ländern, aber vor allem auch in der Politik des Reiches (Stichwort: Präsidialkabinette) einen Schub zur Entdemokratisierung und insgesamt eine Abwendung weiter Bevölkerungskreise von der Republik bewirkte, die für den Bürger von Weimar jetzt augenscheinlich nur noch Not, Verelendung und Unsicherheit bereithielt. Die demokratische bürgerliche Mitte marschierte nach rechts und ließ die liberalen Parteien zu einem unbedeutenden Häuflein schrumpfen – im Reich wie in Hessen.

Dieser Prozess der politischen und auch mentalen Entfernung von der Republik war in Hessen in besonderem Maße zu spüren, als die NSDAP weit über dem Reichsdurchschnitt Wähler auf sich zog. In dieser hochbrisanten Phase zeigte es sich aber auch, dass diese Republik keineswegs ohne Republikaner war. Die Hessen im Volksstaat und in der preußischen Provinz bekämpften aktiv Bestrebungen der Antidemokraten, verboten deren Versammlungen, Organisationen und Publikationsorgane. Während die republikanischen Massenorganisationen Flagge zeigten und Kampfeswillen zur Verteidigung der Demokratie auch auf der Straße unter Beweis stellten, nutzten die republikanischen Kräfte in Behörden und Verwaltungen rechtsstaatliche Mittel, um den Extremisten zu begegnen und die Republik zu schützen. Doch die nach der Katastrophenwahl vom November 1931 aufgedeckten Boxheimer Dokumente, mit deren Publikation die Demokraten Hessens im Volksstaat und in Preußen den totalitären Anspruch des Nationalsozialismus demaskierten, wurden nur mangelhaft von den Reichsbehörden zur strafrechtlichen Verfolgung der Republikgegner von rechts verwandt. Dabei hatten die Regierungen in Hessen und Preußen auf dem Silbertablett das Material für ein konsequentes rechtsstaatliches Vorgehen geliefert. Die Chance wurde verpasst oder genauer: Sie wurde bewusst nicht genutzt. Jedenfalls mussten sich die Hessen im Kampf gegen den Extremismus von den Zentralorganen im Stich gelassen fühlen, nicht nur hier, denn manches, wie das Verbot der gewaltberei-

Gewalt am Ende der Republik: Bei einer Straßenschlacht 1932 in Eschwege bei einem SA-Aufmarsch und einer Gegendemonstration der Kommunisten versucht ein Schutzpolizist, prügelnde Demonstranten zu trennen.

ten antidemokratischen Vorfeldorganisationen, wurde von Berlin ausgehebelt.

Vom Reich ausgehebelt wurde letztlich auch die Demokratie in Hessen. Die auf Reichsebene in den Schaltzentralen der Macht wirkenden Antirepublikaner höhlten fahrlässig oder zielgerichtet die Demokratie aus und zertrümmerten sie schließlich. Es war in Preußen ein diktatorischer Schlag von außen – und zwar seitens der sich zur Diktatur hinbewegenden Reichsregierung –, der die Demokratie zerstörte, um so die Bastion der Republikaner endgültig zu schleifen, dabei auch die demokratischen Potentiale in der hessen-nassauischen Provinz nachhaltig zu schwächen und aus den Schaltzentralen der Macht zu verbannen, wie es in der Provinzhauptstadt Kassel geschah, wo Oberpräsident und Polizeipräsident aus den Ämtern flogen. Im Volksstaat Hessen hingegen war es die Wählerschaft, die ein Patt im Landtag bescherte, das den Parlamentarismus lähmte. Der Todesstoß kam dann aber auch von außen, nachdem im Reich mit der Reichskanzlerschaft Adolf Hitlers die Weichen in Richtung Diktatur gestellt worden waren und Hessen(-Darmstadt) im Sinne der nun in Berlin regierenden Nationalsozialisten gleichgeschaltet wurde.

Schlussbetrachtung

Fehlbesetzung der Republik: Der erste Mann im Staate verweigert sich der Verteidigung der Demokratie und liefert sie ihren Feinden aus. Am 12. November 1925 kommt der neue Reichspräsident Paul von Hindenburg zum Antrittsbesuch des Volksstaates nach Darmstadt, hier beim Einsteigen in seinen Wagen vor dem Hotel „Zur Traube". Von den beiden Aufenthalten seines Vorgängers Friedrich Ebert, dem Gründer und Verteidiger der Republik, in der hessischen Landeshauptstadt im August 1919 und Februar 1923 sind – soweit bekannt – keine Aufnahmen überliefert.

Das Ende des demokratischen Hessen offenbarte für alle sichtbar, dass die in einem föderativen Staat eingebundenen Länder letztendlich immer der zentralstaatlichen Macht unterlegen waren. Das galt auch für das übermächtige Preußen und freilich mehr noch für das kleine Hessen (-Darmstadt). Sie hätten, auch wenn sie weiter demokratisch verfasste, republikanische Regierungen besessen hätten, den Zug in die Diktatur nicht aufhalten können, denn die Weichen wurden auf Reichsebene gestellt. Die Entscheidung im Machtkampf zwischen Nationalsozialismus und Republikanertum fiel nicht aufgrund der oft behaupteten Schwäche der Verteidiger der Republik, sondern vor allem wegen fataler antirepublikanischer Entscheidungen der zentralstaatlichen Exekutive, allen voran des Reichspräsidenten Paul von Hindenburg, der den Staat bereitwillig an die Nationalsozialisten auslieferte. Als mit dem Preußenschlag ein Anlass zur aktiven Gegenreaktion vorhanden gewesen war, waren die Kräfte der republikanischen Kampfverbände wie die des „Reichsbanners Schwarz-

Rot-Gold" bereits erlahmt. Der Protest über Preußen hinaus, etwa seitens der geschäftsführenden Darmstädter Regierung, blieb ohne Wirkung. Hätte es anderes kommen können? Möglicherweise. Vielleicht hätte die seit November 1931 geschäftsführende Regierung in Darmstadt (wie auch die seit April 1932 in Preußen) den Schwebezustand, als man nur noch mit Verordnungen regieren konnte, noch längerer Zeit durchgehalten, nicht unbedingt bis zu turnusmäßigen Wahlen im späten Frühjahr 1936 – in Preußen war zuletzt im April und in Hessen(-Darmstadt) im Juni 1932 gewählt worden –, aber vielleicht bis zu einer deutlichen Verbesserung der wirtschaftlichen und damit auch sozialen Lage, die sich auch bald einstellen sollte. Es spricht vieles dafür, dass eine Konsolidierung der Wirtschaft zu einer Schwächung der radikalen Kräfte geführt hätte. Ab Ende 1932 ging es langsam wieder aufwärts. Ob man bei einer günstigeren wirtschafts- und sozialpolitischen Lage wieder zum „normalen" parlamentarisch-demokratischen Spiel zurückgekehrt wäre, erscheint durchaus möglich. Aber das bleibt Hypothese. Ohne eine demokratisch-republikanische Reichsregierung wäre das wohl kaum möglich gewesen. So aber erfolgte die endgültige Zerschlagung der demokratischen Ordnungen in Hessen wie in Preußen von außen, in Preußen 1932 durch einen direkten Eingriff der Reichsregierung und in Hessen nach der Machtübernahme der Nationalsozialisten im Reich ein Jahr darauf durch die neue Herrscherclique, die sogleich begann, die Erinnerung an die erste Demokratie auszulöschen.

Beispielhaft steht hierfür das Schicksal des zum Verfassungstag am 11. August 1926 an der Frankfurter Paulskirche enthüllten Denkmals für den ersten Reichspräsidenten Friedrich Ebert: Im April 1933 wurde es von den neuen Machthabern entfernt, fast exakt zehn Jahre, nachdem das erste demokratische Staatsoberhaupt in der deutschen Geschichte im Mai 1923 mit den Frankfurtern zum 75. Jahrestag der Versammlung in der Paulskirche von 1848 ein großes republikanisches Volksfest gefeiert hatte. Ein neues Denkmal sollte erst 1950, im ersten Jahr nach Gründung der Bundesrepublik, zum 25. Todestag Eberts angebracht werden, in Anwesenheit von Ministerpräsident Christian Stock (SPD) – als Abgeordneter der Nationalversammlung und des badischen Landtages ein Mann der ersten Republik, der das Bindeglied zwischen beiden Demokratien verkörperte. Es zeigte sich schon zu diesem Zeitpunkt, dass die zwölf Jahre der Diktatur die sozialdemokratische Vorherrschaft im Hessischen lediglich unterbrochen hatten. Mit dem 1946 nach den ersten freien Landtagswahlen zum Ministerpräsidenten bestimmten Christian Stock begannen vier Jahrzehnte, in denen die SPD konstant die Regierungen in dem im September 1945 aus der Taufe gehobenen vereinigten Land anführte und so in gewisser Weise im vergrößerten Hessen die Regierungsdominanz der Sozialdemokraten im Volksstaat Hessen zwischen 1918 und 1933 fortsetzte. Die Rückbesinnung auf Weimar in der Denkmalserneuerung besaß Symbolcharakter. Man knüpfte in der unter den Fittichen der Siegermächte entstandenen zweiten Demokratie in gewisser Hinsicht an die erste an, unter Vermeidung von vermeintlichen Fehlern der ersten deutschen Republik. 1950 befand sich die Bundesrepublik noch in der Gründungsphase. Zu diesem Zeitpunkt war Hessen auf dem besten Wege, sich zu einem stabilen Pfeiler der zweiten Republik zu entwickeln, getragen auf der Ebene der Politik vor allem auch von Frauen und Männern, die schon in der ersten Republik zu den Verteidigern der Demokratie gehört hatten, von denen viele aus dem Widerstand kamen oder aus dem Exil zurückkehrten.[610] Sie hatten in der Zeit vor 1933 ihre politische Sozialisation durchlaufen und wollten aus der Erfahrung vom Scheitern der ersten Republik die zweite wehrhafter, krisenfester machen. Hierzu bot die Geschichte Hessens von 1918 bis 1933 doch einige Anknüpfungspunkte, auch wenn auf die Morgenröte von 1918/19 die dunkle Nacht von 1933 gefolgt war.

Anmerkungen

1 „Frankfurter Zeitung" Nr. 203 vom 16. März 1933; ohne weitere Kennzeichnung mit zum Teil anderen Passagen auch zitiert bei ADELUNG, Sein und Werden, S. 375 f.
2 Vgl. im Überblick: MÜHLHAUSEN, Weimar-Experiment, S. 122 ff.
3 Trotz dieser Unterschiede in der Wanderung legten beide Bezirke bevölkerungsmäßig um die 4,5 Prozent zu, wobei der Zuwachs in Kassel vor allem aber auf einem hohen Geburtenüberschuss basierte; Statistisches Jahrbuch Preußen 1934, S. 25.
4 DEMANDT, Geschichte des Landes Hessen; die erste Auflage erschien 1959, die zweite 1972.
5 SCHULTZ (Hg.), Geschichte Hessens; HEINEMEYER (Hg.), Das Werden Hessens.
6 KLEIN, Hessen-Nassau 1866–1944/45.
7 FRANZ / FLECK / KALLENBERG, Großherzogtum Hessen; FRANZ, Volksstaat Hessen.
8 KLEIN, Fürstentum und Freistaat.
9 So handelt der Beitrag von DIETER REBENTISCH: Nationalsozialistische Revolution, Parteiherrschaft und totaler Krieg in Hessen (1933–1945), in: SCHULTZ (Hg.), Geschichte Hessens, S. 232–248 über das gesamte Hessen in den Umrissen von 1945.
10 Die Beiträge, die neben jenen in dem von HEINEMEYER herausgegebenen Handbuch der hessischen Geschichte als einzige aus Sammelbänden im Literaturverzeichnis einzeln aufgeführt werden, in: SPEITKAMP (Hg.), Handbuch 1 und 2.
11 Es sind nur Rudimente staatlicher Quellen des Volksstaates überliefert; Regierungsakten fehlen nahezu komplett, Kabinettsprotokolle sind nicht vorhanden. Vieles wurde Opfer des Krieges.
12 Die dürftigen Mitschriften der Kabinettssitzungen der preußischen Regierung sind für unser Thema nahezu ohne Bedeutung; diese für den Zeitraum 1919 bis 1933 in: Die Protokolle des Preußischen Staatsministeriums 11/I und 12/I.
13 Eine notwendige Bemerkung: Im Folgenden umfasst die männliche Form bzgl. einer Gruppe in zahlreichen Fällen sämtliche Geschlechter. Noch ein weiteres: Bei den Wahlergebnissen in Prozent werden auch für 1 bis 11 die Ziffern verwandt.
14 Ich danke einer Fülle von Archiven, Geschichtsvereinen und Personen der Landesgeschichtsforschung für ihre Unterstützung, für Hinweise und die Bereitstellung von Materialien. Sie alle hier zu nennen, ist leider nicht möglich. Zu danken habe ich weiterhin: Angelika Röming, die das Manuskript am Ende kritisch durchleuchtet hat; den zahlreichen hier namentlich nicht zu nennenden studentischen Hilfskräften in der Heidelberger Stiftung Reichspräsident-Friedrich-Ebert-Gedenkstätte, die über Jahre ohne Murren auch die vierte oder fünfte Rohfassung eines Kapitels Korrektur gelesen haben und von denen Joachim Brenner das Ganze einer letzten Durchsicht unterzog.
15 Etwa für Darmstadt und Wiesbaden: STÖCKER, Augusterlebnis; WIKTORSKI, Augusterlebnis.
16 Als Beispiel für eine hessische Großstadt: REGULSKI, Klippfisch; für Gießen: BRAKE / EHLERS / THIMM, Gefangen im Krieg, S. 129 ff.; für einen ländlich geprägten Kreis die an Dokumenten reiche Publikation von SCHATTNER, Homberg/Efze im Ersten Weltkrieg.
17 BERT-OLIVER MANIG: Hunger und der Zerfall der Staatsautorität in Wiesbaden zwischen 1916 und 1918, in: MANIG / WUNDERER (Hg.), Wiesbaden, S. 63–75; s. a. die Kritik an der zentralstaatlichen Verwaltung in den Tagebüchern des liberalen Kasseler Oberbürgermeisters Erich Koch (-Weser): MÜHLHAUSEN / PAPKE (Hg.), Kommunalpolitik, passim; Überblicke zur Lage von Wiesbaden und Darmstadt im Krieg bietet der Katalogband: Residenz – Festung – Kurstadt 1914–1918.

18 KLEIN, Zeitungsberichte Wiesbaden 2, S. 1113 und S. 1117; DERS., Zeitungsberichte Kassel 2, S. 954 und S. 957; s. a. die Lageberichte in MÜLLER, Adler, S. 181 ff.
19 REGULSKI, Klippfisch, S. 256; ausführlich für die Versorgungslage am Beispiel von Kassel: LACHER, Arbeit und Industrie, S. 57 ff.
20 Für dessen Wirkung in Hessen: GREIM, Arbeitsmarkt (1916/18), S. 212 ff.; für Kassel: Lacher, Arbeit und Industrie, S. 42 ff.; das Gesetz abgedruckt bei PÀKH (Bearb.), Frankfurter Arbeiterbewegung 2, S. 743 ff.
21 Zitiert bei ROTH, Gewerkschaftskartell, S. 215.
22 Das Kriegstagebuch David, S. 148: Eintrag vom 21. Dezember 1915; für den lokalen Spaltungsprozess: HÖPKEN, Kasseler Arbeiterbewegung, S. 76 ff.
23 MALY, Regiment, S. 256 f.
24 Für die USPD und Dißmann: PÀKH (Bearb.), Frankfurter Arbeiterbewegung 2, S. 695 ff.
25 Zitat aus der sogenannten kaiserlichen „Osterbotschaft", dem Erlass von Wilhelm II. an den Reichskanzler, vom 7. April 1917; in: HUBER (Hg.), Dokumente 3, S. 154.
26 Hessen im Wandel 1860–1960, S. 476 f.; s. a. die Übersichten für Hessen-Nassau in: KÜHNE, Handbuch der Wahlen, S. 78 f., und für die einzelnen Wahlkreise der Provinz, S. 638 ff.
27 Abgedruckt in: FRANZ / MURK (Hg.), Verfassungen, S. 168, hier auch die entsprechenden Verordnungen bzgl. des Wahlrechts. Über das Wahlrecht und zu dem aus zwei Kammern bestehenden Landtag vgl. die Einleitung zu: RACK / VIELSMEIER (Bearb./Hg.), Hessische Abgeordnete.
28 GOLO MANN im einleitenden Essay zu FRANZ (Hg.), Erinnertes, S. 12.
29 KÖHLER / DIPPER (Bearb./Hg.), Einheit vor Freiheit, S. 76.
30 Am 20. Februar 1919; VVK 1. LT, Prot., S. 50.
31 ROTH, Gewerkschaftskartell, S. 208; ausführlicher STÜBLING, Sozialdemokratie, S. 94 ff.; vgl. für die Wahlrechtsbewegung in Frankfurt generell ebd., S. 88 ff.; Quellen bei PÀKH (Bearb.), Frankfurter Arbeiterbewegung 1, S. 521 ff.
32 Über ihn seine Memoiren: ULRICH, Erinnerungen; vgl. LANGE, Carl Ulrich, sowie MÜHLHAUSEN, Carl Ulrich.
33 VLGH 36. LT, Drucks. 2, hier der Antrag der SPD als Nr. 355, der Antrag der Fortschrittspartei als Nr. 371.
34 LACHER, Arbeit und Politik, S. 74. HÖPKEN, Kasseler Arbeiterbewegung, S. 140 zitiert Grzesinski mit einer geschätzten Beteiligung von 10.500 streikenden Arbeitern.
35 „Volksstimme" (Frankfurt) Nr. 26 vom 31. Januar 1918, in: PÀKH (Bearb.), Frankfurter Arbeiterbewegung 2, S. 760 f.; dazu auch der Bericht des Frankfurter Magistrats und verschiedener Landräte an den Wiesbadener Regierungspräsidenten vom 16. Februar 1918; MÜLLER, Adler, S. 187 f.
36 „Frankfurter Zeitung" Nr. 273 vom 2. Oktober 1916; vgl. PÀKH (Bearb.), Frankfurter Arbeiterbewegung 2, S. 1473 und 1475.
37 LACHER, Arbeit und Politik, S. 74.
38 Bericht über die Ausschusssitzung in der „Darmstädter Zeitung" Nr. 27 vom 1. Februar 1918, S. 132.
39 „Hessischer Volksfreund" Nr. 29 vom 4. Februar 1918; dazu auch der Bericht der Frankfurter „Volksstimme" Nr. 12 vom 15. Januar 1918 über eine Versammlung der Vaterlandspartei in Frankfurt, die vor allem von Sozialdemokraten gestört und zu einer „Friedenskundgebung umfunktioniert" wurde; in: PÀKH (Bearb.), Frankfurter Arbeiterbewegung 2, S. 760 f.
40 In der Sitzung vom 14. März 1918; VLGH 36. LT, Prot., S. 1208.

41 Zitiert bei MENK, Waldecks Beitrag, S. 130.
42 WITEK, Krieg in der Lullusstadt, S. 106.
43 Als Faksimile abgedruckt im Katalog: Hessische Universitäten und Studenten im Wandel der Zeit, S. 33.
44 Dokumente zur Limburger Stadt- und Kreisgeschichte, S. 58.
45 THIMM, Seuche, S. 127.
46 VLGH 36. LT, Prot., S. 1530.
47 VLGH 36. LT, Prot., S. 1542; s. a. NORBERT STIENICZKA: Die Absetzung des letzten Großherzogs von Hessen und ihre vermögensrechtlichen Folgen, in: HEIDENREICH / FRANZ (Hg.), Kronen, S. 220–261, hier S. 222 f.; zu den 14 Punkten unten Anm. 49.
48 So etwa der Abgeordnete der Fortschrittlichen Volkspartei Wilhelm Grünewald; dessen Rede sowie die Ulrichs: VLGH 36. LT, Prot., S. 1541 ff.
49 VLGH 36. LT, Prot., S. 1555; die 14 Punkte auch in: ULRICH, Erinnerungen, S. 102 f. und aufgelistet bei HAREN, Volksstaat, S. 44 f.
50 MACHTAN, Abdankung, S. 207 ff.; LOTHAR MACHTAN: Dynastiepolitische Bestrebungen zur Rettung der Monarchie in Deutschland und das Haus Hessen, in: HEIDENREICH / FRANZ (Hg.), Kronen, S. 205–219, hier S. 211 ff.
51 BarchK, N 1685/Nachlass Kurt von Lersner 19: Erinnerungen (Manuskript), S. 354. Der Besuch fand am 31. August statt; auch die bürgerliche Presse berichtete, dass der Kaiser mit Hochrufen bedacht worden sei; vgl. LACHER, Arbeit und Politik, S. 53.
52 MARGRET LEMBERG: Civis Germanus Sum. Wilhelm II. und seine Zeit im Friedrichsgymnasium in Kassel, in: HEINEMEYER (Hg.), Hundert Jahre 2, S. 987–1016; MORGENSTERN, Lehrjahre.
53 Ausführlich geschildert bei ULRICH, Erinnerungen, S. 112 ff.
54 Bericht des Magistrats von Oberursel, 8. November 1918, in: MÜLLER, Adler, S. 190; vgl. BAEUMERTH, Oberursel, S. 282.
55 Mitteilung des Landtagspräsidenten Heinrich Köhler; VLGH 36. LT, Prot., S. 1560. Die Protokolle des Landtages enden mit dem Abdruck der Bekanntmachung des neuen Staatsministeriums vom 16. November 1918, dass die beiden Kammern der Landstände im Großherzogtum aufgelöst seien; ebd.
56 BLÜM, Geschichte Bensheim, S. 14; FRANZ, Bensheim, S. 156.
57 „Hessischer Volksfreund" (Darmstadt) Nr. 263 vom 8. November 1918.
58 Zitiert bei REBENTISCH, Ludwig Landmann, S. 80.
59 JACKSON, Zwischen Kriegern, S. 423.
60 ARNDT, In feldgrauer Zeit, S. 267.
61 Nr. 528 vom 11. November 1918, zitiert bei MUNZ, Besetzung Wiesbadens, S. 48; einführend zum Umbruch im Lande: MÜHLHAUSEN, Revolution über Hessen.
62 Nr. 264 vom 9. November 1918; übertragen bei NEULAND, Matrosen von Frankfurt, S. 94.
63 MÜHLHAUSEN, Scheidemann – Arbeiterführer, S. 1.
64 HOMEISTER, Arbeiterbewegung in Eschwege, S. 46; das Zitat stammt aus der örtlichen Eschweger Zeitung.
65 So der Offenbacher Georg Kaul (SPD) am 26. November 1920 vor dem Darmstädter Landtag: VLVH 1. LT, Prot., S. 2078.
66 In der von Koch-Weser selbst überarbeiteten Version; BarchK, N 1012, Nachlass Erich Koch-Weser 15, pag. 209. Für Kassel vgl. HÖPKEN, Kasseler Arbeiterbewegung, S. 167 ff.; Überblick bei DIETFRID KRAUSE-VILMAR: Die Stadt und das politische Leben 1918–1933, in: FLEMMING / KRAUSE-VILMAR (Hg.), Kassel, S. 385–416, hier S. 385–396.

67 MUNZ, Besetzung Wiesbadens, S. 45 ff. (für die Revolution) und S. 65 (über die Besatzung).
68 Dieser Begriff findet sich vielfach auch in der neueren Literatur; auch die kriegsgeschichtliche Forschungsanstalt des Heeres verwendet ihn bereits in ihrer Darstellung von 1939: Die Kämpfe in Südwestdeutschland, S. 125.
69 Vgl. für Frankfurt FRANZ NEULAND: Marinemeuterei und Arbeiterstreik. Von der Novemberrevolution bis zur Abwehr des Kapp-Lüttwitz-Putsches (1918–1920), in: PÀKH (Bearb.), Frankfurter Arbeiterbewegung 2, S. 775–819 mit den Quellen ebd., S. 820 ff.; Übersicht bei REBENTISCH, Frankfurt am Main, S. 424 ff.
70 JÖRG WESTERBURG: „... weit über das Militärische hinaus". Die Oberste Heeresleitung in Kassel-Wilhelmshöhe 1918/19 und die Demobilisierung des deutschen Heeres, in: 1918. Zwischen Niederlage, S. 24–43.
71 GREIM (Bearb./Hg.), Arbeiter- und Soldatenrat, S. XLVIII ff. und die Quellen S. 4 ff.
72 Für Hanau ARNDT, In feldgrauer Zeit, S. 252 ff., sowie im Überblick: KRAUSE, 90 Jahre; für Wetzlar: GÜNDISCH, Wetzlar, S. 93 ff.; für Gießen: BRAKE / EHLERS / THIMM, Gefangen im Krieg, S. 311 ff.
73 ENGBRING-ROMANG, Eine katholische Stadt, S. 100 ff., Zitat S. 103; WEICHLEIN, Sozialmilieus, S. 86 ff.
74 GUNTHER MAI: Der Marburger Arbeiter- und Soldatenrat und die Militärpolitik im Bereich des XI. Armeekorps (Kassel), in: DETTMERING / GRENZ (Hg.), Marburger Geschichte, S. 541–557.
75 Nach den Erinnerungen des die Kindheit in Fulda verbringenden Günther Willms, 1953–1980 Mitglied des Bundesgerichtshofes; WILLMS, Geträumte Republik, S. 29.
76 MENK, Politischer Liberalismus, S. 88.
77 So die bereits 1918 niedergelegten Erinnerungen eines Dorfpfarrers einer 700-Seelen-Gemeinde im Raum Gießen, in: BRAKE / EHLERS / THIMM, Gefangen im Krieg, S. 329 f.
78 Am 26. November 1920; VLVH 1. LT, Prot., S. 2078 ff.
79 GRZESINSKI, Im Kampf, S. 86; für Grzesinski vgl. ALBRECHT, Albert Grzesinski, S. 79 ff., sowie DIETFRID KRAUSE-VILMAR: Albert Grzesinski und der Kasseler Arbeiter- und Soldatenrat, in: 1918. Zwischen Niederlage, S. 44–57.
80 S. a. MACHTAN, Abdankung, S. 334; auch LANGE, Carl Ulrich, S. 43 f., der allerdings davon schreibt, dass der Großherzog „souveräner" (als Ulrich) mit der „revolutionären Situation" umgegangen sei (S. 44). Worauf das Urteil beruht, ist nicht ersichtlich; das großherzogliche Nichthandeln und Sich-Ergeben könnten aber auch schlicht mit politischer Apathie umschrieben werden.
81 Knoblauchs Rede auf einer Sitzung des Rates am 9. November nach: „Hessischer Volkfreund" Nr. 265a vom 10. November 1918. Abweichende Fassungen in anderen Zeitungen, nach diesen bei HAREN, Volksstaat, S. 80.
82 Wenn KROLL, Geschichte Hessens, S. 75, meint, das abrupte Ende der landesherrlichen Monarchie in Darmstadt habe angesichts einer „uneingeschränkten Popularität des großherzoglichen Hauses keineswegs dem Wunsch der überwiegenden Mehrheit der Bevölkerung" entsprochen, so darf dies getrost ins Reich der Legende verwiesen werden. Denn vergeblich sucht man nach einer nennenswerten Bewegung für die Beibehaltung des Großherzogtums oder auch nur den Verbleib des hessischen Herrscherhauses. Umfragen, wie das Stimmungsbarometer stand, gab es nicht.
83 STIENICZKA, Die Absetzung [wie Anm. 47], S. 258.
84 Ausführlich STIENICZKA, Vermögensauseinandersetzung; Überblick bei FRANZ, Haus Hessen, S. 188.

85 Siehe Kap. 5, S. 87 f.
86 Abgedruckt bei GRZESINSKI, Im Kampf, S. 92.
87 Gemeinsame Erklärung in STEINER, Waldecks Weg, S. 21; Bekanntmachung auch in: HEDWIG (Hrsg.), Zeitenwende, S. 36.
88 MURK, Waldeck-Pyrmont, S. 115.
89 So die Darstellung von MURK, Waldeck-Pyrmont, S. 114 ff. Äußerungen eines bürgerlichen Blattes, eines aus Waldeck stammenden Kirchenhistorikers an der Universität Greifswald oder eines vermeintlich „liberalen" Bürgermeisters eines gerademal einige hundert Einwohner zählenden Ortes der Region sind kaum ausreichende Belege, um ein allgemeines profürstliches Stimmungsbarometer zu konstatieren. Auch MENK, Waldecks Beitrag, S. 129 ff., attestiert dem Fürsten weiterhin große Beliebtheit und macht eine breite zeitgenössische Kritik an der von außen erzwungenen Abdankung aus. Das bleibt fraglich, denn auch für ihn rührte sich keine Hand. Ein öffentlicher Protest in Form von Demonstrationen gegen die Absetzung artikulierte sich nicht.
90 In dieser Weise auch STEINER, Waldecks Weg, S. 22.
91 „Hessischer Volksfreund" (Darmstadt) Nr. 264 vom 9. November 1918.
92 Die Kämpfe in Südwestdeutschland, S. 123. Bei der Bewertung der in der Diktatur 1939 von der Forschungsanstalt aufgelegten Rechtfertigungsschrift sind immer Zeitpunkt des Erscheinens und Intention der Herausgeber in Rechnung zu stellen.
93 Aufruf im „Darmstädter Tagblatt" Nr. 313 vom 11. November 1918.
94 Bericht vom 7. Januar 1919, in: MÜLLER, Adler, S. 194.
95 Die Erklärung des Regierungspräsidenten von Bernstorff vom 11. November als Faksimile in: HEDWIG (Hrsg.), Zeitenwende, S. 28.
96 Aufruf veröffentlicht am 10. November 1918, ausführlich zitiert bei: KRAUSE-VILMAR, Die Stadt [wie Anm. 66], S. 390.
97 Erklärung bei MALY, Regiment, S. 276: PÀKH (Bearb.), Frankfurter Arbeiterbewegung 2, S. 829; zu Voigt vgl. LUTZ BECHT: „In apokalyptischen Tagen Sachwalter einer besseren Zukunft". Der Oberbürgermeister Georg Voigt 1912–1924, in: Frankfurter Stadtoberhäupter, S. 165–178, in der Revolution hier S. 175.
98 CHRISTOPH WALDECKER: Die Limburger Bürgermeister im ersten Drittel des 20. Jahrhunderts, in: Limburg im Fluss der Zeit 2, S. 237–300, hier S. 255 f.
99 ENGBRING-ROMANG, Eine katholische Stadt, S. 101.
100 Über ihn KNORRE, Hugo Sinzheimer, S. 16 ff.
101 Resolution der regionalen Konferenz der Arbeiter- und Soldatenräte am 18. November in Frankfurt; zitiert bei HAREN, Volksstaat, S. 117.
102 Dies nach: Die Kämpfe in Südwestdeutschland, S. 126; zur Einordnung der Schrift siehe oben Anm. 92.
103 „Hessischer Volksfreund" Nr. 266 vom 12. November 1918.
104 Dokumente hierzu, u. a. der Bericht über die Sitzung des Staatsrats am 11. November 1918, in: HStAD, Abt. O 28, Nachlass Carl Ulrich 42.
105 Ulrichs Programmrede vor dem Arbeiter- und Soldatenrat ausführlich im „Hessischen Volksfreund" Nr. 268 vom 14. November 1918.
106 SCHLANDER, Otto von Brentano, S. 33 ff. und S. 61 f.
107 Ausführliche Darstellung im „Hessischen Volksfreund" Nr. 281 vom 30. November 1918.
108 Bericht im „Hessischen Volksfreund" Nr. 269 vom 15. November 1918. Als Versammlungsort wird aufgrund älterer Literatur fälschlich immer wieder (nahezu durchgängig) Offenbach genannt (auch in meinen eigenen jüngeren Publikationen). Man traf sich jedoch in Darmstadt.

109 Karte des Zuständigkeitsbereichs des XVIII. Armeekorps in: BRAKE / EHLERS / THIMM, Gefangen im Krieg, S. 333.
110 GREIM (Bearb./Hg.), Arbeiter- und Soldatenrat, S. LVII f. Das Zitat von Kaul auf dieser Zusammenkunft nach der „Volksstimme" (Frankfurt) Nr. 273 vom 21. November 1918, abgedruckt bei PÀKH (Bearb.), Frankfurter Arbeiterbewegung 2, S. 842.
111 Weisung des Staatsministeriums vom 27. November 1918, zitiert bei BRAKE / EHLERS / THIMM, Gefangen im Krieg, S. 336; vgl. GREIM (Bearb./Hg.), Arbeiter- und Soldatenrat, S. LXVIII.
112 Note der hessischen Regierung und Antwort des Volksbeauftragten Ebert (SPD) im „Hessischen Volksfreund" Nr. 275 und Nr. 277 vom 22. und 25. November 1918.
113 So etwa die Schlussfolgerung bei MANFRED KÖHLER: „Im Sinne der allgemeinen Gerechtigkeit". Die Verfassung des Volksstaates Hessen von 1919, in: HEIDENREICH / BÖHME (Hg.), Verfassung, S. 223–257.
114 SCHEIDEMANN, Der Zusammenbruch, S. 211.
115 Der Zentralrat der Deutschen Sozialistischen Republik, S. XXXVIII, S. XLI und S. 23. Über deren Rolle geben die Protokolle detailliert Auskunft; siehe etwa die Kritik Knoblauchs am Rat der Volksbeauftragten auf der Sitzung am 30. Januar 1919; ebd., S. 533 f.
116 NEULAND, Gefecht, S. 31.
117 FLÄMIG, Hanau 1, S. 35 ff.
118 In ihrem Geleitwort zu: SCHNELLBACHER, Hanau, S. 16; auch zitiert bei WERDER, Neues von gestern, S. 87.
119 REGULSKI, Klippfisch, S. 317.
120 Hessisches Regierungsblatt Nr. 29 vom 10. Dezember 1918, S. 245 ff. Hier – wie auch später bei der Verfassung – beriet der Gießener Staatsrechtler Hans Gmelin die Regierung; „Hessischer Volksfreund" Nr. 282 vom 30. November 1918.
121 GMELIN, Verfassungsentwicklung, S. 208.
122 Für dieses Wahlergebnis (und die folgenden) siehe die Tabelle unten Kap. 5, S. 78.
123 Für dieses Wahlergebnis (und die folgenden) siehe die Tabelle unten Kap. 5, S. 91.
124 Detaillierte Ergebnisse nach den beiden Wahlkreisen Waldeck und Pyrmont in: MdL Waldeck, S. 162 ff.
125 Vgl. für den Bezirk Kassel: KLEIN (Hg.), Regierungsbezirk Kassel 1, S. CXV.
126 KLEIN (Hg.), Hessen als Reichstagswähler 2/I, S. XIX und S. XXII.
127 Die weiteren Resultate der Reichstagswahlen in Hessen (heutiges Gebiet) in der Tabelle unten Kap. 5, S. 77. Die detaillierten Ergebnisse der Jahre 1919 bis 1933 bis hinunter in die kleineren Orte finden sich im großen Tabellenwerk von KLEIN (Hg.), Hessen als Reichstagswähler 2 und 3; der Anhang von Bd. 3 enthält eine Liste mit den in der gesamten Weimarer Zeit gewählten Abgeordneten aus dem Volksstaat, deren Anzahl in den einzelnen Legislaturperioden zwischen sieben und 13 schwankte. Eine Übersicht zu den Vertretern aus Hessen-Nassau fehlt in den Bänden.
128 BLANKENBERG, Katholizismus, mit dem Zitat aus der „Frankfurter Volkszeitung" vom 28. Dezember 1918 auf S. 29.
129 ECKHART G. FRANZ: Politische Parteien im Großherzogtum und im Volksstaat Hessen, in: BERG-SCHLOSSER / FACK / NOETZEL (Hg.), Parteien, S. 34–52, hier S. 45.
130 SCHUMACHER (Bearb.), Joh. Victor Bredt, S. 4.
131 „Neue Tageszeitung" (Friedberg) zitiert bei STRECKER, Hitlerbewegung, S. 89.
132 THOMAS KLEIN: Parteien und Wahlen in der preußische Provinz Hessen-Nassau 1867–1933, in: BERG-SCHLOSSER / FACK / NOETZEL (Hg.), Parteien, S. 12–33,

Anmerkungen

hier S. 26 ff.; Tabellen der Wahlergebnisse 1919 bis 1933 nach den beiden Regierungsbezirken und für Waldeck ebd., S. 300/301.
133 WEICHLEIN, Sozialmilieus, S. 174.
134 ENGBRING-ROMANG, Eine katholische Stadt, S. 103; für die Festigkeit des Milieus: WEICHLEIN, Kleinstadtgesellschaft, S. 487 und S. 492.
135 Vgl. MÜHLHAUSEN, Scheidemann – Oberbürgermeister, S. 18 ff.
136 KLEIN, Leitende Beamte, S. 14 ff., auch zum Folgenden.
137 Vgl. dazu die Einschätzung des ab 1927 amtierenden Kasseler Regierungspräsidenten Ferdinand Friedensburg in: FRIEDENSBURG, Lebenserinnerungen, S. 175.
138 MÜLLER, Adler, S. 199.
139 KLEIN, Leitende Beamte S. 59 ff.; die nachfolgenden Beispiele dort.
140 Beide Fälle bei KLEIN, Leitende Beamte, S. 65 f., erneut bei FREUND, Teil der Gewalt, S. 54 ff. und S. 77 (für die Berufung Gilsas nach Schlüchtern).
141 Vgl. KÜHNE, Entstehung, S. 852.
142 KLEIN, Leitende Beamte, S. 80.
143 BarchB, R 601/1121, pag. 111 ff.: Glässing an den Reichsminister des Innern (Erich Koch-Weser), Abschrift o. D. (Anfang Mai 1920); s. a. AdR Müller I, S. 291. Ob die Reichsregierung in Sachen Wiedereinsetzung bei der IRKO tätig wurde, ist nicht überliefert.
144 Vgl. GREIM (Bearb./Hg.), Arbeiter- und Soldatenrat, S. CVI f.; für beide: KNAPP, Viermal Offenbach, S. 16 ff.
145 BLÜM, Geschichte Bensheim, S. 40 f.; FRANZ, Bensheim, S. 156 f.
146 Das Schreiben des Volksrats vom 12. Februar 1919 wurde in der Sitzung der Volkskammer zwei Tage später von Landtagspräsident Bernhard Adelung verlesen; VVK 1. LT, Prot., S. 7.
147 KLEIN, Provinz Hessen-Nassau 1866–1944/45, S. 224 f.
148 Vgl. PELDA (Bearb.), Die Abgeordneten des Preußischen Kommunallandtags, S. XII f. und BURKARDT / PULT (Bearb.), Nassauische Parlamentarier, S. VIII f.; zu den Wahlen der Jahre 1920 ff. siehe Kap. 5, S. 97.
149 Für Kassel: MÜHLHAUSEN, Scheidemann – Oberbürgermeister, S. 75; für Frankfurt: REBENTISCH, Frankfurt am Main, S. 428 f., und JUTTA HEIBEL: Hungerrevolten in der Weimarer Republik, in: PLUMPE / REBENTISCH (Hg.), Flor, S. 218–225, hier S. 221.
150 ARNDT, In feldgrauer Zeit, S. 254 ff.; Quellen zur „Spartakistenherrschaft" auch bei MÜLLER, Adler, S. 196 ff.; aus Sicht der Militärs detailliert die 1939 erschienene Schrift: Die Kämpfe in Südwestdeutschland, S. 146 ff.
151 Hess. Wirtschaftsarchiv Darmstadt, Abt. 2000, Nachlass Richard Merton 8: Merton an Bergbaudirektor Georg vom Rheinisch-Westfälischen Kohlen-Syndikat, 4. Juli 1919.
152 Detailliert GREIM (Bearb./Hg.), Arbeiter- und Soldatenrat, S. LXX ff., mit den Quellen S. 112 ff. und S. 182 ff. Die militärische Sicht findet sich in der während der NS-Zeit herausgegebenen Schrift: Die Kämpfe in Südwestdeutschland, S. 141 ff.
153 HAREN, Volksstaat, S. 101.
154 Reichsgesetz in: HUBER (Hg.), Dokumente 4, S. 77 ff.; zum preußischen Gesetz vgl. MÖLLER, Parlamentarismus, S. 80 ff.
155 In FRANZ / MURK (Hg.), Verfassungen, S. 387 ff.
156 VVK 1. LT, Prot., S. 64.
157 VLVH 2. LT, Prot., S. 18.
158 Zur Verfassungsentwicklung vgl. FRANZ, Alle Staatsgewalt; mit weiteren Verweisen einführend: MÜHLHAUSEN, Republik.

159 Vgl. seinen Beitrag zur Entstehung der volksstaatlichen Verfassung: GMELIN, Verfassungsentwicklung.
160 So im „Entwurf einer hessischen Verfassung unter Berücksichtigung der von Herrn Professor Gmelin zu dem Kommissionsentwurf gemachten Abänderungsvorschlägen und der Verfassung des Deutschen Reichs vom 11. August 1919"; VVK 1. LT, Drucks., Nr. 237 mit den Anlagen; vgl. GMELIN, Die hessische Verfassung.
161 Bericht in VVK 1. LT, Drucks. Nr. 253.
162 Am 4., 5. und 9. Dezember; VVK 1. LT, Prot., S. 993 ff.; Auszüge der Debatte bei FRANZ / KÖHLER (Bearb./Hg.), Parlament, S. 112 ff.
163 So der DVP-Abgeordnete Eduard Dingeldey; VVK 1. LT, Prot., S. 1039.
164 VVK 1. LT, Prot., S. 1057.
165 Veröffentlicht im Hessischen Regierungsblatt Nr. 37 vom 20. Dezember 1919, S. 489 ff.; Verfassung auch abgedruckt in: FRANZ / MURK (Hg.), Verfassungen, S. 389 ff. und in dem Band: Weimarer Landesverfassungen, S. 252 ff.
166 Einleitung zu: Weimarer Landesverfassungen, S. 17; zur Volksbeteiligung in der preußischen Verfassung vgl. MÖLLER, Parlamentarismus, S. 142.
167 WITTRECK, Status und Rolle, S. 98.
168 Erläuterung zur Verfassungsänderung von Ulrich an Reichskanzler Wilhelm Marx (Zentrumspartei) vom 28. Mai 1924; BarchB, R 43 I/2271, pag. 173.
169 Siehe Kap. 10, S. 178.
170 VVK 1. LT, Drucks., Nr. 237, S. 9.
171 So allgemein GUSY, Verfassunggebung in den Ländern, S. 54.
172 So die Begründung des Entwurfs; VVK 1. LT, Drucks., Nr. 237, S. 10. Ob die Bezeichnung „Staatspräsident" nun wirklich eine verfassungsrechtliche Mogelpackung darstellte, sei dahingestellt; so WITTRECK, Status und Rolle, S. 94.
173 Sitzung vom 14. Februar 1928; VLVH 4. LT, Prot., S. 48.
174 Datiert vom 15. April 1919; abgedruckt bei MENK, Ende des Freistaates, S. 281; ein späterer Verfassungsentwurf, vom Verfassungsausschuss des Landtages (offizieller Titel „Landesvertretung") verabschiedet (vollständig in ebd., S. 288 ff.), wurde zwar der preußischen Regierung übermittelt, trat aber nicht in Kraft; zum Gesetz auch knapp die Einleitung zu: MdL Waldeck, S. 31.
175 MURK, Waldeck-Pyrmont, S. 120; KLEIN, Fürstentum und Freistaat, S. 206 ff.; LENGEMANN, MdL Hessen, S. 17; ausführlich STEINER, Waldecks Weg, S. 28 ff.
176 MÖLLER, Parlamentarismus, S. 114 ff.
177 VVK 1. LT, Prot., S. 1057.
178 Überblick hierzu bei MÜHLHAUSEN, Weimar-Experiment, S. 75 ff.
179 FRANZ, Hessen-Darmstadt 1820–1935, S. 109 ff.
180 Siehe das positive Urteil über Finanzminister Henrich bei ADELUNG, Sein und Werden, S. 283 f.; zum angekündigten Rücktritt und zum „Rücktritt vom Rücktritt": KAHLENBERG (Bearb.), Berichte Eduard Davids, S. 64 ff.
181 So der Bericht der Reichsvertretung in Darmstadt (Hugo Graf von Lerchenfeld) an das Auswärtige Amt, 18. Juli 1921, in: Politisches Archiv des Auswärtigen Amts, Bonn (PAAA), RZ 214, R 98381; s. a. die Landtagsdebatte am 30. Juni 1921, in: VLVH 1. LT, Prot., S. 2459 ff. Eduard David wiederum sprach in seinem Bericht vom 30. März 1922 nach Berlin gar vom „Versagen" Fuldas; KAHLENBERG (Bearb.), Berichte Eduard Davids, S. 15; Kurzbiographie Fuldas von ALBRECHT ECKHARDT in: FRANZ (Hg.), Juden als Darmstädter Bürger, S. 251 f.
182 So FRANZ, Otto Rudolf von Brentano, S. 193.
183 Über ihn als Oberbürgermeister Kassels die Einleitung zu: MÜHLHAUSEN / PAPKE (Hg.), Kommunalpolitik.

184 Siehe Kap. 8, S. 133.
185 MORGENSTERN, Carl Heinrich Becker, S. 64.
186 SCHUMACHER (Bearb.), Joh. Victor Bredt.
187 MORGENSTERN, Bürgergeist, S. 359 ff.
188 Angaben in Prozent; Zahlen nach: Hessen im Wandel 1860–1960, S. 482; die Wahlergebnisse für die Provinz Hessen-Nassau, getrennt nach den Regierungsbezirken Kassel und Wiesbaden sowie für Waldeck finden sich in: THOMAS KLEIN: Provinz Hessen-Nassau und Fürstentum/Freistaat Waldeck-Pyrmont 1866–1945, in: HEINEMEYER (Hg.), Das Werden Hessens, S. 565–659, hier S. 648/649, erneut in: KLEIN, Provinz Hessen-Nassau 1866–1944/45, S. 361 f.; detaillierte Ergebnisse für die einzelnen Orte sämtlicher hessischer Gebiete bei KLEIN (Hrsg.), Hessen als Reichstagswähler 2 und 3.
189 Die Prozentzahlen beziehen sich auf den gesamten Volksstaat.
190 MÖLLER, Parlamentarismus, S. 430 f.
191 Über ihn SCHLANDER, Reinhard Strecker, als Minister S. 248 ff.
192 Überblick bei KESPER-BIERMANN, Schulwesen, S. 33 ff.; mit Quellen: FRANZ / KÖHLER (Bearb./Hg.), Parlament, S. 162 ff.; das Zitat von Urstadt dort S. 168.
193 KESPER-BIERMANN, Schulwesen, S. 38.
194 PAAA, RZ 214, R 98381: Bericht der Reichsvertretung in Darmstadt (Lerchenfeld) an das Auswärtige Amt, 18. Juli 1921.
195 Siehe die Einleitung zu KAHLENBERG (Bearb.), Berichte Eduard Davids, S. XIX.
196 Diese „Koalitionsschwierigkeiten" schlagen sich detailliert in den Berichten des gewöhnlich gut informierten Reichsvertreters Eduard David nieder; diese in ebd., S. 174 ff.
197 Landtagsdebatte in: VLVH 3. LT, Prot., S. 3028 ff. (Sitzung vom 23. Juni 1927) und S. 3057 ff. (Sitzung vom 27. September 1927); Gesetz im Hessischen Regierungsblatt Nr. 14 vom 1. Oktober 1927, S. 171; Ausdruck „Zwergparteien" im Länderbericht „Hessen" in der Zeitschrift „Reich und Länder" II. Jg. (1928/1929), S. 235–245, hier S. 235.
198 Schreiben vom 9. November 1927, in: BarchB, R 43 I/2272, pag. 50 f.
199 Jellineks Gutachten in ebd., pag. 56 ff.
200 AdR Marx III/IV, S. 1024 und S. 1196 f.; FRANZ / KÖHLER (Bearb./Hg.), Parlament, S. 37 f.
201 Hierzu ausführlich: KAHLENBERG (Bearb.), Berichte Eduard Davids, S. 29 ff.
202 Sitzungen am 29. Januar, mit zehnminütiger Pause zwischen beiden; VLVH 3. LT, Prot., S. 9 und S. 11. Der von der KPD vorgeschlagene Kandidat Daniel Greiner erhielt die vier Stimmen seiner eigenen Partei.
203 VLVH 3. LT, Prot., S. 52 (Zitat Adelung) und S. 55 (Wahl). Die KPD blieb bei Greiner, 20 Stimmen erhielt der Kandidat von DVP, Bauernbund und DNVP, der Bauernbund-Vertreter Georg von Helmolt; zwei weiße Stimmzettel wurden abgegeben. Brentano fehlte an diesem Tag; s. a. zur Wertung: KAHLENBERG (Bearb.), Berichte Eduard Davids, S. 193 ff.; SCHLANDER, Otto von Brentano, S. 79 ff.
204 KAHLENBERG (Bearb.), Berichte Eduard Davids, S. 249.
205 VLVH 3. LT, Prot., S. 2202.
206 Zitat aus einem mit antisemitischen Anspielungen unterfütterten Plakat; beschrieben bei FRANZ / KÖHLER (Bearb./Hg.), Parlament, S. 381.
207 Dieses im Hessischen Regierungsblatt Nr. 60 vom 15. April 1921, S. 60 ff.; s. a. FRANZ / KÖHLER (Bearb./Hg.), Parlament, S. 381.
208 FRANZ / KÖHLER (Bearb./Hg.), Parlament, S. 380 ff.; Zitat vom „Pyrrhussieg" in: KAHLENBERG (Bearb.), Berichte Eduard Davids, S. 248. Es gab in den deutschen

Ländern insgesamt nur drei erfolgreiche Volksentscheide für Landtagsauflösungen: Bremen 1921, Lübeck 1924 und Oldenburg 1932; vgl. WITTRECK, Status und Rolle, S. 113.
209 Zitiert bei STIENICZKA, Vermögensauseinandersetzung, S. 277; ebd. ausführlich zum Volksentscheid aus hessen(-darmstädtischer) Perspektive.
210 Überblick bei STIENICZKA, Die Absetzung [wie Anm. 47], S. 243 ff.; STIENICZKA, Vermögensauseinandersetzung, S. 280 ff. Die Landtagsdebatte 1928 in Auszügen bei FRANZ / KÖHLER (Bearb./Hg.), Parlament, S. 397 ff. Allerdings geht es nicht an zu behaupten, SPD und KPD hätten mit ihren nominellen 30 Mandaten „die Regierungsvorlage zu Fall bringen können": Waren denn alle überhaupt anwesend? Selbst wenn: Diese hätten bei insgesamt 70 Mandaten keine Mehrheit gehabt. Wer fehlte, ist im Protokoll nicht vermerkt. Immerhin wurden nur 56 Stimmen gezählt; Abstimmung in VLVH 4. LT, Prot., S. 632.
211 MENK, Waldecks Beitrag, S. 132 ff.; für die Wahlergebnisse, die personelle Zusammensetzung des Landtages („Landesvertretung") und die Biografien: MdL Waldeck, S. 161 ff.; über Schmieding aus sozialdemokratischer Sicht die zeitgenössischen Urteile bei: STEINER, Waldecks Weg, S. 48 f. So titulierte ihn ein SPD-Vertreter einmal in Anspielung auf den italienischen Faschistenführer als „Mussolini von Waldeck" – ein überzogener Vergleich.
212 Zitat von einem SPD-Vertreter 1927 bei STEINER, Waldecks Weg, S. 48 f.
213 MURK, Waldeck-Pyrmont, S. 118 ff.
214 LANGE, Carl Ulrich, S. 51, mit wenig Verständnis dafür, dass auch Sozialdemokraten bewährte Männer aus ihren Reihen feiern können; „mit großherzoglichen Festformen" hatte der Abschied nichts tun. Die Feier galt einem Mann, der, von ganz unten kommend, über 50 Jahre für Demokratie und soziale Gerechtigkeit – nicht ohne Erfolg – gekämpft hatte.
215 So bezeichnete der Bevollmächtigte des Auswärtigen Amts in Darmstadt (Lerchenfeld) Adelung schon im Dezember 1920 als einen „der kommenden Leute"; Bericht vom 6. Dezember 1920 in: BarchB, R 43 I/2271, pag. 68 ff., das Zitat pag. 69; zum neuen Mann seine Erinnerungen: ADELUNG, Sein und Werden, S. 292.
216 Über ihn: LEITHÄUSER, Wilhelm Leuschner, insbes. S. 33 ff.; Überblick zum Werdegang auch bei HASIBETHER, Wilhelm Leuschner.
217 FRANZ / KÖHLER (Bearb./Hg.), Parlament, S. 61 (dort ist der Beschluss falsch zitiert); die Vorlage in VLVH 4. LT, Drucks. Nr. 874.
218 FRANZ / KÖHLER (Bearb./Hg.), Parlament, S. 60 f.; ausführliche zeitgenössische Wertung bei RINDFUSS, Gemeindeordnung.
219 KLEIN: Parteien und Wahlen [wie Anm. 132], S. 27.
220 Statistisches Jahrbuch 1933, S. 216 f.
221 Für die größeren Städte in Hessen-Nassau: KLEIN, Provinz Hessen-Nassau 1866–1944/45, S. 331 ff.
222 MÜHLHAUSEN, Scheidemann – Oberbürgermeister, S. 163 ff.
223 Details bei KRAUSE-VILMAR, Die Stadt [wie Anm. 66], S. 408 ff.
224 MALY, Regiment, S. 367.
225 REBENTISCH, Söhne, S. 339 ff.
226 MÜHLHAUSEN, Friedrich Ebert, S. 907.
227 MALY, Regiment, S. 373 ff.
228 Ausgebreitet von REBENTISCH, Ludwig Landmann, S. 147 ff.; auch STERNBURG, Ludwig Landmann, S. 110 ff.; s. a. HOERES, „Mainhattan"; für die Motive der SPD zur Wahl Landmanns: REBENTISCH, Söhne, S. 337.
229 So KUHN, Wohnkultur, S. 137 ff.

230 Zitiert bei WEICHLEIN, Kleinstadtgesellschaft, S. 498; zur Bedeutung des Volksentscheids für das Fuldaer Zentrum ebd., S. 495 ff.
231 Im einzelnen FRANZ, Biedermeier, S. 434 ff.
232 BÖSCH, Parteien und Gruppen, S. 43 ff.; KLEMM, Arbeiter-Partei, S. 29 ff.; für die Zeit nach 1945: ebd., S. 58 ff.
233 Als da sind: Gesetz betreffend die Neuwahl der Provinziallandtage vom 16. Juli 1919 (Preußische Gesetzsammlung 1919, Nr. 34, S. 129 ff.); Gesetz betreffend die Wahlen zu den Provinziallandtagen und zu den Kreistagen vom 3. Dezember 1920 (ebd. 1921, Nr. 1, S. 1 ff.); Wahlgesetz für die Provinziallandtage und Kreistage vom 7. Oktober 1925 (ebd., Nr. 29, S. 123 ff.). Das Gesetz von 1925 galt auch 1929; vgl. die Einleitungen mit den Hinweisen zu den wahlrechtlichen Grundlagen und den Wahlordnungen bei PELDA (Bearb.), Die Abgeordneten des Preußischen Kommunallandtags, und BURKARDT / PULT (Bearb.), Nassauische Parlamentarier.
234 KLEIN, Parteien und Wahlen [wie Anm. 132], S. 28; Tabellen in: KLEIN, Provinz Hessen-Nassau 1866–1944/45, S. 364 und S. 366.
235 PELDA (Bearb.), Die Abgeordneten des Preußischen Kommunallandtags, S. XV.
236 VVK 1 LT, , Prot., S. 2 und S. 4. Vgl. LANGER, Zwölf vergessene Frauen, S. XV.
237 Zitiert bei MÜHLHAUSEN, Weimar-Experiment, S. 176.
238 Vgl. den Katalogband: Tony Sender 1888–1964, S. 35 ff.
239 Ihre Biographien in LANGER, Zwölf vergessene Frauen; für die Offenbacher Margarethe Steinhäuser, zugleich Mitbegründerin der dortigen Arbeiterwohlfahrt, vgl. das Essay in: REUTER, Zwölf Offenbacher Sozialdemokraten, S. 65 ff.
240 Zitat bei FÖRSTER, Politikerinnen, S. 196.
241 VVK 1. LT, Prot., S. 200 ff. (Balser) und S. 223 ff. (Hattemer und Steinhäuser).
242 VVK 1. LT, Prot., S. 480 f.
243 VVK 1. LT, Prot., S. 478 f.
244 So in der Kapitelüberschrift bei BRAKE / EHLERS / THIMM, Gefangen im Krieg, S. 97.
245 Etwa in Darmstadt zur „Frauenhilfe im Krieg 1914"; Anzeige mit den stichpunktartig genannten Aufgaben im „Hessischen Volksfreund" (Darmstadt) Nr. 179 vom 4. August 1914.
246 CAROLIN BUSCHAUER / JANINA EHRHARDT: „Frauen heraus!" – Förderte der Erste Weltkrieg die Emanzipation der Frauen?, in: MANIG / WUNDERER (Hg.), Wiesbaden, S. 76–81; für die Gießener Frau „an der Heimatfront" vgl. BRAKE / EHLERS / THIMM, Gefangen im Krieg, S. 97 ff.
247 Erste Strophe des Gedichtes; Blatt im Archiv der deutschen Frauenbewegung (Kassel), SK-5; 4.
248 WOLFF, Kasseler Hausfrauenverein; für Frankfurt: SCHÜLLER / WOLFF, Fini Pfannes, S. 52 ff.
249 GNIFFKE, Max Quarck, S. 251.
250 „Darmstädter Tagblatt" Nr. 32 vom 1. Februar 1919.
251 Ebd.; vgl. für Gießen BRAKE / EHLERS / THIMM, Gefangen im Krieg, S. 120 ff.
252 KUHN, Wohnkultur, S. 143 ff.
253 Ausführlich geschildert wird der Fall bei WITTROCK, Egelsbach, S. 105 ff.
254 LANGER, Zwölf vergessene Frauen, S. 29.
255 Brief von Quarck an Ulrich, 6. November 1919, abgedruckt bei ULRICH, Erinnerungen, S. 217.
256 Ihre Einzelbiografien in LANGER, Zwölf vergessene Frauen.
257 Dies nach den Übersichten und Biographien bei: PELDA (Bearb.), Die Abgeordneten des Preußischen Kommunallandtags, und BURKARDT / PULT (Bearb.), Nassauische Parlamentarier. Die Kurzbiographien der oben Genannten finden sich dort.

258 Auflistung ihrer Tätigkeiten und Ämter bei HINDENBURG (Hg./Bearb.), Handbuch 1, S. 474 f.
259 Ermittelt nach den Biographien und Übersichten bei KLEIN, Leitende Beamte.
260 So das sozialdemokratische „Casseler Volksblatt", zitiert bei WOLFF / DÖLLE, Respekt für die Provinz, S. 56.
261 Für Sender, später Reichstagsabgeordnete (1920–1933), als Stadtverordnete vgl. den Katalogband: Tony Sender 1888–1964, S. 48 ff.; für Fürth ihre Autobiographie: FÜRTH, Streifzüge, S. 198 ff.; s. a. mit Kurzbiographien der Gewählten: HELGA BAUMANN-SPITTA: Die ersten weiblichen Abgeordneten im Frankfurt der Weimarer Republik, in: FrauenStadtGeschichte, S. 175–187.
262 REBENTISCH, Söhne, S. 320 ff.
263 BRINKMANN TO BROXTEN, Geld und Macht, S. 35; auch ANNEGRET WENNAGEL: Jenny Apolant (1874–1925), eine Kommunalpolitikerin der ersten Stunde, in: FrauenStadtGeschichte, S. 189–197, und das Essay: MAIER / NÜRNBERGER, Jenny Apolant, S. 45 ff.
264 WETTMANN, Heimatfront Universität, S. 379 und S. 383.
265 BRAKE / EHLERS / THIMM, Gefangen im Krieg, S. 122.
266 Landtagsdebatte vom 13. Juli 1921 in Auszügen bei FRANZ / KÖHLER (Bearb./Hg.), Parlament, S. 155 ff.; vgl. SCHLANDER, Otto von Brentano, S. 67; BRUNCK, Otto von Brentano, S. 69 ff.
267 FÖRSTER, Politikerinnen, S. 199.
268 HEIMANN, Landtag, S. 277.
269 MARK JAKOB: Die Frankfurter Börse: Vom Wechselmarkt zum integrierten Transaktionsdienstleister, in: PLUMPE / REBENTISCH (Hg.), Flor, S. 380–386, hier S. 385.
270 SCHÜLLER / WOLFF, Fini Pfannes, S. 54 ff.
271 In Ablehnung an das Wortpaar in der Überschrift des Kapitels zu den Frauen in MÜHLHAUSEN, Weimar-Experiment, S. 176 ff.: „Zwischen Wahlurne und Waschmaschine".
272 Für Selbert aus einer Fülle von ihr gewidmeten Publikationen der Sammelband: „Ein Glücksfall für die Demokratie".
273 Vgl. den Band: Elisabeth Schwarzhaupt (1901–1986).
274 GALONSKA, Landesparteiensysteme, S. 258.
275 JACOB, Freies Hessen, Zitate S. 25 und Anhang S. 8.
276 Hierzu und zum Folgenden vgl. BIEWER, Reichsreformbestrebungen, S. 152 ff.; STRUCK, Vorbereitung, S. 57 ff.; REULING, Reichsreform, S. 275 ff.; auch FRANZ, Hessengau, S. 57 ff.
277 Der Entwurf in PREUSS, Schriften 3, S. 533 ff., hier S. 537.
278 So in seiner Denkschrift zum Verfassungsentwurf; PREUSS, Schriften 3, S. 136.
279 Siehe die Dokumente bei MÜLLER, Adler, S. 207 ff.; BISCHOF, Separatismus, S. 81 ff.; SCHLEMMER, Los von Berlin, S. 118 f.; für die Affinität des katholischen Klerus zur Dorten-Bewegung vgl. ebd., S. 248 ff.
280 SÜSS, Rheinhessen, S. 75 ff.
281 Bericht von Reichsinnenminister Erich Koch-Weser (DDP), 24. August 1920, in: AdR Fehrenbach, S. 141; vgl. BISCHOF, Separatismus, S. 115 f.; MÜLLER, Adler, S. 222 f.
282 Siehe Ulrichs und Brentanos Ausführungen auf der Besprechung von Reichs- und Ländervertretern über die großhessische Frage am 14. Juli 1919 in Weimar; Protokoll in: AdR Bauer, S. 120 ff.
283 Brief Ulrichs an Ebert vom 30. Juni 1919, in: AdR Bauer, S. 34 ff. In ULRICH, Erinnerungen, S. 143 ff., wird das Bemühen deutlich, dem Ganzen die Spitze zu

nehmen und die Ehrenhaftigkeit seines Gesprächs mit Mangin hervorzuheben; s. a. SCHLEMMER, Los von Berlin, S. 613 f.
284 Debatte am 22. Juli 1919; Verhandlungen der verfassunggebenden Deutschen Nationalversammlung, Stenographische Berichte, Bd. 328, S. 1812; der Vorwurf, Ulrich sei „Vorkämpfer für partikularistische Interessen", hatte auf dieser Sitzung der DNVP-Abgeordnete Albrecht Philipp erhoben, der auch davon sprach, dass das „Groß-Hessen wie ein Pilz aus dem Boden" steige; ebd., S. 1806; s. a. FRANZ, Otto Rudolf von Brentano, S. 194 f., BRUNCK, Otto von Brentano, S. 59 ff. sowie SÜSS, Rheinhessen, S. 90 f.
285 Umfangreiche Akten hierzu in: BarchB, R 43 I/2271.
286 Ebd., pag. 37 f.: Präsident Preußisches Staatsministerium (Hirsch) an die Reichsregierung und an die Hessische Staatsregierung, beides 9. Juli 1919.
287 BIEWER, Reichsreformbestrebungen, S. 156; VVK 1. LT, Drucks., Nr. 194: Regierungsantwort auf eine Anfrage der DVP, 8. Juli 1919.
288 THOMAS KLEIN: Hessen-Nassau im föderativen Gefüge des Deutschen Reiches, in: HEINEMEYER (Hrsg.), Hundert Jahre 2, S. 961–985, hier S. 983.
289 AdR Marx III/IV, S. 940; vgl. JOHN, Weimarer Bundesstaat, S. 326 ff. Unter finanzpolitischem Aspekt mehr dazu unten Kap. 8, S. 133 ff.
290 AdR Marx III/IV, S. 1055, Anm. 14: Vermerk von Hermann Pünder (Staatssekretär Reichskanzlei), 27. November 1927.
291 Rede wiedergegeben in einem Zeitungsartikel vom 6. November 1926, der im Bericht der Reichsvertretung in Hessen vom 17. November zitiert wird; KAHLENBERG (Bearb.), Berichte Eduard Davids, S. 247.
292 FRANZ, Hessengau, S. 64; REULING, Reichsreform, S. 283 ff.
293 STRUCK, Vorbereitung, S. 69.
294 „Frankfurter Zeitung" Nr. 46 vom 18. Januar 1929; BIEWER, Reichsreformbestrebungen, S. 162 ff.
295 „Frankfurter Zeitung" Nr. 201 vom 16. März 1929.
296 ADELUNG, Sein und Werden, S. 310 ff.; Rede vom 27. Mai 1930 im Landtag in: VLVH 4. LT, Prot., S. 1797 f.
297 Aus einem auch schriftlich veröffentlichten Rundfunkbeitrag; zitiert bei REULING, Reichsreform, S. 275, STRUCK, Vorbereitung, S. 70 und auch S. 65; dazu BIEWER, Reichsreformbestrebungen, S. 154.
298 Protokoll der Sitzung vom 26. März 1919 in: KÜHNE, Entstehung, S. 508.
299 Reichsgesetzblatt Teil I 1922 Nr. 24 vom 31. März 1922, S. 282.
300 So MENK, Ende des Freistaates, S. 221 ff. (über die Ausgliederung Pyrmonts: ebd., S. 91 ff.; über die Vertragsverhandlungen zwischen Preußen und Waldeck: S. 164 ff.); der Staatsvertrag vom 28. März 1928 ist dort auf S. 302 ff. abgedruckt; vgl. auch STEINER, Waldecks Weg, S. 60 ff., sowie MENK, Waldeck im Dritten Reich, S. 54, und MURK, Waldeck-Pyrmont, S. 121.
301 KLEIN, Provinz Hessen-Nassau [wie Anm. 188], S. 603; vgl. Grundriß zur deutschen Verwaltungsgeschichte 11, S. 199 ff.
302 Die Verordnung in: Preußische Gesetzsammlung Nr. 43 vom 3. August 1932, S. 255 ff.; vgl. REULING, Reichsreform, S. 298.
303 Grundriß zur deutschen Verwaltungsgeschichte 11, S. 328 und S. 433 f.; Nachweis der Verordnung in Anm. 302, die Zusammenlegungen in den Regierungsbezirken Kassel und Wiesbaden dort auf S. 262 f. genannt.
304 DEMANDT, Geschichte des Landes Hessen (1959), S. 439.
305 Vgl. MÜHLHAUSEN, Entscheidung der amerikanischen Besatzungsmacht; zusammengefasst in dem Heft MÜHLHAUSEN, Gründung des Landes Hessen.

306 Im nordhessischen Witzenhausen riefen DNVP, DVP, DDP und SPD miteinander zu einer „Massen-Demonstration" für den 13. Mai auf. Hunderte folgten (so die Presse); der gemeinsame Aufruf in: TAPPE, Arbeiterbewegung in Witzenhausen, S. 237.
307 Vgl. AdR Marx I/II, S. 478, dort Anm. 2.
308 Resolution in: BarchB, R 43 I/2271, pag. 119 f.
309 Vgl. den Überblick für den Taunus: MARESCH, Fremde Truppen.
310 SCHULTZ, Besatzungszeit in Kronberg, S. 122.
311 GROSSMANN-HOFMANN, Franzosen in Königstein, S. 89 ff.
312 MARESCH, Hilfskreis Königstein, S. 112.
313 MUNZ, Besetzung Wiesbadens, S. 213 ff.
314 MÜLLER, Adler, S. 225 f.
315 Debatten in Auszügen bei FRANZ / KÖHLER (Bearb./Hg.), Parlament, S. 242 ff.; die Rede von Kaul dort S. 246 ff. und von Ulrich S. 260 f.
316 AdR Stresemann I/II, S. 353: Besprechung mit den Ministerpräsidenten am 25. September 1923.
317 BarchB, N 2104 Nachlass Konrad Haenisch 491, pag. 41 ff.: Eingabe des Republikanischen Reichsbundes, Ortsgruppe Frankfurt, an den Regierungspräsidenten des Regierungsbezirks Wiesbaden vom 3. Oktober 1923. Regierungspräsident Haenisch (SPD) war zugleich Bundesvorsitzender des Reichsbundes; vgl. auch ELSBACH, Reichsbanner, S. 98.
318 BarchB, N 2104 Nachlass Konrad Haenisch 491, pag. 54 f.: Abschrift des Briefes an den Reichspräsidenten vom 5. November 1923.
319 Rede am 6. November in Auszügen in: FRANZ / KÖHLER (Bearb./Hg.), Parlament, S. 245.
320 Ebd., S. 228.
321 Die Quellen bei MÜLLER, Adler, S. 247.
322 Bericht des Regierungspräsidenten Kassel an den preußischen Innenminister vom 30. November 1919 in: MÜLLER, Adler, S. 214.
323 ZIBELL / BAHLES, Freistaat Flaschenhals; ZIBELL, Friede von Versailles. Mittlerweile ist das Unikum in einer Graphic Novel thematisiert worden: WIERSCH / KISSEL, Freistaat Flaschenhals, dort auch im Anhang das Essay von STEPHANIE ZIBELL zur historischen Verortung.
324 WALDECKER, Die Limburger Bürgermeister [wie Anm. 98], S. 267 ff.
325 Ich danke Herrn Joachim Warlies (Weilburg) für seine aus den städtischen Quellen geschöpften detaillierten Informationen.
326 Zusammenfassend JOHN, Weimarer Bundesstaat, S. 328.
327 Hessen im Wandel 1860–1960, S. 94 f.
328 „Casseler Volksblatt" Nr. 95 vom 24. April 1923; für die Wirtschaft Kassels in der Republik der Überblick bei LACHER, Arbeit und Industrie, S. 84 ff. und S. 131 ff.
329 PETER ENGELS: Die südhessische Wirtschaft im Ersten Weltkrieg und in der Weimarer Republik (1914–1933), in: EISENBACH (Hg.), Von den Anfängen, S. 103–136, hier S. 111.
330 Angaben des SPD-Abgeordneten Albin Mann vor dem hessischen Landtag am 28. Mai 1923; Rede in: FRANZ / KÖHLER (Bearb./Hg.), Parlament, S. 213.
331 Der schriftliche Hilferuf Ulrichs an Reichskanzler Stresemann vom 27. Oktober 1923 in: BarchB, R 43 I/2271, pag. 149.
332 Ausführlich beschrieben bei GÜNDISCH, Wetzlar, S. 194 ff.
333 HORST DICKEL: Biebrich – ein Schwarzer Freitag im Roten Herbst des Jahres 1923, in: HONEKAMP (Hg.), Wiesbaden, S. 77–79.

334 REBENTISCH, Frankfurt am Main, S. 433 f.; s. a. den Bericht aus dem Umfeld des Staatskommissars für öffentliche Ordnung vom 8. April 1920, in: AdR Müller I, S. 62 ff.; für die Okkupation Hanaus durch die Franzosen: ARNDT, In feldgrauer Zeit, S. 262 ff.
335 KOLLER, Senegalschützen, S. 114 f.
336 Staatspräsident Ulrich an Reichskanzler Müller, 24. April 1920, in: AdR Müller I, S. 153 f.; s. a. ebd., S. 221.
337 FLORIAN TILLER: Die französische Besatzungszeit in Wiesbaden von 1918 bis 1925, in: MANIG / WUNDERER (Hg.), Wiesbaden, S. 88–98; BLISCH, Wiesbadener Stadtgeschichte, S. 107; s. a. ZIBELL, Alfred Schulte, S. 392 f.
338 SCHLEMMER, Los von Berlin, S. 168 ff., zu Limburg S. 204 ff.
339 MARESCH, Hilfskreis Königstein, S. 117; GROSSMANN-HOFMANN, Franzosen in Königstein, S. 92.
340 Süss, Rheinhessen, S. 206 ff.
341 KAHLENBERG (Bearb.), Berichte Eduard Davids, S. 206; Henrichs Artikel „Zur Reichsfinanzreform" erschien in der „Darmstädter Zeitung" Nr. 103 vom 5. Mai 1925.
342 AdR Marx III/IV, S. 72 ff., S. 158 ff., S. 940 f. und S. 1054 f.; der diesbezügliche Bittbrief Ulrichs an Reichskanzler Marx vom 9. August 1926 in: ebd., S. 149 ff. Zu den „Gedanken der Aufgabe der staatlichen Selbständigkeit Hessens" vgl. KAHLENBERG (Bearb.), Berichte Eduard Davids, S. 216 f. und S. 222 f.
343 Dies nach dem Vermerk der Reichskanzlei vom 23. Dezember 1926. Die Kommission setzte sich nach einer ersten Liste vom 24. Januar 1927 aus je zwei Vertretern des Reichs- und des hessischen Finanzministeriums sowie aus dem Hause von Reichssparkommissar Saemisch zusammen; beides in: BarchB, R 43 I/2271, pag. 326 und pag. 332; ebd./2272, pag. 12. Vgl. aus „hessischer Sicht", wobei die Inspektion durch den Reichssparkommissar als eine Bitte der Darmstädter dargestellt wird: ADELUNG, Sein und Werden, S. 308 f.; so auch vor dem Landtag am 17. Februar 1932; Rede Adelungs in: VLVH 5. LT, Prot., S. 110 ff.
344 AdR Müller II, S. 27 f. und S. 52 ff.
345 So in einer Verlautbarung der Regierung vom 18. Januar 1929; zitiert bei ADELUNG, Sein und Werden, S. 305. Zur Kritik s. a. die Denkschrift [wie Anm. 347], S. 62.
346 Dieses wird dargestellt in dem einleitenden Anschreiben Saemisch an die Landesregierung zum abschließenden Gutachten vom Dezember 1929 [siehe Anm. 350]. Saemisch hatte dieses erste „Grundgutachten" nicht publizieren lassen, um zunächst einmal dessen Ergebnisse mit der Landesregierung zu diskutieren. Diese Besprechungen fanden im Juni 1929 statt; in der Folge hatte die Darmstädter Regierung Gelegenheit, Einwände gegen die Vorschläge schriftlich vorzubringen.
347 Diese über 50-seitige „Hessische Denkschrift über die wirtschaftliche und kulturelle Notlage im besetzten Hessen" vom November 1928 in: Verhandlungen des Reichstags, 4. WP, Bd. 435: Anlagen 901 bis 1000 zu den Stenographischen Berichten, Berlin 1928, Anlage Nr. 939 (Nr. c), S. 41 ff.
348 Tabellen in der Denkschrift [wie Anm. 347], S. 55 ff.
349 Zu den Schlussfolgerungen weitere Akten in: BarchB, R 43 I/2272, pag. 119.
350 AdR Müller II, S. 435 f. Das Gutachten wurde im Frühjahr 1930 publiziert als: Gutachten des Reichssparkommissars über die Staatsverwaltung des Volksstaates Hessen. Erstattet am 22. Dezember 1929 vom Reichssparkommissar Dr. Saemisch; zu Genese und Inhalt vgl. zeitgenössisch WINKELMANN, Gutachten.
351 AdR Marx III/IV, S. 1203 und S. 1438 ff. (Marx an den Mainzer Reichstagsabgeordneten des Zentrums, Hans Bockius, 19. April 1928) sowie S. 1454 ff. (Hoffmann an Marx, 8. Mai 1928).

352 Zahlen von KLAUS SCHÖNEKÄS zusammengetragen, in: HENNIG u. a. (Hg.), Hessen unterm Hakenkreuz, S. 51.
353 Detailliert ALTENBURG, Machtraum Großstadt, S. 210 ff.
354 SCHIMPF, Kulturpolitik in Frankfurt, S. 449.
355 HOLLMANN / WETTENGEL, Nassaus Beitrag, S. 79.
356 Ausführlich: ADELUNG, Sein und Werden, S. 341 ff.
357 „Willige Ohren" bei GRUNWALD, Kirchenkampf, S. 59. Um die Kernfrage Republikanismus und Kirche in Weimar drückt sich DIETER WASSMANN: Die evangelische Kirche zwischen Revolution, Demokratie und Diktatur, in: FLEMMING / KRAUSE-VILMAR (Hg.), Kassel, S. 614–631, wo zum Thema ein Satz zu finden ist, mehr allerdings zu den Auswirkungen des Versailler Vertrages und der Wirtschaftsnot auf die kirchliche Arbeit (Reduzierung der Militärseelsorge wegen Verkleinerung der Reichswehr und Rückgang der Kirchensteuern wegen hoher Arbeitslosigkeit); ähnlich das Pendant von DIETRICH FRÖBA: Von der Hofkapelle zur Stadtkapelle: Katholiken in Kassel, in: ebd., S. 632–647.
358 Die den Volksstaat umfassende „Evangelische Landeskirche in Hessen" war neben den Landeskirchen von Hessen-Kassel und Nassau eine von dreien im Raum Hessen, die sich nach dem Umsturz, allerdings erst 1922/23, innerkirchlich mehr oder minder reformierten und demokratisierten.
359 Rede am 1. Dezember 1920 vor dem Landtag; VLVH 1. LT, Prot., S. 208; für Diehls Landtagstätigkeit, ohne allerdings auf seine Reden im Parlament einzugehen, nur auf Beschreibungen von Zeitgenossen – zumeist aus einer wohlwollenden Festschrift – zurückzugreifend: LÜCK, Wilhelm Diehl, S. 182 ff.
360 FESSNER, Die Grüns, S. 426 f. und S. 463 ff.
361 KÜHN-LEITZ (Hg.), Ernst Leitz I., vor allem S. 207 ff.
362 Siehe die Beiträge in KÜHN-LEITZ (Hg.), Ernst Leitz – Wegbereiter, insbes. S. 20 und S. 120 ff.; WIEDL, Reichsbanner, S. 269 f.
363 „Frankfurter Zeitung" Nr. 125 vom 17. Februar 1921; das Zitat mit Kürzungen in: MENK (Hg.), Otto Hufnagel 2, S. 677 ff.
364 EWALD, Gewerkschaften in Darmstadt, S. 66 f.
365 VLVH 1. LT, Prot., S. 1353 ff. Das Telegramm Kapps an Ulrich wurde auf dieser telegrafisch einberufenen Sondersitzung von Ulrich verlesen.
366 MÜHLHAUSEN, Scheidemann – Oberbürgermeister, S. 54.
367 Anordnung vom 14. März abgedruckt bei: HUBER (Hg.), Dokumente 4, S. 246.
368 SCHUMACHER (Bearb.), Joh. Victor Bredt, S. 156.
369 ULRICH, Erinnerungen, S. 152 f. Die Episode findet sich in ähnlicher Version auch in der 1939 von der kriegsgeschichtlichen Forschungsanstalt des Heeres aufgelegten Darstellung: Die Kämpfe in Südwestdeutschland, S. 153.
370 STEINER, Waldecks Weg, S. 37.
371 So ENGBRING-ROMANG, Eine katholische Stadt, S. 105.
372 Im katholischen Amtsblatt 1923, zititert ebd., S. 109; für Fulda und die christlichen Gewerkschaften auch WEICHLEIN, Sozialmilieus, S. 138.
373 HEITHER / SCHULZE, Morde von Mechterstädt, S. 109 f.
374 FRANZ, Biedermeier, S. 433.
375 REBENTISCH, Frankfurt am Main, S. 432 f.; NEULAND, Gefecht, S. 53 ff.; Quellen bei PÀKH (Bearb.), Frankfurter Arbeiterbewegung 2, S. 963 ff.; für Kassel: MÜHLHAUSEN, Scheidemann – Oberbürgermeister, S. 53 ff.; selbst in der Kleinstadt Witzenhausen mobilisierten die Gewerkschaften: TAPPE, Arbeiterbewegung in Witzenhausen, S. 239 f.
376 SCHULZE, Otto Braun, S. 298.
377 MÜHLHAUSEN, Friedrich Ebert, S. 354.

378 Auch an der TH Darmstadt wurden schon früh im Jahr 1919 zwei oder gar drei Kompanien von Zeitfreiwilligen gebildet; Hinweise in: Die Kämpfe in Südwestdeutschland, S. 128.
379 Vgl. die Beiträge in: KRÜGER / NAGEL (Hg.), Mechterstädt; breit eingebettet wird die Tat von HEITHER / SCHULZE, Morde von Mechterstädt, S. 102 ff. Unverständlich verständnisvoll gegenüber den Mördern präsentiert sich der bedenkliche Beitrag von ROSENWALD, Studentenkorps Marburg. Der deutschnationale Marburger Professor Bredt schreibt in seinen Erinnerungen, dass es juristisch richtig gewesen sei, nach der „Affäre von Mechterstädt", die er immerhin als „wenig erfreuliches Zwischenspiel" charakterisiert, die Studenten freizusprechen – das war es eben nicht; SCHUMACHER (Bearb.), Joh. Victor Bredt, S. 157.
380 MÜHLHAUSEN, Scheidemann – Oberbürgermeister, S. 57; s. a. GRZESINSKI, Im Kampf, S. 17 f. und S. 144 ff.
381 Staatspräsident Ulrich an Reichskanzler Hermann Müller (SPD), 31. März 1920, in: AdR Müller I, S. 11 ff.
382 MÜHLHAUSEN, Christian Stock 1910–1932, S. 55 ff.
383 Vgl. AdR Marx I/II, S. 596 (dort Anm. 3); ebd., S. 446 f., auch das Schreiben des hessen-nassauischen Reichstagsabgeordneten Walther Schücking (DDP) an Reichskanzler Marx vom 8. März 1924 mit Hinweisen auf eine illegale militärische Ausbildung von Marburger Studenten.
384 FREUND, Teil der Gewalt, S. 55; für die Entlassung von Landrat Adolf von und zu Gilsa siehe oben Kap. 3. S. 56.
385 Vgl. FRIEDRICH, Offizierkameradschaft in Marburg; HEITHER / SCHULZE, Morde von Mechterstädt, S. 110.
386 So Kassels Regierungspräsident Friedensburg 1929, zitiert bei SIEGFRIED WEICHLEIN: Studenten und Politik in Marburg. Die politische Kultur einer Universitätsstadt 1918–1920, in: KRÜGER / NAGEL (Hg.), Mechterstädt, S. 27–43, hier S. 27.
387 NAGEL, Martin Rade, S. 185 f.; vgl. die Erinnerungen des späteren Bundespräsidenten Gustav Heinemann (SPD), seinerzeit Student in Marburg; HEINEMANN, Tagebuch der Studienjahre, S. 208 f. Vgl. auch WILLMS, Geträumte Republik, S. 209 f., der als Student in Marburg seit dem Spätjahr 1932 ein „entschieden ‚national' und völkisch orientiertes Kontingent in der Professorenschaft" ausmacht.
388 ZUCKMAYER, Als wär's ein Stück, S. 237 f.
389 HANEL, TH Darmstadt, S. 71 ff.; dies zeigt auch der Bericht des Bevollmächtigten des Auswärtigen Amts in Hessen(-Darmstadt), Hugo Graf von Lerchenfeld, vom 6. Dezember 1920, in: BarchB, R 43 I/2271, pag. 68 ff., hier pag. 71.
390 SEVERIN-BARBOUTIE, Universitäten, S. 72 f. und S. 85.
391 SIEKMANN, Reichsgründungs- und Verfassungsfeiern, S. 553.
392 Überblick bei KURZ, Kulturelles Leben, S. 169 ff.
393 FRANZ / KÖHLER (Bearb./Hg.), Parlament, S. 229 ff. Ein entsprechendes Gesetz zur Stiftung des „Georg Büchner-Preises" wurde dann 1929 verabschiedet; dieses in: Hessisches Regierungsblatt Nr. 9 vom 6. Mai 1929, S. 66.
394 Überblick in der Broschüre zur Ausstellung: 275 Jahre Theater in Darmstadt, S. 18 ff.
395 OSSNER, Reichsgründungs- und Verfassungsfeiern, S. 167 f.; ebd., S. 156, das Zitat aus der Mitteilung des Ministeriums vom 27. Juni 1929 (ursprünglich umfassender: SIEKMANN, Reichsgründungs- und Verfassungsfeiern, Zitat S. 527). Zur Landtagsdebatte vgl. FRANZ / KÖHLER (Bearb./Hg.), Parlament, S. 412 ff.; vgl. auch REIBER / STORCK (Hg.), Zehn Jahre Deutsche Republik.

396 Gesetz in: Hessisches Regierungsblatt Nr. 12 vom 4. Juli 1929, S. 145.
397 „Bad Nauheimer Zeitung" Nr. 186 vom 10. August 1919; ausführlich zitiert bei NEES, Entwicklung von Stadt und Bad, S. 141.
398 Freisler am 23. Juni 1932; Sitzungsberichte des Preußischen Landtags, 4. WP/ Bd. 1, Berlin 1932, S. 720.
399 Vgl. FRANZ / KÖHLER (Bearb./Hg.), Parlament, S. 130 ff.; auch LANGE, Carl Ulrich, S. 47 f.
400 So der Bevollmächtigte des Auswärtigen Amts in Darmstadt (Lerchenfeld) in seinem ausführlichen Bericht vom 6. Dezember 1920; dieser in: BarchB, R 43 I/2271, pag. 68 ff., das Zitat pag. 69.
401 Landtagsdebatte am 25. und 26. November sowie 1. Dezember 1920; VLVH 1. LT, Prot., S. 2019 ff.
402 Einige der Anordnungen des Ministeriums zu den jährlichen Verfassungsfeiern sind gesammelt in: Stadtarchiv Gießen, N 66. Das obige Zitat aus der Anweisung vom 28. Juli 1932, also zur letzten Feier in der Republik.
403 SIEKMANN, Reichsgründungs- und Verfassungsfeiern, S. 517 ff.
404 Siehe für Wetzlar WIEDL, Reichsbanner, S. 292.
405 Erste und zweite Lesung vom 21. März 1929 in: VLVH 4. LT, Prot, S. 1117 ff. Das Gesetz trat zum 1. August 1929 in Kraft; Hessisches Regierungsblatt Nr. 9 vom 6. Mai 1929, S. 66 f.; vgl. ENGBRING-ROMANG, Sinti und Roma in Hessen, S. 117 ff.
406 FRANZ, Volkstaat Hessen, S. 907.
407 HStAD, R 1 B Nr. 10402: Hessisches Ministerium des Innern an die Behörden, 1. August 1922.
408 REBENTISCH, Frankfurt am Main, S. 473.
409 Die Reden in: Die Vierhundertjahrfeier der Philipps-Universität Marburg 1927.
410 GRAF, Mütze, Band und Braunhemd, S. 55 ff.; HELLMUT SEIER: Marburg in der Weimarer Republik 1918–1933, in: DETTMERING / GRENZ (Hg.), Marburger Geschichte, S. 559–592, hier S. 588.
411 ZUBER (Hg.), Julius Goldstein, S. XXVIII; FRANZ / KÖHLER (Bearb./Hg.), Parlament, S. 324 ff.
412 KLEMM, Erinnert, S. 245 ff.; auch MÜHLHAUSEN, Friedrich Ebert, S. 836 ff.; MÜHLHAUSEN, Erinnerung und Tradition, S. 109 ff.
413 SCHUMACHER (Bearb.), Joh. Victor Bredt, S. 288 f.
414 Detaillierte Berichte im „Casseler Volksblatt" Nr. 131 vom 8. Juni 1922; zum Anschlag: MÜHLHAUSEN Scheidemann – Oberbürgermeister, S. 128 ff.
415 SCHEIDEMANN, Der Feind steht rechts; vgl. MÜHLHAUSEN, Scheidemann – Oberbürgermeister, S. 133 ff.
416 Ebd. S. 155 ff.
417 FRIEDRICH KNÖPP: Der Volksstaat Hessen 1918–1933, in: SCHULTZ (Hg.), Geschichte Hessens, S. 217–231, hier S. 226; ADELUNG, Sein und Werden, S. 230 f.; KAHLENBERG (Bearb.), Berichte Eduard Davids, S. 38 ff.; eine hier nicht abgedruckte Aufnahme der verwüsteten Wohnung von Osann beim ullstein bilderdienst; siehe https://www.ullsteinbild.de/?82231788017539342720.
418 Detailliert WITTROCK, Altkreis Gelnhausen, S. 19 ff.
419 VLVH 1. LT, Prot., S. 1412: Sitzung vom 21. Juli 1920.
420 Rede am 11. Juli 1922; VLVH 2. LT, Prot., S. 236; s. a. FRANZ / KÖHLER (Bearb./ Hg.), Parlament, S. 188.
421 Die Schulverordnung in: Hessisches Regierungsblatt Nr. 25 vom 12. September 1922, S. 293. Das Beamte und Richter betreffende Gesetz ebd., S. 292 und S. 294 f.

422 BarchB, N 2104 Nachlass Konrad Haenisch 491, pag. 75 ff.: Abschrift eines Briefes des Frankfurter Polizeihauptmanns Karl Heinrich an den bayerischen SPD-Führer Erhard Auer, 30. Dezember 1923; vgl. ELSBACH, Reichsbanner, S. 104 f.
423 FRANZ, Adel, S. 622.
424 Bericht vom 6. Dezember 1920, in: BarchB, R 43 I/2271, pag. 68 ff., das Zitat pag. 70.
425 MURK, Waldeck-Pyrmont, S. 117.
426 Dokumente zur Limburger Stadt- und Kreisgeschichte, S. 69; WALDECKER, Die Limburger Bürgermeister [wie Anm. 98], S. 266.
427 FRANZ / KÖHLER (Bearb./Hg.), Parlament, S. 277 ff., die Rede Schreibers, S. 280 ff.
428 Ergebnis bei GALONSKA, Landesparteiensysteme, S. 318 f.; für Waldeck, wo im ersten Wahlgang gerademal um die 20 Prozent auf Braun entfallen waren: STEINER, Waldecks Weg, S. 46.
429 Abgedruckt bei GRZESINSKI, Im Kampf, S. 243.
430 ZUBER (Hg.), Julius Goldstein, S. 198: Eintragung vom 27. April 1925.
431 GRZESINSKI, Im Kampf, S. 245; der Aufruf aus dem „Casseler Volksblatt" vom 14. November 1918 als Faksimile bei LACHER, Arbeit und Industrie, S. 75.
432 Zitiert bei HESSEN, Die Hessens, S. 122.
433 So die Bezeichnung für Freisler bereits im sozialdemokratischen „Casseler Volksblatt" Nr. 101 vom 30. April 1924. Zu „Hitlers Trommler" vgl. DIETFRID KRAUSE-VILMAR: Hitlers Machtergreifung in der Stadt Kassel, in: FRENZ / KAMMLER / KRAUSE-VILMAR (Hg.), Volksgemeinschaft 2, S. 13–36, hier S. 17 f.
434 Am 25. Mai 1932; Sitzungsberichte des Preußischen Landtags, 4. WP/Bd. 1, Berlin 1932, S. 29 ff.; vgl. HEIMANN, Landtag, S. 240 f.
435 Detailliert beschrieben im „Kasseler Volksblatt" (Schreibweise „Kassel" nun mit „K") Nr. 161 vom 12. Juli 1932.
436 Zitiert bei LENGEMANN, Bürgerrepräsentation, S. 288 (Anm. 2105).
437 NEES, Entwicklung von Stadt und Bad, S. 142 f. mit den entsprechenden Zeitungsankündigungen.
438 Zu Aufstieg und Organisation der NSDAP in Hessen die Beiträge in HENNIG u. a. (Hg.), Hessen unterm Hakenkreuz; SCHÖN, Entstehung; für die Führungsebene: DIETER REBENTISCH: Persönlichkeitsprofil und Karriereverlauf der nationalsozialistischen Führungskader in Hessen 1928–1945, in: WOLF / PETER (Hg.), Freiheit, S. 161–210.
439 RICK, Peter Gemeinder, S. 121 ff.; Bilder von der Beisetzung mit August Wilhelm in der NS-Propagandaschrift: Oberhessen marschiert, S. 20 ff., dort auch weitere Aufnahmen mit August Wilhelm bei anderen NS-Veranstaltungen in Hessen.
440 SCHÖN, Entstehung, S. 191 f.
441 KOCH, Artillerie.
442 Im Beitrag „Die NSDAP im Kreise Hersfeld bis zum Siege der nationalsozialistischen Bewegung" in der vom Landrat herausgegebenen Schrift: Der Kreis Hersfeld, S. 46–49.
443 Ergebnisse nach Stimmen ebd., S. 49, prozentual bei KLEIN (Hg.), Hessen als Reichstagswähler 2/I, S. 492 ff.
444 Tabellen in KLEIN (Hg.), Regierungsbezirk Kassel 1, S. CXXIII.
445 WEICHLEIN, Kleinstadtgesellschaft, S. 499.
446 STEINER, Waldecks Weg, S. 86 ff. (Verbandswahlen 17. März 1929) und S. 127 ff. (Reichstagswahlen 1930).
447 EIGNER, Nationalsozialisten im Kreis Lauterbach, S. 147 ff. und S. 158.

448 WITTROCK, Langenselbold und Schlüchtern, S. 13 f.
449 Eine detailliert geschilderte Saalschlacht im Wetterau-Dorf Ranstadt vom März 1931 bei STRECKER, Hitlerbewegung, S. 114 ff.; eine „Chronik der Gewalttätigkeiten" im Reichstagwahlkampf 1930 bei SCHÖN, Entstehung, S. 170 f.
450 „Kasseler Volksblatt" Nr. 137 vom 16. Juni 1931; vgl. SCHMITT, Republikaner auf Vorposten.
451 FRANZ, Otto Rudolf von Brentano, S. 195; SCHLANDER, Otto von Brentano, S. 75 f.
452 FRANZ, Volksstaat Hessen, S. 912.
453 SCHÖN, Entstehung, S. 171; auch ELSBACH, Reichsbanner, S. 47 und S. 630.
454 Vgl. WILHELM FRENZ: Der Aufstieg des Nationalsozialismus in Kassel 1922 bis 1933, in: HENNIG u. a. (Hrsg.), Hessen unterm Hakenkreuz, S. 63–106, hier S. 72.
455 KLEIN (Hg.), Regierungsbezirk Kassel 1, S. CXXV.
456 ULRICH, Freiheit, S. 20.
457 ELSBACH, Reichsbanner, S. 118. Der umfassendste Überblick zu einem Ortsverband liegt für Wetzlar vor: WIEDL, Reichsbanner; für Kassel vgl. JOHANNES EBEL: „Republikaner werde hart!" – Das Reichsbanner Schwarz-Rot-Gold, in: FLEMMING / KRAUSE-VILMAR (Hg.), Kassel, S. 417–436.
458 Am 22. September 1932; Sitzungsberichte des Preußischen Landtags, 4. WP/ Bd. 1, Berlin 1932, S. 1570.
459 Ausführlich geschildert bei ELSBACH, Gewalt, S. 182 f.
460 BECKER, Wahrheit, S. 117; ELSBACH, Reichsbanner, S. 450.
461 Siehe im Einzelnen den Statistikanhang mit Namenslisten bei ELSBACH, Reichsbanner, S. 618 ff.
462 FRANZ / KÖHLER (Bearb./Hg.), Parlament, S. 488 und S. 513.
463 Schreiben vom 16. Oktober 1931 zitiert bei WEITZEL, Propaganda, S. 352.
464 Vgl. zum Bankensterben in Nordhessen: KLEIN (Hg.), Regierungsbezirk Kassel 1, S. LXCXXVII.
465 Dazu die ausführliche Darlegung von Innenminister Leuschner gegenüber dem Reichsfinanzminister, 16. Dezember 1932; BarchB, R 43 I/2272, pag. 259 ff.
466 Zahlen nach KLEIN (Hg.), Regierungsbezirk Kassel 1, S. LXXV.
467 Arbeitslosenzahlen in: Hessen im Wandel 1860–1960, S. 94 ff.; die wirtschaftlichen und sozialpolitischen Daten im Überblick auch in der Zusammenstellung von KLAUS SCHÖNEKÄS in: HENNIG u. a. (Hg.), Hessen unterm Hakenkreuz, S. 45 ff. Dazu die (glänzende) Darstellung von HAHN, Wirtschaft und Verkehr, S. 206 ff.
468 So die „Hessische Denkschrift über die wirtschaftliche und kulturelle Notlage im besetzten Hessen" vom November 1928; diese in: Verhandlungen des Reichstags, 4. WP, Bd. 435: Anlagen 901 bis 1000 zu den Stenographischen Berichten, Berlin 1928, Anlage Nr. 939 (Nr. c), S. 41 ff., hier S. 43.
469 Der Hessische Minister für Finanzen (Kirnberger) an den Reichskanzler (Brüning), 31. Dezember 1930, in: BarchB, R 43 I/2272, pag. 147. Kirnbergers Bitte um Hilfe blieb unbeantwortet; der von der Reichskanzlei mehrfach um Vorlage eines Antwortbriefes gebetene Reichsfinanzminister reagierte nicht, so dass die Reichskanzlei nach fast einem halben Jahr von einer Antwort absah; Vermerk vom 20. Juni 1931, ebd., pag. 155.
470 So die Denkschrift Leuschners zur Notlage der hessischen Gemeinden, 15. Dezember 1932; BarchB, R 43 I/2272, pag. 268.
471 Hessen im Wandel 1860–1960, S. 100.
472 Hessen im Wandel (1986), S. 276.

473 HENNIG u. a. (Hg.), Hessen unterm Hakenkreuz, S. 54; Hessen im Wandel 1860–1960, S. 95 f.
474 HAHN, Wirtschaft und Verkehr, S. 207.
475 Zahlen extrahiert aus der Darstellung von LACHER, Arbeit und Industrie, S. 178; dort keine Angaben für 1931. Für eine Kleinstadt siehe die Dokumente über die soziale Lage sowie die Zahl der Arbeitslosen und deren Unterstützung bei TAPPE, Arbeiterbewegung in Witzenhausen, S. 302 ff.
476 Nach BOVET u. a., Offenbacher SPD, S. 22 ff.
477 Ausgewählte Daten der zunächst quartalsmäßigen, dann monatsmäßigen Erfassung; Zahlen aus den Tabellen in: Statistisches Jahrbuch Preußen 1931 bis 1934. Es handelt sich dabei um Erhebungen des Landesamts nach den Meldungen der Bezirksfürsorgeämter. In den verschiedenen Ausgaben leicht variierende Zahlen für einzelne Daten in einer zu vernachlässigenden Größenordnung (ca. +/– 200).
478 HAHN, Wirtschaft und Verkehr, S. 207.
479 KLEIN (Hg.), Regierungsbezirk Kassel 1, S. CIX.
480 REBENTISCH, Ludwig Landmann, S. 288, im Ganzen mit seiner Darstellung zur Lage Frankfurts beispielhaft für die Kommunalpolitik in der Wirtschaftskrise.
481 AdR Brüning I/II, S. 477.
482 Ebd., S. 540 ff.: Kirnberger an Reichskanzler, 20. Oktober 1930; Zahlen zum Personalabbau im Brief Kirnbergers an Staatssekretär Hermann Pünder (Reichskanzlei) vom 19. November 1931; BarchB, R 43 I/2272, pag. 143.
483 So Kirnberger an den Reichsfinanzminister, 19. November 1931; BarchB, R 43 I/2272, pag. 172 ff.
484 Schreiben Kirnbergers vom 14. Juli 1931 zitiert in: AdR Brüning I/II, S. 1619, dort Anm. 2; es ist überliefert in BarchB, R 43 I/2272, pag. 157 ff.
485 BarchB, R 43 I/2272, pag. 160 ff.; die weiteren Bittbriefe Kirnbergers aus dem letzten Quartal 1931 an Reichskanzler und Reichsfinanzminister ebd., pag. 166 ff.
486 Brief vom 24. Mai 1932; ebd., pag. 220.
487 AdR Schleicher, S. 4, Anm. 3; die Denkschrift vom 15. Dezember 1932 vollständig in: BarchB, R 43 I/2272, pag. 257 ff.
488 AdR Schleicher, S. 10, Anm. 11; der Brief vom 27. Dezember 1932 in: BarchB, R 43 I/2272, pag. 283 ff.
489 Die Akte (BarchB, R 43 I/2272) weist als eigentlichen zeitlichen Endpunkt den 31. Januar 1933 aus.
490 BERGSTRÄSSER, Mein Weg, S. 9; vgl. die Einleitung zu BERGSTRÄSSER, Befreiung; auch ZIBELL, Ludwig Bergsträsser, S. 42.
491 Vgl. sehr ausführlich (mit entsprechenden Quellen, darunter auch die Kleine Anfrage der DNVP): FRIEDENSBURG, Lebenserinnerungen, S. 199 ff., wobei die Darstellung den Eindruck einer Bedeutung seiner Bestrebungen erweckt, die diese zeitgenössisch wohl doch nicht erzielt hat.
492 Siehe beispielhaft für den dörflichen hessischen Raum: STRECKER, Hitlerbewegung; auch in Hersfeld fand die NSDAP einen durch latenten Antisemitismus „wohlpräparierten Boden" vor; NUHN, Hersfeld, S. 240.
493 Das Gesetz vom 28. März in: Weimarer Landesverfassungen, S. 265 f.; zusammenfassend juristisch abwägend mit Hinweis auf die Gutachten: GMELIN, Verlängerung, das präzisierende Gesetz vom 13. Mai – „[...] gilt auch für den gegenwärtigen Landtag" – dort auf S. 272.
494 MIERENDORFF, Lehre der Hessen-Wahl, S. 1157.
495 HERBERT, Best, S. 112; die Boxheimer Dokumente in: HENNIG u. a. (Hg.), Hessen unterm Hakenkreuz, S. 435 ff.
496 So Ende Januar 1933 in Wetzlar; WIEDL, Reichsbanner, S. 347.

497 AdR Brüning I/II, S. 2015 und S. 2002.
498 Schulthess' Europäischer Geschichtskalender 1931, S. 265 ff., und desgl. 1932, S. 7.
499 Die Debatte mit umfassender Einführung bei FRANZ / KÖHLER (Bearb./Hg.), Parlament, S. 512 ff.
500 Ergebnisse in SCHÖN, Entstehung, S. 200; für Hessen-Nassau bei KLEIN, Parteien und Wahlen [wie Anm. 132], S. 31. Wahlergebnisse auch im Anhang von GALONSKA, Landesparteiensysteme, S. 319; für Waldeck: STEINER, Waldecks Weg, S. 172 ff.
501 KNAUSS, Gießen, S. 86.
502 Siehe die Tabelle oben Kap. 5, S. 77; obige Zahlen nach: Hessen im Wandel 1860–1960, S. 482.
503 SCHÖN, Entstehung, S. 169.
504 So der Staatspräsident im Interview mit einem Pressebüro am 28. Februar 1932; ADELUNG, Sein und Werden, S. 365.
505 REBENTISCH, Frankfurt am Main, S. 475.
506 VLVH 5. LT, S. 58 ff., die Abstimmung S. 69; s. a. SCHÖN, Entstehung, S. 196.
507 WEITZEL, Propaganda, S. 357.
508 Sitzung vom 19. Februar 1932; VLVH 5. LT, Prot., S. 170 ff.; SCHÖN, Entstehung, S. 195.
509 VLVH 6. LT, Prot. S. 11 ff., die Abstimmung S. 19.
510 Siehe die Tabelle oben Kap. 5, S. 91.
511 SCHULZE, Otto Braun, S. 728 f.
512 In einer Schrift von 1931, zitiert ebd., S. 660 f.
513 Sitzungsberichte des Preußischen Landtags, 4. WP/Bd. 1, Berlin 1932, S. 124.
514 MIERENDORFF, Sommer der Entscheidungen, S. 655.
515 Beispiele für den Regierungsbezirk Kassel bei KLEIN (Hg.), Regierungsbezirk Kassel 1, S. XXI.
516 Zitiert bei KRAUSE-VILMAR, Machtergreifung 1933 in Kassel, S. 15. Für die Entlassung von Haas und Hohenstein vgl. die Sitzung der Preußischen Staatsministeriums vom 21. Juli 1932, in: AdR Papen, S. 282.
517 AdR Papen, S. 950; s. a. MAIER-METZ, Albrecht Götze, S. 111 ff.
518 Vgl. WILHELM FRENZ: Der Aufstieg des Nationalsozialismus in Kassel 1922 bis 1933, in: HENNIG u. a. (Hg.), Hessen unterm Hakenkreuz, S. 63–106, hier S. 85.
519 FRIEDENSBURG, Lebenserinnerungen, S. 210.
520 Das Schreiben Adelungs vom 22. Juli 1932 an Reichspräsident Hindenburg in: AdR Papen, S. 294, auch in: Ein Staatsstreich?, S. 91.
521 Am 23. Juli 1932 in Stuttgart; Protokoll in: AdR Papen, S. 307; s. a. ADELUNG, Sein und Werden, S. 367.
522 Zitiert bei FRENZ / SCHMIDT, Seit an Seit, S. 174.
523 Dazu ULRICH, Freiheit, S. 44 f.
524 REUSCHLING, Reichstagswahlen Main-Taunus-Kreis, S. 23.
525 Wie das vorherige Zitat bei GRZESINSKI, Im Kampf, S. 274 und S. 275; vgl. ALBRECHT, Albert Grzesinski, S. 307 ff. Dagegen kritisierte Friedensburg rückblickend die verantwortlichen Sozialdemokraten in Preußen scharf; FRIEDENSBURG, Lebenserinnerungen, S. 210.
526 ARENZ-MORSCH / HEINZ (Hg.), Gewerkschafter, S. 202 f.
527 REUSCHLING, Reichstagswahlen Main-Taunus-Kreis, S. 23.
528 HILS-BROCKHOFF / PICARD: Frankfurt am Main im Bombenkrieg, S. 14. Zum Verhältnis SPD und KPD auf örtlicher Ebene mit den Quellen: PÀKH (Bearb.), Frankfurter Arbeiterbewegung 2, S. 1308 ff.

529 FRENZ, Aufstieg [wie Anm. 518], S. 83; JÖRG KAMMLER: Zur historischen Ausgangslage des Arbeiterwiderstandes: Die Kasseler Arbeiterbewegung vor 1933, in: FRENZ / KAMMLER / KRAUSE-VILMAR (Hg.), Volksgemeinschaft 2, S. 292–324, hier S. 313 und 316 ff.
530 „Offenbacher Nachrichten" Nr. 59 vom 28. Juli 1932.
531 Dokumente zur Limburger Stadt- und Kreisgeschichte, S. 91.
532 Beschlossen am 26. Februar 1932; VLVH 5. LT, Prot., S. 306 f.; dazu BarchB, R 43 I/2272, pag. 207 ff.: Reichsjustizminister an Reichskanzler, 9. April, sowie an den hessischen Justizminister, 21. April 1932.
533 Vom Landtag in erster und zweiter Lesung am 24. Februar 1932 beschlossen; VLVH 5. WP, Prot. 7. Sitzung, S. 227; ausführliche Stellungnahme des hessischen Innenministers vom 9. Mai 1932 gegenüber dem Reichsinnenminister zwecks Bestätigung der beabsichtigten Nichtinkraftsetzung in: BarchB, R 43 I/2272, pag, 225 ff.
534 FREIDHOF, Gegenrevolution, Zitate S. 15 und S. 9; vgl. KITZING, Rudolf Freidhof, S. 225 f.
535 Die Rede liegt gedruckt vor: SCHEIDEMANN, Deutsche Politik, Zitat S. 30.
536 MÜHLHAUSEN, Scheidemann – Oberbürgermeister, S. 174 ff.
537 REBENTISCH, Frankfurt am Main, S. 480; hier sprachen der Frankfurter SPD-Vorsitzende Johannes Rebholz, 1947 bis 1949 Oberbürgermeister von Offenbach, und der Vorsitzende der „Eisernen Front" aus Wiesbaden, Konrad Arndt (zu seinem Schicksal s. u. S. 211 mit Anm. 585).
538 Zitat entlehnt dem Band: GALL (Hg.), FFM 1200, S. 317. Für das Folgende im Überblick: MARIE-LUISE RECKER: Hessen im Dritten Reich, in: HEIDENREICH / BÖHME (Hg.), Verfassung, S. 258–273; DIETER REBENTISCH: Nationalsozialistische Revolution, Parteiherrschaft und totaler Krieg in Hessen, in: SCHULTZ (Hg.), Geschichte Hessens, S. 232–248. Als Beispiel für die „Machtergreifung" im kommunalen Raum: Flämig, Hanau 1, S. 137 ff.; s. a. die Beiträge in WOLF / PETER, Freiheit; für eine Kleinstadt: SPEITKAMP, Eschwege. S. 45 ff.
539 Gesetz vom 28. März 1930 in: Weimarer Landesverfassungen, S. 265 f.; Debatte vom 6. Februar 1933 in: VLVH 6. LT, Prot., S. 249 ff.; die Abstimmung ebd., S. 255.
540 HStAD, Abt. O 29, Nachlass Wilhelm Leuschner 10.
541 Im Landtag am 19. April 1932; in: FRANZ / KÖHLER (Bearb./Hg.), Parlament, S. 526.
542 Zitiert bei LEITHÄUSER, Wilhelm Leuschner, S. 92.
543 Biographie in KAMMLER u. a., Volksgemeinschaft, S. 276 f.; s. a. MÜLLER, Adler, S. 279 f.
544 FRIEDENSBURG, Lebenserinnerungen, S. 219.
545 Vgl. WEICHLEIN, Sozialmilieus, S. 179. Steuer lieferte immer wieder Angriffe auf die Regierung Braun, und zwar in einer Schärfe, die alles übertraf; vgl. SCHULZE, Otto Braun, S. 630; für Steuers Attacken auf Scheidemann vgl. MÜHLHAUSEN, Scheidemann – Oberbürgermeister, S. 150 f. und S. 167 f.
546 In Darmstadt am 19. Februar 1933; ULRICH, Wilhelm Leuschner, S. 26 f.
547 ULRICH, Freiheit, S. 36 f.; BECKER, Wahrheit, S. 117.
548 Zu den Todesopfern vgl. die Listen im Anhang bei ELSBACH, Reichsbanner.
549 Hessen im Wandel 1860–1960, S. 482.
550 GROSCHE, Geschichte Bad Homburg 4, S. 248 f.
551 „Bekanntmachung" der „kommissarischen Verwaltung" in den „Egelsbacher Neuesten Nachrichten" Nr. 28 vom 7. März 1933; Faksimile in: WITTROCK, Egelsbach, S. 120.

552 NIEDER, Sturm aufs Rathaus 1933, S. 476.
553 KELLER, Ferdinand Dreher, S. 20.
554 Am 16. Juni 1932; Sitzungsberichte des Preußischen Landtags, 4. WP/Bd. 1, Berlin 1932, S. 456.
555 Vgl. die mit Dokumenten angereicherte Darstellung bei ADELUNG, Sein und Werden, S. 370 ff.
556 „Hessischer Volksfreund" (Darmstadt) Nr. 56 vom 7. März 1933.
557 Für Darmstadt: HERBERT, Best, S. 123 ff.; für die Gestapo in Hessen allgemein: MEINL / ZWILLING, Raub, S. 49 ff.
558 MÜHLHAUSEN, Kampf, S. 268 ff.; zu ihm ausführlich: ALBRECHT, Carlo Mierendorff; auch: ULRICH, Carlo Mierendorff, S. 43 ff.
559 TSCHACHOTIN / MIERENDORFF, Grundlagen und Formen.
560 So das Plakat zu der Veranstaltung in: FRANZ (Hg.), Chronik Hessens, S. 367; vgl. ULRICH, Freiheit, S. 29.
561 WIEDL, Reichsbanner, S. 349. Für ihn sprang der Parteisekretär Willy Knothe ein, nach 1945 Landesvorsitzender der hessischen SPD.
562 Nach den handschriftlichen Aufzeichnungen Mierendorffs über die Zeit nach der Verhaftung in dessen Nachlass im Stadtarchiv Darmstadt, Abt. ST 45 Mie 7.
563 AMLUNG / RICHTER / THIED, Carlo Mierendorff, S. 58; ANGELIKA ARENZ–MORCH: Justiz und politische Polizei – „Schutzhaft" im KZ Osthofen und Strafverfahren vor dem Sondergericht Darmstadt, in: FORM / SCHILLER / SEITZ (Hg.), NS-Justiz in Hessen, S. 256–289.
564 RICHTER (Hg.), Breitenau; GUNNAR RICHTER: Zusammenwirken von Justiz und Gestapo am Beispiel des frühen Konzentrationslagers (1933/34) und Arbeitslagers Breitenau (1940–1945) in Guxhagen, in: FORM / SCHILLER / SEITZ (Hg.), NS-Justiz in Hessen, S. 232–255.
565 Der Fall eines Maurers bei WOLFGANG FORM: Der politische Widerstand im Spiegel der NS-Justiz in Hessen, in: KNIGGE-TESCHE (Hg.), Politischer Widerstand, S. 41–67, hier S. 44; Biografien der Inhaftierten aus der Arbeiterbewegung bei ARENZ-MORCH / HEINZ (Hg.), Gewerkschafter.
566 Ob Mierendorff nach der Einlieferung in eine Zelle zu Kommunisten von diesen schwer misshandelt wurde, bleibt umstritten; vgl. ARENZ-MORCH, Justiz und politische Polizei [wie Anm. 563], S. 259 mit Anm. 7; ULRICH, Carlo Mierendorff, S. 56 mit Anm. 103.
567 Die sich windende Erklärung des Zentrumsführers Hans Hoffmann in: VLVH 6. LT, Prot., S. 257.
568 ADELUNG, Sein und Werden, S. 373; Abstimmung in: VLVH 6. LT, Prot., S. 258; von 61 Anwesenden erhielt Werner 45 Stimmen, ein Stimmzettel war „weiß", also Enthaltung. Dieser könnte der von Adelung sein.
569 Seine Rede in: SCHÖNHOVEN / VOGEL (Hg.), Frühe Warnungen, S. 341 ff.
570 So das Urteil von BEIER, Arbeiterbewegung, S. 298.
571 Etwa „Vossische Zeitung" Nr. 123 vom 14. März 1933.
572 In der „Frankfurter Zeitung" Nr. 197 vom 14. März 1933. Das SPD-Blatt „Hessischer Volksfreund" in Darmstadt, bis zum 26. März verboten, sagt in seinem Bericht (in Nr. 62 vom 27. März 1933) über die politischen Geschehnisse seit dem Verbot nichts über das Abstimmungsverhalten der SPD. Das „Darmstädter Tagblatt" Nr. 73 vom 14. März 1933, schreibt von Stimmenthaltung der SPD. So u. a. auch in der Einleitung bei FRANZ / KÖHLER (Bearb./Hg.), Parlament, S. 66.
573 VLVH 6. LT, Prot., S. 260.
574 HOFFMANN, Strafverfolgung, S. 35.
575 Reichsgesetzblatt Teil I 1933, S. 153 f.

576 Die Vorlage vom 21. April als Drucksache Nr. 1; die Landtagsdrucksachen wurden in einem Band zusammengefasst: VLVH 7. LT (A. Drucksache / B. Protokolle / C. Übersicht), Drucks., S. 5.
577 Ebd., Prot., S. 1 ff.
578 Siehe die „Bemerkungen" im Anschluss an das Protokoll vom 16. Mai 1933; ebd.
579 Im Einzelnen gelistet bei Friedel, Politische Presse, S. 290 f.
580 Rotberg, Linkskatholizismus, S. 66.
581 Vgl. etwa Ulrich Hussong: Die Verwaltung der Stadt Marburg in der nationalsozialistischen Zeit, in: Heinemeyer (Hg.), Hundert Jahre 2, S. 1017–1066.
582 Nieder, Sturm aufs Rathaus, S. 478 f.; Adolf Morlang: „Er hat sich ... nur korrekt und entgegenkommend benommen". Anmerkungen zu Willi Hollenders. Limburger Bürgermeister 1933–1945, in: Limburg im Fluss der Zeit 2, S. 301–334; Hollmann / Wettengel, Nassaus Beitrag, S. 80.
583 Caspary, Adam Graef, S. 61 ff.
584 Stellvertretend die Schilderung über die Misshandlung zweier Kasseler Gewerkschaftssekretäre durch die SA am 24. März bei Beier, Lehrstück, S. 64 f.; weitere Dokumente von Schwerverletzten durch den Nazi-Furor in Kassel bei Kammler, u. a., Volksgemeinschaft, S. 62.
585 Ulrich, Konrad Arndt; vgl. in dem seinem Sohn Rudi, dem späteren Frankfurter Oberbürgermeister (1972–1977), gewidmeten Band den Beitrag von Sabine Hock: Im Schatten des Hakenkreuzes. Eine Jugend in der Weimarer Republik und unter Hitler (1927–1945), in: Arndt, Dynamit, S. 12–49, hier S. 36.
586 Rebentisch, Ludwig Landmann, S. 302; vorheriges Zitat bei Michael Habersack: Es hat sich noch nie eine Stadt „emporgeknausert" – Ludwig Landmann und Frankfurts Aufstieg zur Weltstadt, in: Frankfurter Stadtoberhäupter, S. 179–194, hier S. 194.
587 Über ihn vgl. Zibell, Alfred Schulte.
588 Siehe für den Prozess der Machtokkupation in den Kommunen neben den in Anm. 538 genannten Literatur stellvertretend Kammler u. a., Volksgemeinschaft; Frenz / Kammler / Krause-Vilmar (Hg.), Volksgemeinschaft 2, dort vor allem der Beitrag von Dietfrid Krause-Vilmar: Hitlers Machtergreifung in der Stadt Kassel, S. 13–36. Für den kleinstädtisch-ländlichen Raum Südhessens: Rebentisch (Hg.), Dreieich; Fogel, Nationalsozialismus.
589 Heiler, Fulda 1938, S. 129 ff.
590 Frdl. Mitteilung des Stadtarchivs Gießen; für Darmstadt: Pingel-Rollmann, Widerstand, S. 59 ff.
591 Krimmel (Bearb./Hg.), Karl Freund, S. 65.
592 Protokoll der Besprechung vom 20. März 1933 in: Stadtarchiv Gießen, N 67.
593 Siehe örtlich: Ewald, Gewerkschaften in Darmstadt, S. 90; stellvertretend das Schicksal Frankfurter Gewerkschaftsfunktionäre in: Hessische Gewerkschafter im Widerstand 1933–1945, S. 41.
594 Vgl. die Einleitung zu Kaul, Geschichte; über ihn auch das Essay in: Reuter, Zwölf Offenbacher Sozialdemokraten, S. 49 ff.; Abschiedsbrief als Faksimile in: Bovet u. a., Offenbacher SPD, S. 51.
595 Dieter Rebentisch: Schwere Zeiten: Die Frankfurter Wirtschaft zwischen Republik, Diktatur und Krieg 1914–1945, in: Plumpe / Rebentisch (Hg.), Flor, S. 178–217, hier S. 201.
596 Christof Dipper: Die südhessische Wirtschaft in der NS-Zeit und im Zweiten Weltkrieg (1933–1945), in: Eisenbach (Hg.), Von den Anfängen, S. 137–172, hier S. 141 ff.

597 Als Beispiel für diesen Gleichschaltungsprozess in der Kommune vgl. TÜFFERS, Der Braune Magistrat, S. 19 ff. und S. 41 ff.; s. a. TÜFFERS, Politik und Führungspersonal.
598 Vgl. ZIBELL, Jakob Sprenger.
599 Reichsgesetzblatt Teil I 1933, S. 173c
600 Zum Machtkampf Sprenger-Werner mit Details aus der von Sprenger angelegten „Geheimakte" über Werner vgl. SCHMACHTENBERG, Auseinandersetzung.
601 So WEGNER, Kurhessens Beitrag, S. 151. Dagegen kritisch zur NS-Affinität Philipps: HESSEN, Die Hessens, S. 122 ff.; s. a. KNIGGE, Philipp von Hessen.
602 MURK, Waldeck-Pyrmont, S. 122.
603 JÖRG KAMMLER im Vorwort zu SCHMELING, Josias Erbprinz, S. 7; MENK, Waldeck im Dritten Reich, S. 114, S. 119 und S. 210 ff.
604 HESSEN, Die Hessens, S. 125 f.; auch REBENTISCH, Persönlichkeitsprofil [wie Anm. 438], S. 72; s. a. FRANZ, Haus Hessen, S. 198 ff.
605 Zitiert bei HEDWIG, Hessen in der Stunde Null, S. 47.
606 Kaul am 26. November 1920 vor dem Landtag; VLVH 1. LT, Prot., S. 2078.
607 VLVH 5. LT., Prot., S. 111.,
608 BarchB, R 43 I/2271, pag. 150.
609 Für die anderen Länder Überblick bei: MÜHLHAUSEN, Weimar-Experiment, S. 122 ff.
610 WALTER MÜHLHAUSEN: Der politische Widerstand gegen Hitler – Träger des demokratischen Neubeginns in Hessen, in: KNIGGE-TESCHE (Hg.), Politischer Widerstand, S. 69–90.

Abkürzungen

AdR	Akten der Reichskanzlei
AFGK	Archiv für Frankfurts Geschichte und Kunst
AHG	Archiv für Hessische Geschichte und Altertumskunde
Art.	Artikel
BarchB	Bundesarchiv Berlin
BarchK	Bundesarchiv Koblenz
CDU	Christlich-Demokratische Union
CSVD	Christlich Sozialer Volksdienst
DDP	Deutsche Demokratische Partei
DGB	Deutscher Gewerkschaftsbund
DNVP	Deutschnationale Volkspartei
Drucks.	Drucksachen
DVP	Deutsche Volkspartei
HBB	Hessischer Bauernbund
Hg./hgg.	Herausgeber/herausgegeben
HHStAW	Hessisches Hauptstaatsarchiv Wiesbaden
HJbL	Hessisches Jahrbuch für Landesgeschichte
HLA	Hessisches Landesarchiv
HStAD	Hessisches Staatsarchiv Darmstadt
HVP	Hessische Volkspartei
IHK	Industrie- und Handelskammer
IRKO	Interalliierte Rheinlandkommission
KPD	Kommunistische Partei Deutschlands
KPO	Kommunistische Partei Opposition
KZ	Konzentrationslager
LT	Landtag
NassA	Nassauische Annalen
NDB	Neue Deutsche Biographie
NSBO	Nationalsozialistische Betriebszellenorganisation
NSDAP	Nationalsozialistische Deutsche Arbeiterpartei
OHL	Oberste Heeresleitung
PAAA	Politisches Archiv des Auswärtigen Amts, Berlin
Prot.	Protokoll/e
RM	Reichsmark
SAPD	Sozialistische Arbeiterpartei Deutschlands
SA	Sturmabteilung (der NSDAP)
SPD	Sozialdemokratische Partei Deutschlands
SS	Schutzstaffel (der NSDAP)
TH	Technische Hochschule
USPD	Unabhängige Sozialdemokratische Partei Deutschlands
VLGH	Verhandlungen der zweiten Kammer der Landstände des Großherzogtums Hessen
VLVH	Verhandlungen des Landtags des Volksstaates Hessen
VRT	Verhandlungen des Reichstags
VVK	Verhandlungen der verfassunggebenden Volkskammer der Republik Hessen
WP	Wahlperiode
WRV	Weimarer Reichsverfassung
ZHG	Zeitschrift des Vereins für hessische Geschichte und Landeskunde

Literatur

Nicht erwähnt werden Miszellen in Handbüchern und Sammlungen sowie die einzelnen Aufsätze in den unten erwähnten Sammelbänden. Diese werden nur in den Fußnoten komplett genannt. Ausnahmen bilden die grundlegenden Artikel in den Handbüchern zur hessischen Geschichte, die zunächst von Walter Heinemeyer und später von Winfried Speitkamp herausgegeben wurden; die Beiträge werden einzeln aufgeführt. Bei von Personen verfassten oder herausgegebenen Bänden werden herausgebende Körperschaften nicht genannt; Reihentitel entfallen. Archive und Archivalien, öffentlich-rechtliche Periodika (Gesetzblätter etc.) sowie Zeitungen und Parlamentsprotokolle werden nicht hier, sondern allein in den Fußnoten angeführt.

Als besonders nützlich erwiesen sich Web-Angebote, darunter an erster Stelle das Landesgeschichtliche Informationssystem Hessen (Lagis) sowie Präsentationen zur Ortsgeschichte, von denen hier – nicht ohne auch die anderen zu würdigen – beispielhaft die Frankfurter Stadtchronik des dortigen Instituts für Stadtgeschichte oder das Stadtlexikon Darmstadt unter der Ägide des Stadtarchivs genannt seien.

„Ein Glücksfall für die Demokratie". Elisabeth Selbert (1896–1986). Die große Anwältin der Gleichberechtigung, hgg. von der Hessischen Landesregierung, Frankfurt a. M. 1999

1918. Zwischen Niederlage und Neubeginn, hgg. von der Museumslandschaft Kassel, Petersberg 2019

275 Jahre Theater in Darmstadt. Ausstellung des Hessischen Staatsarchivs und der Hessischen Landes- und Hochschulbibliothek [...], Darmstadt 1986

ADELUNG, BERNHARD: Sein und Werden. Vom Buchdrucker in Bremen zum Staatspräsidenten in Hessen. Bearb. von KARL FRIEDRICH, Offenbach 1952

AdR. Das Kabinett Bauer. 21. Juni 1919 bis 27. März 1920, bearb. von ANTON GOLECKI, Boppard 1980

AdR. Das Kabinett Fehrenbach. 25. Juni 1920 bis 4. Mai 1921, bearb. von PETER WULF, Boppard 1972

AdR. Das Kabinett Müller I. 27. März bis 21. Juni 1920, bearb. von MARTIN VOGT, Boppard 1971

AdR. Das Kabinett Müller II. 28. Juni 1928 bis 27. März 1930, bearb. von MARTIN VOGT, Boppard 1970

AdR. Das Kabinett von Papen. 1. Juni bis 3. Dezember 1932, bearb. von KARL-HEINZ MINUTH, Boppard 1989

AdR. Das Kabinett von Schleicher. 3. Dezember 1932 bis 30. Januar 1933, bearb. von ANTON GOLECKI, Boppard 1986

AdR. Die Kabinette Brüning I u. II. 30. März 1930 bis 10. Oktober 1931 / 10. Oktober 1931 bis 1. Juni 1932, bearb. von TILMAN KOOPS, Boppard 1982 und 1990

AdR. Die Kabinette Marx I und II. 30. November 1923 bis 3. Juni 1924 / 3. Juni 1924 bis 15. Januar 1925, bearb. von GÜNTER ABRAMOWSKI, Boppard 1973

AdR. Die Kabinette Marx III und IV. 17. Mai 1926 bis 29. Januar 1927 / 29. Januar 1927 bis 29. Juni 1928, bearb. von GÜNTER ABRAMOWSKI, Boppard 1988

AdR. Die Kabinette Stresemann I und II. 13. August bis 6. Oktober 1923 / 6. Oktober bis 30. November 1923, bearb. von KARL DIETRICH ERDMANN und MARTIN VOGT, Boppard 1978

ALBRECHT, RICHARD: Der militante Sozialdemokrat Carlo Mierendorff 1897 bis 1943. Eine Biografie, Berlin / Bonn 1987

ALBRECHT, THOMAS: Für eine wehrhafte Demokratie. Albert Grzesinski und die preußische Politik in der Weimarer Republik, Bonn 1999
ALTENBURG, JAN PHILIPP: Machtraum Großstadt. Zur Aneignung und Kontrolle des Stadtraumes in Frankfurt am Main und Philadelphia in den 1920er Jahren, Köln / Weimar / Wien 2013
AMLUNG, ULLRICH / RICHTER, GUDRUN / THIED, HELGE: „... von jetzt an geht es nur noch aufwärts: entweder an die Macht oder an den Galgen!" Carlo Mierendorff (1897–1943). Schriftsteller, Politiker, Widerstandskämpfer, Marburg 1997
ARENZ-MORSCH, ANGELIKA / HEINZ, STEFAN (Hg.): Gewerkschafter im Konzentrationslager Osthofen 1933/34. Biografisches Handbuch, Berlin 2019
ARNDT, JENS GUSTAV: In feldgrauer Zeit. Stadt und Garnison Hanau im Weltkrieg von 1914–1918, Hanau 2014
ARNDT, ROSELINDE u. a.: Rudi Arndt. Politik mit Dynamit. Eine politische Biografie, Hanau 2011
BAEUMERTH, ANGELIKA: Oberursel am Taunus. Eine Stadtgeschichte, Frankfurt a. M. 1991
BECKER, ROBERT: Der Wahrheit die Ehre. Das Reichsbanner Schwarz-Rot-Gold – Die vergessene „Judenschutztruppe" der Weimarer Republik, Wiesbaden 2000
BEIER, GERHARD: Arbeiterbewegung in Hessen. Zur Geschichte der hessischen Arbeiterbewegung durch einhundertfünfzig Jahre (1834–1984), Frankfurt a. M. 1984
BEIER, GERHARD: Das Lehrstück vom 1. und 2. Mai 1933, Köln 1975
BERG-SCHLOSSER, DIRK / FACK, ALEXANDER / NOETZEL, THOMAS (Hg.): Parteien und Wahlen in Hessen 1946–1994, Marburg 1994
BERGSTRÄSSER, LUDWIG: Befreiung, Besatzung, Neubeginn. Tagebuch des Darmstädter Regierungspräsidenten 1945–1948. Hgg. von WALTER MÜHLHAUSEN, München 1987
BERGSTRÄSSER, LUDWIG: Mein Weg, Bonn 1953
BIEWER, LUDWIG: Reichsreformbestrebungen in der Weimarer Republik. Fragen zur Funktioalreform und zur Neugliederung im Südwesten des Deutschen Reiches, Frankfurt a. M. 1980
BISCHOF, ERWIN: Rheinischer Separatismus 1918–1924. Hans Adam Dortens Rheinstaatbestrebungen, Bern 1969
BLANKENBERG, HEINZ: Politischer Katholizismus in Frankfurt am Main. 1918–1933, Mainz 1981
BLISCH, BERND: Kleine Wiesbadener Stadtgeschichte, Regensburg 2011
BLÜM, DIETHER: Aus der Geschichte der Stadt Bensheim 1918 bis 1932, Bensheim 1991
BOEHNCKE, HEINER / SARKOWICZ, HANS: Die Geschichte Hessens. Von den Neandertalern bis zur schwarz-grünen Koalition, Wiesbaden ²2021
BÖSCH, HERMANN: Politische Parteien und Gruppen in Offenbach am Main 1860–1960, Offenbach 1973
BOVET, ANNEROSE u. a.: Offenbacher SPD in der Weimarer Zeit, Offenbach 2011
BRAKE, LUDWIG / EHLERS, ECKHARD / THIMM, UTZ: Gefangen im Krieg. Gießen 1914–1919, Marburg 2014
BRINKMANN TO BROXTEN, EVA: Nicht mehr ohne Geld und Macht. Vom politischen Reden und Handeln der Frauen im Hessischen Landtag 1970–1995, Königstein/ Ts. 1996
BRUNCK, HELMA: Otto von Brentano di Tremezzo (1855–1927). Ein hessischer Politiker im Kampf gegen rechts und links, Darmstadt / Marburg 2019
BURKARDT, BARBARA / PULT, MANFRED (Bearb.): Nassauische Parlamentarier. Ein biografisches Handbuch. Teil 2: Der Kommunallandtag des Regierungsbezirks Wiesbaden 1868–1933, Wiesbaden 2003
BÜTFERING, ELISABETH u. a. (Hg.): FrauenStadtbuch Frankfurt, Frankfurt a. M. 1992

CASPARY, EUGEN: Bürgermeister Adam Graef, Bau-Gewerkschafter und Sozialdemokrat *1882 Niederselters 1945 † KZ Bergen-Belsen, Camberg 1982
Das Kriegstagebuch des Reichstagsabgeordneten Eduard David 1914 bis 1918. In Verbindung mit ERICH MATTHIAS bearb. von SUSANNE MILLER, Düsseldorf 1966
DEMANDT, KARL E.: Geschichte des Landes Hessen, Kassel (^{1}1959) ^{2}1972
Der Kreis Hersfeld. Vergangenheit und Gegenwart. Hg.: Der Landrat des Kreises Hersfeld, Bad Hersfeld 1935
Der Zentralrat der Deutschen Sozialistischen Republik 19.12.1918–8.4.1919. Vom Ersten zum Zweiten Rätekongress. Bearb. von EBERHARD KOLB unter Mitwirkung von REINHARD RÜRUP, Leiden 1968
DETTMERING, ERHART / GRENZ, RUDOLF (Hg.): Marburger Geschichte. Rückblick auf die Stadtgeschichte in Einzelbeiträgen, Marburg 1980
Die Protokolle des Preußischen Staatsministeriums 1817–1934 / 38. Bd. 11/I und II: 14. November 1918 bis 31. März 1925, bearb. von GERHARD SCHULZE; dsgl. Bd. 12/I und II: 4. April 1925 bis 10. Mai 1938, bearb. von REINHOLD ZILCH unter Mitarbeit von BÄRBEL HOLTZ, Hildesheim 2002 und 2004
Die Vierhundertjahrfeier der Philipps-Universität Marburg 1927. Festbericht im Auftrag erstattet vom derzeitigen Prorektor W.[IHELM] BUSCH, Marburg 1928
Dokumente zur Limburger Stadt- und Kreisgeschichte 1870–1945. Ausgewählt und kommentiert von HEINZ MAIBACH, Limburg 1992
EIGNER, CARSTEN: Die Nationalsozialisten im Kreis Lauterbach bis 1933, in: HJbL 56 (2007), S. 145–168
Ein Staatsstreich? Die Reichsexekution gegen Preußen („Preußenschlag") vom 20. Juli 1932 und die Folgen. Darstellungen und Dokumente, Berlin 2007
EISENBACH, ULRICH (Hg.): Von den Anfängen der Industrialisierung zur Engineering Region – 150 Jahre IHK Darmstadt Rhein Main Neckar, Darmstadt 2012
Elisabeth Schwarzhaupt (1901–1986). Portrait einer streitbaren Politikerin und Christin, hgg. von der Hessischen Landesregierung, Freiburg 2001
ELSBACH, SEBASTIAN: Das Reichsbanner Schwarz-Rot-Gold. Republikschutz und politische Gewalt in der Weimarer Republik, Stuttgart 2019
ELSBACH, SEBASTIAN: Die Diktatur des Reichspräsidenten. Zum Art. 48 WRV als Startpunkt der wehrhaften Demokratie, in: MICHAEL DREYER / ANDREAS BRAUNE (Hg.): Die Weimarer Reichsverfassung. Aufbruch und Innovation, Stuttgart 2021 (im Erscheinen)
ENGBRING-ROMANG, UDO: Die Verfolgung der Sinti und Roma in Hessen zwischen 1870 und 1950, Frankfurt a. M. 2001
ENGBRING-ROMANG, UDO: Eine katholische Stadt in unruhiger Zeit (1918–1933), in: Geschichte der Stadt Fulda, Bd. II: Von der fürstlichen Residenz zum hessischen Sonderstatus. Hgg. vom Fuldaer Geschichtsverein, Fulda 2008, S. 100–114
EWALD, LUTZ W.: „Mir komme von unne ruff und schaffe's uns selber". Zur Geschichte der Gewerkschaften in Darmstadt von ihren Anfängen bis zur Gegenwart 1835–1985, Darmstadt 1986
FESSNER, MICHAEL: Die Grüns. Eine Unternehmerfamilie in Hessen-Nassau, Kiel 2013
FLÄMIG, GERHARD: Hanau im Dritten Reich, Bd. I (1930–1934): Wie es dazu kam – Die Machtergreifung, Hanau ^{2}1988
FLEMMING, JENS / KRAUSE-VILMAR, DIETFRID (Hg.): Kassel in der Moderne. Studien und Forschungen zur Stadtgeschichte, Marburg 2013
FORM, WOLFGANG / SCHILLER, THEO / SEITZ, LOTHAR (Hg.): NS-Justiz in Hessen. Verfolgung – Kontinuitäten – Erbe, Marburg 2015
FÖRSTER, BIRTE: Die ersten Politikerinnen im Volksstaat Hessen, in: DOROTHEE LINNEMANN (Hg.): Damenwahl! 100 Jahre Frauenwahlrecht. Begleitbuch zur Ausstellung, Frankfurt a. M. 2018, S. 196–199

Frankfurter Stadtoberhäupter. Vom 14. Jahrhundert bis 1946 (AFGK 73), Frankfurt a. M. 2012
FRANZ, ECKHART G. (Hg.): Die Chronik Hessens, Dortmund 1991
FRANZ, ECKHART G. (Hg.): Erinnertes. Aufzeichnungen des letzten Großherzogs Ernst Ludwig von Hessen und bei Rhein, Darmstadt 1983
FRANZ, ECKHART G. (Hg.): Juden als Darmstädter Bürger, Darmstadt 1984
FRANZ, ECKHART G. / FLECK, PETER / KALLENBERG, FRITZ: Großherzogtum Hessen (1800) 1806–1918, in: HEINEMEYER (Hg.), Handbuch 4, S. 667–884
FRANZ, ECKHART G. / KÖHLER, MANFRED (Bearb./Hg.): Parlament im Kampf um die Demokratie. Der Landtag des Volksstaats Hessen 1919–1933, Darmstadt 1991
FRANZ, ECKHART G. / MURK, KARL (Hg.): Verfassungen in Hessen 1807–1946. Verfassungstexte der Staaten des 19. Jahrhunderts, des Volksstaats und des heutigen Bundeslandes Hessen, Darmstadt 1998
FRANZ, ECKHART G.: „Alle Staatsgewalt im Volksstaat Hessen geht vom Volke aus". Die Hessische Verfassung von 1919, in: HANS EICHEL / KLAUS PETER MÖLLER (Hg.): 50 Jahre Verfassung des Landes Hessen. Eine Festschrift, Wiesbaden 1997, S. 38–46
FRANZ, ECKHART G.: Adel und / oder „Berufsbeamtentum" in der inneren Verwaltung (1821–1945), in: ECKHART CONZE / ALEXANDER JENDORFF / HEIDE WUNDER (Hg.): Adel in Hessen. Herrschaft, Selbstverständnis und Lebensführung bis ins 20. Jahrhundert, Marburg 2010, S. 615–624
FRANZ, ECKHART G.: Bensheim vom Ende des Ancien Régime bis 1933, in: RAINER MAASS / MANFRED BERG (Hg.): Bensheim. Spuren der Geschichte, Weinheim 2006, S. 137–161
FRANZ, ECKHART G.: Das Haus Hessen. Eine europäische Familie, Stuttgart 2005
FRANZ, ECKHART G.: Hessen-Darmstadt 1820–1935, in: KLAUS SCHWABE (Hg.): Die Regierungen der deutschen Mittel- und Kleinstaaten 1815–1933, Boppard 1983, S. 103–112
FRANZ, ECKHART G.: Otto Rudolf von Brentano (1855–1927). Hessischer Minister und Stellvertretender Ministerpräsident, in: BERND HEIDENREICH (Hg.): Geist und Macht: Die Brentanos, Wiesbaden 2000, S. 181–196
FRANZ, ECKHART G.: Volksstaat Hessen 1918–1945, in: HEINEMEYER (Hg.), Handbuch 4, S. 885–933
FRANZ, ECKHART G.: Vom Biedermeier in die Katastrophe des Feuersturms, in: Darmstadts Geschichte. Fürstenresidenz und Bürgerstadt im Wandel der Jahrhunderte, von FRIEDRICH BATTENBERG u. a., Darmstadt 1984, S. 289–482
FRANZ, ECKHART G.: Von Hessengau und „Terra Hassia" zum heutigen Land Hessen, Wiesbaden 2003
FrauenStadtGeschichte. Zum Beispiel: Frankfurt am Main, hgg. von der Hessischen Landeszentrale für Politische Bildung, MECHTHILD M. JANSEN und WEIBH e. V. […], Königstein/Ts. 1995
FREIDHOF, RUDOLF: Die faschistische Gegenrevolution, Kassel 1931
FRENZ, WILHELM / KAMMLER, JÖRG / KRAUSE-VILMAR, DIETFRID (Hg.): Volksgemeinschaft und Volksfeinde. Kassel 1933–1945, Bd. 2: Studien, Fuldabrück 1987
FRENZ, WILHELM / SCHMIDT, HEIDRUN: Wir schreiten Seit an Seit. Geschichte der Sozialdemokratie in Nordhessen, Marburg 1989
FREUND, NADINE: Teil der Gewalt. Das Regierungspräsidium Kassel und der Nationalsozialismus, Marburg 2017
FRIEDEL, MATHIAS: Politische Presse und Parlamentarismus in Hessen. Vom Kaiserreich zum Land Hessen (1868/71–1946), Wiesbaden 2016
FRIEDENSBURG, FERDINAND: Lebenserinnerungen, Frankfurt a. M. 1969

FRIEDRICH, KLAUS-PETER: Eine Offizierkameradschaft in Marburg. Zur jüngsten Geschichte der vereinigten Offiziere des ehemaligen Kurhessischen Jäger-Bataillons Nr. 11, in: Zeitschrift für Geschichtswissenschaft 62 (2014), S. 293–314
FÜRTH, HENRIETTE: Streifzüge durch das Land eines Lebens. Autobiographie einer deutsch-jüdischen Soziologin, Sozialpolitikerin und Frauenrechtlerin (1861–1938). Hgg. von MONIKA GRAULICH, CLAUDIA HÄRPFER und GERHARD WAGNER […], Wiesbaden 2010
GALL, LOTHAR (Hg.): FFM 1200. Traditionen und Perspektiven einer Stadt, Sigmaringen 1994
GALM, HEINRICH: Ich war halt immer ein Rebell. Politische Erinnerungen von Heinrich und Marie Galm, nach Gesprächen zusammengestellt von WERNER FUCHS und BERND KLEMM, Offenbach 1980
GALONSKA, ANDREAS: Landesparteiensysteme im Föderalismus. Rheinland-Pfalz und Hessen 1945–1996, Wiesbaden 1999
GMELIN, HANS: Die hessische Verfassung und Gesetzgebung von 1920, in: Jahrbuch des öffentlichen Rechts Bd. X (1921), S. 301–320
GMELIN, HANS: Die Verlängerung der Legislaturperiode des hessischen Landtags in ihrer verfassungsrechtlichen Bedeutung, in: Archiv des öffentlichen Rechts 58 (1930), S. 270–284
GMELIN, HANS: Verfassungsentwicklung und Gesetzgebung in Hessen von 1913 bis 1919, in: Jahrbuch des öffentlichen Rechtes, Bd. IX (1920), S. 204–217
GNIFFKE, KAI: Genosse Dr. Quarck. Max Quarck – Publizist, Politiker und Patriot im Kaiserreich, Frankfurt a. M. 1999
GRAF, ALEXANDER: Mütze, Band und Braunhemd – Marburger Studentenverbindungen und der Nationalsozialistische Studentenbund während der Weimarer Republik, Marburg 2011
GREIM, ANDREAS (Bearb./Hg.): Der Arbeiter- und Soldatenrat (Volksrat) der Stadt Offenbach am Main. Eine Dokumentensammlung zur Tätigkeit des Offenbacher Rates 1918/1919, Darmstadt / Marburg 2018
GREIM, ANDREAS: Arbeitsmarkt und Industrie in den hessischen Gebieten in der dritten und letzten Phase des Krieges (1916/18), in: AHG (2018), S. 211–250
GROSCHE, HEINZ: Geschichte der Stadt Homburg vor der Höhe, Bd. IV: Drei schwere Jahrzehnte 1918–1948, Frankfurt a. M. 1993
GROSSMANN-HOFMANN, BEATE: Und wieder einmal Franzosen in Königstein: Leben unter der französischen Besatzung in Königstein 1918 bis 1925, in: Hochtaunuskreis / Jahrbuch Hochtaunuskreis 23 (2015), S. 87–92
Grundriß zur deutschen Verwaltungsgeschichte 1815-1945, Reihe A: Preußen. Hgg. von WALTHER HUBATSCH, Bd. 11: Hessen-Nassau (einschl. Vorgänger-Staaten). Mit einem Beitrag von WOLFGANG KLÖTZER bearb. von THOMAS KLEIN, Marburg 1979
GRUNWALD, KLAUS-DIETER: Kirchenkampf und Verwaltung aus gesamtkirchlicher Perspektive in der Evangelischen Kirche Hessen-Nassau von 1933 bis 1945, in: DERS. / ULRICH OELSCHLÄGER (Hg.): Evangelische Landeskirche Nassau-Hessen und Nationalsozialismus. Auswertungsaspekte der Kirchenkampfdokumentation der Evangelischen Kirche in Hessen und Nassau, Darmstadt 2014, S. 57–106
GRZESINSKI, ALBERT: Im Kampf um die deutsche Republik. Erinnerungen eines Sozialdemokraten. Hgg. von EBERHARD KOLB, München ²2009
GÜNDISCH, DIETER: Arbeiterbewegung und Bürgertum in Wetzlar 1918–1933. Ein Beitrag zur politischen Geschichte „von unten", Wetzlar 1992
GUSY, CHRISTOPH: Verfassunggebung in den Ländern – Politische Kultur zwischen demokratischem Aufbruch und regionalen Traditionen, in: Journal der Juristischen Zeitgeschichte 3 (2019), Heft 2, S. 47–65

Gutachten des Reichssparkommissars über die Staatsverwaltung des Volksstaates Hessen. Erstattet am 22. Dezember 1929 vom Reichssparkommissar Dr. Saemisch [1929]
HAHN, HANS-WERNER: Wirtschaft und Verkehr, in: SPEITKAMP (Hg.), Handbuch 1, S. 73–249
HANEL, MELANIE: Normalität unter Ausnahmebedingungen. Die TH Darmstadt im Nationalsozialismus, Darmstadt 2014
HAREN; TOBIAS: Der Volksstaat Hessen 1918/1919. Hessens Weg zur Demokratie, Berlin 2003
HASIBETHER, WOLFGANG: Ein Streiter für Einigkeit und Recht und Freiheit. Wilhelm Leuschner (1890–1944). Ein Lebensbild, in: Hessische Landesregierung: Im Dienste der Demokratie. Die Trägerinnen und Träger der Wilhelm-Leuschner-Medaille, Wiesbaden 2004, S. 13–37
HEDWIG, ANDREAS (Hg.): Zeitenwende in Hessen. Revolutionärer Aufbruch 1918/1919 in die Demokratie. Begleitband zur gleichnamigen Ausstellung des Hessischen Landesarchivs, Marburg 2019
HEDWIG, ANDREAS: Hessen in der Stunde Null, in: EVELYN BROCKHOFF / BERND HEIDENREICH / SÖNKE NEITZEL (Hg.): 1945 – Kriegsende und Neuanfang, Wiesbaden 2006, S. 41–58
HEIDENREICH, BERND / BÖHME, KLAUS (Hg.): Hessen. Verfassung und Politik, Stuttgart 1997
HEIDENREICH, BERND / FRANZ, ECKHART G. (Hg.): Kronen, Kriege, Künste. Das Haus Hessen im 19. und 20. Jahrhundert, Frankfurt a. M. 2009
HEILER, THOMAS: Fulda 1938, in: Fuldaer Geschichtsblätter 89 (2013), S. 105–164
HEIMANN, SIEGFRIED: Der Preußische Landtag 1899–1947. Eine politische Geschichte, Berlin 2011
HEINEMANN, GUSTAV W.: Wir müssen Demokraten sein. Tagebuch der Studienjahre 1919–1922. Hgg. von BRIGITTE und HELMUT GOLLWITZER. Mit einer Einführung von EBERHARD JÄCKEL, München 1980
HEINEMEYER, WALTER (Hg.): Das Werden Hessens, Marburg 1986
HEINEMEYER, WALTER (Hg.): Hundert Jahre Historische Kommission für Hessen 1897–1997. Festgabe dargebracht von Autorinnen und Autoren der Historischen Kommission. Zweiter Teil, Marburg 1997
HEINEMEYER, WALTER: Handbuch der hessischen Geschichte. Vierter Bd.: Hessen im Deutschen Bund und im neuen Deutschen Reich (1806) 1815–1945. Zweiter Teilbd.: Die hessischen Staaten bis 1945, Marburg 2003
HEITHER, DIETRICH / SCHULZE, ADELHEID: Die Morde von Mechterstädt 1920. Zur Geschichte rechtsradikaler Gewalt in Deutschland, Berlin 2015
HENNIG, EIKE u. a. (Hg.): Hessen unterm Hakenkreuz. Studien zur Durchsetzung der NSDAP in Hessen, Frankfurt a. M. [2]1984
HERBERT, ULRICH: Best. Biographische Studien über Radikalismus, Weltanschauung und Vernunft, 1903–1989, Bonn [3]1996
Hessen im Wandel der letzten hundert Jahre 1860–1960. Hgg. vom Hessischen Statistischen Landesamt, Wiesbaden 1960
Hessen im Wandel. Eine Bevölkerungs- und Wirtschaftskunde, Hgg. zum 125jährigen Jubiläum der amtlichen Statistik in Hessen vom Hessischen Statistischen Landesamt, Wiesbaden 1986
HESSEN, RAINER VON: Die Hessens. Geschichte einer europäischen Familie, Petersberg 2016
Hessische Gewerkschafter im Widerstand 1933–1945. Hgg. vom DGB-Bildungswerk Hessen und dem Studienkreis zur Erforschung und Vermittlung der Geschichte des

deutschen Widerstandes 1933–1945. Bearb. und Redaktion: AXEL ULRICH, Gießen ²1984

Hessische Universitäten und Studenten im Wandel der Zeit 1527–1986. Ausstellung der hessischen Staatsarchive, Wiesbaden 1986

HILS-BROCKHOFF, EVELYN / PICARD, TOBIAS: Frankfurt am Main im Bombenkrieg. März 1944, Gudensberg 2004

HINDENBURG, BARBARA VON (Hg./Bearb.): Biographisches Handbuch der Abgeordneten des Preußischen Landtags. Verfassungsgebende Preußische Landesversammlung und Preußischer Landtag 1919–1933, Teil 1, Frankfurt a. M. 2017

HOERES, PETER: Vor „Mainhattan": Frankfurt am Main als amerikanische Stadt in der Weimarer Republik, in: FRANK BECKER / ELKE REINHARDT-BECKER (Hg.): Mythos USA. „Amerikanisierung" in Deutschland seit 1900, Frankfurt a. M. 2006, S. 71–97

HOFFMANN, VOLKER KARL: Die Strafverfolgung der NS-Kriminalität am Landgericht Darmstadt, Berlin 2013

HOLLMANN, MICHAEL / WETTENGEL, MICHAEL: Nassaus Beitrag für das heutige Hessen, Wiesbaden 1992

HOMEISTER, KONRAD: Die Arbeiterbewegung in Eschwege (1885–1920). Ein Beitrag zur Stadt- und Kreisgeschichte, Kassel 1987

HONEKAMP, GERHARD (Hg.): Wiesbaden. Hinterhof und Kurkonzert. Eine illustrierte Alltagsgeschichte von 1800 bis heute, Gudensberg 1996

HÖPKEN, JÜRGEN: Die Geschichte der Kasseler Arbeiterbewegung 1914 bis 1922, Darmstadt / Marburg 1983

HUBER, ERNST RUDOLF (Hg.): Dokumente zur deutschen Verfassungsgeschichte, Bd. 3: Deutsche Verfassungsdokumente 1900–1918, Stuttgart ³1990; Bd. 4: Deutsche Verfassungsdokumente 1919–1933, Stuttgart ³1991

JACKSON, DAVID A.: Zwischen Kriegern, Küche, Kirche und Kraut. Die Manöver einer südhessischen Mutter im Ersten Weltkrieg, Essen 2014

JACOB, BRUNO: Ein Freies Hessen! Im Einigen Deutschland, Marburg 1919

JOHN, ANKE: Der Weimarer Bundesstaat. Perspektiven einer föderalen Ordnung (1918– 1933), Köln 2012

JUNG, IRENE / WIEDL, WOLFGANG: Zwischen Propaganda und Alltagsnot. Wetzlar und der Erste Weltkrieg 1914–1918, Neustadt an der Aisch 2016

KAHLENBERG, FRIEDRICH P. (Bearb.): Die Berichte Eduard Davids als Reichsvertreter in Hessen 1921–1927, Wiesbaden 1970

KAMMLER, JÖRG u. a.: Volksgemeinschaft und Volksfeinde. Kassel 1933–1945. Eine Dokumentation, Fuldabrück 1984

KAUL, GEORG: Geschichte der Sozialdemokratie in Offenbach a. M. Erster Teil: Entstehung und Entwicklung des Offenbacher Abendblattes, […], Neuaufl. Offenbach 1998

KELLER, MICHAEL (Hg.): Von Schwarz-Weiß-Rot zum Hakenkreuz. Zum Lebensweg von Ferdinand Dreher (1878–1945), in: DERS. (Hg.): Von Schwarzweißrot zum Hakenkreuz. Studien zur nationalsozialistischen Machtergreifung, zur Judenverfolgung und zum politisch-militärischen Zusammenbruch in Friedberg, Friedberg 1984, S. 1–35

KESPER-BIERMANN, SYLVIA: Schulwesen, in: SPEITKAMP (Hg.), Handbuch 2, S. 1–45

KITZING, MICHAEL: Rudolf Freidhof (1888–1983) – ein Leben im Dienst der sozialen Demokratie, in: ZHG 116 (2011), S. 225–246

KLEIN, THOMAS (Hg.): Der Regierungsbezirk Kassel 1933–1936. Die Berichte des Regierungspräsidenten und der Landräte, zwei Teile, Darmstadt / Marburg 1985

KLEIN, THOMAS (Hg.): Die Hessen als Reichstagswähler. Tabellenwerk zur politischen Landesgeschichte 1867–1933. Zweiter Bd.: Provinz-Hessen-Nassau und Waldeck-

Pyrmont 1919–1933, unter Mitwirkung von THOMAS WEIDEMANN, bearb. und eingeleitet von FRIEDHELM KRAUS. Erster Teilbd.: Regierungsbezirk Kassel und Waldeck-Pyrmont. Zweiter Teilbd.: Regierungsbezirk Wiesbaden, Marburg 1992 und 1993; Dritter Bd.: Großherzogtum / Volksstaat Hessen 1867–1933, Marburg 1995

KLEIN, THOMAS: Fürstentum und Freistaat Waldeck 1806–1929, in: HEINEMEYER (Hg.), Handbuch 4, S. 185–211

KLEIN, THOMAS: Leitende Beamte der allgemeinen Verwaltung in der preußischen Provinz Hessen-Nassau und in Waldeck 1867–1945, Darmstadt / Marburg 1988

KLEIN, THOMAS: Preußische Provinz Hessen-Nassau 1866–1944/45, in: HEINEMEYER (Hg.), Handbuch 4, S. 213–419

KLEMM, BERND: Die Arbeiter-Partei (Sozialistische Einheitspartei) Hessen 1945–1954. Entstehungsbedingungen, Geschichte und Programmatik einer dritten deutschen Arbeiterpartei nach dem Zweiten Weltkrieg, Hannover 1980

KLEMM, CLAUDIA: Erinnert – umstritten – gefeiert. Die Revolution von 1848/49 in der deutschen Gedenkkultur, Göttingen 2007

KNAPP, BRUNO: Viermal Offenbach, Offenbach 2005

KNAUSS, ERWIN: Die politischen Kräfte und das Wählerverhalten im Landkreis Gießen während der letzten 60 Jahre (Mitteilungen des Oberhessischen Geschichtsvereins 45), Gießen 1961

KNIGGE, JOBST: Prinz Philipp von Hessen. Hitlers Sonderbotschafter für Italien, Berlin 2009

KNIGGE-TESCHE, RENATE (Hg.): Politischer Widerstand gegen die NS-Diktatur in Hessen. Ausgewählte Aspekte, Wiesbaden 2007

KNORRE, SUSANNE: Soziale Selbstbestimmung und individuelle Verantwortung. Hugo Sinzheimer (1875–1945). Eine politische Biographie, Frankfurt a. M. 1991

KOCH, FRITZ: „Die Artillerie des Nationalsozialismus." Die NS-Gau-Presse vom „Frankfurter Beobachter" zur „Rhein-Mainischen Zeitung" 1927–1945, in: AFGK 65 (1999), S. 9–52

KÖHLER, MANFRED H. W. / DIPPER, CHRISTOPH (Bearb./Hg.): Einheit vor Freiheit? Die hessischen Landtage in der Zeit der Reichseinigung 1862–1875, Darmstadt 2010

KOLLER, CHRISTIAN: Senegalschützen und Fremdenlegionäre: Französische Kolonialtruppen als Projektionsflächen des Weimarer Blicks nach Afrika, in: CHRISTOPH CORNELISSEN / DIRK VAN LAAK (Hg.): Weimar und die Welt. Globale Verflechtungen der ersten deutschen Republik, Göttingen 2020, S. 107–129

KRAUSE, HARTFRID: 90 Jahre: Hanau in der Revolution 1918/19, in: Neues Magazin für Hanauische Geschichte 7 (2011), S. 137–165

KRAUSE-VILMAR, DIETFRID: Die nationalsozialistische Machtergreifung 1933 in der Stadt Kassel, in: Kassel und Nordhessen in der Zeit des Nationalsozialismus. Dokumentation einer Vortragsreihe, hgg. von der Arbeitsgemeinschaft „Arbeit und Leben" Kassel, Kassel o. J. [2001], S. 7–18

KRIMMEL, ELISABETH (Bearb./Hg.): Karl Freund 1882–1943. Ein jüdischer Kunstwissenschaftler in Darmstadt. Leben und Werk, Darmstadt 2011

KROLL, FRANK-LOTHAR: Geschichte Hessens, München ³2017

KRÜGER, PETER / NAGEL, ANNE C. (Hg.): Mechterstädt – 25.3.1920. Skandal und Krise in der Frühphase der Weimarer Republik, Münster 1997

KUHN, GERD: Wohnkultur und kommunale Wohnungspolitik in Frankfurt am Main 1880 bis 1930. Auf dem Wege zu einer pluralen Gesellschaft der Individuen, Bonn 1998

KÜHNE, JÖRG-DETLEF: Die Entstehung der Weimarer Reichsverfassung. Grundlagen und anfängliche Geltung, Düsseldorf 2018

KÜHNE, THOMAS: Handbuch der Wahlen zum Preußischen Abgeordnetenhaus 1867–1918. Wahlergebnisse, Wahlbündnisse und Wahlkandidaten, Düsseldorf 1994

KÜHN-LEITZ, KNUT (Hg.): Ernst Leitz – Wegbereiter der Leica. Ein vorbildlicher Unternehmer und mutiger Demokrat, Königswinter 2006
KÜHN-LEITZ, KNUT (Hg.): Ernst Leitz I. Vom Mechanicus zum Unternehmer von Weltruf, Stuttgart 2010
KURZ, GERHARD: Kulturelles Leben und Literatur, in: SPEITKAMP (Hg.), Handbuch 2, S. 97–243
LACHER, MICHAEL: Arbeit und Industrie in Kassel. Zur Industrie- und Sozialgeschichte Kassels von 1914 bis heute, Marburg 2018
LANGE, THOMAS: „... wir sind noch nicht so weit". Carl Ulrich. Vorkämpfer für soziale Demokratie im hessischen Landtag. Reden 1888–1919, Wiesbaden 2007
LANGER, INGRID: Zwölf vergessene Frauen. Die weiblichen Abgeordneten im Parlament des Volksstaates Hessen. Ihre politische Arbeit – ihr Alltag – ihr Leben, Frankfurt a. M. 1989
LEITHÄUSER, JOACHIM G.: Wilhelm Leuschner – Ein Leben für die Republik, Köln 1962
LENGEMANN, JOCHEN (Mitarbeit: ANDREA MITTELDORF und ROLAND SCHMID): MdL Hessen 1808–1996. Biographischer Index, Marburg 1996
LENGEMANN, JOCHEN: Bürgerrepräsentation und Stadtregierung in Kassel 1835–1996. Ein Handbuch, Bd. 1: Einführung, Übersichten und Index der städtischen Mandats- und Amtsträger, Marburg 1996
Limburg im Fluss der Zeit 2. Vorträge zur Stadtgeschichte. Hgg. vom Magistrat der Kreisstadt Limburg a. d. Lahn, Limburg 2013
LÜCK, WOLFGANG: Wilhelm Diehl. Einer der Gründerväter der Evangelischen Kirche in Hessen und Nassau, Darmstadt 2013
MACHTAN, LOTHAR: Die Abdankung. Wie Deutschlands gekrönte Häupter aus der Geschichte fielen, Berlin 2008
MAIER, DIETER G. / NÜRNBERGER, JÜRGEN: Jenny Apolant. Für Frauenwahlrecht und Mitarbeit in der Gemeinde, Berlin 2018
MAIER-METZ, HARALD: Entlassungsgrund: Pazifismus. Albrecht Götze, der Fall Gumbel und die Marburger Universität 1930–1946, Münster 2015
MALY, KARL: Das Regiment der Parteien. Geschichte der Frankfurter Stadtverordnetenversammlung, Bd. II: 1901–1933, Frankfurt a. M. 1995
MALY, KARL: Die Macht der Honoratioren. Geschichte der Frankfurter Stadtverordnetenversammlung, Bd. I: 1867–1900, Frankfurt a. M. 1992
MANIG, ANTINA / WUNDERER, HARTMANN (Hg.): Wiesbaden im Ersten Weltkrieg. Kriegsalltag und Kriegsfolgen in einer bürgerlichen Stadt, Wiesbaden 2013
MARESCH, PETER: Der Hilfskreis Königstein und die Rheinlandbesetzung im Hochtaunus. Die Auswirkungen der alliierten Besetzung nach dem Ersten Weltkrieg im Taunus, in: Hochtaunuskreis / Jahrbuch Hochtaunuskreis 21 (2013), S. 110–119
MARESCH, PETER: Fremde Truppen im Taunus: Die Rheinlandbesetzung nach dem Ersten Weltkrieg, in: Rad und Sparren / Zeitschrift des Historischen Vereins Rhein-Main Taunus 48 (2019), S. 8–15
MdL Waldeck und Pyrmont 1814–1929. Biographisches Handbuch für die Mitglieder der Waldeckischen und Pyrmonter Landstände und Landtage. Erarbeitet von JOCHEN LENGEMANN. Vorarbeiten von REINHARD KÖNIG und THOMAS SEIBEL, Marburg / Wiesbaden 2020
MEINL, SUSANNE / ZWILLING, JUTTA: Legalisierter Raub. Die Ausplünderung der Juden im Nationalsozialismus durch die Reichsfinanzverwaltung in Hessen, Frankfurt a. M. 2004
MENK, GERHARD: Politischer Liberalismus in Hessen zwischen Weimarer Republik und Nachkriegszeit. Rudolf Büttner, Margarete Grippentrog und die Deutsche Demokratische Partei Fuldas, o. O. / o. J. [Fulda 2010]

MENK, GERHARD: (Hg.): Vom Bismarckianer zum Liberalen. Der Politiker und Lehrer Otto Hufnagel (1885–1944) in Waldeck und Frankfurt am Main. Zweiter Bd.: Dokumente, Marburg 2006

MENK, GERHARD: Das Ende des Freistaates Waldeck. Möglichkeiten und Grenzen kleinstaatlicher Existenz in Kaiserreich und Weimarer Republik, Bad Arolsen ²1998

MENK, GERHARD: Waldeck im Dritten Reich. Voraussetzungen und Wirken des Nationalsozialismus im hessischen Norden, Korbach / Wiesbaden 2010

MENK, GERHARD: Waldecks Beitrag für das heutige Hessen, Wiesbaden ²2001

MIERENDORFF, CARL (D. I. CARLO): Die Lehre der Hessen-Wahl: Aktive Außenpolitik, in: „Sozialistische Monatshefte" Jg. 37 (1931), Heft 12 vom 7. Dezember 1931, S. 1156–1163

MIERENDORFF, CARL (d. i. CARLO): Sommer der Entscheidungen, in: „Sozialistische Monatshefte" Jg. 38 (1932), Heft 8 vom 29. Juli 1932, S. 655–660

MÖLLER, HORST: Parlamentarismus in Preußen 1819–1932, Düsseldorf 1985

MORGENSTERN, ULF: Bürgergeist und Familientradition. Die liberale Gelehrtenfamilie Schücking im 19. und 20. Jahrhundert, Paderborn 2012

MORGENSTERN, ULF: Der Weltbürger. Carl Heinrich Becker (1876–1933), in: KRISTINA MICHAELIS / ULF MORGENSTERN: Kaufleute, Kosmopoliten, Kunstmäzene. Die Gelnhäuser Großbürgerfamilien Becker und Schöffer, Hamburg 2013, S. 63–81

MORGENSTERN, ULF: Lehrjahre eines neoabsoluten Monarchen. Kaiser Wilhelm II. als Kasseler Abiturient im Spiegel eines unbekannten Aufsatzheftes, Friedrichsruh 2011

MÜHLHAUSEN, WALTER / PAPKE, GERHARD (Hg.): Kommunalpolitik im Ersten Weltkrieg. Die Tagebücher Erich Koch-Wesers 1914 bis 1918, München 1999

MÜHLHAUSEN, WALTER: „Das große Ganze im Auge behalten". Philipp Scheidemann – Oberbürgermeister von Kassel 1920–1925, Marburg 2011

MÜHLHAUSEN, WALTER: Carl Ulrich – vom sozialdemokratischen Parteiführer zum hessischen Ministerpräsidenten (1853–1933), Wiesbaden 2003

MÜHLHAUSEN, WALTER: Christian Stock 1910–1932. Vom Heidelberger Arbeitersekretär zum hessischen Ministerpräsidenten, Heidelberg 1996

MÜHLHAUSEN, WALTER: Das Weimar-Experiment. Die erste deutsche Demokratie 1918–1933, Bonn 2019

MÜHLHAUSEN, WALTER: Der Kampf des Herrn Vielgeschrey um die Republik – Carlo Mierendorffs frühe Warnungen vor dem Nationalsozialismus, in: MARKUS BITTEROLF / OLIVER SCHLAUDT / STEFAN SCHÖBEL (Hg.): Intellektuelle in Heidelberg 1910–1933. Ein Lesebuch, Heidelberg 2014, S. 261–275

MÜHLHAUSEN, WALTER: Die Entscheidung der amerikanischen Besatzungsmacht zur Gründung des Landes Hessen 1945, in: NassA 96 (1985), S. 197–232

MÜHLHAUSEN, WALTER: Die Gründung des Landes Hessen 1945, Wiesbaden ²2012

MÜHLHAUSEN, WALTER: Erinnerung und Tradition – die Frankfurter Gedenkfeiern an 1848 im Kaiserreich und in der Weimarer Republik, in: EVELYN BROCKHOFF / ALEXANDER JEHN (Hg. unter Mitarbeit von FRANZISKA KIERMEIER): Die Frankfurter Paulskirche. Ort der deutschen Demokratie, Frankfurt a. M. 2020, S. 100–116

MÜHLHAUSEN, WALTER: Friedrich Ebert 1871–1925. Reichspräsident der Weimarer Republik, Bonn ²2007

MÜHLHAUSEN, WALTER: Philipp Scheidemann (1865–1939). Arbeiterführer und Republikgründer, Wiesbaden 2016

MÜHLHAUSEN, WALTER: Republik – Die Verfassung des Volksstaates Hessen von 1919, Wiesbaden 2020

MÜHLHAUSEN, WALTER: Revolution über Hessen – Demokratiegründung 1918/19, Wiesbaden 2018

MÜLLER, KARLHEINZ: Preußischer Adler und Hessischer Löwe. Hundert Jahre Wiesbadener Regierung 1866–1966. Dokumente der Zeit aus den Akten, Wiesbaden 1966

MUNZ, MARIUS: „Wiesbaden est boche, et le restera." Die alliierte Besetzung Wiesbadens nach dem Ersten Weltkrieg 1918–1930, Wiesbaden 2012

MURK, KARL: „Lass uns bitten Gott, den Herrn, dass nicht verlösch der waldecksche Stern – Der lange Abschied von der Monarchie in Waldeck-Pyrmont, in: STEFAN GERBER (Hg.): Das Ende der Monarchie in den deutschen Kleinstaaten. Vorgeschichte, Ereignis und Nachwirkungen in Politik und Staatsrecht 1914–1939, Köln 2018, S. 109–123

NAGEL, ANNE CHRISTINE: Martin Rade – Theologe und Politiker des Sozialen Liberalismus. Eine politische Biographie, Gütersloh 1996

NEES, ERNST Dieter: Die Entwicklung von Stadt und Bad 1835 bis 1945, in: Vom Söderdorf zum Herzheilbad. Die Geschichte (Bad) Nauheims bis zur Gegenwart, hgg. vom WZ-Verlag in Verbindung mit dem Magistrat der Stadt Bad Nauheim, Bad Nauheim 1997, S. 99–151

NEULAND, FRANZ: „Auf zum letzten Gefecht". Spartakusbund und KPD in Frankfurt am Main und der Region Rhein-Main von 1916/18–1956. Eine Organisationsgeschichte, Bad Homburg 2012

NEULAND, FRANZ: Die Matrosen von Frankfurt. Ein Kapitel Novemberrevolution 1918/19, Frankfurt a. M. 1991

NIEDER, FRANZ-KARL: Der Sturm aufs Rathaus 1933, in: Limburg im Fluss der Zeit. Schlaglichter aus 1100 Jahren Stadtgeschichte. Hgg. vom Magistrat der Kreisstadt Limburg a. d. Lahn, Limburg 2010, S. 473–485

NUHN, HEINRICH: Wahlen und Parteien im ehemaligen Landkreis Hersfeld. Eine historisch-analytische Längsschnittstudie, Darmstadt / Marburg 1990

Oberhessen marschiert. Ein Bildbericht über den Stand der nat.-soz. Bewegung Oberhessens, Gießen o. J. [1932/1933]

OSSNER, JULIANE: Die Reichsgründungs- und Verfassungsfeiern in Wetzlar und Gießen 1921 bis 1933, in: HJbL 49 (1999), S. 151–177

PÀKH, JUDIT (Bearb.): Frankfurter Arbeiterbewegung in Dokumenten 1832–1933, Bd. 2: Vom Ersten Weltkrieg bis zur faschistischen Diktatur 1914–1933, Frankfurt a. M. 1997

PELDA, DIETER (Bearb.): Die Abgeordneten des Preußischen Kommunallandtags in Kassel 1867–1933, mit Anhang: Der Provinziallandtag in Hessen-Nassau 1885–1933, Marburg 1999

PINGEL-ROLLMANN, HEINRICH: Widerstand und Verfolgung in Darmstadt und in der Provinz Starkenburg 1933–1945, Darmstadt / Marburg 1985

PLUMPE, WERNER / REBENTISCH, DIETER (Hg.): „Dem Flor der hiesigen Handlung". 200 Jahre Industrie- und Handelskammer Frankfurt am Main, Frankfurt a. M. 2008

PREUSS, HUGO: Gesammelte Schriften, Bd. 3: Das Verfassungswerk von Weimar, hgg., eingeleitet und erläutert von DETLEF LEHNERT, CHRISTOPH MÜLLER und DIAN SCHEFOLD, Tübingen 2015

RACK, KLAUS-DIETER / VIELSMEIER, BERND (Bearb./Hg.): Hessische Abgeordnete 1820–1933. Biografische Nachweise für die Erste und Zweite Kammer der Landstände des Großherzogtums Hessen 1820–1918 und den Landtag des Volksstaats Hessen 1919–1933, Darmstadt 2008

REBENTISCH, DIETER u. a. (Hg.): Dreieich zwischen Parteipolitik und „Volksgemeinschaft". Fünf Gemeinden in Dokumenten aus der Weimarer Republik und der NS-Zeit, Frankfurt a. M. 1984

REBENTISCH, DIETER: „Die treuesten Söhne der deutschen Sozialdemokratie." Linksopposition und kommunale Reformpolitik in der Frankfurter Sozialdemokratie der Weimarer Epoche, in: AFGK 61 (1987), S. 299–354

REBENTISCH, DIETER: Frankfurt am Main in der Weimarer Republik und im Dritten Reich, in: Frankfurt am Main. Die Geschichte der Stadt in neun Beiträgen, hgg. von der Frankfurter Historischen Kommission, Sigmaringen 1994, S. 423–519

REBENTISCH, DIETER: Ludwig Landmann. Frankfurter Oberbürgermeister der Weimarer Republik, Wiesbaden 1975

REGULSKI, CHRISTOPH: Klippfisch und Steckrüben. Die Lebensmittelversorgung der Einwohner Frankfurts am Main im Ersten Weltkrieg 1914–1918. Eine Studie zur deutschen Wirtschafts- und Innenpolitik in Kriegszeiten, Frankfurt a. M. 2012

REIBER, JULIUS / STORCK, KARL (Hg.): Zehn Jahre Deutsche Republik. Ein Gedenkbuch zum Verfassungstag 1929, Darmstadt 1929

RESIDENZ – FESTUNG – Kurstadt 1914–1918. Darmstadt, Mainz und Wiesbaden im Ersten Weltkrieg. Eine Ausstellung der Stadtarchive Darmstadt, Mainz und Wiesbaden zum 100. Jahrestag des Beginns des Ersten Weltkriegs, Darmstadt o. J. [2014]

REULING, ULRICH: Reichsreform und Landesgeschichte. Thüringen und Hessen in der Länderneugliederungsdiskussion der Weimarer Republik, in: MICHAEL GOCKEL (Hg.): Aspekte thüringisch-hessischer Geschichte, Marburg 1992, S. 257–308

REUSCHLING, DIETER: Reichstagswahlen im Main-Taunus-Kreis während der Weimarer Republik (1919–1933), in: Zwischen Main und Taunus / Jahrbuch Main-Taunus-Kreis 15 (2007), S. 20–27

REUTER, WOLFGANG: Zwölf Offenbacher Sozialdemokraten 1870 bis 1970, Offenbach 2004

RICK, KEVIN: Peter Gemeinder – NS-Gauleiter und vergessener Märtyrer? in: HJbL 61 (2011), S. 113–135

RINDFUSS, FRIEDRICH: Die neue Gemeindeordnung des Volksstaates Hessen, in: Reich und Länder 6 (1932), S. 34–39

ROSENWALD, WALTER: Das Studentenkorps Marburg 1920 im Kapp-Lüttwitz-Putsch und in Thüringen und die Rolle des Korps Hasso-Nassovia, in: NassA 113 (2002), S. 421–434

ROTBERG, JOACHIM: Zwischen Linkskatholizismus und bürgerlicher Sammlung. Die Anfänge der CDU in Frankfurt am Main 1945–1946, Frankfurt a. M. 1999

ROTH, RALF: Gewerkschaftskartell und Sozialpolitik in Frankfurt am Main. Arbeiterbewegung vor dem Ersten Weltkrieg zwischen Restauration und liberaler Erneuerung, Frankfurt a. M. 1991

SALENTIN, URSULA: Elisabeth Schwarzhaupt – erste Ministerin der Bundesrepublik. Ein demokratischer Lebensweg, Freiburg 1986

SCHATTNER, THOMAS: Homberg/Efze im Ersten Weltkrieg. Sozialgeschichtliche Betrachtungen im Kreis Homberg 1914 und in den folgenden Jahren, o. O. 2014

SCHEIDEMANN, PHILIPP: Der Feind steht rechts! Arbeiter, seid einig! Zwei Reden, Berlin 1919

SCHEIDEMANN, PHILIPP: Der Zusammenbruch, Berlin 1921

SCHEIDEMANN, PHILIPP: Deutsche Politik, Kassel 1929

SCHILLER, THEO / VON WINTER, THOMAS (Hg.): Politische Kultur im nördlichen Hessen, Marburg 1993

SCHIMPF, GUDRUN-CHRISTINE: Geld Macht Kultur. Kulturpolitik in Frankfurt am Main zwischen Mäzenatentum und öffentlicher Finanzierung 1866–1933, Frankfurt a. M. 2007

SCHLANDER, OTTO: Otto von Brentano di Tremezzo. Ein Offenbacher Politiker zwischen Monarchie und Republik, Offenbach 1981

SCHLANDER, OTTO: Reinhard Strecker – ein Hessischer Schulreformer und Volkserzieher, in: AHG 43 (1985), S. 229–270
SCHLEMMER, MARTIN: „Los von Berlin". Die Rheinstaatbestrebungen nach dem Ersten Weltkrieg, Köln / Weimar / Wien 2007
SCHMACHTENBERG, WERNER: Die Auseinandersetzungen zwischen Jakob Sprenger und Ferdinand Werner. Die Machtübernahme der NSDAP im Volksstaat Hessen als Beispiel eines Machtkampfes innerhalb des nationalsozialistischen Systems, in: AHG 74 (2016), S. 215–236
SCHMELING, ANKE: Josias Erbprinz zu Waldeck und Pyrmont. Der politische Weg eines hohen SS-Führers, Kassel 1993
SCHMIDT, FRANK: Wahlen und Wählerverhalten in der Weimarer Republik am Beispiel des Kreises Limburg, in: NassA 105 (1994), S. 195–221
SCHMITT, MICHAEL: „Ein Republikaner auf Vorposten". Die politischen Auseinandersetzungen im Landkreis Hofgeismar am Ende der Weimarer Republik. Dargestellt an einem Vorfall in der Gemeinde Kelze, in: ZHG 100 (1995), S. 235–250
SCHNELLBACHER, FRIEDRICH: Hanau in der Revolution vom 9. November 1918 bis 7. November 1919, Hanau o. J. [1920], Neuaufl. der Erstausgabe, Wetzlar / Hanau 1988
SCHÖN, EBERHART: Die Entstehung des Nationalsozialismus in Hessen, Meisenheim 1972
SCHÖNHOVEN, KLAUS / VOGEL, HANS-JOCHEN (Hg.): Frühe Warnungen vor dem Nationalsozialismus. Ein historisches Lesebuch, Bonn 1998
SCHÜLLER, ELKE / WOLFF, KERSTIN: Fini Pfannes (1894–1967). Protagonistin und Paradiesvogel der Nachkriegsfrauenbewegung, Königstein/Ts. 2000
SCHULTZ, HANS JÜRGEN: Die Besatzungszeit in Kronberg nach dem Ersten Weltkrieg, in: Hochtaunuskreis / Jahrbuch Hochtaunuskreis 10 (2002), S. 121–130
SCHULTZ, UWE (Hg.): Die Geschichte Hessens, Stuttgart 1983
SCHULZE, HAGEN: Otto Braun oder Preußens demokratische Sendung, Frankfurt a. M. / Berlin / Wien 1977
SCHUMACHER, MARTIN (Bearb.): Erinnerungen und Dokumente von Joh. Victor Bredt 1914 bis 1933, Düsseldorf 1970
SEVERIN-BARBOUTIE, BETTINA: Universitäten, in: SPEITKAMP (Hg.), Handbuch 2, S. 47–96
SIEKMANN, JULIANE: Die Reichsgründungs- und Verfassungsfeiern in Wetzlar und Gießen 1921 bis 1933, in: Mitteilungen des Wetzlarer Geschichtsvereins 42 (2004), S. 473–578
SPEITKAMP, WINFRIED (Hg.): Handbuch der hessischen Geschichte, Bd. 1: Bevölkerung, Wirtschaft und Staat in Hessen 1806–1945, Marburg 2010
SPEITKAMP, WINFRIED (Hg.): Handbuch der hessischen Geschichte, Bd. 2: Bildung, Kunst und Kultur in Hessen 1806–1945, Marburg 2010
SPEITKAMP, WINFRIED: Eschwege: Eine Stadt und der Nationalsozialismus, Marburg 2015
Statistisches Jahrbuch für den Freistaat Preußen. Hg. vom Preußischen Statistischen Landesamt, 27. Bd., Berlin 1931/ desgl. 28. Bd., Berlin 1932 / desgl. 29. Bd., Berlin 1933 / desgl. 30. Bd., Berlin 1934
STEINER, GÜNTER: Waldecks Weg ins Dritte Reich. Gesellschaftliche und politische Strukturen eines ländlichen Raumes während der Weimarer Republik und zu Beginn des Dritten Reichs, Kassel 1990
STERNBURG, WILHELM VON: Ludwig Landmann. Ein Porträt, Frankfurt a. M. 2019
STIENICZKA, NORBERT: Die Vermögensauseinandersetzung des Volksstaates Hessen und seiner Rechtsnachfolger mit der ehemals großherzoglichen Familie 1918–1953, in: AHG 56 (1998), S. 255–308
STÖCKER, MICHAEL: „Augusterlebnis 1914" in Darmstadt. Legende und Wirklichkeit, Darmstadt 1994

STORCK, KARL: Staatspräsident Carl Ulrich. Aus seinem Leben und Wirken, Darmstadt 1928

STRECKER, MICHAEL: Warum war die Hitlerbewegung in unseren Dörfern bei freien Wahlen so erfolgreich? Ranstadt, Dauernheim und Ober-Mockstadt von 1918 bis 1933, Friedberg 2011 (Wetterauer Geschichtsblätter 60)

STRUCK, WOLF-HEINO: Zur ideenpolitischen Vorbereitung des Bundeslandes Hessen seit dem 19. Jahrhundert, in: JAKOB SCHISSLER (Hg.): Politische Kultur und politisches System in Hessen, Frankfurt a. M. 1981, S. 45–92

STÜBLING, RAINER: Die Sozialdemokratie in Frankfurt am Main von 1891 bis 1910, Gießen 1981

SÜSS, MARTIN: Rheinhessen unter französischer Besatzung. Vom Waffenstillstand im November 1918 bis zum Ende der Separatistenunruhen im Februar 1924, Wiesbaden 1988

TAPPE, JOACHIM: Die Geschichte der Arbeiterbewegung in Witzenhausen. Hgg. zum Anlaß des 100jährigen Bestehens des SPD-Ortsvereins, Witzenhausen 1984

THIMM, UTZ: Die vergessene Seuche – Die „Spanische" Grippe von 1918/19, in: Mitteilungen des Oberhessischen Geschichtsvereins Gießen 92 (2007), S. 117–136

TIGGES, HANS: Das Stadtoberhaupt. Porträts im Wandel der Zeit, Baden-Baden 1988

Tony Sender 1888–1964. Rebellin, Demokratin, Weltbürgerin, hgg. vom Historischen Museum Frankfurt am Main, Frankfurt a. M. 1992

TSCHACHOTIN, S. [ERGEI] / MIERENDORFF, C.[ARLO]: Grundlagen und Formen politischer Propaganda, Magdeburg 1932

TÜFFERS, BETTINA: Der Braune Magistrat. Personalstruktur und Machtverhältnisse in der Frankfurter Stadtregierung 1933–1945, Frankfurt a. M. 2004

TÜFFERS, BETTINA: Politik und Führungspersonal der Stadtverwaltung Frankfurt am Main. Die personelle Zusammensetzung des Magistrats, in: SABINE MECKING / ANDREAS WIRSCHING (Hg.): Stadtverwaltung im Nationalsozialismus. Systemstabilisierende Dimensionen kommunaler Herrschaft, Paderborn 2005 S. 51–76

ULRICH, AXEL (unter Mitarbeit von ANGELIKA ARENZ-MORCH): Carlo Mierendorff kontra Hitler. Ein enger Mitstreiter Wilhelm Leuschners im Widerstand gegen das NS-Regime, Wiesbaden 2018

ULRICH, AXEL: Freiheit. Das Reichsbanner Schwarz Rot Gold und der Kampf von Sozialdemokraten in Hessen gegen den Nationalsozialismus 1924–1938, Frankfurt a. M. 1988

ULRICH, AXEL: Konrad Arndt. Ein Wiesbadener Gewerkschafter und Sozialdemokrat im Kampf gegen den Faschismus, Wiesbaden 2001

ULRICH, AXEL: Wilhelm Leuschner – Ein deutscher Widerstandskämpfer. Für Freiheit und Recht, Einheit der Demokraten und eine soziale Demokratie, Wiesbaden 2012

ULRICH, CARL: Erinnerungen des ersten hessischen Staatspräsidenten. Hgg. von LUDWIG BERGSTRÄSSER, Offenbach 1953

WEGNER, KARL-HERMANN: Kurhessens Beitrag für das heutige Hessen, Wiesbaden 1999

WEICHEL, THOMAS: Die Bürger von Wiesbaden. Von der Landstadt zur „Weltkurstadt" 1780–1914, München 1997

WEICHLEIN, SIEGFRIED: Kleinstadtgesellschaft und katholisches Milieu. Fulda 1918–1933, in: WALTER HEINEMEYER / BERTHOLD JÄGER (Hg.): Fulda in seiner Geschichte. Landschaft, Reichsabtei, Stadt, Fulda / Marburg 1995, S. 461–501

WEICHLEIN, SIEGFRIED: Sozialmilieus und politische Kultur in der Weimarer Republik. Lebenswelt, Vereinskultur, Politik in Hessen, Göttingen 1996

Weimarer Landesverfassungen. Die Verfassungsurkunden der deutschen Freistaaten 1918–1933. Textausgabe mit Sachverzeichnis und einer Einführung von FABIAN WITTRECK, Tübingen 2004

WEITZEL, KURT: Nationalsozialistische Propaganda in Hessen am Ende der Weimarer Republik. Zum Verbot der nationalsozialistischen „Rheinischen Volksblätter" in Alzey 1931, in: AHG 43 (1985), S. 351–376
WERDER, ILSE: Neues von gestern. Frisches für morgen. Hanau – Der weite Weg zu Recht und Freiheit. Demokratisches Lesebuch 1820–2020, Gelnhausen / Hanau 2020
WETTMANN, ANDREA: Heimatfront Universität. Preußische Hochschulpolitik und die Universität Marburg im Ersten Weltkrieg, Köln 2000
WIEDL, WOLFGANG: Das Reichsbanner „Schwarz-Rot-Gold" in Wetzlar 1924–1933, in: Mitteilungen des Wetzlarer Geschichtsvereins 46 (2013), S. 255–359
WIERSCH, MARCO / KISSEL, BERND: Freistaat Flaschenhals, Hamburg 2019
WIKTORSKI, FILIP: Das ‚Augusterlebnis' aus lokalhistorischer Perspektive. Wiesbaden in den Tagen vor und nach dem Ausbruch des Ersten Weltkriegs im Spiegel der lokalen Tagespresse, in: NassA 125 (2014), S. 333–347
WILLMS, GÜNTHER: Geträumte Republik. Jugend zwischen Kaiserreich und Machtergreifung, Freiburg 1985
WINKELMANN, [GOTTLIEB WALTER]: Das Gutachten des Reichssparkommissars über die Landesverwaltung Hessens, in: Reich und Länder 4 (1930), S. 303–318
WITEK, FRIEDERIKE: Krieg in der Lullusstadt. Zur Rezeption des Ersten Weltkriegs in der hessischen Kleinstadt Hersfeld, in: HJbL 65 (2015), S. 81–108
WITTRECK, FABIAN: Status und Rolle der Länder und ihrer Verfassungen. Traditionsanknüpfung, Landesverfassung, Demokratieerfahrungen, in: HORST DREIER / CHRISTIAN WALDOFF (Hg.): Weimars Verfassung.Eine Bilanz nach 100 Jahren, Göttingen 2020, S. 87–118
WITTROCK, CHRISTINE: Das Unrecht geht einher mit sicherem Schritt .... Notizen über den Nationalsozialismus in Langenselbold und Schlüchtern, Hanau [2]2017
WITTROCK, CHRISTINE: Egelsbach in politisch bewegter Zeit 1914–1950, Frankfurt a. M. 1991
WITTROCK, CHRISTINE: Kaisertreu und führergläubig. Impressionen aus dem Altkreis Gelnhausen 1918–1950, Hanau 2006
WOLF, WERNER / PETER, ANTONIO (Hg.): Als es mit der Freiheit zur Ende ging. Studien zur Machtergreifung der NSDAP in Hessen, Wiesbaden 1990
WOLFF, KERSTIN / DÖLLE, GILLA: „Respekt für die Provinz". Kassel – die Stadt der starken Frauenbewegung, ein Streifzug durch 150 Jahre, Kassel 2013
WOLFF, KERSTIN: Wir wollen die Anerkennung der Hausfrauentätigkeit als Beruf. Der Kasseler Hausfrauenverein 1915–1935, Kassel 1995
ZIBELL, STEPHANIE / BAHLES, PETER JOSEF: Der Freistaat Flaschenhals: Historisches und Histörchen aus der Zeit zwischen 1918 und 1923, Frankfurt a. M. 2009
ZIBELL, STEPHANIE: Alfred Schulte – Erster Oberbürgermeister der Stadt Wiesbaden im Dritten Reich, in: NassA 129 (2018), S. 387–405
ZIBELL, STEPHANIE: Der Friede von Versailles und der Mittelrhein. Zur Entstehung des ‚Freistaats Flaschenhals' im Oktober/November 1918, in: NassA 123 (2012), S. 585–602
ZIBELL, STEPHANIE: Jakob Sprenger (1884–1945). NS-Gauleiter und Reichsstatthalter in Hessen, Darmstadt / Marburg 1999
ZIBELL, STEPHANIE: Politische Bildung und demokratische Verfassung. Ludwig Bergsträsser (1883–1960), Bonn 2006
ZUBER, UWE (Hg.): Julius Goldstein. Der jüdische Philosoph in seinen Tagebüchern. 1873–1929, Hamburg – Jena – Darmstadt, Wiesbaden 2008
ZUCKMAYER, CARL: Als wär's ein Stück von mir. Horen der Freundschaft, Frankfurt a. M. 1969

Personenregister

(Gelistet werden Personen, auch wenn sie nur in Funktionen oder Verwandtschaftsverhältnissen genannt und so eindeutig identifiziert werden können; Autoren und Namen in Literaturtiteln bleiben unberücksichtigt.)

A

Adelung, Bernhard 7, 64, 71–73, 79, 85, 89 f., 93, 99 f., 117, 124, 154, 176, 178, 180, 185, 187, 190 f., 198, 203, 207, 221, 237, 239 f., 252–254
Adenauer, Konrad 110
Alken, Else 105
Anschütz, Gerhard 178
Antoni, Georg 39
Apolant, Jenny 107
Arndt, Konrad 211, 253, 255
Arndt, Rudi 255
Auer, Erhard 249

B

Baden, Max Prinz von 25, 27, 30 f.
Balser, Karoline 100, 239
Bauer, Elsa 105
Bauer, Gustav 142
Becker, Carl Heinrich 76, 150
Becker, Johann Baptist 75
Bergsträsser, Ludwig 177
Bernst, Minna 105
Bernstorff, Percy Graf von 17, 31, 38, 55, 235, 242
Best, Werner 179 f., 203–205, 216
Biegeleben, Maximilian Freiherr von 57, 118
Bierau, Else 100
Bismarck, Otto von 189
Bittorf, Marie 105
Blaum, Kurt 58
Bockius, Hans 245
Born, Frida 105
Börner, Holger 110
Bratu, Artur E. 201
Braun, Otto 23, 92 f., 118, 142, 156, 188 f., 249, 253
Braun, Rudolf 214
Bredt, Johann Victor 52, 76, 151, 244
Brentano, Otto von 24, 26, 42, 63, 67, 73 f., 79, 85, 109, 114 f., 239, 242

Brüning, Heinrich 76, 171, 175, 181, 250 f.
Büchner, Georg 145, 247

C

Cuno, Wilhelm 75, 151

D

Dalwigk zu Lichtenfels, Alexander Freiherr von 38
Danzebrink, Franz 212
David, Eduard 18, 64, 75, 85, 238 f.
Delp, Heinrich 29, 43, 212
Dernburg, Bernhard 75
Diehl, Wilhelm 83, 137, 246
Dingeldey, Eduard 153, 238
Dißmann, Robert 19, 33, 232
Dörnberg, Karl von 56
Dorten, Hans Adam 113 f., 242
Dreher, Ferdinand 203
Dullo, Andreas 38, 57

E

Ebert, Friedrich 23, 31, 90, 95, 99, 114, 125, 140, 143, 151, 155 f., 222, 227 f., 236, 242, 244
Eckardt, Karl 215
Ege, Lina 105
Ehrler, Friedrich (Fritz) 55, 199
Eichel, Hans 110
Erzberger, Matthias 30, 152, 175
Ewald, Carl von 25, 42

F

Fasshauer, Minna 106
Fehrenbach, Constantin 75
Foch, Ferdinand 122, 125
Freidhof, Rudolf 195
Freisler, Roland 97, 146, 159, 203, 248 f.
Freund, Karl 213
Frick, Wilhelm 167, 198, 203

Friedensburg, Ferdinand 55 f., 118, 177 f., 189 f., 199, 237, 244, 252
Fulda, Heinrich 42, 63, 67, 74, 154, 238
Fürth, Henriette 107, 242

G

Galm, Heinrich 96 f., 187
Gehren, Reinhard von 38
Gemeinder, Peter 161 f.
Georg (Bergbaudirektor) 237
Gerland, Karl 218
Geßler, Otto 125, 143
Giese, Friedrich 178
Gilsa, Adolf von und zu 56, 144, 237, 247
Gimbel, Katharina 105
Glässing, Karl 57, 94, 237
Glässing, Wilhelm 29, 57, 96, 131
Gmelin, Hans 50, 65, 236
Goebbels, Joseph 160
Goldstein Julius 150, 157
Göring, Hermann 199, 216 f.
Graef, Adam 211
Gräf, Eduard 142
Granzin, Max 58
Greiner, Daniel 239
Griebel, Paul 215
Grün, Carl 138
Grün, Hans 138
Grunelius, Alexander von 56
Grünewald, Wilhelm 233
Grzesinski, Albert 35 f., 45, 76, 93, 117 f., 143, 156 f., 166, 188 f., 192, 234 f.

H

Haas, August 55, 97, 167, 188 f., 252
Haenisch, Konrad 55, 123, 125, 243
Haerten, Philipp 38
Hammerschlag-Quarck, Meta 107
Handke, Georg 33
Hartung, Gustav 146
Hattemer, Else 100 f., 241
Hauptmann, Gerhart 146
Heinemann, Gustav 247
Heinrich, Karl 249
Helmolt, Georg von 239
Henrich, Konrad 42, 63, 67, 73 f., 132, 238, 245
Henschel, Oscar 215
Hessen, Christoph Prinz von 216
Hessen, Eleonore Großherzogin von 88
Hessen, Ernst Ludwig Großherzog von 21 f., 25–27, 29, 35 f., 42, 86–88, 111, 157 f., 234 f.
Hessen, Friedrich Karl Landgraf von 27, 217
Hessen, Georg Donatus Erbgroßherzog von 88
Hessen, Ludwig Prinz von 88
Hessen, Mafalda Prinzessin/Landgräfin von 216, 218
Hessen, Philipp Prinz/Landgraf von 216–218, 256
Hessen, Wolfgang Prinz von 216
Hild, Karl 58
Himmler, Heinrich 217
Hindenburg, Paul von 33, 136, 156 f., 183, 188, 190, 195, 216, 222, 227, 252
Hirsch, Paul 42, 58, 114, 142, 243
Hitler, Adolf 97, 124, 160–166, 176, 183 f., 192–194, 197, 203, 209, 215, 218, 223 f., 226, 246
Hoffmann, Hans 135, 245, 254
Hohenstein, Adolf 167, 252
Hollenders, Willi 211
Hombergk, Friedrich von 23
Hülsen, Ernst von 190

J

Jacob, Bruno 111
Jarres, Karl 156
Jellinek, Walter 84, 239
Jöst, Franz 21
Jourdan, Berta 107
Jung, Philipp 207 f., 216

K

Kapp, Wolfgang 71, 76, 92, 130 f., 140–142, 161, 190, 246
Kattowitz, Wolf von 190
Kaul, Georg 35, 43 f., 124, 154, 213, 219, 233, 236, 243, 256
Keil, Wilhelm 187
Keller, Karl 212
Keßler, Meta 107
Keudell, Alexander von 56
Kiel, Alfred 68
Kirnberger, Ferdinand 73 f., 171, 175 f., 187, 250 f.
Knoblauch, Wilhelm 35, 43, 45, 234, 236

Knothe, Willy 254
Koch, Heinrich 169
Koch-Weser, Erich 32, 38, 54, 57, 74, 156, 231, 233, 237 f., 242
Köhler, Heinrich 21, 233
Korell, Adolf 42, 116, 135, 178
Kraft, Carl 190
Krebs, Friedrich 211 f.
Krohne, Rudolf 75
Krücke, Georg 211
Krüsmann, Marcus 127, 210
Kühn, Heinrich 58

L

Lahmeyer, Gustaf 160, 212
Landmann, Ludwig 57, 95, 175, 202 f., 211, 240
Leitz, Ernst (I.) 138
Leitz, Ernst II. 138 f.
Lengemann, Fritz 159
Lerchenfeld, Hugo Graf von 155, 238 f., 247 f.
Lersner, Kurt von 27
Leuschner, Wilhelm 89 f., 117, 149, 166, 169, 176, 180, 186, 198, 200, 204–206, 247, 250
Liebknecht, Karl 46
Löslein, Karl 58
Loßberg, Friedrich von 142
Loucheur, Louis 123
Ludwig III., König von Bayern 25
Ludwig, Walter 56
Lüer, Carl 214
Luther, Hans 117
Lüttwitz, Walther von 71, 76, 92, 130 f., 140, 142, 161

M

Mahraun, Arthur 177
Mangin, Charles 114, 243
Mann, Albin 244
Mann, Thomas 146
Marckwald, Hans 95
Marx, Wilhelm 92, 96, 116, 135, 156, 238, 245, 247
Mayer, Philipp Jakob 162
Meister, Wilhelm von 16 f., 55, 113
Merck, Karl 215
Merton, Richard 237
Mierendorff, Carlo 144 f., 179 f., 182, 189, 204–206, 254

Momm, Wilhelm 55, 113, 123
Monbart, Konrad von 199
Mueller, Rudolf 96, 212
Mulansky, Ernst 191
Müller, Heinrich (Heinz) 203, 206–208, 216
Müller, Hermann 23, 75, 80, 143, 245, 247
Müller, Richard 96
Mussolini, Benito 217 f., 240
Neumann, Hermann 42, 63, 200

N

Neuroth, Ludwig 156
Noeldechen, Heinrich 56
Noske, Gustav 142 f.

O

Oeser, Rudolf 75
Opel, Wilhelm von 215
Osann, Arthur 153, 248
Ossietzky, Carl von 148

P

Papen, Franz von 182, 188–191
Pfeffer von Salomon, Friedrich (Fritz) 190, 199
Pfeiffer, Karl Ludwig 214
Philipp, Albrecht 243
Pleß, Christian 200 f.
Preuß, Hugo 112
Preußen, August Wilhelm Prinz von 162, 249
Pünder, Hermann 243, 251

Q

Quarck, Max 18, 52, 104, 107, 241

R

Raab, Georg 42, 63 f.
Rabe von Pappenheim, Gottfried 56
Rade, Gertrud 24
Rade, Martin 24
Rathenau, Walther 107, 123, 152, 154
Rauck, Anna 100
Rebholz, Johannes 249
Riedesel zu Eisenbach, Georg 56
Röver, Carl 190
Rüdiger, Vera 110

S

Sache, Georg 200
Saemisch, Friedrich 75, 133 f., 245
Schäfer, Wilhelm 179 f.
Scheidemann, Philipp 23, 25, 31, 37, 45, 54, 57, 75, 94, 129, 140, 143, 152 f., 160, 191, 197 f., 200, 212, 253
Schenck, Emil 215
Schleicher, Kurt von 176
Schmidt, Heinrich 169
Schmieding, Wilhelm 88, 240
Schmude, Alfred 29
Schnabrich, Michael 188
Schoeler, Roderich von 142
Scholz, Ernst 74
Schreiber, Johannes 155, 249
Schücking, Walther 76, 247
Schulte, Alfred 131, 211
Schultz, Anna 105, 107
Schwander, Rudolf 55, 113, 140
Schwarzhaupt, Elisabeth 110
Schwarzhaupt, Wilhelm 110
Seghers, Anna 206
Selbert, Elisabeth 110, 242
Sender, Tony 99, 107, 242
Severing, Carl 92 f., 161, 180, 189
Sinzheimer, Hugo 39
Spindler (Frau) 106
Sprenger, Jakob 161, 203 f., 209, 215 f., 218, 254
Springorum, Gustav 55
Stadler, (Hans) Herbert 94, 160, 212
Stegerwald, Adam 75, 92
Steinberg, Ludwig 200
Steinhäuser, Margarethe 100, 241
Steuer, Lothar 168, 188, 199, 253
Stinnes, Hugo 138
Stock, Christian 143, 228 f.
Stoelzel, Otto 55
Strecker, Reinhard 20, 63, 80
Stresemann, Gustav 80, 124, 238, 244

T

Thälmann, Ernst 183, 192
Travers, Fritz 94, 131
Trott zu Solz, August von 38, 55
Trott zu Solz, Bodo von 56
Tschachotin, Sergej 204

U

Uebel, Philipp 64
Ulrich, Carl 7, 21, 25 f., 35, 38, 42–44, 57 f., 63 f., 67, 70, 73, 79, 82, 85, 89, 93, 99 f., 104, 112, 114 f., 124, 140, 143, 148, 156, 223–235, 238, 240–247
Urstadt, Otto 42, 80, 237

V

Viktor Emanuel III., König von Italien 216, 218
Vogt, Johanna 105
Voigt, Georg 38, 57, 95, 235

W

Waldeck und Pyrmont, Friedrich Fürst von 10, 36 f., 89, 118, 217
Waldeck und Pyrmont, Josias Erbprinz von 217
Waldeck und Pyrmont, Max Prinz von 217
Waldschmidt, Oswald 88
Weinberg, Manfred 193
Weinrich, Karl 199, 216, 218
Wels, Otto 207
Werner, Ferdinand 83, 90, 178 f., 186 f., 207, 209, 216, 254, 256
Wiechmann, Friedrich 136
Wiechmann, Friedrich (Sohn) 136
Wiechmann, Hans 136
Wiechmann, Margot 136
Wiechmann, Wolfgang 136
Wilhelm II., Deutscher Kaiser 19, 24, 27 f., 31, 55, 155, 162, 232
Willms, Günther 234
Wilson, Woodrow 70
Wirth, Joseph 151
Wittrock, Christian 159
Woweries, Franz Hermann 162
Wrisberg, Ernst von 161

Y

Young, Owen D. 123, 163

Z

Zetkin, Clara 46
Zschintzsch, Werner 199
Zuckmayer, Carl 144

Ortsregister

(Sofern Orte Namensgeber für größere Territorien sind, etwa Waldeck für den Freistaat – nicht Nassau für Hessen-Nassau –, oder für einen Kreis wie Wetzlar, finden diese Aufnahme, ebenso Orte, die in Zeitungsnamen auftauchen; keine Erwähnung von Orten in Literaturtiteln.)

A
Alsfeld 87, 203
Altmorschen 221
Amsterdam 76
Arolsen (Bad) 36 f., 88 f., 118 f.

B
Bad Homburg 9, 130, 201, 217
Bad Nauheim 146, 160 f., 248
Bad Orb 142
Bensheim 29, 58, 196
Bergen-Belsen 211
Berlin 23, 25, 27, 31, 35, 37, 44–46, 49 f., 55, 57, 61, 93, 99, 111, 114, 124, 128, 130, 133, 140, 143, 152, 175, 187 f., 197, 206, 226
Biebrich 130
Biedenkopf 9
Braunschweig 106, 223 f.
Breitenau (Guxhagen) 205
Bremen 240
Brest-Litowsk 24
Butzbach 33, 69

C
Compiègne 30, 121 f.

D
Dachau 206
Darmstadt passim
Diez 127
Dillenburg 138

E
Egelsbach 104, 201, 253
Erfurt 10, 118
Eschwege 31 f., 56, 226, 233

F
Flörsheim 192
Flossenbürg 218

Frankenberg 106
Frankfurt a. M. passim
Friedberg 52, 203, 236
Fritzlar 56
Fulda 34, 39, 51, 53, 56, 94–96, 141, 164, 212, 233, 241, 246

G
Gelnhausen 76, 119
Gernsheim 179
Gießen 18, 24, 33 f., 50, 65, 108, 130, 143, 145, 147, 183, 212–214, 231, 234, 236, 241, 252
Greifswald 235
Griesheim 29, 32, 131

H
Hamburg 84
Hanau 19 f., 28, 30, 33, 38, 46, 50, 53, 58, 60, 119, 130, 167, 185, 222, 234, 245
Hannover 10, 118
Heidelberg 143
Herbstein 164 f.
Hersfeld (Bad) 56, 162 f., 188, 251
Heuchelheim 108
Höchst 30, 123
Hofgeismar 56, 166
Hofheim 191
Homberg (Efze) 70
Hünfeld 56

K
Kassel passim
Kaub 125, 127, 198
Kelze 166
Kiel 84
Kirchhain 56, 144
Koblenz 10, 57, 121, 125, 139
Köln 32
Königstädten 96

Königstein 122, 131
Kopenhagen 197
Kronberg 122

L

Lampertheim 179
Langen 29
Langenselbold 165
Lauterbach 164
Leipzig 181, 206
Limburg 24, 38, 53, 125, 127, 131, 155, 193, 202, 210 f., 245
Lorch 125, 127
Lübeck 240

M

Magdeburg 168
Mainz 21, 89, 114, 120–122, 125, 162
Marburg 24, 34, 52 f., 57, 76, 94, 108, 140–143, 150 f., 190, 217, 245, 247, 255
Mechterstädt 142, 247
Melsungen 221
Michelstadt 162
Montabaur 11
München 61, 124 f., 223
Münster 142

N

New York 134, 163
Niederselters 211

O

Ober-Ramstadt 22, 200
Oberursel 28
Offenbach 17, 21, 28, 33, 35, 38, 42–44, 54, 57, 60 f., 93, 96 f., 130, 161, 171 f., 174, 193, 201, 233, 235, 237, 241, 251, 253
Oldenburg 190, 224, 240
Osthofen 193, 205 f.

P

Pyrmont 10, 50, 71, 88, 118, 217, 236, 243

R

Ranstadt 250
Ratzeburg 30
Rinteln 10, 118
Rüsselsheim 79, 96, 102, 193

S

Schaumburg 10, 112, 118
Schlüchtern 56, 119, 218, 237
Schmalkalden 10, 112, 118, 120
Schmitten 123
Schwanefeld 164
Seelenberg 123
Spa 27
St. Goarshausen 120
Stuttgart 46, 140, 191, 224, 252

V

Versailles 69 f., 76, 121, 123, 140, 149, 160, 219–221, 246, 272

W

Wächtersbach 116, 153
Waldeck 10 f., 24, 36 f., 50 f., 71, 88 f., 94, 111 f., 118–120, 141, 155, 164, 170, 183, 217, 235–237, 239 f., 243, 249, 252, 256
Weilburg 14, 127 f.
Weimar 7, 8, 13, 42, 51, 65, 72 f., 75, 99, 104 f., 109, 115, 118, 128 f., 145 f., 161, 179, 188, 219, 225, 229, 236, 242, 246
Wetzlar 10 f., 34, 44, 51, 58, 112, 118, 120, 130, 138 f., 147, 205, 234, 248, 250 f.
Wiesbaden passim
Witzenhausen 244, 246
Worms 205

Z

Ziegenhain 163 f.

Nachweis der Abbildungen

Arbeitskreis Ortsgeschichte Morschen (Otto Wohlgemuth)   S. 221
Archiv der sozialen Demokratie, Bonn   S. 30, 64
Archiv E. Merck Darmstadt   S. 48 (Y01-10326-03)
Archiv im Haus der Stadtgeschichte Offenbach   S. 61
Autor   S. 66
Bayerische Staatsbibliothek München, Bildarchiv   S. 165
Ernst Döpfer, Biebertal   S. 214
aus: FRANZ / KÖHLER (Hg./Bearb.), Parlament, S. 17   S. 126
Geschichtsverein Weilburg / Historische Bilddokumente   S. 14 (<https://www.lagis-hessen.de/de/subjects/idrec/sn/bd/id/47-150> (Stand: 8.3.2011))
Hessisches Landesamt für geschichtliche Landeskunde, Marburg   S. 150, 217
Historisches Museum der Stadt Frankfurt a. M.   Umschlag, Frontispiz, S. 51, 151
HLA, HStA Darmstadt R 4   S. 43 (Nr. 23843), 79 (Nr. 37821 UF),
    83 (Nr. 19900 GF), 90 (Nr. 1829/1), 93 (Nr. 20275), 98 (Nr. 13004),
    100 (Nr. 2437), 148 (Nr. 19908), 158 (Nr. 21466), 180 (Nr. 25802),
    182 (Nr. 21161), 201 (Nr. 23800), 227 (Nr. 23792)
HLA, HStA Darmstadt, O 26   S. 147
HLA, HHStA Wiesbaden   S. 40, 189
Institut für Stadtgeschichte Frankfurt a. M.   S. 202, 220
Kulturring Heuchelheim   S. 108
Klaus Lambrecht, Homberg (Efze)   S. 70
Medienzentrum Hanau – Bildarchiv   S. 60, 167, 185
Museumslandschaft Kassel   S. 59
Radsportverein (RSV) Flottweg 1924 Kassel e. V., Hofgeismar   S. 105
aus: REULING, Reichsreform, S. 276   S. 6
Stadtarchiv Bad Nauheim   S. 160
Stadtarchiv Bensheim/Fotosammlung   S. 196
Stadtarchiv Butzbach   S. 69
Stadtarchiv Darmstadt Best. 53   S. 12, 16, 22, 62, 80 u., 88, 103, 209
Stadtarchiv Frankenberg   S. 106
Stadtarchiv Kassel   S. 198
Stadtarchiv Kassel, Carl Eberth   S. 41 (0.552.296), 80 o. (0.554.695), 153 (0.537.511),
    157 (0.547.380), 177 (0.547.015)
Stadtarchiv Königstein   S. 122
Stadtarchiv Oberursel   S. 28 (Slg. III 35_1)
Stadtarchiv Rüsselsheim   S. 96
Stadtarchiv Wetzlar   S. 139
Stadtarchiv Wiesbaden   S. 18, 54, 132, 194, 195
SZ Photo/Süddeutsche Zeitung Photo, München   S. 128, 131, 170, 174, 191, 226
Ullstein Bilderdienst, Berlin   S. 115, 119

FSC www.fsc.org
MIX
Papier aus verantwortungsvollen Quellen
FSC® C083411

Bibliografische Information der Deutschen Nationalbibliothek
Die Deutsche Nationalbibliothek verzeichnet diese Publikation in der Deutschen Nationalbibliografie; detaillierte bibliografische Datensind im Internet über http://dnb.d-nb.de abrufbar.

Es ist nicht gestattet, Texte dieses Buches zu scannen, in PCs oder auf CDs zu speichern oder mit Computern zu verändern oder einzeln oder zusammen mit anderen Bildvorlagen zu manipulieren, es sei denn mit schriftlicher Genehmigung des Verlages.

Alle Rechte vorbehalten

© by Waldemar Kramer in der Verlagshaus Römerweg GmbH, Wiesbaden 2021
Covergestaltung, Layout & Satz: Anja Carrà, Weimar
Umschlagbild: Ein vom Arbeiter- und Soldatenrat Frankfurts aufgestelltes Schild verkündet: „Die Deutsche sozialistische Republik grüßt Euch. Die alten Gewalten sind durch die Revolution des schaffenden Volkes gestürzt. Künftig seid Ihr Herr Eurer Geschicke".
© Historisches Museum der Stadt Frankfurt a. M.
Der Titel wurde in der Adobe Garamond gesetzt.
Gesamtherstellung: CPI books GmbH, Leck – Germany

ISBN: 978-3-7374-0490-7

www.verlagshaus-roemerweg.de

Mehr über Ideen, Autoren und Programm des Verlags finden Sie auf www.verlagshaus-roemerweg.de und in Ihrer Buchhandlung.